REPRESENTATIONS
AND IDENTITIES
IN THE JEWISH DIASPORA

南京大学犹太文化研究所文丛第十八辑

主编 宋立宏

犹太流散中的表征与认同

徐 新 教 授 从 教 40 年 纪 念 文 集

ESSAYS IN HONOR OF PROFESSOR XU XIN

社会科学文献出版社
SOCIAL SCIENCES ACADEMIC PRESS (CHINA)

来自中国的 iluy

——代序

2006 年，在南京大学犹太文化研究所新址落成典礼上，美国犹太教改革派领袖高乔克（Alfred Gottschalk）拉比发表主题演说，称徐新教授是创建这个研究所的 iluy（עלוי）。

犹太传统历来崇尚学习，希伯来语中对钻研犹太教经典尤其是《塔木德》之人的称号可谓形形色色。既学识渊博又心怀造物主故而堪称楷模者叫作"圣贤的门徒"（תלמיד חכם），如果只博通群经，可称"学者"（למדן）。见解独到、思维敏捷、谈锋犀利的是为"敏锐者"（חריף），又被形象地比喻成"拔山者"（עוקר הרים）；与之形成对照的，是那些或许木讷但知识全面的"西奈山"（סיני），此语是说这类人对犹太教经典烂熟于心，仿佛亲自从西奈山得来一般。不世出的《塔木德》学者叫"高昂"（גאון），能心无旁骛地研习《塔木德》的则是"勤奋者"（מתמיד），而早早显示出学习的天赋和毅力的神童就是 iluy——含有"出众"之意。高乔克按立了美国历史上的首位女拉比，他恐怕也是首位将 iluy 用于一位中国学者的拉比。

就中国犹太研究而言，徐新教授是公认的开风气之先的"出众"者。1988 年，中国和以色列国尚未建交之时，他便访问了以色列，并在耶路撒冷希伯来大学发表了演讲。此行无疑明确了他日后学术研究的方向。中以建交那年（1992 年），他先创办了南京大学犹太文化研究中心，这是中国高校系统中率先成立研究犹太文化的机构，继而又主编和出版了我国第一部以色列文学作品集《现代希伯来小说选》。次年，他和凌继尧主编的两百万字的中文版《犹太百科全书》问世，这迄今仍是中文世界相关领域最全面翔实的工具书。为了进一步促进犹太文化教学和研究在国内高校的开展，他多次举办犹太学国际学术研讨会。从 1997 年起，他又自筹经费率先在国内举办了三届犹太历史文化暑期培训班，邀请国外名学者主讲，共吸引了上百位高校教师和研究生参加。暑期培训班在 20 年前还远远不如今天这般流行和普遍。我作为研究生有幸参加了三届培训班，如今回想起来，当时习得的犹太学启蒙知识再没生疏过，当时获赠的《犹太百科全书》依然摆在书房伸手可及处，当时结识的犹太学者现在仍是不时重逢的良师益友，我正是从这里走上了犹太学研究之路。他在南京大学建立的目前国内规模最大的犹太学图书特藏室——已有 3 万册专业藏书——则为这方面研究的可持续发展奠定了基础。

除了推动学术研究，徐新教授还有与所有人分享犹太知识的热情。他并非或者说并不满足于做书斋型学者，而是对知识的公共性更加情有独钟。他自费在南京大学设立了"徐新犹太文化奖学金"，全校各系凡是对犹太学感兴趣的研究生皆可申请。他多次在校园里举办各种犹太文化展览，比如纳粹大屠杀邮政证据展。他积极向中外慈善家和捐款人宣讲在中国开展犹太文化教学研究的意义，能游刃有余地筹款。他心系普通读者，不仅身体力行，撰写和编译了普及犹太历史文化知识的通俗读物，更在自己主编的"南京大学犹太文化研究所文丛"中收入多种面向普罗大众的著译，其中有两本译作甚至是犹太人专门为中国读者所写的，此前从未发表过。这些"出众"之处恐怕更能受到强调行为正确而非信仰正确的犹太传统的赞赏，多少令人想起他定然熟悉的美国犹太社团中流行的那种"向外拓展项目"（outreach program），又似乎与罗森茨维格（Franz Rosenzweig）所说的"作为服务的认识和知识"异曲同工——所异者在于罗森茨维格传播犹太知识是想让德国犹太人在同化大潮和毁灭前夜里重新回归犹太教，而他则是想"促进中国社会对犹太历史文化的了解，增进中犹人民间的友谊"。这份努力收获了尊重和认可。2002 年以色列巴尔-伊兰大学授予他哲学名誉博士学位，2015 年南京大学颁给他人文研究贡献奖。

徐新教授一直在南京大学执教，起初在英语系。是美国犹太文学让他开始接触到犹太文化，辛格、贝娄这类获得诺贝尔文学奖因而最早引起他关注的犹太作家都有东欧犹太背景，所以意第绪语文学很早就进入了他的视野。多年后，他在南京大学犹太研究所设立肖洛姆－阿莱汉姆研究中心，诚所谓不忘初心。1988 年访以之后，译介现代希伯来文学并旁涉以色列社会与文化成了他研究工作的重要部分。这方面他用力最勤的是译介阿格农——第一位用希伯来语创作而荣获诺贝尔文学奖的犹太作家；阿格农生于东欧，在移居巴勒斯坦之前主要用意第绪语创作，徐新教授翻译了他的三部小说，其中描绘的皆是东欧犹太生活。

在编纂《犹太百科全书》的过程中，两个新方向日益得到他持久的关注和投入，最终结出了累累硕果。一个是反犹主义研究。1993 年完成、1996 年出版的《反犹主义解析》堪称"初熟的果子"，此后，他这方面的学术活动一直没有中断，其中包括指导多名博士、硕士研究生写作相关学位论文。2015 年，总其成的《反犹主义：历史与现状》面世。新作的篇幅增加了一倍，对古今反犹主义的根源和表现做了系统研究，尤其增加了对伊斯兰世界和当代的反犹主义的分析。另一个是犹太人在华散居的历史。中国是东亚唯一一个犹太人不间断生活了上千年的国家。他用中英文发表了大量相关论述，包括两本侧重探讨开封犹太人社会和宗教生活的英文专著，成为这方面国际学术界公认的权威学者。他关于近代来华犹太人的专著《异乡异客：犹太人与近现代中国》也刚刚出版。研究反犹主义和犹太人入华散居史在他是左右开弓、同步进行的。两者能够并行不悖，一个重要原因恐怕在于它们殊途同归——皆直指一个社会对待弱势群体的方式。历史上层出不穷的反犹主义瘟疫反衬出圣经上善待外族人告诫的可贵："和你们同居的外人，你们要看他如本地人一样，并要爱他如己，因为你们在埃及地也作过寄居的"；而在华犹太人的安居乐业彰显了"厚往薄来""怀柔远人"的优良中华传统。从这个意义上说，这两方面的研究当之无愧地成为他学术上耀眼的双子星。由于学术兴趣转移，徐新教授开始在历史系世界史专业招收硕士、博士研究生，从 2003 年起又从英语系转入哲学宗教学系。相应地，犹太教、犹太思想在他教学研究中的分量逐渐加大。

不过，纵览他迄今为止的研究，无论东欧犹太生活、纳粹屠犹、中国犹太人还是美国犹太教，都可视为流散这根主线的种种表征。"流散"（diaspora）一词虽然源自希腊文，但最早用于公元前 586 年第一圣殿被毁后流落到巴勒斯坦以外的犹太社团。因此，是犹太人发明了流散观念，从圣经时代起，流散就构成犹太社会的常态。这正是在徐新教授从教 40 年之际，我们选择"犹太流散"作为这本纪念论文集之主题的考量。

近年来，他致力于推动中以之间的学术交流，为南京大学与巴尔－伊兰大学合办中以犹太文化研究院而在中以两国之间奔走。事实上，我们正在见证整个犹太历史上一个千年不遇的变局：以色列已赶超美国成为世界上最大的犹太人口中心，以色列地的犹太人口自圣经时代以来首次在世界犹太人口中排名第一。今天，家园与回归已成了流散地犹太想象不可或缺的一部分。但同时不可忽视的是，以色列社会的毛细血管中也一样流淌着流散地的血液。本书封面采用了犹太画家斯坦哈特（Jakob Steinhardt）的木版画《耶路撒冷老城》。1933 年，在被盖世太保传唤后，斯坦哈特逃离了纳粹德国。抵达耶路撒冷后，他于 1935 年创作了此画。画面上鲜明的明暗对比突出了耶路撒冷的阳光，然而，老城的街巷却模仿了立陶宛犹太小镇（shtetl）的街巷。斯坦哈特一战时在德军中服役，亲眼目睹了东欧的那些小巷。画中人或许就是画家本人，他走在阳光灿烂的应许之地，却走不出蜿蜒错落的故地旧景。以色列和流散地之间的张力，一如此画之新光映旧影，决定了今日犹太认同的基本面貌，也一再出现在本书所收的文章中。

这些文章的作者，是与徐新教授多有交往的国内外学友、他的同事和他的弟子，都是推动犹太文化教学研究在中国开展的志同道合者，而本书则见证了我们对朝气蓬勃的中国犹太研究的共同关心。在此，我要对各位师友于百忙之中惠赐大作、对郭白歌编辑在出版此书过程中的付出、对博士生高霞的协助、对南京大学人文社会科学高级研究院提供的便利致以由衷的感谢。

最后，我谨代表曾经受惠于徐新教授指导和帮助的南京大学的同学和同仁向"我们的老师"（רבנו）表达美好的祝福——愿他笔耕不辍，收获有时。

宋立宏

2017 年 8 月于南京

目　录

犹太人与中国

反犹主义与纳粹屠犹

犹太宗教与文学

犹太流散与认同

Contents

Jewish Religion and Literature

Jewish Diaspora and Jewish Identity

犹 太 人 与 中 国

认知彼此：意第绪语作家和中国人

伊爱莲 （Irene Eber）*

文化间的交往会有各种方式，不必总是直接的。在大规模旅游兴起之前，交往主要依靠书面文字。中国人可以通过阅读有关犹太人的文章、熟悉他们的文学作品，对这些异国他乡者有所了解。同样，犹太人也通过印刷品获得远方中国人的信息。然而，这里存在语言问题。在第二次世界大战之前，大多数犹太人居住在中欧和俄国，那里的犹太人主要说意第绪语。① 因此，为了赢得读者，意第绪语作家不得不从德语或俄语这类中间语言获取材料。同样，中国作家对意第绪语文学作品的介绍和翻译也需要通过其他语言，在 20 世纪 20 年代的中国，这些语言之中还包括世界语。尽管依赖中间语言，但作家们对所据资料言不及义的程度也常常令人惊异。

虽说如此，即便是在 20 世纪 20 年代，仍有少数犹太旅行者来到中国，并把亲历的见闻忠实地传达给自己的读者。佩雷兹·赫什本 （Peretz Hirshbayn，1880 – 1948） 是其中的知名作家。他擅长数种体裁，曾在意第绪语报纸《此时此刻》 （*Der Moment*） 上发表中国之行的书信。有一封记录中

---

* 伊爱莲，以色列希伯来大学东亚系荣休讲座教授。

① 以希伯来字母书写的意第绪语从中世纪起就在犹太人中间使用，并不断演化。它的基本语法结构取自德语，但词汇源于多种欧洲语言。到 20 世纪，欧洲和美国都发展出大量以意第绪语创作的纪实文学和虚构文学。作为一种语言，意第绪语在第二次世界大战期间随着犹太生活的毁灭而走向衰落。

国女性困苦境况的信特别令人感兴趣。① 人们或许想不到，如此富有同情心的观点，竟然出于一位来自高度父权社会的男性。

尽管我们无法确知赫什本何时身处中国，但另一位著名作家、诗人梅莱赫·拉维奇（Meylekh Ravitch，1893－1976）于 1935 年访问了中国。除了一组描写他造访过的城市的诗歌之外，② 他还依靠旅途中携带的便携打字机，写了一部旅行日记。可惜这部日记从未出版，也未被翻译。③

然而，在我们进一步审视这些意第绪语作家写了什么之前，首要问题是，他们究竟为何要写中国？中国有什么能使 20 世纪 20 年代（如果不是更早一些的话）的东欧犹太人受益？凯瑟琳·海勒斯坦在一篇出色的文章中告诉我们，中国"迷住了"东欧犹太人。对于意第绪语作家来说，"……中国代表了终极的'他者'……"因此，中国的文化、历史以及社会为意第绪语文学引入了一种新元素，而当时的意第绪语作家正在寻求加入整体上的现代文学的各种途径。④

本文要关注的，主要是意第绪语作家试图呈现给读者的那个"中国"。所使用的样本无疑经过了高度选择，笔者希望未来会有学者继续探索这一主题。史景迁曾敏锐地提醒道："一个国家伟大，其表现之一就是既能吸引又能留住别人的注意力。"⑤

---

① Peretz Hirshbayn, "Di Froyen in Khine, Brif fun Khine (Women in China, a Letter from China)," *Der Moment*, April 15, 1927, p. 8. 本文意第绪语的英语音译参照了意第绪科学院（YIVO）制定的英语音译表。

② Meylekh Ravitch, *Kontinentn un okeanen: lider, baladn un poeme* (Continents and oceans: songs, ballads and poems), Warsaw, 1937.

③ 参看我关于旅行日记的一篇短文: "Meylekh Ravitch in China, A Travelogue of 1935," in Monika Schmitz－Emans, ed., *Transkulturelle Rezeption und Kontstruktion, Festschrift für Adrian Hsia*, Heidelberg: Synchron, 2004, pp. 103－117.

④ Kathryn Hellerstein, "China in Yiddish, From Warsaw to New York." 感谢海勒斯坦教授让本人阅读和引用这篇未刊稿，并对本文提出建议。（此文见本书。——编注）

⑤ Jonathan D. Spence, *The Chan's Great Continent, China in Western Minds*, New York/London: W. W. Norton and Co., 1998, p. xi.

意第绪语写就的中国历史

最早的有关中国历史的记述之一（如果不是最早的话）出现于 1913 年，它在一部四卷本世界史著作中占 39 页。[①] 在简述地理概貌和提及传说中的五帝（约公元前 2852 ~ 前 2070）之后，作者直接转向孔子及其在中国历史上的重要性。他断言，中国人"不仅把自己的宗教，还把自己的独特性和生活信念在很大程度上归功于他"。[②] 孔子之后，他直接转到秦朝第一位皇帝，即对统一中国至关重要的秦始皇。作者不太关注秦以后历朝历代的成就，而只对中国和罗马帝国之间的贸易作了简要讨论。能让他兴致勃勃的，是他所谓的"蒙古鞑靼"、成吉思汗和"鞑靼部落"，这无疑是因为他透过西方历史对这些早已熟悉。但他真正的主角是忽必烈，他称赞忽必烈开凿了大运河，[③] 而且不贬低基督教，允许基督徒在中国居住。[④]

尽管他对最后的明清两朝以及西方入侵所引发的近代变乱有所探讨，但他对中国文化的评论才显得别有趣味。"世界上所有民族中，大概只有中国人才对宗教和神灵毫无兴趣"，迪内森（Dineson）写道："中国人只想着改善今世的生活和生计。对于死后的永生，他们觉得无足轻重，说毫不关心也不为过。"

他让读者注意中国语言的问题，这确实是个问题，哪怕当时已有大量可供阅读的材料。他很少谈论中国的政府体系或社会组织。然而，关于中国的犹太人，他有个有趣的观点。他写道，犹太人自古就住在那里，从未因信仰遭受迫害。对开封这个"犹太人之城"的一则描述非但不是

---

① Yakov Dineson, *Di velt geshikhte, fun di elteste tsaytn biz oif di gegenvart, bearbaytet un tsuzamengeshtelt nokh di nayeste kvelen* (World history, from the oldest time to the present, composed according to the most recent sources), Warsaw: Publisher Unknown, 1913, 4 Vols.

② Ibid. , Vol. 1, p. 32.

③ Ibid. , pp. 40 - 41. 大运河系前朝所建，忽必烈并未开凿大运河，只拓建而已。

④ Ibid. , p. 39.

籍籍无名，反倒是众所周知的。据迪内森所述，传教士利玛窦（Matteo Ricci）将开封犹太人的情况告知了拉比摩西·本·以色列（Moshe Ben Israel），① 这位拉比又把他们写进自己的著作《以色列的希望》（*Mikve Israel*）。②

可能由于误印，此处有些令人困惑。《以色列的希望》一书的作者是拉比玛拿西·本·以色列（Menasseh Ben Israel，1604-1657），而非摩西·本·以色列。玛拿西来自葡萄牙，居住在阿姆斯特丹，他显然从未到过中国。利玛窦几乎不可能向玛拿西说起开封犹太人，利玛窦的日记中也没有提过二人的谈话。

里曼（J. Riman）③ 所写的《长城的另一边》（*From the Other Side of the Chinese Wall*）和迪内森的作品大不相同。后者试图向读者介绍中国的方方面面，而里曼一开始就告诉读者，中国是世界上最贫困的国家，不仅到处是苦力和黄包车，还被血腥的内战所蹂躏。他写道："如今的中国充斥着千百万贫穷和不满的人。"④

里曼的兴趣显然是中国的政治社会史。此书出版于基辅，作者又承认自己受惠于俄国作家，这就多少暗示了他的政治倾向。因此，他非常关注普通人，并宣称不断增加的工厂已让越来越多的劳动人口迅速接受了革命思想。⑤ 他指出中国受欧洲帝国主义者盘剥，并注意到国民党的活动。他对上海和其他几个城市的描述说明他去过中国，而他的描述是他亲眼所见。这本小书非常吸引人，里面配有很多街景、剧院、乡村生活之类的照片，让读者瞥见如果真的去中国会看到什么。

意第绪语作家也没有忽视那些居住在这个世界上人口最多国家的犹太

---

① 利玛窦（1552~1610）在中国居住多年，终老于此。他与一位开封艾姓犹太人的会面是众所周知的。

② Dineson, *op. cit.*, p. 61.

③ J. Riman, *Fun yener zayt Khinesisher vant*, Kiev: Cooperative Publisher "Cultural League", 1927. 这位作者的年代和生平细节已无法考证。

④ Ibid., p. 44.

⑤ Ibid., p. 83.

人。例如，在 20 世纪 20 年代，商人亚伯拉罕·维山斯基（Avraham Vishansky）在上海生活了 4 年，他能够为《日报》（*Haynt*）记者提供这座大都市中犹太人的一些信息。据维山斯基说，上海有两个犹太社团，即塞法迪犹太人（他以当时的惯用名"阿拉伯犹太人"称呼他们）和欧洲犹太人。后者大多是俄裔，当时尚有 4 万人生活在哈尔滨。由于塞法迪犹太人看不起俄国犹太人，后者只能成立了自己的社团组织。欧洲犹太人依靠出口公司谋生。犹太复国主义在上海犹太人中很兴盛。①

中国哲学

意第绪语作家对孔子感兴趣，对道家经典《道德经》的兴趣要小很多，对佛教则几乎毫无兴趣。此外，儒家思想在后世的演进也明显无法引起意第绪语作家的特殊兴趣。

末底改·霍兹布拉特②仰慕孔子显然有多种原因。他的一本书专门讨论孔子，由此显示出他考量这位圣人的思想所达到的深度。在其书《孔子：生平与活动》（*Confucius, His Life and Activities*）的前言中，他写道，在古代，许多其他民族从历史中消失了，几乎不再被提及。但是中国人从各方面来说都延续下来了。③ 他认为孔子编纂和传播了许多古代文本，特别是《周易》。④

据霍兹布拉特所言，孔子的教诲时至今日一直影响着中国社会，尽管孔子本人没有倡导过什么新学说。"……他所教授和谈论的一切，早都被

---

① Sh. L.（全名不晓），"Dos Lebn fun di Yidn in Khine（Life of the Jews in China），" *Haynt*（Today），No. 143，June 23，1926，p. 3.

② 末底改·霍兹布拉特（Mordekhai Holtzblat, 1904 - 1939）生于华沙，曾在华沙大学修读新闻和历史。他发表了很多文章，也有不少译作问世。霍兹布拉特在战争之初逃离华沙，但途中被德国炸弹击中而亡。

③ M. Holtzblat, *Konfuzius, Zayn lebn un teytigkayt*（Confucius, his life and work），Warsaw：Biographical Library "Orient"，1926，pp. 8 - 9.

④ Ibid.，p. 51. 霍兹布拉特也许是读过卫礼贤（Richard Wilhelm）1924 年的《周易》德文译本后得出了这一结论。

考虑过了", "他（孔子）常说，我的学说和我们祖先的教诲相似。"① 他仰慕孔子，因为孔子是个十足的中国人；他始终与现实相连，拒绝那些非现实的部分。孔子不喜欢谈论脱离生活的不切实际之事，并且回避诸如"灵魂不灭"这样形而上的抽象概念。霍兹布拉特惊奇地发现，中国人是接受了这位圣人教导的儒者，"他的所有言论都以生活智慧为特征，不超越人生日常、自然的方面。"他相信孔子的学说可以用三个主要方面概括：君臣关系、父子关系、夫妇关系。②

孔子也倡导节制与避免极端。人不应该过分表露愉悦或悲伤，当然也不能情绪失控。在霍兹布拉特看来，中国人生活的基础是中庸，它也是守礼的目标。事实上，礼替代了宗教。国王也必须在行为上践行中庸，避免极端。因此，孔子不是新宗教的奠基者，他重申了早已存在的东西。③

与霍兹布拉特的书相比，阿尔米（Almi，1892－1963）的著作《中国的哲学与诗歌》（*Chinese Philosophy and Poetry*）既相似又有所不同。④ 和霍兹布拉特一样，他仰慕孔子，因为他扎根乡土、关注现世、思考人类自身。孔子希望一个人诚实、热爱正义、知晓自己的责任。但是，孔子没有建立一种宗教。阿尔米写道，他既非先知也非使徒。⑤ 孔子也不是唯物论者或无神论者。他相信宇宙之中有更高的主宰，但人不应侍奉这一主宰。孔子曾简洁地说：未能事人，焉能事鬼。⑥

对阿尔米来说，宗教的缺席并不意味着道德的缺失，阐明这点很重要。这对《道德经》同样适用。虽然他尝试概括《道德经》蕴含的种种观

---

① M. Holtzblat, *op. cit.*, pp. 79－80.（应该是对孔子"述而不作，信而好古，窃比于我老彭"的意译。——译按）

② Ibid., pp. 80－83.

③ Ibid., p. 85.

④ 阿尔米的名字为"Eliyahu Haiim Ben Shlomo Zalman Sheps"。他的写作生涯始于华沙，当时他为报纸写诗。1912 年他移民美国，在那里继续为意第绪语报纸写作。他是个多产作家，作品涉及诗歌、佛教和中国哲学。

⑤ A. Almi, *Khinesishe filozofye un poezye*（*Chinese Philosophy and Poetry*），New York：Max N. Meizel, 1925, pp. 25, 34.

⑥ Ibid., pp. 20－21.

念，但他对道家的讨论没有对孔子思想的讨论那么成功。因此，他虽然告诉读者，我们所能谈论的"道"正如此经所说并非永恒之"道"，而天地之始是"无"，但他未做阐释。① 或许"道"这个渗入一切事物但其属性却不可言说的概念，并非意第绪作家想处理或者能够处理的。

此外，塞里格曼（R. Seligman）1923 年的《道德经》意第绪语译本也不尽如人意。译者认为原书主旨是，老子由于身处乱世而想引领百姓回归自然。② 然而，此书最大的问题是，它其实并不像扉页所标明的那样是个译本，而是对原书大约一半章节的阐释。塞里格曼依据"治国""智者""哲学"这三个主题，将全书重新排列成四十章，为之撰写了评注。可惜的是，原书本意遭到严重曲解，已无法分辨他讨论的究竟是书中哪一章。

最后，回到阿尔米，来看看他如何探讨佛教。他认为，儒家和道家都没从佛教中借鉴很多。三者的基本观点是相似的。阿尔米断言，佛教徒认为"道"即是"涅槃"，区别主要在于"道"不会在涅槃中消失。③ 此外，佛教"以其最纯粹的形式来看，……也不是一种宗教……而是一种伦理道德哲学"④。阿尔米强调，最为重要的是，中国的各种宗教能和平共处，彼此宽容。政府也不干涉人民的信仰，彰显出伟大的中国人民自我约束、贤明冷静的特点。⑤

诗歌⑥和旅行

阿尔米对中国诗歌的讨论，表明他钦慕中国的诗学传统。这方面他并非个例。摩西·纳迪尔（Moishe Nadir，1885 – 1943）和那鸿·博姆兹

---

① Almi, *op. cit.*, pp. 34 – 46.

② Seligman, ed., trans., *Laozi, der bukh oif getlikhes gezets*（Laozi, the book of divine law），Berlin：Klal Verlag, 1923, p. 10.

③ Almi, *op. cit.*, pp. 51, 53.

④ Ibid., p. 56.

⑤ Ibid., p. 59.

⑥ 我没能找到任何译成意第绪语的散文小说，虽然我认为肯定留存下来了一些。要了解更全面的情况，仍需进一步研究。

（Nahum Bomze，1906－1954）也是如此，后者于1937年用意第绪语出版了一本关于中国诗歌的书。[1]

阿尔米解释道，中国诗歌早在4000多年以前就已存在，所罗门王好比唐明皇，二人都既是诗人也是哲学家。[2] 他特别强调中国诗人为诗歌带来的自律。诗人不"允许自己被冲动和激情压倒"。他控制情绪，保持斯文，因为斯文是中国人的主要特征。[3]

阿尔米所引用的杜甫、白居易、李白等唐朝诗人的诗作，是他经由多种语言译成意第绪语的。因此，他的译作系由二手语言转译而成的，而那些译者可能也没有从原文翻译。[4]

不过显然意第绪语作家渴望为读者提供的，不仅仅是中国的文学瑰宝。除了之前提到的佩雷兹·赫什本，另一位到过中国的重要旅行者是梅莱赫·拉维奇（Meylekh Ravitch，又名 Zakharia Khone Bergner），他于1935年上半年在中国。通过横贯西伯利亚的铁路到达北方之后，他继续南下，到达上海和广州。由此得见中国大部分地区，包括北京、天津这样的主要城市。虽然在未发表的旅行日记中，他时常对所见景象和地区有引人入胜的描述；[5] 但在已发表的文章里，他只讨论了中国犹太人，以及针对犹太读者的特定话题。

在一篇关于上海的长文中，拉维奇讲述更多的，是与上海犹太人有关的细节，而非这座城市本身，尽管这个大都市当时已跻身世界最大城市之列。他尤其注意到犹太军事小分队，即上海租界内以外国人为主的民兵组织"上海义勇队"（又称"万国商团"）中的犹太分队。他写道，上海是

---

① Nahum Bomze, *Iberdikhtungen fun Li-Tai-pe* (699-762), (Rewritten poetry from Li Bai), Warsaw: Pen Club, 1937. 对此书兴味盎然的评论，参见 *Literarishe Bleter* (Literary pages), No. 12 (671), February 19, 1937, p. 193, 以及同一期刊上重印的几首诗：No. 8 (667), March 19, 1937, p. 124.

② Almi, *op. cit.*, p. 63.

③ Ibid., pp. 68-69.

④ 阿尔米没有交代他从哪些书中摘出了这些诗，也没有指出这些诗由何人所译。

⑤ 参看 Irene Eber, "Meylekh Ravitch in China: A Travelogue of 1935," pp. 103-117.

世界上唯一拥有犹太武装军队的城市。① 另外，这支犹太分队的指挥官是一位英国军官。一旦有阅兵，犹太人就在制服衣领上佩戴大卫星，持枪行进。最让他欣喜的是，整个万国商团之中没有德国分队。

他还对上海犹太学校印象深刻，认为学校所在的建筑是一座名副其实的宫殿。塞法迪和阿什肯纳兹②犹太学生一同上学，但并不混编。拉维奇参观过学校，甚至到一些教室中坐过。他惊奇地发现，仅靠观察面孔，他就能说出一个孩子来自什么国家。拉维奇的反应并不出乎意料。因为波兰只有为数不多的几个塞法迪犹太人家庭，而他或许一个也没碰到过。

犹太剧院也受到他的关注。他评论道，俄国或西方的演员一旦来到上海，通常会找一些业余演员与自己合作。令他大为惊讶的是，在一家俄国书店里，他看到了一则意第绪语广告，宣传的是一部即将上演的戏剧。

余　论

在 20 世纪 20 年代及早些时候，人们理所当然地认为，中国要想成为一个现代国家，国家与民众都必须学习西方。然而，阿尔米书中的第 1 页就表达了截然不同的观点。曾任华盛顿会议中国代表团首席代表的施肇基（1877～1958）在一封信中写道："西方世界可以从中国哲学和诗歌中学习到很多。"③ 而这也确实是阅读这些意第绪语作品的读者所获得的印象。尽管历史不是主流话题，但其他多种多样的主题受到关注，比如政治、思想、旅行以及中国的犹太人生活。可惜，本文引用的作品都不带注释，我们也就无法得知这些作者的书和文章可能参考了哪些著述。

但跨文化主义（transculturalism）绝不是一条单向的路。在 20 世纪 20

---

① Maylekh Ravitsh, "Yidn in Shanghai (Jews in Shanghai)," *Neye Folkszeitung*, No. 22, January 22, 1936, p. 3. (The article is also in Meylekh Ravitch, ARC 4 * 1540 2：354, p. 23.)

② 塞法迪犹太人是指起初来自北非或中东的犹太人，而阿什肯纳兹犹太人原本居住在西方国家和欧洲。这两个群体在习俗和礼仪等方面有显著差异。

③ Almi, *op. cit.* 这封信上的日期是 1926 年 6 月 17 日，署名按照当时的转写习惯写作 Alfred Sao - ke Sze。

年代，也就是在意第绪语作家书写中国的时候，中国作家开始关注意第绪语文学。他们从意第绪语文学中寻找什么呢？他们的探寻在多大程度上相似，又有怎样的不同？① 在中国，这正是白话文运动如火如荼地进行之时。要谈论这场激动人心的运动的种种细节，恐怕会离题太远。因此，不妨要言之，这场运动的倡导者将西方文学视为自己努力的楷模和向导。新文学的倡导者认为，中国文学如同西方文学那样也想建立一种"人的文学"，而这种"人的文学"旨在描绘男男女女的共同经验。不仅如此，他们还认为，这种文学可以充当改变社会的工具。

像茅盾和周作人这两位关注意第绪语文学的重要作家，也和其他人一样，误把意第绪语当作犹太人的白话。他们觉得，如同文言在中国终将逐渐被取代，意第绪语也正在取代希伯来语。因此，把意第绪语文学译成中文，未必仅仅是让读者了解犹太人的生活。中文译本的宗旨，还在于把人性价值的盛行论证为文学创作的目标。简言之，中国作家从意第绪文学中发现了对他们自己目标的肯定。看一看他们选择翻译的作家及其作品，能进一步证实这点。基本上，他们会选择像佩雷兹（Isaac Leib Peretz，1852－1915）或者大卫·平斯基（David Pinski，1872－1959）这类作家所写的短篇小说和剧本。虽然肖洛姆·阿莱汉姆（Sholem Aleichem，1859－1916）这样的作家没有被忽视，但其他的流行作家确实被忽视了。翻译谁显然不是随心所欲决定的，只有那些主题能为中国人目的服务的作品才会被仔细挑选出来翻译。这样，就容易忽略那些讲述浪漫爱情或者内容完全陌生的故事。

对我们尤为重要的是，就在意第绪语作家尝试让其读者了解那片遥远土地的同时，中国作家正试图让他们的读者了解这个没有土地的民族。当然，双方目标不同，各自为此使用的材料也不同。但转向他者的这一意图并没有什么区别。正如凯瑟琳·海勒斯坦提醒我们的那样，对意第绪语作家来说，中国人是这样一个绝佳的例子：他们非常不同，需要犹太读者去

---

① 以下讨论主要基于我早前的一篇文章："Translation Literature in Modern China：The Yiddish Author and His Tale，" in Irene Eber，*Chinese and Jews*，*Encounters between Cultures*，London：Valentine Mitchell，2008，pp. 123－147。

了解。

当迪内森这样的作家强调孔子的入世（this‐worldliness），或者说强调他漠视来生（afterlife）的时候，他实际上在反思这些正日益受到世俗主义侵蚀的意第绪语作家的前景。这里必须记住，当时的犹太社会总体上是笃信宗教的。这意味着，一个人的日常生活要受各种宗教戒律和教规的管束，他或她的一切行为都必须遵从它们。拥抱世俗主义不意味着一个人不再是犹太人。他仍是犹太人，但不再遵守全部或大多数的宗教律法。世俗化当然会导致同化，但由于世俗化进程的步伐并不整齐一致，世俗化会在一些地方占优势，而宗教则在其他地方继续保持它的约束力。就本文目的而言，把诸如意第绪语作家引述中国这种跨越国界的步骤视作社会变迁的一部分，具有重要意义。

（关蕊　译、宋立宏　校）

意第绪语里的中国——从华沙到纽约

凯瑟琳·海勒斯坦 （Kathryn Hellerstein）*

2009 年 6 月，我应邀在南京大学犹太和以色列研究所举办了一场关于意第绪语女诗人的讲座。作为主办方，徐新教授协助我与在场听众（主要是教师和研究生）沟通，他用中文传神、凝练、幽默地对我的话解释、重述和翻译。我研究了 20 世纪初意第绪语女作家的诗歌书写，而徐新的幽默则有力地传达了此项研究的核心——文化迁移。通过与听众沟通，我意识到，尽管中国学者之前或许未必听说过意第绪语，但对于一个世纪前那些苦苦挣扎在传统与现代之间的纽约和波兰的犹太诗人，他们可以深刻领会。在那个星期天的早晨，通过我对意第绪语的英文翻译，徐新把那些意第绪语作品翻译给中国听众，这不啻是连接犹太文化与中国文化的一个范例。通过他在中国对美国犹太文学的开拓性研究，以及他多年前在纽约YIVO 犹太研究所 Uriel Weinreich 意第绪语暑期项目的学习，徐新已经成为一例典型，一例向人们展示了学术研究是如何在发起双语互译、丰富双方文化的同时又把人们联结在一起的典型。

——

汉语如何能被翻译成意第绪语？20 世纪初，很多华沙和纽约的意第绪语作家提出了这样一个看似不太可能存在的问题。那时，这些作家正着手

---

* 凯瑟琳·海勒斯坦，美国宾夕法尼亚大学犹太研究项目主任、日耳曼语系副教授。

一项计划：用东欧的犹太方言去创立一种现代文学。汉语文本和中国文化向他们对犹太传统的想象提出了挑战。这些作家认为，对那些超越犹太生活范围的多种其他文化的了解，可以把意第绪语文学转变成世界级的现代文学。也正是在这种观念的驱动下，意第绪语作家开始尝试去翻译这些文本。

犹太人散居中国的历史已经吸引了学界的很多关注，但是意第绪语在中国的历史，除了一位学者的一本专著，还是一片荒原。[①] 犹太商人最初于中世纪来到开封，在那里建立了一个一直延续到 18 世纪的犹太社区。19 世纪中叶，主要来自伊拉克的犹太商人由印度抵达中国，并在建设近代上海的过程中发挥了巨大作用。1898 年之后，俄国犹太人在中国北部城市哈尔滨定居下来。最初来定居的是商人，之后则是因布尔什维克革命和俄国内战而产生的难民。20 世纪初的几十年里，还有少量波兰犹太人和俄国犹太人以游客身份到访中国。他们被一种混合情感所驱使：其中既有对真正异域风情的好奇，也有波兰的犹太社会主义者和共产主义者对中国在情感上的认同，他们认为这些政治运动也会在中国兴起。第二次世界大战期间，上海成了欧洲犹太人的避难所，而这些犹太人中有很多讲意第绪语。

从一开始，中国就迷住了东欧犹太人，其中就包括一些意第绪语作家。对于他们来说，中国代表了终极的"他者"。在书写和翻译过程中，作家们开始向遍布波兰和美国大城小镇的意第绪语读者展现这种他者性。他们的工作既包括用意第绪语再现汉语诗歌和其他文本，也包括能够让犹太读者了解中国的游记、人类学报告、报纸杂志文章、回忆录、故事以及用意第绪语创作的诗歌。这些文学和文化上的翻译行为，不仅体现了作家们对中国的观察，还给正处于现代转型期的意第绪语文学吹入一股新鲜空

---

① I. Eber, *Voices from Shanghai：Jewish Exiles in Wartime China*, Chicago：University of Chicago Press, 2008；I. Eber, "Translation Literature in Modern China：The Yiddish Author and His Tale," in eadem, *Chinese and Jews：Encounters between Cultures*, London：Valentine Mitchell, 2008, pp. 123 – 147.

气。由于他们开始把意第绪语设想为一种可以书写世界级文学的语言，那些欧洲和美国的意第绪语作家不遗余力地在他们的传统和其他文化（也包括中国文化）中进行取舍，以决定哪些可以保留下来，哪些又可以引介到意第绪语文学中去。值得注意的是，这样的文化对话也是互惠的。汉学家伊爱莲（Irene Eber）的研究表明："中国人在 20 世纪 20 年代阅读意第绪语文学，同时，那些意第绪语作家也在阅读中文作品。但是这两个民族只是在翻译中相遇，而无真正的接触。"①

在本文中，我会举两个文化翻译的例子。正是通过此类翻译，犹太作家在华沙和纽约这两个两次世界大战之间的意第绪语出版中心，把中国的方方面面介绍给读者。这是两个不同的例子，分别属于人种志和文学范畴，但它们却提供了一个场合：在这里，文化间的异同可以交流，而人们则可以去思考这种交流的局限和可能。

二

第一个例子是一本于 1918 年在华沙出版的、名为《中国》（*Khine*）的图书，是丛书"国家和人民"（Lender un felker）② 中的一本。这本书把当时欧洲的重要作家，如卡莱尔（Carlyle）、施勒格尔（Schlegel）和洪堡（Humboldt）等人关于"中国和满洲、蒙古、西藏、韩国及其他"（Khine un Mantshurien, Monglien, Tibet, Korey, un andere）的作品汇编在一起，

---

① 引文来自作者与伊爱莲本人于 2012 年 3 月 1 日的私人通信。她最初在此文中提出这个观点：I. Eber, "Yiddish Literature and the Literary Revolution in Modern China," *Judaism*, No16 (1967), pp. 42 – 59。此文后来被译成意第绪语，发表于 *Yiddishe Kultur*, No29 (1967 年 6～7 月), pp. 21 – 30。她后来又进一步发展了这个观点，并发表于 *Asian and African Studies* (Jerusalem), No. 3, Vol. 8 (1972), pp. 291 – 341。

② *Khine un Mantshurien, Mongolien, Tibet, Korey, un andere, loyt Carlyle, Gili, Mahler, Schlegel, Von Varteg, Humnboldt, Hardt, Leland, un andere* (China and Manchuia, Mongolia, Tibet, Korea, and others, according to Carlyle, Gili, Mahler, Schlegel, Von Warteg, Humboldt, Hardt, Leland, and others), 丛书"国家与人民"（Lender un felker, Warsaw: Farlag Yudish, 1918）由 M. ［Menakhem］Birnboym 和 D. ［David］Kassel 搜集整理。

由梅纳赫姆·波恩博伊姆（Menakhem Birnboym）① 和大卫·卡塞尔（Da-vid Kassel）拣选并翻译成意第绪语。波恩博伊姆是位插图画家，卡塞尔则是犹太社会党人（Bundist）、诗人和世界文学翻译家②。此书配有绘画、照片和书法作品，它们集中向华沙读者展现了一个作为"异域"（exotic）民族和地区的中国。《中国》一书包含了 19 世纪英、德雅文学作家反思中国及其周边地区文字的意第绪语译文，并把不同文本和图片作品选编在一起，这种特点就产生了许多与文化迁移中的分层相关的问题。不过，在如何把中国文化透过欧洲的镜头"翻译"给意第绪语读者这方面，此书最引人注目之处或许可以从封面上找到。

封面人物是一位坐着的女性，背景优雅。她装扮传统，缠了足，身着一件挺括的旗袍，手拿一把扇子，神态温和，却又神秘莫测。这一切都体现出西方对东方的刻板印象。意第绪语标题 כינע（Khine，即"中国"）从上到下垂直排列在封面左侧。这些希伯来语字母是用一种特殊字体书写的，以模仿汉字的笔画，而它们的垂直排列也在效仿传统上竖着书写汉字的形式。与之形成对比的是，在封面顶部有两个新古典主义的男性形象，肌肉发达，打开两扇通往世界的大门：左边写着非洲和欧洲，右边写着亚洲和大洋洲。两扇门中间有一个地球的形象，上面用简化的现代意第绪语字体写着"国家和人民"。中国女性的照片和裸体男性的图画直白地描绘了一种非犹太性，并且通过特殊字体传达给犹太读者，同时这些字母也把世界——东方和西方——带给了波兰犹太人。此书封面透露出一种文化任务：这种任务既带有研究性质，又充满焦虑不安的意味；给人收获的同时，也具有一定的启蒙功能。此文化任务的这些特性通过引进中国和世界上其他国家和民族的传统去打破意第绪传统主义，从而开拓犹太人的认知世界。

---

① A. Bar – El, "Children's Literature：Yiddish Literature," in *YIVO Encyclopedia of Jews in East-ern Europe*, 2011, http：//www. yivoencyclopedia. org/article. aspx/Childrens_ Literature/Yid-dish_ Literature（accessed February 12, 2015）.

② M. Krutikov, "Yiddish Literature：Yiddish Literature after 1800," in *YIVO Encyclopedia of Jews in Eastern Europe*, 2011, http：//www. yivoencyclopedia. org/article. aspx/Yiddish_ Literature/Yiddish_ Literature_ after_ 1800（accessed February 12, 2015）.

1918 年在华沙出版的意第绪语图书《中国》

开拓的过程是复杂的，因为大部分意第绪语作家理解中国文化的能力很有限。事情往往并非他们所看到的那样。这本 1918 年出版的图书的封面照片就可作为一例。据王晓珏的研究，照相馆于 20 世纪早期被引入中国，大多设在上海。当地妓女是照相馆的常客。在照片中，她们经常穿着传统的旗袍，"被展示在照相馆的橱窗中，也被印刷在报纸上"①。考虑到这个历史语境，封面照片上的女性很可能是妓女，而那些意第绪语作家和出版社的编辑似乎没有注意到这个事实。在这本 1918 年出版的意第绪语读物的封面上，这样一位上海风尘女子的照片，有意表现了西方观念中的中国传统文化，并把色情而违禁的潜台词插入华沙意第绪语读者对此书所要展现的中国文化的期待之中。更有甚者，这种含蓄的、反映在人物衣着上的色情成分，不管是否被意第绪语受众察觉到，都会抵消封面上方那两个抬着地球的男性形象的希腊式裸露。这两种形象的异域特色——女性和男性、衣冠楚楚和赤身裸体、东方和西方——也许很好地向波兰意第绪语读者传达了这个信息：犹太世界已经扩展如斯。此书扉页上用红色墨水印着"Khine"（"中国"），盖满了各种曾经拥有它的图书馆和资料室的印章，好像一本走遍世界的旅行者的护照。

这是一个在 1918 年把外面世界引入意第绪语的例子，而这种例子也被同时期从外来者角度去描述意第绪文化的许多运动所平衡。用意第绪语描述中国发生在如下语境之中：在此之前，一些犹太知识分子，如佩雷茨（I. L. Peretz）、昂斯基（Sh. Anski）、诺亚·普利卢克基（Noah Prylucki）等，在沙俄西部犹太人居住区（Pale of Settlement，又译作"栅栏区"）和波兰的犹太人中间进行了数次人种志性质的考察。随着现代化、移民、城市化

---

① X. Wang, "Concession, Courtesan House and Contestation of the 'Modern': Han Bangqing, Haishanghua liezhuan," p. 13. 这篇未出版英文论文的初稿是她已出版的中文论文，参见王晓珏《租界、青楼与"现代性"症候——阅读韩邦庆〈海上花列传〉》，载陈平原、王德威、商伟编《晚明与晚清：历史传承与文化创新》，湖北教育出版社，2002，第 232～332页。在此感谢王晓珏把她正在写的作品给我阅读。这个观点可另参 Catherine Vance Yeh, *Shanghai Love：Courtesans, Intellectuals, and Entertainment Culture, 1850 - 1910*, Seattle：University of Washington Press, 2006。

和战争威胁即将抹去传统犹太生活，这些意第绪文化的领导者们组织了考察，旨在从他们自己的犹太民间文化中搜集并研究口头和书面的创作以及手工艺制品。① 值得注意的是，为了成为现代作家，并获得人种志的视角，佩雷茨、昂斯基和普利卢克基等人在记录下这些犹太小镇（shtetl）上的宗教和民间文化之前，一度摒弃过这些文化。现代世界已让传统犹太民间文化中的表达方式飞速消逝，而这些犹太人通过人种志的方法保留这些表达方式的冲动，事实上又鼓舞了那些把其他文化（如中国文化）翻译进意第绪语文学的作家。在通过引进中国的异域性去改变意第绪语文学的尝试中，这些作家以一种互补的方式含蓄地反复申明：与那些试图保留和重建犹太传统的犹太人种志学家比，他们有相同的动力。

三

为了进一步思考旧文学如何变为新文学，以及异域文化如何启迪本地文化的方法，我要转向第二个文学方面的例子。该例发生在 20 世纪初，由纽约的意第绪语现代派诗人和作家发起。纽约现代派文学作品汇编《文录》（Shriftn）的最后一期（1925/1926）包括了一个名为"自古老的源泉"（"Fun alte kvaln"，From Old Wellsprings）的部分，其中刊登了中国诗人李白（Li Tai Po）的诗歌的意第绪语译文，同期还发表了意第绪语的日本俳句，埃及、阿拉伯和美洲印第安人诗歌，芬兰语民族史诗《卡勒瓦拉》（Kalevala）中的选段以及"佛陀的诞生"（"The Birth of Buddha"）。② 这种兼收并蓄的译文集是这份刊物的特色。此前出版的《文录》还包括了希腊罗马经典的翻译，以及惠特曼和朗费罗等 19 世纪美国作家的作品。这

---

① 关于这些犹太人种志考察的情况，参考 I. Gottesman, *Defining the Yiddish Nation: The Jewish Folklorists of Interwar Poland*, Detroit: Wayne State University Press, 2003, 以及 K. Weiser, *Jewish People, Yiddish Nation: Noah Prylucki and the Folkists in Poland*, Toronto: University of Toronto Press, 2011。

② R. Rubinstein, *Members of the Tribe: Native America in the Jewish Imagination*, Detroit: Wayne State University Press, 2010, p. 76.

些翻译打破了人们关于犹太语言土里土气的偏狭观念，让它敞开胸怀去迎接世界上的各种不同传统。

1925/1926 年这期的译者是大卫·伊格纳托夫（David Ignatov）、梅厄·史迪克（Meyer Shtiker）、赫许·罗森菲尔德（Hersh Rosenfeld）以及 A. 阿尔米（A. Almi，这是 Elihu‑Khayim Sheps 的笔名）①。他们在美国现代派语境中挑选并翻译了这些作品。这些东亚文学的译作并非首次出现在美国意第绪语界。早在 20 世纪最初十年中，因把希伯来语圣经翻译成意第绪语而得享盛名的耶霍阿什（Yehoash，这是 Sh. Bloomgarden 的笔名，1872~1927）就发表过中国题材的诗歌，并译过中国故事。而刊于 1925/1926 年《文录》的东亚文学译作也不是最后一批：1925 年，阿尔米出版了一本关于中国哲学和诗歌的选集；1930 年，伯纳德·维特（Bernard Witt）把小泉八云（Lafcadio Hearn）于 1887 年写就的《中国灵怪故事》（*Some Chinese Ghosts*）翻译成意第绪语（题为 *Khinezishe legenden*）。② 除了这些意第绪语作家，当时还有不少犹太人对中国感兴趣，其中的代表是马丁·布伯（Martin Buber），他在 1910 年和 1911 年对哈西德派（Hasidism）和中国哲学同时产生了兴趣。③

《文录》是一份现代派意第绪语诗文杂集，于 1912 年到 1926 年在纽约出版。小说家和诗人大卫·伊格纳托夫创立了这份连载的汇编，为的是展现先锋派移民诗人的作品。这些诗人在 1908 年出版了他们的作品合集《青春》（*Yugnt*），之后就被主流意第绪语评论界贴上了嘲讽的标签 "Di Yunge"

① I. Eber, "Chinese and Jews: Mutual Perception in Literary and Related Sources," *East‑West Dialogue: Special Issue, Chinese and European Literature: Mutual Influence and Perspectives*, June 2000, Ⅳ, No. 2; Ⅴ, No. 1, p. 222.

② I. Eber, "Chinese and Jews: Mutual Perception in Literary and Related Sources," p. 223, note 31.

③ 关于布伯同时对哈西德派和中国宗教哲学产生兴趣的精彩讨论，参见 I. Eber, "Martin Buber and Chinese Thought," In *Wege und Kreuzungen der China‑Kunde an der J. W. Goethe Universität, Frankfurt am Main*, Frankfurt am Main, London: IKO—Verlag für Interkulturelle Kommunikation, 2007, pp. 23‑49; 以及 I. Eber, "Introduction", In *Chinese Tales: Zhuangzi: Saying and Parables and Chinese Ghost and Love Stories*, Martin Buber (eds.), Translated by Alex Page, New Jersey and London: Humanities Press International, Inc., 1991, pp. ix‑xxiii。

（"年轻女人"）。①《文录》于 1912 年、1913 年和 1914 年出版，从 1915 年到 1918 年停刊，1919 年又复刊。1919 年秋季出了一期，1921 年春季又出了一期。1922～1925 年再度停刊，最后一期于 1925/1926 的冬天发行。这份刊物的主笔后来都成为意第绪语现代文学和思想界的主要人物，如诗人摩西－雷伯·哈尔珀（Moyshe－Leyb Halpern）、曼尼·雷伯（Mani Leyb）、泽舍·兰道（Zishe Landau）、流本·艾斯兰德（Reuven Iceland）、I. J. 施瓦茨（I. J. Schwartz）；小说家大卫·伊格纳托夫、约瑟夫·欧巴托舒（Joseph Opatoshu）、拉梅德·夏皮罗（Lamed Shapiro）；散文家哈伊姆·支特洛夫斯基（Khayim Zhitlovsky）。打着现代派旗号，《文录》也发表了极其有限的女诗人的作品，如西利亚·德洛普金（Celia Dropkin）、马尔卡·李（Malka Lee）和拉舍尔·维普林斯基（Rashel Veprinski）的作品。

1925/1926 这期《文录》刊登了六首译成意第绪语的李白诗歌："Vayn-lid"（Wine Song），"A briv fun tshang'kan"（A Letter from Tsang'Kan），"Tsu zayne kinder"（To His Children），"Di froy redt"（His Wife Speaks），"Er gezegnt zikh mit ir"（He Takes Leave of Her），"Kroen farnakht"（Crows at Dusk）。② 译者是梅厄·史迪克（Meyer Shtiker，1905－1983），他来自如今属于乌克兰和波兰的加利西亚（Galicia），后来在德语学校学习，之后定居在维也纳，于 1920 年移民纽约。在纽约，他为一家意第绪语出版社当新闻编辑直到 1970 年。自 19 岁起（1924 年），史迪克就开始发表诗歌、短篇小说和文学译作，他译过 T. S. 艾略特、兰波、里尔克、朱利安·托阿维姆（Julian

---

① 这里需要对主流意第绪语评论界对移民诗人的嘲讽略加解释。意第绪语词 yugnt，יוגנט，有两个意思：一指青春（youth），二指年轻女人（young woman），主流意第绪语评论界以后者讽刺和嘲弄这些诗人。同时用形容词 yung，יונג，替换上面提到的名词，加阴性定冠词（di）和词尾（e），使之成为名词，"Di Yunge"相当于英文的 the young female，暗合名词 yugnt 的第二个意思，从而达到嘲弄的效果。——译注

② 除了《长干行》，这六首李白诗因为诗名意译，故而难以从诗名上确定李白原作是哪首，所以正文处保留原意第绪语名称和本文作者的英译。但可做如下猜测："Wine Song"为《将进酒》，"To His Children"为《南陵别儿童入京》或《寄东鲁二稚子》，"His Wife Speaks"为《去妇词》，"He Takes Leave of Her"为《远别离》或《久别离》，"Crows at Dusk"为《乌夜啼》。特此感谢谢琰和陈佳妮的热心帮助。——译注

Tuavim）、曼德尔施塔姆、海明威等作家的作品，也译过一些"异域"文学作品。从他参与到更广泛的美国意第绪语事业之中，我们可以看出史迪克翻译中文作品的重要意义。他的译作是扩大意第绪语文化储备和词汇的一种方式：通过沉浸于来自其他传统的"古老的源泉"，史迪克创造了一种与现代派作家努力为意第绪语发明文学传统相对等的东西。这种发明的过程在史迪克用意第绪语翻译的第一首李白诗歌《长干行》（"A briv fun Tshang 'Kan"）中可以看出，下面是他的意第绪语译文：①

A BRIV FUN TSHANG" KAN

Ikh hob zikh geshpilt mit blimelekh baym toyer.

Mayne hor hobn koym dergreykht mayn shtern.

Du bist ongekumen raytndik af dayn bamboo – shtekn

Un farveylt zikh bay der bank

Mit grine floymen anshtot shpilekhlekh.

Ot azoy hobn mir gevoynt in shtot Tshang – kan，   5

Kinder tsvey vos hobn zikh af gornisht nit gerikht.

Tsu fertsn yor hostu mikh far dayn vayb genumen.

Ikh bin bevezn shemevdik，un nit gekent mayn ponem trogn fray

Hob nokh gelozt mayn kop，   10

Un oysgedreyt im tsu der shvartser vant.

Du host mikh efsher toyznt mol gerufn——

Ikh hob geshvign，un zikh nit umgekukt afile…

Bay fuftsn hob ikh shoyn gekent farikhtn zikh di bremen

---

① 李白《长干行》原文："妾发初覆额，折花门前剧。郎骑竹马来，绕床弄青梅。同居长干里，两小无嫌猜。十四为君妇，羞颜未尝开。低头向暗壁，千唤不一回。十五始展眉，愿同尘与灰。常存抱柱信，岂上望夫台。十六君远行，瞿塘滟滪堆。五月不可触，猿声天上哀。门前迟行迹，一一生绿苔。苔深不能扫，落叶秋风早。八月蝴蝶黄，双飞西园草。感此伤妾心，坐愁红颜老。早晚下三巴，预将书报家。相迎不道远，直至长风沙。"引自金性尧《唐诗三百首新注》，上海古籍出版社，1993，第50页。——译注

Un betn zolst mikh hobn lib—   15

Biz mir veln vern shtoyb un ash.

Du host gegloybt in gloybn fun Vei – Sheng ,

Vos hot gevart unter der brik—

Dos harts akegn toyt.

Un ikh hob keynmol nit gevus   20

Az ikh vel darfn ven aroyfkletern

Dem barg Vang – Fu

Aroyskukn af dir azoyfil teg.

Ven ikh bin alt gevorn zekhtsn yor

Bistu avek fun mir.   25

Avek tsum beyzn Klin Kiu – Tang

Vu riznshteyner shteln zikh akegn impetikn taykh ,

Un di shliuzem ken men nit adurkhgeyn zumer tsayt.

Host khotsh gevert di malpes klogn

In di hoykhe felzn?   30

Un veystu , az di tseykhns fun dayne fustrit

Bay unzer toyer zaynen alt ,

Un az yeder tseykhn iz badekt mit grinem mokh?

Der mokh iz tif un ayngevoksn ,

Men ken im nit avek – kern shoyn mer ,   35

Un di bleter faln shoyn in osyenvint.

Di gele shmeterlingen fun oktober

Flatern pornvayz ibern groz fun vyanedikh gortn

Mayn harts tut vey—ven ikh kuk af zey.

Ikh zits un troyer eyn aleyn un—o—   40

Di roytkayt fun mayn ponem vyanet.

Oyb du vest zikh umkern amol aheym—

Un oyb du vest mir onshraybn a briv foroys—

Vel ikh kumen dikh bagegeenn（der veg iz azoy kurts！）

Tsum "Taykh fun Langen Vint." ①   45

为了便于讨论，我把他的意第绪语译文翻译成英语：

A LETTER FROM TSHANG"KAN

I played with blossoms by the gate.

My hair barely reached my forehead.

You arrived, riding on your bamboo stick

And amused yourself by the bench

With green plums instead of toys.   5

That's how we lived in the city of Tshang – Kan,

Two children who had nothing to contend.

At fourteen years, you took me as your wife.

I was bashful, and could not show my face freely

I bent my head   10

And turned it to the black wall.

You called me perhaps a thousand times—

I stayed silent, and didn't even look around⋯

At fifteen, I could smooth my brows

And ask you to love me—   15

Until we become dust and ash.

You professed the faith of Wei – Sheng,

---

① Li Bai, "A briv fun Tshang'Kan" (A Letter from Tshang "Kan), Translated by M. Shtiker, In *Shriftn: A Zamlbukh*, 1925/1926, pp. 8 – 9, 11 – 12.

Who waited under the bridge—

His heart against death.

And I never knew   20

That, climbing up

The mountain Wang – Fu, I would need

To watch for you so many days.

When I was sixteen years old

You left me.   25

Went off to the sinister Klin Kiu – Tang

Where giant stones stand opposite the racing river,

And one cannot pass through the sluices in the summertime.

Did you at least hear the monkeys complaining

In the high cliffs?   30

And do you know that the traces of your footprints

By our gate are old,

And that every trace is covered with green moss?

The moss is deep and overgrown,

It can no longer be swept away,   35

And the leaves are falling in autumn wind.

The yellow butterflies of October

Flutter in pairs over the grass of fading gardens

My heart hurts—when I look at them.

I sit and sorrow all alone and—oh—   40

The flush of my face fades.

If you will return home sometime—

And if you write me a letter beforehand—

I will come to meet you (the way is so short!)

At the "River of the Long Wind."   45

笔者不打算探讨这首中文诗本身,而是想把史迪克所翻译的李白《长干行》放入现代意第绪语诗歌的语境,去谈谈它给意第绪语诗歌带来了什么。① 通过书信的形式,并配以第一人称的娓娓道来,一位年轻的中国妻子向不在场的丈夫讲述了自己的一生与爱恨纠葛。她让他回忆起,他们儿时如何相遇,14 岁时如何成婚,15 岁在他"许了尾生的誓言"② 之后,她又如何摆脱最初的羞怯和沉默向他表白,要他爱她一生一世。一年之后,她年方 16,他却离开她,顺江而下,前往那个不可逾越又隐患重重的"瞿塘峡"③。她问他是否可以听到"猿声天上哀",幻想着他的经历,由此表达了对他未必能生还的深深忧虑。然后这位叙述者又转回现在,来描述他离家远行之后,家中的凄凉情景——"门前迟行迹,一一生绿苔。苔深不能扫……"然后她抱怨自己在家中苦苦相守:她向季节祈祷,因为"秋风落叶早","八月蝴蝶来,双飞西园草"。双宿双飞的蝴蝶形象、由夏转秋的时光轮转,令她"感此伤妾心",她为他的缺席深感遗憾,因为她青春不再,"坐愁红颜老"。诗歌以她希望他归来作结,在这样的期待中,她幻想他"预将书报家",然后她"相迎不道远,直至长风沙"。

与人们也许会产生的期待相反,史迪克所翻译的李白诗歌,给意第绪语文学带来了两方面独特且有"异域风情"的元素:

一方面,地方和人物的中文名,如长干、尾生、望夫台、瞿塘等。这些中文名称很难用希伯来—意第绪语字母标识,但它们却令意第绪语译文

① 关于唐代诗歌形式的讨论,参见 Kiang Kang‐hu(江亢虎)"Chinese Poetry," In *The Jade Mountain*:*A Chinese Anthology Being Three Hundred Poems of the T'ang Dynasty 618‐906*, New York:Alfred A. Knopf, 1929, pp. xxi‐xxxvii.
② 史迪克的意第绪语译文把原《长干行》中有些没有直接写出的典故加进了诗歌正文,故而会出现"许了尾生的誓言"这种诗句。这一句出自原诗"常存抱柱信":"抱柱信,相传古代有一叫尾生的人,与一女子约会于桥下,届时女子不来,潮水却至,尾生为表示自己的信实,结果抱著桥柱,被水淹死。事见《庄子·盗跖》。《国策·燕策》也以此为信行的范例。"见金性尧《唐诗三百首新注》,第 51 页。——译注
③ 这里之所以说瞿塘峡危险重重,是因为:"滟滪堆,瞿塘峡口的一块大礁石。阴历五月,江水上涨,滟滪堆被水淹没,船只不易辨识,易触礁致祸,故下云不可触。古乐府也有'滟滪大如檗,瞿塘不可触'语。"见金性尧《唐诗三百首新注》,第 51 页。——译注

非常可信。事实上，因为在史迪克以日耳曼语行文措辞为主要风格的意第绪语译文中只有两个希伯来语词（ponem－脸，afile－甚至）和非常少的斯拉夫语系的词语，所以这些中文名称很好地凸显了异域特征。

另一方面，在李白这首诗中出现的文学形象，如花、竹、梅、长江①、猿、苔和蝴蝶，作为一个整体，无论对于史迪克的加利西亚还是纽约来说，都是陌生的。这种特殊和具体更加强化了此诗的异域风情。

与"他者性"的这些特征相比，这首诗的形式和转义（trope）对于1925/1926年见多识广的意第绪语读者来说，却并不陌生。首先，通过第一人称的娓娓道来去展现人物性格、所处情境和叙述情节这样的诗歌形式，在20世纪20年代曾引发现代派意第绪语诗人的极大兴趣。那时，他们正在进行各种体裁和语言上的试验，想要拓展诗歌创作的全部技巧，以使诗歌不仅仅是"为劳工运动谱写韵律的部门"——就像另一位《文录》作家泽舍·兰道所说的那样。在此期间，纽约诗人曼尼·雷伯、摩西－雷伯·哈尔珀、安娜·马尔格林（Anna Margolin），以及波兰诗人摩西·布洛德尔森（Moyshe Broderzon）与罗萨·雅可博维奇（Roza Yakubovitsh）都用第一人称的诗去表达讽刺或者其他文学效果。其次，男性作者通过诗歌中的女性形象发声（或者反过来），这一选择对于20世纪20年代中期的意第绪语读者来说亦不陌生，就像他们对跨性别现象引出的性别和想象方面的问题也不陌生那样，因为哈尔珀、马尔格林、泽舍·兰道等诗人曾在早先出版的《文录》上发表过名为"女孩之歌"（"Meydlishe－lider"）的一系列诗作。最后，女子早婚并深爱其丈夫的故事，对于这革命的一代意第绪语作家来说，也非陌生题材。他们自己（或者比他们年长的手足们）就曾轰轰烈烈地反抗过旧世界中长期存在的传统犹太习俗，如包办婚姻等。为了让一位旧式妻子的遭际能够引起深刻共鸣，正如这首译诗表现的那样，人们需要通过想象去跨越文化，并重新思考传统。对这种古代行

---

① 史迪克的意第绪语英译是："Went off to the sinister Klin Kiu－Tang/ Where giant stones stand opposite the racing river."因为瞿塘峡在长江上，所以把racing river译为"长江"。——译注

为的援引，就抛出了一个既是美学上又是意识形态层面的挑战，而许多现代派诗人欣然接受了这个挑战。

这种对形形色色各类传统的重新思考，尤其是对那些与犹太宗教传统迥异的传统的重新思考，在我看来是"自古老的源泉"中翻译的最初动力。对于讲意第绪语的犹太人而言，古代和中世纪传统诗歌中的这些地名和民族几乎完全是陌生的。但这些《文录》作家却试图从中寻求共性，由此尽其所能地去为现代意第绪语文学创造一个新语境。值得注意的是，史迪克翻译的这首《长干行》，曾在十年前由艾兹拉·庞德译为英文［以"The River Merchant's Wife：A Letter"为名收录于 1915 年出版的《神州集》（Cathay）］，因而名扬天下。这个事实将意第绪现代派和美国现代派联系在一起。

1918 年出版的《中国》的封面与史迪克对李白《长干行》的翻译，都体现了现代意第绪语翻译中的人种志和文学的方面。此外，两者还有一个共同点：都以中国女人为中心。上海风尘女子的照片和 8 世纪弃妇的悲叹，分别代表了对"女性"这个传统犹太文化中其他"他者"的一种客观化，和一种带有移情作用的描绘。因此，这两个把中国文化翻译成意第绪语的实例，就触及了犹太文化现代转型过程中最深层的问题和人们对这个问题的关注。

（包安若　译、宋立宏　校）

上海犹太难民记忆里的中国人

史蒂夫·霍克施塔特 (Steve Hochstadt) *

1939 年 9 月，第二次世界大战爆发。在此之前的几个月里，大约 16000 名中欧犹太难民逃离德国，漂洋过海，抵达上海。他们在那里滞留到战争结束，有的直到 20 世纪 40 年代末才离开。此后，这些人又分散到世界各地，大部分定居美国和以色列，有的迁居澳大利亚、加拿大和拉丁美洲，少数返回欧洲，结束了他们在中国长达 10 年的旅居生活。①

犹太难民旅居上海期间，同那里的中国人一样没什么政治权力可言，先是受西方帝国主义者控制下的上海工部局管制，后来在日本的军事占领下生活。来自德国、奥地利和捷克斯洛伐克西部的犹太难民大多被迫挤到虹口区。这是一个在 1937 年中日冲突中遭到部分毁坏的贫民区。在一个面积不到一平方英里的区域，他们与 10 万中国人生活在一起，那些中国人有很多是来自北方战区的难民。

在战时上海，这些背井离乡的犹太人同那些在自己家园沦为二等公民的中国人之间是如何相互影响，又发生了怎样的故事？此前，犹太人同中国人有过接触，但仅限于极少数人。开封曾有一个很小的犹太社区，

---

* 史蒂夫·霍克施塔特，美国伊利诺伊学院历史学教授。

① Steve Hochstadt, *Exodus to Shanghai：Stories of Escape from the Third Reich*, New York：Palgrave Macmillan, 2012. 拙著通过 12 例访谈勾勒了犹太难民从中欧逃往上海等地的整体情况。

但最终被同化了。从 19 世纪中期开始，又有一波犹太人从巴格达一带随英国商人到上海，在那里过上了西方殖民主义者的舒适生活。之后来自俄国的犹太人开始漂泊到中国北方哈尔滨和天津等城市。俄国从沙皇时代到斯大林统治时期一直存在反犹主义，革命动荡时期只是短暂中止了反犹迫害行动，大批犹太人持续逃往中国，足迹远及上海。同时，一些接受高等教育的中国人经常到德国访问或者学习，可能在那里见过一些中欧犹太人。

1938 年至 1940 年期间，最大规模也是最集中的一批西方犹太人逃离纳粹魔爪，在绝望中涌入上海。当时上海是世界上唯一一个不用检查护照就能进入的城市。至于由此出现的文化融合，无论学者还是难民，皆鲜有触及。大多数关于上海犹太难民的著作集中反映犹太人内部生活和他们的求生经历，很少涉及中国人的生活。[①] 中国学者对这种文化融合的研究则刚起步。[②] 现在，至少从犹太人方面的数百次访谈和很多回忆录的内容来看，有充足的资料可以描绘当时犹太人与中国人的交往情况。或许会有人利用那些封存的信件、日记、照片以及前难民的回忆录，将这一研究深入下去。上海犹太难民纪念馆的学者已经着手在当地老年人中搜集他们同犹太难民打交道的有关信息。[③]

[①] David Kranzler, *Japanese, Nazis and Jews: the Jewish Refugee Community of Shanghai* 1938 ~ 1945. Hoboken, NJ: KTAV Publishing House, 1988. 此书提供了迄今最翔实的历史（校按：中译本见戴维·克兰茨勒《上海犹太难民社区》，许步曾译，上海三联书店，1991）。James R. Ross 的著作（*Escape to Shanghai: A Jewish Community in China*, New York: Free Press, 1994）几乎没有提到中国人。同样情况也出现在这本迄今最翔实的回忆录中：Ernest G. Heppner, *Shanghai Refuge: A Memoir of the World War II Jewish Ghetto*. Lincoln, NE: University of Nebraska Press, 1994。

[②] Pan Guang, "The Friendship and Acculturation in Adversity: On the Relationship between Jewish Refugees and Chinese," in Georg Armbrüster, Michael Kohlstruck, and Sonja Mühlberger, eds. *Exil Shanghai 1938 – 1947: Jüdisches Leben in der Emigration*. Berlin: Hentrich und Hentrich, 2000, pp. 77 – 83.（中国学者的研究另参潘光主编《艰苦岁月的难忘记忆：来华犹太难民回忆录》，时事出版社，2015。——编注）

[③] 根据笔者 2012 年 7 月在上海犹太难民博物馆与 Chen Jian 和 Amy Liao 的交谈。

本文引用的资料来自难民多年之后的回忆。[①] 它们代表了对青年时代个人经历的成熟回忆和思考。时代的久远并不必然影响回忆的真实性。当然，记忆中难免出现一些小失误，回忆者有时还会出于方便和需要重新诠释事件原委。但同时，成熟也会使叙述更加清晰，使理解更加透彻。[②]

在启程前往中国之前，大多数欧洲犹太人对中国一无所知。受过教育的欧洲中产阶级，不论其宗教信仰如何，通常对中国人和中国文化怀有一种歧视。比如：

> Eva Zunterstein：他们看不起中国人。其实，中国人非常聪明、有文化，我是说，他们有文化和文化传统。在欧洲人还是野蛮人的时候，他们就有了自己的文明。
>
> Gérard Kohbieter：在一些难民的头脑中，他们觉得自己比中国人优越，这是一种非常错误的观点。[③]

少数来自维也纳的犹太人，在维也纳时就开始同中国人接触。他们拜访了中国的领事馆，发现中国的总领事何凤山在发放前往中国的签证。虽然到达中国后并不需要出示签证，但这些签证对于想要离开纳粹统治下的

---

① 我的祖父母来自维也纳，于 1939 至 1949 年生活在上海。1989 年，我随一些当年的上海犹太难民返回上海，参观了他们曾经旅居的公寓，由此开始对这些难民的访谈。我已对116 人做了总共 100 次访谈，其中大多数人是来自德国和奥地利的说德语的难民。这些访谈记录目前作为"上海犹太社区口述史项目"（Shanghai Jewish Community Oral History Project）保存在贝茨学院（Bates College）的拉德图书馆（Ladd Library）的特藏文献部。本文引用的所有访谈资料皆出自该项目。我对这些访谈摘要稍事加工，以减少重复，但所有语句皆出自难民之口。部分摘要已在我的专著《逃往上海》（Exodus to Shanghai）中出版。至于尚未出版的访谈，如果已全部转录成文字，本文引用时会标出页码；如果引用的是没有转录成文字的访谈，则不标页码。

② Steve Hochstadt, "The Social History of Jews in the Holocaust: The Necessity of Interviewing Survivors," *Historical Social Research – Historische Sozialforschung*, Vol. 22, 1997, pp. 254 – 274.

③ Interview with Alfred and Eva Zunterstein, Salzburg, Austria, May 28, 1995, p. 49; Steve Hochstadt, *Exodus to Shanghai*, p. 226.

奥地利犹太人来说却非常重要。何博士就这样挽救了几千条生命。其中几百人最后到了上海，他们认为是一个中国人或者中国人作为一个民族帮助他们成功逃生。[①] Eric Reisman 这样解释何博士的行为是多么非同寻常：

> 我们去了所有国家的领事馆和大使馆，想要得到前往任何国家的签证。我的父亲、兄弟和我，我们轮流在某个领馆前面排队。我们从前一天晚上一直站到早晨九点钟领事馆开门。他们有时只允许前 10 位进去，有时是前 15 位。如果你够幸运，能排进前 15 名，你就能进去。但这只能让你得到申请资格，并且见到来自这个国家的大使或者领事，跟他面谈并请求他帮助，"请发给我们出境签证吧。我想移民到你们国家。我有家庭，我可以向你们的国家传授我所拥有的一切知识，为你们的国家效力"。应该说，这样的经历会重复无数次，然后他们会给你发个申请表。申请表要求你提供一份翻译成那个国家文字的出生证明、结婚证明，以及无数其他翻译好的文件。这些材料要花很多金钱和时间准备，但必须附在申请后面。这让人觉得有一线机会或者希望，希望这些材料能带来任何结果。这种经历基本上在一个又一个领事馆重复着，不论哪个国家的领事馆都这样。
>
> 直到有一天，我们无意中来到中国领事馆。中国领事馆对我们说："是的，如果你能提供加注签证的证件、一本护照，我就可以给你签证。"就这样，我们得到确认可以去中国了。[②]

这是许多难民同中国人的最初接触，给他们留下非常正面的印象。

在旅行到上海的途中，一些难民遇到中国男人，但不常遇见女人。此类遇见往往令他们非常惊奇，这从下面这段引文可见一斑。这段口述来自柏林的 Ralph Hirsch，他 9 岁时乘坐跨西伯利亚铁路经苏联到中国，再乘船

---

① 何凤山的回忆录已经出版，但此书对他在维也纳时期的营救活动却语焉不详。参看 Feng - Shan Ho, *My Forty Years as a Diplomat*, translated by Monto Ho, Pittsburgh: Dorrance Publishing Co., 2010。

② Hochstadt, *Exodus to Shanghai*, pp. 31 - 32.

从大连到上海。

> 我们在海上的两天遇上好天气。大多数时候，我们在甲板上玩耍，玩抛球，要么四处跑。船上比较拥挤，但是那次旅行给我印象最深的是这件事，我哥哥和我来回抛一个网球，差点打到一个正好走到我们中间的中国男人。我及时收手，才没打到他。等他过去之后，我用德语大声地对哥哥说，"有的人走路都不看路！"那个中国男人突然回过身来，用毫无瑕疵的德语教训我，大概说了这些话："你这个小家伙不懂礼貌，你扔球的时候为什么不注意一点呢！"我听到这么漂亮的德语出自这样一张奇怪的脸时，绝对是惊若雷击。我此前从未遇到过中国人。这次经历对我来说非常震撼，我母亲说那之后一整天，我几乎没说过一句话。[1]

就像这次意外的接触一样，在中国人和犹太人建立初步联系的过程中，语言发挥了非常重要的作用。

来自中欧城市的犹太人，在到达亚洲之初首先要经历文化、经济和社会差异的冲击。这一上来会巩固他们本身固有的殖民主义优越感。来自维也纳的 Lisbeth Loewenberg 根本无法想象中国与她所了解的世界是多么不同：

> 四个星期之后，我们抵达上海。一走下轮船、踏上外滩、步入南京路，我就看见大群人。他们都是中国人，空气中弥漫着一股不同的气味。记忆中有那种烹调油或者焚香的味道，伴随着一群一群的人。我以为肯定出事了，或者正在发生什么，否则不会有这么多人，如蚂蚁般到处都是。我以为这辈子再也无法呼吸了。但后来也就习惯了。你会对周围环境视而不见，再也闻不到那气味，也感觉不到那些人群。[2]

---

[1] Hochstadt, *Exodus to Shanghai*, p. 74.

[2] Ibid. , p. 92.

难民一旦克服了最初的冲击，并且找到栖身之所，也就逐渐了解了上海的生活方式。大多数难民在虹口区找了公寓或者一个房间，虽然那里的很多建筑都在之前的中日战争中被毁。一些难民也最终理解了为什么大多数中国人不能像欧洲人那样生活。

> Eric Reisman：我们是最早到达上海的那批难民。战争的痕迹在那里还非常非常明显，甚至能看到这一幕：日本人把他们杀掉的人的尸体用绳子挂在门廊里，以这种凶残的方式展示对世界一些地方的占领。这些情景让人不寒而栗。
>
> 我们到那里时，看到中国人生活在纸板箱里和废墟上，死者横尸街头。那情景非常恐怖。大多数人穷困不堪、营养不良，儿童死亡率非常高。人们没有条件埋葬死去的儿童。走在路上，你会突然看到地上有个包裹，走近仔细一看，原来是用草席或报纸裹着的东西，一只小腿从中伸出来。那是被父母丢在路边的已死掉的孩子。[1]

这些犹太难民虽然失去了大部分财产，但仍比普通虹口人多一些生活资源。来自北豪森的 Lotte Schwarz 就意识到，他们在整个社会体系中并不处在最底层。

> 那里有很多人，很贫穷的人。那时的上海对中国人来说也是非常艰难的时期。应该说比我们更加艰难。[2]

对另外一些人来说，中国人的行为加深了他们对中国文化的偏见。

> Ernest Culman：中国人的生活中完全没有卫生概念。地都是用人粪施肥的。穿过附近的田野，就会看见人们在田里便溺。
>
> Juliane Salomon：在我们生活的地方，中国人脏得可怕。几乎谈不上真正的文化。我曾经想，最古老的文化在中国，但这不可能。这里

---

[1]　Hochstadt, *Exodus to Shanghai*, pp. 80 – 81.

[2]　Ibid., p. 87.

如此污秽，太糟糕了。①

犹太难民和当地中国人之间的社会鸿沟巨大，其中根源是多方面的：由于欧洲人在上海的殖民历史和对其经济的持续控制，居住在上海的白人，即使他们是难民，都享有一定特权；中国文化中强调家族关系；宗教信仰和语言的差异阻碍了不同社会阶层的相互理解。多数难民还没有能力和信心开始通过更多了解中国和中国人来融入当地社会。具有讽刺意味的是，许多西方人——包括犹太人——在谈论中国人时，他们的语言同基督徒谈论犹太人时所讲的话如出一辙。

> Ruth Sumner：同中国人没有交流。我从不记得走进过任何一个家庭。他们非常封闭，我们也非常封闭。我们交流的唯一渠道是通过雇佣一个中国人来打扫卫生。②

Otto Schnepp 提供了一个犹太人促成交流缺乏的解释。

> 当时有为教育程度较低的中国人提供的学习课程。来参加的中国人水平参差不齐。我参加了最低水平的一个课程，上了五个学期的课。据我所知，我是唯一参加学习的外国人。那里到处是中国人，到处是中国话，到处写满了中国字，这你可以想象。但是难民始终与中国彻底隔绝着。他们有那么多问题要面对，顾不上去学。我想，他们的英语也差得无法交流。③

难民生活在虹口，每天随处可见中国人。很多人在闲谈中提到同中国人的交往。

---

① Hochstadt, *Exodus to Shanghai*, pp. 101 - 102; interview with Juliane Salomon, Berlin, August 12, 1991, p. 18.

② Interview with Ruth Sumner, Tampa, FL, April 17, 1991, p. 125. Evelyn Rubin 曾在其回忆录里提到与中国人的相遇，但也局限于她家雇的用人，参见 Evelyn Pike Rubin, *Ghetto Shanghai*, New York: Shengold Books, 1993, p. 89。

③ Hochstadt, *Exodus to Shanghai*, p. 145.

  Ilse Greening：那时，人们每天早上拿着自己的茶壶排队买茶，实际上只是买热水，按勺卖的热水。中国人如此，难民们也一样，因为他们没有电炉或者气炉，只为了喝茶而燃煤太麻烦了。

  Ruth Sumner：街角上通常会有小贩和巨大的旧油筒，他们用炭火把筒烧热，以此烤红薯。我们花钱买了吃，然后就生病。花生酱，我们之前从未吃过花生酱，那时候常常买了，舔着吃。还有中国的糖果这种便宜货，大家不让我们买，但我们还是买。我们知道吃了会生病，事实上每个季节都会为冒险付出代价。①

对于像 Ralph Hirsch 这样的小孩子，最容易记起他们的中国同伴。

  第一年的时候，我经常同中国孩子一起在街上玩耍，但随着年龄增长，就越来越多地跟自己人玩了。你知道，我们的活动更有组织，会组成运动队之类的。跟中国人的接触就越来越少，而不是越来越多了。②

成年的难民在城市经济生活中接触中国人。大多数在上海已经生活了一段时间的欧洲人属于当地经济上层，其中就是不怎么富裕的人都雇中国用人。这些人认为白人不能按中国人的一般生活水准过日子，但是绝望中的难民没有选择：在战争年代里，生活在一个不堪人口重负又受控于外国强权的城市里，犹太人是作为中国人的竞争者和合作者进入当地经济生活的。Alfred Kohn 的父亲从事皮毛生意，他解释说：

  俄罗斯犹太皮货商不需要我们，他们与中国皮货商做生意或者雇任何中国劳工时，可能只需付半价就能搞定生意，但是他们在虹口贫

---

① Hochstadt, *Exodus to Shanghai*, pp. 108, 124. Sigmund Tobias 在其回忆录里常常提到中国人的行为，但几乎没有提到犹太人与中国人的交往，参见他的 *Strange Haven*：*A Jewish Childhood in Wartime Shanghai*, Urban, IL：University of Illinois Press, 1999.

② Hochstadt, *Exodus to Shanghai*, p. 115. Gertrud Fichtner 说她和她的姐姐认识住在附近的中国人，但她的妈妈与中国人"没有接触"，Interview with Gertrud Fichtner und Maria Plattner, Elsbethen, Austria, May 25, 1995, pp. 25 – 26。

民区之外就要雇我们。因为我父亲会讲俄语，我们得到了一份很好的工作，我们有活干，但始终要同中国劳工竞争。①

一些难民设法找到工作，并同中国工人一起劳动。我访谈中所有关于同中国人一起工作的评论，都认为中国人非常勤劳而且多才多艺。

  Les Salter：我在浦东一个中国纺织厂得到一份工作。他们给我们发放大米，还做了一身制服。我认识的中国人都非常有才能。有个男孩在我制作坩埚的时候帮我旋转车床，但过了三个月，他做得比我还好，我可以把整个工作都交给他。

  Erwin Landau：Harry Tauber 修理各种电器，也卖新货。我跟着他学习，公司名称叫 Elektrodyne。他那里有个非常能干的中国工人。他能一手轮锤，一手拉锯。他还能讲很好的德语。②

一些难民，比如从维也纳来的 Paula Parks，有做生意的资源、技术或者运气，生意开张后他们就雇用中国劳工：

  那时候，我丈夫 Felix 和他的合伙人需要雇人，但要雇人就只能去雇一个裁缝领班，再由他带自己的人过来。Felix 和他的合伙人接单，负责设计。他们在那里试衣，但很少干体力活。他们管设计，我不知道那位领班带了多少人来，但他们都在那里工作，而且总在那里，很少回家。大家相处得很好，还一起玩麻将。只有那位裁缝领班会讲英语。③

在这个故事中，语言发挥了很大作用。一个中国工人可以凭借英语成为工头。如果没有某种共同的语言，就更难建立起生意上的关系。

---

① Hochstadt, *Exodus to Shanghai*, p. 138.

② Interview with Les Salter, Philadelphia, October 17, 1999, p. 11; interview with Erwin Landau, Vienna, May 5, 1995, p. 23, translated from German.

③ Interview with Paula Parks, Coconut Creek, FL, April 19, 1991, p. 17. Melitta Colland 也为她的服装店雇佣了这样一位裁缝领班，参见 Steve Hochstadt, *Exodus to Shanghai*, p. 120。

欧洲人需要了解在中国什么是真正的生意关系。Gary Matzdorff 在这方面的发现来之不易：

　　1939，我成为一个中国 - 荷兰进出口公司的代理，正是在那里我经历了一件有趣的事。我的老板派我去找一个做石油生意的中国商人。那时所有的商品都不出库，只需将那种所谓的蓝色文件卖出去即可，因为严格讲这种生意就是投机。人们买一样商品，存放几个星期或几个月，等价格涨上去再卖掉。老板就派我去一个中国公司，那个公司想买 90 桶油，每桶 55 美国加仑的那种。他说，"你去跟他们谈，我知道他们想买，你把这个生意做成就行了。"所以我就去了，那是个中国人，典型的中国人，穿着长衫，看起来非常友善，是个年纪略长的绅士。我告诉他是那个进出口公司的 Van der Veen 先生派我来的。他说："是的，我要以如此这般的价格买。"我说："行。"此人的名字我现在已记不得了，我跟他讲，"你要是同意买，就请签署这份文件好吗？"这时他突然不再开口，不说任何话，双臂放在长袖里，眼光直视，当我不存在一般。我搞不明白，又说："我们能否完成这桩买卖或者……？"仍然没有回答。我就退出来，回到办公室，对 Van der Veen 先生说："没有办成，有什么地方不对，或许他不喜欢我的脸或其他什么地方，或许我说错了话。"他说："是的，你说错话了，你要他签字。你不能让人签字的。此人说买，他就会买。"这是个面子问题。如果你不信任这个人，就不跟他做生意。握手就是承诺。但我没经验，（笑）我压根儿就不懂啊。①

语言是个很重要的因素，可以把难民与中国人分隔开，也可以把他们联结起来。现已无法统计有多少难民因从未学过中文而被隔离在他们所在城市的现实生活之外。许多难民，特别是年轻人，学了汉语，从而能够同周围的中国人交流。Otto Schnepp 大概是极少数正式参加语言课程的犹太

①　Interview with Gary Matzdorff, Philadelphia, October 16 - 17, 1999, p. 4.

人之一，更多的人通过工作学了汉语。

> Paul Reisman：我开始寻找学徒的工作，后来找到一个，在上海一家中德公共汽车公司干了三年。我在工作中学了汉语，所有的机械都是汉语的，这样我也没有选择。

> Hanni－Lore Vogelweid：我在一家中国的纺织厂为中国人工作。我那时很年轻，跟中国人一起工作，其他人比我还年轻，我学会了用上海口音说话。我只会说上海话。平时生活和买东西也是一样。我的老板是中国人，领班也是工厂里的中国人，我跟中国人一起工作，大概有 3 个外国人在那里，其他都是中国人。①

很多难民认为中国人特别擅长学习语言。

> Eric Bergtraun：我被介绍给 Weinermann 一家，那是个俄罗斯犹太人家庭，拥有一座很大的上海面条厂。他们在静安寺路（Bubbling Well Road）上有一幢大房子，雇了各种佣人：厨师、奶妈、小工、司机和一个园丁，我不太习惯看到这些人。Weinermann 夫人不会讲英语，也不会讲汉语。当时我已经能讲一点英语，我问 Weinermann 先生："Weinermann 夫人怎么跟她的佣人说话啊？我没见过她讲英语。"他说："她不会讲英语。"我说："她讲汉语吗？"他说："不。"我说："这样啊！那怎么行得通呢？"他说："所有佣人都会讲俄语。"他们都学过俄语，你明白吗？我是说，受雇于这家人的一个前提条件是会讲俄语。

> Susie Friedlander：我们总是在非常非常普通的中国露天市场购买新鲜水果、蔬菜以及其他可以买到的东西。不可思议的是，那些中国小贩或者商人不仅学着讲德语，而且学着讲带奥地利口音的意第绪

---

① Interview with Paul and Gertrude Reisman, Monroe, CT, May 7, 1997, p. 3; interview with Hanni－Lore Vogelweid and Setty Sondheimer, May 1, 1983. See also interview with Kurt Benger, Long Beach, CA, June 8, 1990, p. 13.

语，学你能想到的任何东西。所以他们学得很快。①

Michael Blumenthal 后来当上吉米·卡特总统时期的财政部部长，他就是跟他的俄罗斯房东家的中国男仆学的俄语。②

如果中国人学习了德语或者难民懂一点汉语，他们就能建立起更加密切的关系。在我的访谈对象所讲的很多故事中，掌握一些对方的语言是建立关系的基础。

> Otto Schnepp：因为这一点，我在圣约翰大学同中国同学有更多来往。记得那时，我参加一些社会活动，能够跟他们融洽相处。他们大多讲上海话，也有一些来自北方的人讲普通话。但我能听懂一些上海话，我想这一点使我的处境大不相同。一个同学曾经邀请我去他家。他父亲是一个学校的校长。这样我们有一些来往，我也对时势有了更多了解。我想这非常重要。
>
> Gary Matzdorff：我学着说汉语，也就是上海话，因为我感兴趣。我生活在那里，必须学习当地的语言。我想要接触当地人，融入这个社会。我有很多中国朋友，从他们那里学了更多汉语，但仅仅学了上海话，没有普通话。所以实际上对我来说，在战争开始以前，也就是在 1941 年 12 月 8 日之前，有过一段美好时光。③

我在访谈中听到一些中国人学德语的故事，但这些中国人里医生的比例异常高。显然，很多中国医生曾在中欧学习，这令他们很容易对难民怀有同情，而很多难民本身也是医生。

> Susan Westheimer：我遇到一位曾经在维也纳学习过的医生，于是我辞了工作，做了他的助手。这是我们搬进虹口隔都之前的事，所以

① Interview with Eric Bergtraun, Kiamesha Lake, NY, April 12, 1997; interview with Martin and Susie Friedlander, Tamarac, FL, February 21, 1990, p. 23.

② Interview with W. Michael Blumenthal, Berlin, February 3, 1995, pp. 13 - 14.

③ Hochstadt, *Exodus to Shanghai*, p. 145; interview with Gary Matzdorff, pp. 4 ~ 5.

我大概跟他干了两年。这工作很有意思。（笑）他是一个肺病专家。中国人有很多得肺病的。他教我打针，他有一个小药房。我负责配药，我是说，他开药方，我配药。我甚至参加了他的婚礼。那是我能想象到的最华丽的婚礼，他待我很好。通过他我也接触到其他一些中国人，但大多数是曾在德国学习的医生。这是他的圈子。[①]

有位犹太母亲为了救自己病得很重的女儿 Helga Beutler 而向一对中国药剂师求助，求他们给她一些胰岛素。这两位药剂师同情她，设法将她女儿送进一家德国医院。他们的德语知识在这次救命中派上了用场。[②]

Ilse Greening：我们同一位在维也纳学习过并且能讲流利德语的中国人很要好。他带来了他的一位朋友，他们的德语都讲得很好。有时我都感到惭愧，因为他们的词汇量很大。在日本人占领之前，我们也去中国居民区。我们同中国人混在一起，对他们的生活感兴趣，交中国朋友。有个中国朋友曾带我们去中国寺庙，我们在那里吃了斋饭。

我们还去过鸦片馆一次。我想没有多少难民会去那里。那是一次令人崩溃的经历。一间狭小的房子，里面设有床铺，很原始的、用木条做成的床铺，一张一张的床叠在一起。那里的人，面容枯槁，身体羸弱，就象行尸走肉，房间里弥漫着死亡的味道。他们看起来是穷人里最穷的。来这种鸦片馆的，都是苦力、下层人，因为富人都在家里吸鸦片。在我们住所的街对面，有个邻居就是这样。[③]

日本人是双方共同的敌人，这也使难民同中国人走得更近。

---

① Interview with Susan Westheimer, Newport Beach, CA, June 8, 1990, pp. 11, 24.

② Steve Hochstadt, *Shanghai - Geschichten*: *Die jüdische Flucht nach China*, Berlin: Hentrich und Hentrich, 2007, p. 123. Martin Goldstein 也由曾在德国学习的中国医生治疗，参见 interview with Martin and Ruth Goldstein, Laguna Hills, CA, June 25, 1991。

③ Hochstadt, *Exodus to Shanghai*, pp. 111 – 112.

Ilse Greening：当时我在一家以前属于英国人的银行为日本人工作，那里的中国雇员大多跟我一样，以前是受雇于英国人的。我同两位老同事关系特别好。我们不可收听短波电台广播，这是被禁止的。但每天早上，这两位老友都会把我带到一个角落，告诉我外面发生的一切。这两个人都有短波信息。我从不问他们是怎样得到或者为什么之类的问题，但他们给我提供了战况消息，那种在战争期间谁赢了谁输了的消息。①

在上海的街道上，难民同中国人的接触也不都是愉快的。有些这类不大愉快的接触同民族和文化差异可能没有关系。Evelyn Rubin 写过犹太女孩被中国男青年骚扰，但受到一个日本士兵保护的故事。Erwin Landau 讲述了公园里一群犹太小孩驱赶中国小孩的见闻。②

同最贫穷的上海人接触，情况则大不相同。中国人扒窃是访谈中时常出现的主题，这恐怕是当时上海难民们在意的一件大事。Walter Schlesinger 就是作为受害者同中国人有了最初接触。

> 我们到达上海，下了船。我父亲有一块金怀表，就像老者过去常有的那种。就在他从下船走到海关的那一会儿工夫，表就被偷了。中国人真是厉害。

但这仅仅是他父亲遭遇的第一个不幸：

> 这种事坐电车时也能发生。夏天的上海非常闷热，我父亲又一次遇上这种事。他当时为了防晒戴了一顶草帽。电车走着走着，就有一个骑自行车的人拿着网朝反方向走，他把网伸进电车，一下就偷走好几顶帽子。我父亲没钱，一无所有，他也喊："我的帽子！"③

---

① Hochstadt, *Exodus to Shanghai*, p. 150.

② Evelyn Rubin, *Ghetto Shanghai*, pp. 138 – 139; interview with Erwin Landau, p. 21, translated from German.

③ Interview with Walter Schlesinger, Perchtoldsdorf, Austria, May 7, 1995, pp. 7, 9.

很多难民指出坐电车时最容易丢东西。但在上海大街上，扒窃天天有。①

> Juliane Salomon：中国人像乌鸦那样从我们这里偷所有的东西，连晾在绳上的衣服都不放过。有人从我胳膊肘下面偷走面包，有人偷走我丈夫的手表。他们很有一套。
>
> Paula Parks：中国人是高超的扒手。当时经常停电，但停电时我从不害怕，我不担心他们会强奸、杀人，没听说过他们干这类事。但偷东西真有，对此他们很擅长，而你永远防不胜防。他们拿了东西，但从不伤害你。
>
> Peter Konick：我母亲一不留神，有个小偷便从购物袋里偷走了一块新出炉的面包（我们总会买这个），当时我就在场。有个中国人骑车路过，他灵巧地一抓，面包就不见了。被偷是日常生活的一部分。但如果从小就了解这种环境，就会有准备并注意防范。令我吃惊的是，我母亲这方面非常迟钝，居然能让面包从她手中被偷走。②

然而，Fred Zunterstein 对中国人和扒窃行为却有不同的看法："他们不会偷。中国人很诚实，诚实的人通常来说不会偷。"这相互矛盾吗？我认为并不矛盾。Fred Zunterstein 指的是同他父母做生意的中国人。没有任何同中国工人共过事或雇用过中国工人的犹太人跟我谈到过偷窃。③ 难民们提到的偷窃都是对陌生人行窃，与极端贫困的情况有关，而非工作场合的不诚实。

Fred Zunterstein 说："中国人很诚实。"他根据自己的经验，认为他对中国人有足够的了解，并能概括出他们的特征。我访谈的很多难民都这样

---

① 1938 年 12 月 28 日出版的《北华捷报》（*North China Herald*）上有一篇文章，报道了 9 名"抢帽帮"成员在西方控制的上海中心地带遭到逮捕。这些窃贼绝大多数是小男孩，他们通过公交和轻轨的敞开的车窗行窃。

② Interview with Juliane Salomon, p. 3；interview with Paula Parks, p. 25；interview with Peter Konicki, Berlin, March 19, 1995, pp. 27 - 28. 我所访谈的人中有 1/10 提及此类偷窃。如果这有代表性的话，那么可能有 1500 人遭窃。

③ Ernest G. Heppner, *Shanghai Refuge*, p. 62，这里说中国人"对他们的生意伙伴很诚实"。

描述中国人，基本上是非常正面的评价，表明当时上海的犹太人和中国人之间的关系总体上是友好的。

> Paula Parks：我发现中国人，不论贫富，总是有幽默感。哪怕很穷的人也一样。不知怎的，他们让我想起自己熟悉的维也纳式的幽默。

> Herbert Greening：你一旦成为他们的朋友，就会是他们终生的朋友。中国人很难接近，但一旦交上朋友，他们非常好、非常值得信赖。

他的妻子 Ilse 补充说：

> 他们还爱学习，非常努力。中国人在很多地方跟犹太人相似，比如家庭观念强、重教育等。我们感觉跟他们很亲近。

> Ruth Goldstein：中国人是非常精明的生意人，非常精明。

> Gérard Kohbieter：中国人很有礼貌，而且对我们非常宽容。当时那种环境下，对外国人抱有敌意可能是存在的，但这种敌意从未表达出来。摩擦是有一些，但总体来看，我得说他们是好主人。我感激他们。[1]

尽管中国人在上海并没有政治上的管理权，很多难民还是对中国人深怀感激。这种感激主要是针对中国人所展现出的欢迎态度，而非实际上的营救。

> Doris Grey：中国人挽救了我们的生命，不论如何，他们挽救了我们。要我谈对中国人的看法，我只能说他们的优点。首先，我们一上来很难透彻地了解他们的心态。对于他们来说，我们是外国人（gnakoning）。另一方面，你终究会对此习惯，而且了解到他们非常乐于助

---

[1]　Interview with Paula Parks, p. 25; Hochstadt, *Exodus to Shanghai*, p. 111; interview with Martin and Ruth Goldstein; Hochstadt, *Exodus to Shanghai*, p. 226.

人。我们与最底层的中国人生活在一起,但他们帮助了我们。他们教我们怎样用泥土和水做炭,怎样用日式炉子。战争结束后,我们也回报他们。所以,每次收到从美国亲戚那里寄来的东西,每次收到慰问包裹的时候,我们都会把他们请到我们的房子外面,分给他们一些。我们很高兴能够这样做,因为他们对我们的帮助真的是太大太大了。①

中国人最重要的一个特点是不歧视犹太人。Leo Roth 表示,"他们不知道反犹主义"②。经历了在德国的遭遇之后,犹太人感到跟中国人打交道要舒服得多。

犹太难民和上海居民之间的这种关系是在中国遭受殖民统治的最后几年发展起来的。在 1941 年以前的上海,欧洲白人的权势大过中国人;珍珠港事件之后,中国人和欧洲人都受日本人的控制。1945 年 8 月,这种控制解除了。战争结束后,中国人突然对自己的生活拥有了更多决定权。不论是支持国民党还是支持共产党,中国人受控于外国帝国主义的日子结束了。这种政治转型同时也在总体上改变了上海的中国人和所有外国人之间的关系,其中也包括中国人同犹太难民之间的关系。很多敏感的难民注意到了这种变化。

Otto Schnepp:战争结束后,中国人中间存在着很大的对外国人的敌意,一种根深蒂固的敌意。我想这种敌意一直都有。在战争期间,要反抗日本人,所以可能把日本人当作敌人。一旦日本人消失了,对其他外国人的敌意就多起来了。

有一次我在上海被一群暴徒截住。经常发生这样的事情,中国女人将孩子推到外国人或者他骑的自行车或者什么面前,然后指责他伤了她的孩子。然后就会引来一群人。我不知道他们确切想要什么,我猜是要钱吧。我当时就碰到了这种情况,但我可以讲汉语,这就大不相同了。我被一群中国人包围,他们都非常非常敌对。我确信那个女人想要钱。但很难弄明白那群人想要什么。他们发泄愤怒,狠狠地

---

① Hochstadt, *Exodus to Shanghai*, pp. 53, 222.

② Interview with Leo Roth, Berlin, June 19, 1995, p. 35.

打我，我反正搞不明白。这个时刻对我来说重要的是能用汉语为自己辩护。我清楚记得此事。真是很可怕的一次经历。①

Gerald Bigus 谈到一个战后同他共事的中国人：

> 他们明着说："就等共产党来吧。"当时我为美国军队工作，仓库里的工人都是中国苦力。他们跟我们讲洋泾浜英语。他们在谈论革命，特别是年轻人……他们倒不怎么反对我们。他们通常说白人的坏话，但不反对我们。我们公平对待他们，他们喜欢我们。②

Walter Dawid 也经历了这种态度转变：

> 战争结束后，有了电影。虹口区有好几家影院，非常简单的影院。中国人的民族主义情绪在电影院里有清楚表现。每次放电影之前，都会播一个民族主义短片，里面有孙中山、蒋介石以及中国国旗等。如果你不站起来，就会被旁边的中国人敲一下头。③

诚如 Otto Schnepp 所说，对外国人的敌视并不一定是新生事物，只是到这个时候才更多地公开表达出来。James Ross 曾在此类表达中注意到至少有一次使用了反犹主义的语言。④ Walter Dawid 却有不同的解释：

> 我认为他们并没有改变看法。是他们的自我意识改变了，因此更愿意表达意见。……实际上，我们并没有受到攻击，这对我从未发生过。这种情况即使有，我想也是非常罕见的。但对我们来说不幸的是，我们知道他们不再需要我们了。⑤

---

① Hochstadt, *Exodus to Shanghai*, pp. 180 – 181.
② Interview with Gerald Bigus, Laguna Hills, CA, June 9, 1990, pp. 22 – 23.
③ Interview with Walter Dawid, Vienna, May 4, 1995, p. 9, translated from German. See also interview with Alfred Schaefer, Berlin, May 14, 1995, p. 40, translated from German.
④ Ross, *Escape to Shanghai*, pp. 235 – 236.
⑤ Interview with Walter Dawid, p. 22.

来到上海的时候，难民们刚刚逃离极端迫害，其原来所在的社会以暴力方式抛弃了他们。在上海，他们找到了包容。他们在这里遇到的最差待遇不过是被贫穷的中国人偷了帽子。即使他们明白中国人并没有准许他们进入上海的决定权，很多人还是表达了感激之情。这里引用的访谈片段和回忆录都来自犹太难民的记忆。这种关于中国人友好和好客的解释，可能在一定程度上也是因为难民们知道欧洲在他们离开之后发生了什么。如今，我们已经无法把犹太难民在上海同中国人的交往，与他们在战后意识到这座城市为他们提供了一个独特庇护所所产生的感情分开来谈论。

在全欧洲发生大屠杀的背景下，简单的友好举动被赋予了新的意义。对于一直生活在反犹主义阴影下的犹太人来说，没有反犹主义就显得非同寻常。虽然犹太难民面临严峻的经济问题，他们还是能体会到上海非凡的国际化的宽容，这里几乎没有"他者"（otherness）。他们庆幸找到了一处庇护所，并把感激之情留给了中国人。

（徐鹤鸣　译、宋立宏　校）

汉学、犹太身份与纳粹大屠杀记忆

——对一位以色列汉学家的反思

宋立宏*

探讨个体经历与学术取向之间的关涉，往往令人兴味盎然，却又嗫嚅而止。一方面，将由个人经历形成的观点、视角和情感运用于研究对象，具有无法否认和毋庸赘言的正当性，甚至可以成为推陈出新的枢纽。但另一方面，刻意凸显两者间的联系，既容易造成主观性盖过客观性的印象，从而影响受众对研究成果的信服与接受，又触及学者治学心路历程的最初动因和终极关怀，于是，一旦涉及这种联系，人们宁可被责备为迟疑不决，也不愿勇于冒险。

上述观察也许能够解答这个问题：犹太人在海外汉学家中为数众多，但为什么中外学者迄今为止极少去探究犹太身份对中国研究的影响？朱政惠编写过《史华慈学谱》，这大概仍是唯一一部用中国传统的谱牒学方法撰写的西方汉学家的学术年谱，不啻是对史华慈显赫学术地位最雄辩的反映。此书认为，在评价史华慈的中国学成就时，他的犹太人身份是应当注意的一个"关节点"。[1] 史华慈本人无疑会赞同这个观点。在一篇纪念列文森的文章中，史华慈坦言，他和列文森的犹太人身份是两人与中国产生深刻共鸣的关键：列文森"对现代中国人与其文化遗产之关系的兴趣，和他毫不掩饰的对自身犹太人过去的关注密切相连。这种关注我也有，而且让

---

* 宋立宏，南京大学哲学宗教学系、犹太 – 以色列研究所教授。

[1] 朱政惠编著《史华慈学谱》，上海辞书出版社，2006，"前言"，第19页。

我引他为同道。我觉得，这种关注非但远远不会有损于客观性，反倒为他的思想平添了一份诚恳和真实，许多自诩客观的学者徒劳地幻想能够置身于自己工作之外，但在他们的著述中却难以找到这份诚恳和真实。"① 列文森心心念念地打算在退休后写一本关于犹太教的书，但由于英年早逝，如今只剩下一篇遗稿，题为"犹太身份的抉择"，其中所处理的许多主题，诸如历史与价值、排他性与普世性、分离与同化之间的张力等，仍与《儒教中国及其现代命运》的关注点一脉相承。②

显然，犹太身份对中国研究的影响值得引起充分重视。但除了上述例子，笔者只在舒衡哲（Vera Schwarcz）的著述里看到对这种影响的自觉探索。③

本文将关注以色列汉学的一位奠基者伊爱莲（Irene Eber），希望能够对这方面的研究有所拓展。下文先介绍和评点她的主要学术著述，尤其是能够体现她一家之言的学术观点。再聚焦于她的一本非学术著作，即记载她创伤性经历的自传。此书作为反映纳粹大屠杀时期被占区藏匿儿童之困境的一手史料，不仅对研究大屠杀记忆和犹太身份之间的关系有价值，更对辨析她的治学取向、理解她的学术选择有重要启发意义。当前，海外汉学已成为国内显学，海外汉学自身的问题意识和学术脉络也是不可忽视的。

一家之言

1966 年，36 岁的伊爱莲以关于胡适的论文从美国加州克莱蒙研究院（Claremont Graduate School）获得博士学位。1998 年，她在希伯来大学以

---

① Benjamin I. Schwartz, "History and Culture in the Thought of Joseph Levenson," in Maurice Meisner and Rhoads Murphey, eds., *The Mozartian Historian: Essays on the Works of Joseph R. Levenson*, Berkeley: University of California Press, 1976, p. 101.

② Joseph R. Levenson, "The Choice of Jewish Identity," in Meisner and Murphey, *op. cit.*, pp. 180 – 193.

③ 尤其是 Vera Schwarcz, *Bridge Across Broken Time: Chinese and Jewish Cultural Memory*, New Haven: Yale University Press, 1998.

东亚研究讲席教授的身份荣休时，已是公认的以色列中国学的开创元老——或许称为耶路撒冷汉学女大祭司更恰当。她著述等身，博洽多闻，于跨文化视野下的思想史与文化史尤擅胜场：上探周易、孔子，下览鲁迅在欧美、卡夫卡在中国的接受。细观这种淹贯古今中西的气象，满目苍翠之中，自有一根主干始终依稀可辨，那就是于中犹交往的方方面面无所不窥。

她最早在西方学界系统关注五四时期和中华人民共和国成立后对"弱小民族""被压迫民族"文学的译介。《来自远方的声音》通过研究波兰、爱尔兰、美国黑人和意第绪语作家的中译文，探讨了文学翻译与文化、政治运动之间的关涉。① 此书出版时，后殖民理论还远不如今日这般风行。她对意第绪语作家在中国接受情况的研究，在很长一段时间内堪称独步学林。意第绪语是第二次世界大战之前大多数居住在中欧和俄国的犹太人的日常用语。这种语言以希伯来字母书写，基本语法结构则取自德语，但词汇源于多种欧洲语言。到20世纪，欧洲和美国都发展出大量以意第绪语创作的纪实文学和虚构文学。然而，意第绪语在第二次世界大战期间随着犹太生活的毁灭而走向衰落。1978年，以意第绪语创作的辛格获得诺贝尔文学奖，他曾在获奖演说中称这种语言是"一种放逐的语言，没有国土，没有疆界，没有任何政府的支持"。② 茅盾、鲁彦和周氏兄弟等新文学运动的倡导者曾对译介意第绪语作家表现过很大热情，但中译者皆不谙意第绪语，相关译文乃是转译自世界语等其他语言。伊爱莲指出，中国作家对意第绪语文学作品的兴趣，与其说是想让中文读者了解犹太人的生活，毋宁说是源于一种误读，即误把意第绪语当作犹太人的白话；他们觉得如同文言在中国终将被取代，意第绪语也正在取代希伯来语。换言之，中国作家

---

① Irene Eber, *Voices from Afar*: *Modern Chinese Writers on Oppressed Peoples and Their Literature*, Ann Arbor: Center for Chinese Studies, University of Michigan, 1980.

② 参见尼尔·G. 雅各布斯《意第绪语：阿许克那齐语言》，载艾·巴·辛格《萧莎》，徐崇亮译，南京大学出版社，1993，第291～305页；辛格获奖演说中的引文见此书第288页。

从意第绪文学中发现了对自己目标的肯定。①

对原文的重视又逐渐将她的视线引入汉学研究的一个强势领域：《圣经》在近代中国的翻译与接受。《犹太裔主教和中文圣经：施约瑟传》是这方面的代表作。② 施约瑟是 19 世纪美国圣公会派驻中国的主教，今天除了作为上海圣约翰大学的创办者被附带提及外，差不多已被遗忘。但在圣经汉译史上，施约瑟最早根据希伯来文原文把《旧约》译成北方官话，这个译本后来成了影响最深远的"和合本"圣经的基础，故他之于中文世界，多少仿佛威廉·廷代尔之于英语世界、马丁·路德之于德语世界。此书深入勘探了前人研究中的一片盲区：施约瑟在皈依基督教之前的犹太背景。这位主教生于立陶宛的传统犹太家庭，后进入中欧富有盛名的培养拉比的学院，接受了传统的犹太经学训练。在来华传教士中，他能够对圣经原文有无与伦比的理解，皆得益于此，而这种犹太过去最终在他的翻译手法和译注中结晶成形。近代中国新教传教史上被隐没的传统犹太学术由此彰显出来，施约瑟其人一下由面目模糊转为个性鲜明。伊爱莲也赢得了国际声誉。

值得指出，"犹太裔主教"（Jewish bishop）一语在基督教视野中不仅没有什么意义，甚至颇为费解，因为一旦受洗与耶稣基督合为一体，是不是犹太人就不再重要了。③ 但如果放进犹太教语境审视，此语别有

---

① Irene Eber, "Yiddish Literature and the Literary Revolution in Modern China," *Judaism*, 16：1（Winter 1967）：42 - 59；Irene Eber, "Translation Literature in Modern China：The Yiddish Author and His Tale," in eadem, *China and Jews*：*Encounters Between Cultures*, London：Vallentine Mitchell, 2008, pp. 123 - 147；伊爱莲：《认知彼此：意第绪语作家和中国人》，见本书。

② Irene Eber, *The Jewish Bishop and the Chinese Bible*：*S. I. J. Schereschewsky（1831 - 1906）*, Leiden：Brill, 1999；伊爱莲：《施约瑟传：犹太裔主教与中文圣经》，胡聪贤译，新北市：圣经资源中心，2013。另参伊爱莲等《圣经与近代中国》，蔡锦图编译，（香港）汉语圣经协会，2003；伊爱莲：《论圣经翻译的跨文化特质》，载梁工主编《圣经文学研究》，第 11 辑，人民文学出版社，2015，第 136 ~ 149 页。

③ 《加拉太书》，3：26 ~ 28。另参《加拉太书》，5：6；6：15。《罗马书》，3：29 ~ 31；10：12 ~ 13。

内涵。根据传统犹太律法（Halakhah），宗教信仰不是构成犹太人的必要条件，一个人就算皈依了其他宗教，只要母亲是犹太人，仍是犹太人。套用以撒·多伊彻的著名观点讲，"不犹太的犹太人"（non-Jewish Jew）也是犹太传统的一部分。① 这项研究由一位犹太学者做出，并不是偶然的。

由于对翻译过程中文化身份的构建极为敏锐，犹太人在中国这个领域自然也逃不出这位犹太汉学家的眼界。关于中外学界讨论最多的开封犹太人的华化问题，与国内学界普遍认为华化意味着同化不同，她主张华化其实给开封犹太人带来一种新的犹太身份，这一方面能够让他们不再作为陌生人而融入中国社会，另一方面有助于他们维持这种新认同，从而将犹太记忆一直存续至今。②

在近代来华犹太人方面，她曾对以前居住在哈尔滨、天津和上海的犹太人进行访谈，相关口述史文档如今保存在希伯来大学当代犹太人研究所（Institute of Contemporary Jewry）。③ 退休后，她依旧孜孜矻矻，专注于二战期间上海犹太难民问题，老而弥坚，新作迭出。《来自上海的声音》辑录和翻译了纳粹统治期间逃往上海的中欧犹太人所写的书信、日记、诗歌和短篇小说。④ 这些译自意第绪语、德语和波兰语的创作，早已尘封进档案馆，星散于世界各个角落，有不少从未出版过。一旦重现天日，跃然而出的那些光影声色，是对摩登上海和犹太流亡者内心世界的双重见证。最新力作《战时上海和中欧犹太难民》则重在考察犹太难民的流亡处境，以及他们在陌生的新世界再造昔日文化生活的努力。其中引用的档案资料和意第绪语著作，尤其值得国内相关研究借鉴；此外，她还提请读者注意，她

---

① Isaac Deutscher, *The Non - Jewish Jew and Other Essays*, London: Oxford University Press, 1968, pp. 25 - 41.

② Irene Eber, "K'aifeng Jews Revisited: Sinification as Affirmation of Identity," *Monumenta Serica* 41 (1993), pp. 231 - 247.

③ 类似的研究，参本书史蒂夫·霍克施塔特的文章。

④ Irene Eber, ed. & trans., *Voices from Shanghai: Jewish Exiles in Wartime China*. Chicago: University of Chicago Press, 2008.

一直把上海犹太难民当作纳粹大屠杀史的一部分看待，认为这是"一部关于幸存，甚至是关于英勇、关于顽强反抗命运的故事"。[①] 在撰写此书的漫长过程中，她先后积累了以五种语言写就的两千多份文件，它们目前由以色列纳粹大屠杀国家纪念馆（Yad Vashem）保管。她已从中选出一百多份详加评注和翻译，内容涉及犹太难民来上海的前因后果。此书已完成，交给了出版方。[②]

对于远东犹太社团的历史，她曾表达过一个总体见解，认为它"突出了社团生活在保存和延续犹太价值观方面的重要性，而坚持犹太身份也能展示形形色色的犹太世俗文化"[③]。无独有偶，精研伊斯兰教的伯纳德·刘易斯也说过一个观点：印度和中国虽然也有过犹太社团，但它们无论对所在国还是对犹太民族都没有产生任何重要意义。[④] 两相对照，同为犹太东方学家，两者在同一问题上的分歧可堪玩味。

《抉择》中的抉择

伊爱莲这些令人赞叹的成就，以及她的治学取向，当然脱离不了个人际遇。"爱莲"这个名字是她的授业老师陈受颐起的。在中国现代化的诉求下，如果说有关西学东渐的著述仿佛汹涌大潮，那么可以理解，东学西渐，尤其是西方主流思想家受中国影响的成果，相形之下宛如涓涓小溪。陈受颐的研究著作属于后一方面的开山之作，并依然是最突出者之一。伊

---

① Irene Eber, *Wartime Shanghai and the Jewish Refugees from Central Europe：Survival，Co‐Existence and Identity in a Multi‐Ethnic City.* Berlin：De Gruyter, 2012, p. 3.

② Irene Eber Collection, Yad Vashem Archives. 相关信息来自笔者与伊爱莲的交流。

③ 引自 Jonathan Goldstein, "The Sorkin and Golab Theses and Their Applicability to South, Southeast, and East Asia Port Jewry," in David Cesarani, ed., *Port Jews：Jewish Communities in Cosmopolitan Maritime Trading Centres，1550 – 1950*, London：Frank Cass, 2002, p. 191.

④ Bernard Lewis, *notes on a Century：Reflections of a Middle East Historian.* New York：Penguin Books, 2012, p. 240.

爱莲关于道教思想与马丁·布伯关系的论文，让人不由想起她的师承。①
在她获得博士学位时，陈受颐曾把胡适用过的线装本《资治通鉴》题赠给
她；后来又在她动身前往以色列任教前，将陈序经《东西文化观》手稿托
她保管。② 此外，毋庸赘言，通晓多种古今文字的语言天赋是她非同寻常
的优势，决定了她能在多个领域穿梭游走、"四海为家"——诚如其八十
祝寿文集的标题所示。③

　　不过，伊爱莲最非同寻常的经历却发生在她 15 岁以前。施约瑟自幼丧
失双亲，不得不祈求亲戚的仁慈；而她在纳粹大屠杀期间遭遇家破人亡，
不得不祈求陌生人的怜悯。这一切都记载在她回忆童年和青春早期的自传
《抉择：波兰，1939－1945》④（以下简称《抉择》）里。"不犹太的犹太
人"霍布斯鲍姆说过："知识分子的自传必须涉及他自己的理念、态度与
作为，而非只是一份自我宣传。"⑤ 因此，《抉择》不单单是一位幸存者对

① 陈受颐：《中欧文化交流史论丛》，台湾商务印书馆，1970。伊爱莲对布伯与中国的研究，
见 Irene Eber, "Martin Buber and Taoism," *Momumenta Serica* 42（1994）：445－464；Irene
Eber, "Martin Buber and Chinese Thought," in Georg Ebertshäuser und Dorothea Wippermann
（Hrsg.）, *Wege und Kreuzungen der Chinakunde an der Johann Wolfgang Goethe – Universität,
Frankfurt am Main*；Frankfurt am Main：IKO Verlag, 2007, pp. 23－49；Martin Buber, Irene
Eber（Hrsg.）, *Schriften zur chinesischen Philosophie und Literatur*, Gütersloh：Gütersloher Ver-
lagshaus, 2013. 按，希伯来大学的东亚系于 1969 年正式成立，是以色列高校中最早成立
的东亚系，但任教于此的马丁·布伯在 20 世纪四五十年代就在他的哲学研讨班上讲授道
家和儒家思想了，参见 Irene Eber, "Sinology in Israel," *Revue Bibliographique de Sinologie*
14（1996）：29, note 1。

② John Regan, "Irene Eber and Her Collection," http：//www. cgu. edu/pages/3292. asp（ac-
cessed 2015－9－27）

③ Raoul David Findeisen, Gad C. Isay, Amira Katz－Goehr, Yuri Pines, and Lihi Yariv－Laor,
eds., *At Home in Many Worlds：Reading, Writing, and Translating from Chinese and Jewish
Cultures. Essays in Honour of Irene Eber.* Wiesbaden：Harrassowitz Verlag, 2009. 此书第 312～
320 页辑有她的出版目录。

④ 伊爱莲：《抉择：波兰，1939－1945》，吴晶译，学苑出版社，2013；Irene Eber, *The
Choice：Poland, 1939－1945*, New York：Schocken Books, 2004. 下文此书引文出自中译
本，个别引文据原文略有改动。

⑤ 艾瑞克·霍布斯鲍姆：《趣味横生的时光：我的 20 世纪人生》，周全译，中信出版社，
2010 年，第Ⅵ页。

纳粹屠犹的见证，其所流露出的种种态度也可充当理解她上述学术著作的一把钥匙、一扇窗。

纳粹及其合作者共屠杀了 150 万名儿童，其中有 100 多万名犹太儿童，这在世界史上是空前的。只有不到百分之十的犹太儿童从纳粹占领的欧洲幸存下来。但这个群体在战后很长一段时间内被忽视了。直到 20 世纪 90 年代，儿童幸存者战时的处境及其战后出现的身心失调症状、精神疾病和隔代传播的心灵创伤，才开始受到普遍关注。而幸存者此时已步入中年或花甲之年，有的已能敞开心扉，感到有责任谈论自己的战时经历，以教育后代。由此诞生了一大批研究成果和回忆录。[①] 这是《抉择》一书出现的不可忽视的背景。

《抉择》这个书名原文用的是单数，但书中包含了作者的诸多抉择。

其中有一个只体现在中译本里。她的母亲和姐姐因为出现在辛德勒名单上而侥幸逃脱了纳粹魔掌。但在中译本里，"辛德勒"被译成"辛得乐尔"。不仅如此，凡是犹太人姓名里带"德"音的字，中译本一律翻作"得"。译者明言，这是作者的抉择：德国的"德"字无论如何不能出现在犹太人和拯救犹太人的正义之士的名字里。这种态度在许多德语是母语的纳粹大屠杀幸存者中并不鲜见。有的人一生再也不说德语、不写德语、不去德国、不买德国货、不乘德国航班，他们时时刻刻挣扎在过去的记忆中。事实上，只是到了该书最后，伊爱莲才透露，她出生在德国的哈雷（Halle），在那里一直住到 8 岁，饱受同学、老师的种族歧视，然后遭驱逐，全家返回父亲的故乡——波兰小镇梅莱茨（Mielec）。哈雷从不欢迎犹太人，她从未想过要重返出生地。

梅莱茨才是她心中的家，尽管她居住时间很短，前后不足四年。德军

---

① 例如：Debórah Dwork, *Children with a Star: Jewish Youth in Nazi Europe*, New Haven: Yale University Press, 1991; Howard Greenfield, *The Hidden Children*, New York: Ticknor & Fields, 1993; Jane Marks, *The Hidden Children: The Secret Survivors of the Holocaust*, New York: Ballantine, 1993; André Stein, *Hidden Children: Forgotten Survivors of the Holocaust*, Toronto: Viking, 1993; Paul Valent, *Child Survivors of the Holocaust*, 2nd edition, New York: Brunner - Routledge, 2002（此书 1993 年初版于澳大利亚）。近期的书目参见 http://www.ushmm.org/research/research - in - collections/search - the - collections/bibliography/children#h125（accessed 2015 - 9 - 27）。

入侵波兰后，从1942年起把犹太人赶出梅莱茨，往奥斯维辛等死亡集中营押送。她在这时做了一生中显然最关键的抉择：机会出现后，她独自逃生，而非与家人一起坐以待毙。但这违背了父亲的意愿，他对她说的最后一句话是"不要走"。求生和亲情之间只有一场零和博弈。她选择了生，也选择了在余生如何自我接受的煎熬。她是在父亲遇害后很久才知道噩耗的，"当时还没有学会如何哀悼"①。

随父亲一同逝去的，还有父辈的信仰。纳粹战败后，她一度相信自己是世上唯一活着的犹太人，甚至想去当天主教修女，追求一种安宁的、无私奉献的崇高事业，只是姐姐的突然出现打消了这个念头。但回归父亲的传统犹太教已不再可能，逾越节等犹太节日只能勾起她家庭破碎的回忆。纳粹大屠杀之后，人的罪恶和神的意图是当前无数神学家殚精竭虑的问题。然而，在幸存者聚首讨论为什么自己能活下来的谈话中，她生平第一次听到达尔文的名字，却不记得他们谈论过上帝。"知道灾难最终没法避免已经足够，为什么还要费脑筋思索灾难没能避免的神学解释呢？"② 她告诉友人："我们这些人无缘无故活了下来，纯属运气，说不清道不明，对我们而言，1945年以后似乎只有两条路：要么热诚信仰，哪怕上帝的方案似乎离奇地包含了毁灭，既毁灭一整个文化，又毁灭那些珍惜和滋养了这种文化的人；要么放弃信仰。"③ 她选择了后者。但另一方面，"做一个犹太人，和其他犹太人、那么多各式各样的犹太人在一起，越来越使我感到舒畅"④。换言之，她最终选择做没有犹太信仰的犹太人，也就是多伊彻所说的"不犹太的犹太人"⑤。

---

① 伊爱莲：《抉择：波兰，1939～1945》，吴晶译，第2页；Eber, *The Choice.* p. 3。
② 伊爱莲：《抉择：波兰，1939～1945》，吴晶译，第155页。
③ 1998年12月7日致 Marián Gálik 信，见前引祝寿文集第15页。
④ 伊爱莲：《抉择：波兰，1939～1945》，吴晶译，第153页。
⑤ Steven M. Cohen 近期的调查表明，持"我是犹太人，但我不把犹太教或任何其他东西当作我的宗教"这种立场的，在所有犹太成年人口中已占20%，在18至29岁的美国犹太人中更高达33%。引自 Samuel Heilman, "Diaspora Jews and Israel: Between Distance and Despair," *Haaretz*, May 22, 2014, http: //www. haaretz. com/opinion/. premium – 1. 592224 (accessed 2015 – 9 – 27)。

放弃信仰的幸存者都差不多，他们眼中的上帝在大屠杀之恶的映衬下显得没有任何意义。大屠杀之后继续热诚信仰的人却各有各的信法。这里不妨拿另一位同样是学者、同样写了自传的大屠杀幸存者对比一番。大卫·哈里弗尼是公认的战后最重要的《塔木德》学者之一，他祖父的 65 个子孙中只有 5 人幸存，其余都丧命于奥斯维辛。2000 年，以色列沙斯党（Shas）精神领袖俄巴底·约瑟（Obadiah Yosef）拉比发表全国广播布道，其中明确把大屠杀与罪联系起来，认为今生死于大屠杀的许多信徒在前世（gilgul）[①]中有罪。布道播出后，引起以色列国内舆论一片哗然。这个观点其实在极端正统派中很有代表性，虽说他们对这里所说的罪一般有三种不同的理解：一种主张这种罪是指犹太复国主义，因为其支持者未经上帝同意擅自结束流散并建国；另一种坚持反犹太复国主义才是罪，正由于没有移民以色列才会死于纳粹之手；第三种则把近代的犹太启蒙运动（Haskalah）视为罪，那些拥抱世俗文化的德国犹太知识分子罪在把柏林当作了耶路撒冷。极端正统派领袖如此论证，并非没有私心：他们自己幸存下来了，必然与罪无涉，故他们才是托拉传统的真正守卫者和传人。[②]哈里弗尼对此不满，于 2001 年发表公开演讲，指出把大屠杀作为罪的结果，并没有任何经文依据，大屠杀只能归咎于人类之恶和人对自由意志的滥用。他改造了以撒·卢里亚在犹太人被逐出西班牙后创造的卡巴拉理论：上帝自我退缩（tsimtsum）以给人类自由腾出空间，但这种空间无法自我维持，神须不断重新进入这个空间，而为了防止自由意志由此受限乃至无效，神又得周期性地自我退缩，这时神对尘世的干预最少，人类便可享有无限自由以致为所欲为。在哈里弗尼看来，现代欧洲史就对应这个上帝自我退缩的时刻，而人的作恶在大屠杀中达到顶点。他指出，在《巴比伦塔木德》（*Berakhot* 7a）中，拉比们认为上帝也祈祷，他祈祷自己的仁慈本性抑制自己的正义

[①] 犹太神秘主义关于灵魂转世的观念，参看 Alan Unterman, ed. *The Kabbalistic Tradition.* London：Penguin Books, 2008, pp. 249–267; Gershom Scholem, "*Gilgul*：The Transmigration of Souls," in idem, *On the Mystical Shape of the Godhead*, New York：Schocken Books, 1991, pp. 197–250。

[②] 沙斯党 1984 年成立之初原名为"全世界塞法迪托拉守卫者联盟"（Hitahdut Hasefaradim Ha'olamit Shomrei Torah）。

本性，从而战胜他的愤怒，宽待自己的子民。哈里弗尼猜想，上帝如今在祈祷人类运用自己向善的自由，从而加增神的仁慈本性。由于哈里弗尼的个人经历和学术声望，这是当前关于大屠杀神学最受重视的观点之一。[①] 将上述观点同伊爱莲的不愿侈谈信仰对照，可以凸显纳粹屠犹对犹太信仰林林总总的复杂影响。

伊爱莲战后与母亲重聚时，两人没有喜极而泣，没有拥抱，只对望着，她那个抉择让两人都觉得对方是陌生人。很快，她在难民营（Displaced Persons Camp）里又做了一个重大决定：一有机会就去美国，再次离开刚刚团聚的母亲和姐姐。这次不是为了求生，而是为了求知，为了补上失去的学习机会。她没有去以色列，因为犹太复国主义的代表把以色列宣传的像是基布兹的厨房，而她会在那里削马铃薯皮一直削到死。

正是在美国，她开始学中文，"这是一个思想的旅程，一个把我的思绪远远带离梅莱茨和波兰的旅程"[②]。人联系和领会的能力往往取决于创造性地转化陌生事物的才干。中国文化在这段旅程中安顿了她的灵魂。中国古典诗词穿插书中，这或许是对阿多诺"奥斯维辛之后无法写诗"一说的态度？无论如何，那些抒发离愁别绪、寄托黍离之悲的作品似乎让她尤有共鸣。她还钟情于《红楼梦》。大观园仿佛是她眼中另一个回不去的伊甸园，园里的妙龄女子注定要一个个离开，到园外接受悲剧性的命运。她们所猜的灯谜"首先涉及个体存在的意义，涉及人类的困境——人有精神追求的觉悟，可还是不可救药地陷入这个泥泞、污浊的世界"；灯谜还包含了对命运的警示，但无人去留意，无人依据警示做出相应的抉择。[③]

① David Weiss Halivni, *Breaking the Tablets*: *Jewish Theology After the Shoah*, Ed. Peter Ochs, Lanham: Rowman & Littlefield Publishers, Inc., 2007, pp. 3 – 41; David Weiss Halivni, *The Book and the Sword*: *A Life of Learning in the Shadow of Destruction*, New York: Farrar, Straus and Giroux, 1996; 其他观点可参看张礼刚《〈奥斯维辛之后的上帝观念〉中的上帝观》，载潘光、汪舒明、盛文沁主编《纳粹大屠杀的政治和文化影响》，时事出版社，2009，第82~90页。

② 伊爱莲：《抉择：波兰，1939~1945》，吴晶译，第175页。

③ 引文见 Irene Eber, "Riddles in *The Dream of Red Chamber*," in Galit Hasan – Rokem and David Shulman, eds., *Untying the Knot*: *On Riddles and Other Enigmatic Modes*, New York: Oxford University Press, 1996, p. 247, 并对参伊爱莲《抉择：波兰，1939~1945》，吴晶译，第70~71页。

犹太难民营中的宣传海报

对战后的许多犹太难民而言，美国是他们理想的目的地。这张宣传海报由德国纳粹大屠杀幸存者联合犹太复国主义组织（United Zionist Organization of Holocaust Survivors in Germany）和联合少先队（United Pioneering Youth）在难民营中发放。海报左边有个难民，背负着沉重的行囊，迟疑地望着纽约曼哈顿笼罩在阴沉天色下的摩天大楼，上有意第绪语标语："他已经忘记，正走向新的流亡！犹太人，要知道每次流亡都导致衰落！"右边的难民则昂首挺胸，大步迈向阳光普照、花果遍地的以色列地，上面的标语是："够了！我要回家！"

在美国加州，大屠杀记忆在她心灵一角休眠了，她很高兴别人当她是英国人或澳大利亚人。不惑之年任教耶路撒冷以后，重新适应新的生活与教学环境，定然令她无暇他顾。此外，当时以色列的大环境亦不鼓励幸存者倾诉自己的不幸。纳粹屠犹一直是牵动以色列社会的一根中枢神经，但在阿以冲突中建国的利益诉求下，以色列媒体只赞扬以起义或游击战为形式的积极反抗，而表现为劫后余生或保持人的尊严的消极反抗却在当时的公共记忆中得不到尊重。幸存者希望尽快融入以色列社会，对欧洲的记忆这时更多的是成为以色列人的障碍，而非桥梁：它们突出了软弱与无助，就算有人信，也只能引起怜悯，而值得同情往往意味着低人一等，故还是让这些记忆沉睡更好。1977 年，贝京领导的利库德集团在大选中击败工党，这为工党自建国以来对以色列社会的文化霸权画上了句号。关于纳粹大屠杀的私人记忆从此开始渗透进以色列国的公共记忆。以色列研究纳粹屠犹的一代名家索尔·弗里德兰德尔于 1980 年出版的书就题为《当记忆来临时》（*Im bo ha – zikaron*）。[①]

也正是在 1980 年，知天命之年的伊爱莲开启心门，重访梅莱茨。于是，苏醒的记忆，带着熟悉和陌生、贴近和遥远，纷至沓来。这段旅程最终导致了 24 年后这本细腻而令人不安之作的诞生。漫长的孕育和追忆本身就产生了种种抉择。许多大屠杀幸存者把过去永久封存在他们离开的地方，情愿只活在当下。过去是令人愧赧的负担，邻家清纯少女的沦落风尘不仅浮现在她眼前，她自己曾受饥饿驱使的行窃也要直面。过去还是当下和未来黑暗的源头。她要在别人面前扮演"正常人"，努力隐藏自己的焦虑症状、强迫症举动、莫名其妙的不安、噩梦，承受肉体上的肠胃失调、不明原因的疼痛和疲惫。她告诉笔者，自己早早把收藏的文件交给以色列纳粹大屠杀国家纪念馆，一个重要考虑是萨达姆在海湾战争期间向以色列发射飞毛腿导弹，而希伯来大学很可能会成为下一轮袭击的理想目标。

---

① 参看 Anita Shapira, "The Holocaust: Private Memories, Public Memory," *Jewish Social Studies* 4: 2 (1998): 40 – 58. 此文通过区分出对大屠杀的公共记忆和私人记忆，反驳了纳粹大屠杀在战后几十年以色列民族认同中受到压制的观点。

"恐惧和焦虑就像不受欢迎的旅伴,无论我内心多么不喜欢它们,却注定要和它们纠缠在一起,直到人生旅途的终点"。①

显然,黑暗远远超出正常人理解的极限,所以才需要隐藏。她独自离开家人后,得到一个波兰天主教家庭的帮助,躲进这家人的鸡棚近两年之久,从而逃脱了纳粹搜捕。每当别人问起这段时间她在鸡棚里做了什么时,她会觉得这个问题古怪之极,无法回答。她相信,这种藏匿,若非亲身体验,不可能真正理解,因为"我们的语言中没有字眼可以描述躲藏者置身其间的那种虚无"②。那方黑暗逼仄的天地里,没有反思、推理和情感体验的空间,只有无穷无尽的寒冷、孤独、气味和恐惧,根本"做"不了什么——恐怕只能专注于"听",尤其听来自远方的声音。这种声音后来两次回响在她的书名上。

一旦动笔,还要面对一大诱惑:把千疮百孔的过去呈现得浑然一体。对儿童幸存者的采访表明,一般来说,4 岁以下的儿童对苦难几乎没有视觉记忆,只剩下一些看似非理性的情绪、知觉和行为冲动;4 ~ 6 岁的儿童只能记住幻灯片般的意象;而 7 岁以上的儿童已拥有和成人类似的记忆。③即便如此,诚如奥斯维辛的幸存者普里莫·莱维所说:"过于频繁地唤醒一份记忆,并像故事似的讲述它,这份记忆就会渐渐变成一种结晶般的、完美的、添枝加叶的、在经验中千锤百炼的老生常谈。这份虚假的记忆,终将取代原始记忆,并自发地不断增长。"④伊爱莲定然明白这也是写回忆录的陷阱。作为纳粹大屠杀的受害人,她清楚,记忆只是历史碎片;其视线所及,无异于盲人摸象、井蛙观天。在一次次死里逃生之后,她的"时间概念完全被饥渴和唯恐被杀的念头取代"⑤。相应地,《抉择》并没有一条连贯的叙事主线,记忆中的事件和印象没有被整齐归类,而是被碎片化

---

① 伊爱莲:《抉择:波兰,1939 ~ 1945》,吴晶译,第 177 页。

② Irene Eber, "Review of *Hiding Places: A Mother, a Daughter, an Uncovered Life* by Diane Wyshogrod," *Nashim: A Journal of Jewish Women's Studies and Gender Issues* 24 (2013): 169.

③ Valent, *Child Survivors of the Holocaust*, p. 281.

④ 普里莫·莱维:《被淹没和被拯救的》,杨晨光译,上海三联书店,2013,第 3 页。

⑤ 伊爱莲:《抉择:波兰,1939 ~ 1945》,吴晶译,第 13 页。

地呈现出来，但读完仍觉得是一座七宝楼台。这一方面是因为作者把当下的反思和省察融入了过去，于是，"整个故事就在一个找不到回忆的过去与一个可以看到过去的现在之间来回游移"①。尽管如此，过去与现在之间的界限在《抉择》中依然清晰可辨，原书附有214条注释，其中交代了史实出处，但这部分被中译本悉数删去。

《抉择》与学术抉择

《抉择》包罗了大大小小的抉择，但又不断闪现出一条内在逻辑和一种认清目标后一意孤行的坚毅。作者如此自况："我曾把自己从必死之境救出，别指望我会有顺从依赖的行为。"② 换言之，一旦做出忤逆父愿的那个抉择（the choice），就难以继续当被选者（the chosen）。施约瑟最让她心有戚戚之处，恰恰在于他的独立自主，以及与之密不可分的"一种在正确时刻做出正确决定的离奇能力"。她相信，他之所以做出这种而非那种抉择，与他自视为局外人有莫大关系。在这位圣经汉译史的中心人物身上，她看到的却是边缘：作为孤儿，他是犹太社会的边缘人；而学术兴趣大于传教兴趣让他成为传教士中的边缘人。③ 伊爱莲自己又何尝不是被边缘性定义的？她是德国人和波兰人中的犹太人、犹太人中"不犹太的犹太人"、家人中的离家出走者、以色列社会中装"正常人"的大屠杀幸存者、西方学界中研究汉学的女学者。

在这一系列边缘性构成的视角之中，或许最让她铭心刻骨的，是只能用外语而无法用母语写作。对于她那一代的中欧东欧的犹太社团，希伯来语是用于宗教仪式的"圣语"（loshn - koydesh），意第绪语才是日常生活中通行的名副其实的"母语"（mame - loshn）。然而，纳粹大屠杀之后，那里的意第绪文化已被连根拔除。与母亲的隔阂终可消融，但泯灭了的母

---

① 伊爱莲：《抉择：波兰，1939~1945》，吴晶译，"中文版前言"，第1页。
② 伊爱莲：《抉择：波兰，1939~1945》，吴晶译，第150~151页；Eber, *The Choice*. p. 153。
③ Eber, *The Jewish Bishop and the Chinese Bible*, pp. 236, 237.

语文化却是一处只能引颈回望的家园。梅莱茨之后，她早已无处是家，所停留过的地方，无非是人生旅途上的"驿站"。哪怕在耶路撒冷住了多年，她依然是这里的陌生人："当我走在阳光灿烂、喧闹的街道上，却感觉仍在冰雪与死亡的野外行走"①。在中译本没有迻译的原书跋记中，她谈到今日欧洲对犹太遗迹的维护："诚然，这里或那里的墓地、犹太会堂、断壁和残垣可以修缮，可以贴上匾额，成为旅游景点。但所有此类复原和展示，其实质是'博物馆化'；曾经的生活已变成博物馆展品。"博物馆虽然有助记忆，却只汇聚了过去的碎片，而把过去的生活翻译成文字，"我担心我也不过是为遗忘出了一份力"。全书终了引陆机《文赋》中的话吐露她的绵绵怅惘："恒遗恨以终篇，岂怀盈而自足？"②

"博物馆化"这一著名比喻来自列文森。他那本影响深远的名著的相关段落之中，有对鲁迅及其所代表之人的一个评语，伊爱莲无疑从中感受到强烈共鸣：这类人"不可能把自己看成是一件供人欣赏的古董，也不能忍受把中国看成是一座巨大的博物馆。必须在此再创历史，把为死人建造的博物馆变为解放活人的场所，而不是现代行尸走肉的坟墓"③。作为意第绪文化的遗民，她也无法忍受把那个哺育过、滋养过她的文化当作博物馆，她深感活着就意味着可以选择做一个"不仅自己要承担责任，还必须代表那些死者说话"的人，"绝不允许不费脑筋地得过且过"④；活着还意味着不能无视任何看似无足轻重的杀戮，因为忽略了纳粹大屠杀历史的任何一部分，都会招致陷入遗忘的危险，尤其是"忘掉这也是一部有关人类生命和人类失去生命的历史"，而"记忆多一点总比少一点好些"⑤。如此看来，视上海犹太难民史为纳粹大屠杀史的一部分，毋宁说是把一个不是她的过去化为属于她的过去。正是对大屠杀的私人记忆将她的过去与现

---

① 伊爱莲：《抉择波兰，1939～1945》，吴晶译，第 23 页。

② Eber, *The Choice*, pp. 209－211.

③ 列文森：《儒教中国及其现代命运》，郑大华、任菁译，中国社会科学出版社，2000，第 377 页。另请注意伊爱莲自传与上文提到的列文森关于犹太教著作的遗稿在题名上的雷同。

④ 伊爱莲：《抉择：波兰，1939～1945》，吴晶译，第 155 页。

⑤ 伊爱莲：《抉择：波兰，1939～1945》，吴晶译，第 207～208 页。

在、个人经历与学术选择紧紧连接起来。这种记忆诚然是她无法弥合的心灵创伤的源头，但更是她步步前行的动力。

二战行将落幕之际，波兰犹太教哈西德派名门之后赫舍尔在纽约用意第绪语发表演讲，后被译成英语，冠以《大地属于上主》之名出版。[1] 赫舍尔以诗的语言，用咏叹调歌颂了东欧的犹太宗教生活，誉之为"犹太灵魂史"上的黄金时代。时至今日，人们对意第绪文化的记忆，就聚焦在这种染上梦里缤纷的乡愁和集中营焚尸炉里升起的黑烟两个极端之上。《抉择》则以写实的笔法，还原出一个来自东欧普通犹太中产家庭的幸存者，在灾难中经历的内疚、绝望和丧家之痛。由此，伊爱莲用宣叙调为她父辈的世界念出了一份迟到的哀悼祷告（Kaddish）。

让中译本读者尤可庆幸的是，就像施约瑟的犹太过去非但不是他日后译经之路上的障碍而是一笔财富那样，伊爱莲最终也把她早年冰冷黑暗的苦难升华为日后汉学研究之路上郁郁葱葱的成就。在这种自我形塑和转化中，重拾并呵护那些被撞落在天涯海角的意第绪文化的点点星火，以笔者之见，既是她学术生涯中最重要的抉择，又是她的犹太身份最坚定的体现。

---

[1] Abraham Joshua Heschel, *The Earth is the Lord's: the Inner World of the Jew in Eastern Europe*, New York: Farrar, Straus, Giroux, 1949. 书名典故出自《诗篇》（24：1）。

反犹主义与纳粹屠犹

反犹形象的社会建构及其大众化

——以"永世流浪的犹太人"传奇在 17、18 世纪的传播为中心

艾仁贵[*]

一 问题的提出

反犹主义是犹太研究中的重要课题。对于反犹主义的定义，历来有许多争议。[①] 徐新教授在总结国外学者诸多定义的基础上提出：反犹主义广义上指"一切厌恶、憎恨、排斥、仇视、迫害犹太人的思想或行为"。[②] 反犹主义源自非犹太人对犹太人根深蒂固的误解与偏见，并导致了敌视行为的产生，进而造成无法估量的破坏性后果。几乎凡是存在犹太人的地方，都出现过反对犹太人的现象，它甚至出现在没有犹太人存在的地方；而且，反犹的现象几乎与犹太人的历史相伴相随，从最早的时代起它就已经出现，正如研究反犹主义的名家罗伯特·维斯里奇指出的，反犹主义是人类历史上"最长久的憎恨"。[③]

自基督教诞生以来，形成了诸多长期流传且根深蒂固的反犹形象（anti-Jewish stereotypes），它们共同筑就了反犹行为潜在滋生而又不时喷发的

---

* 艾仁贵，河南大学以色列研究中心副教授。

① Gavin I. Langmuir, *Toward a Definition of Antisemitism*, Berkeley：University of California Press，1996.

② 徐新：《反犹主义：历史与现状》，人民出版社，2015，第4页。

③ Robert S. Wistrich, *Antisemitism：The Longest Hatred*, New York：Pantheon Books，1991.

温床。反犹者指控犹太人的罪名五花八门：与魔鬼撒旦为伍①，杀基督者②，血祭诽谤③，井中投毒，等等；为此，强制犹太人佩戴象征耻辱的犹太标志。④ 这些中世纪的反犹文化符号，都是反犹主义研究的重要对象。需要给予充分关注的是人格化的反犹形象在煽动反犹偏见和敌视中的作用，例如叛徒犹大⑤，"永世流浪的犹太人"，犹太放债人夏洛克⑥，等等。将犹太民族"人格化"是反犹者丑化、贬低犹太人的重要内容，在反犹动员的不断塑造与宣传下，犹太人丧失了一般意义上的人格，被妖魔化，从而完成大卫·史密斯所谓的"恶"之社会建构。⑦

在中世纪诸多长期流传且根深蒂固的反犹形象中，"永世流浪的犹太人"形象（下文简称"该形象"）即为一个典型的案例。⑧ 它有着丰富的

---

① Joshua Trachtenberg, *The Devil and the Jews: The Medieval Conception of the Jew and Its Relation to Modern Anti – Semitism*, New Haven: Yale University Press, 1943; Joel Carmichael, *The Satanizing of the Jews: Origin and Development of Mystical Anti – Semitism*, New York: Fromm, 1993.

② Jeremy Cohen, *Christ Killers: The Jews and the Passion from the Bible to the Big Screen*, Oxford: Oxford University Press, 2007.

③ Alan Dundes, ed., *The Blood Libel Legend: A Casebook in Anti – Semitic Folklore*, Madison: University of Wisconsin Press, 1991; R. Po – chia Hsia, *The Myth of Ritual Murder: Jews and Magic in Reformation Germany*, New Haven: Yale University Press, 1988.

④ Mitchell B. Merback, ed., *Beyond the Yellow Badge: Anti – Judaism and Antisemitism in Medieval and Early Modern Visual Culture*, Leiden: Brill, 2008; Dik van Arkel, *The Drawing of the Mark of Cain: A Socio – Historical Analysis of the Growth of Anti – Jewish Stereotypes*, Amsterdam: Amsterdam University Press, 2009.

⑤ Hyam Maccoby, *Judas Iscariot and the Myth of Jewish Evil*, New York: Free Press, 1992.

⑥ Martin D. Yaffe, *Shylock and the Jewish Question*, Baltimore: Johns Hopkins University Press, 1997.

⑦ David N. Smith, "The Social Construction of Enemies: Jews and the Representation of Evil," *Sociological Theory*, Vol. 14, No. 3 (Nov., 1996), pp. 203 ~ 240.

⑧ 虽然"永世流浪的犹太人"形象在文学与艺术作品中的运用非常频繁，但历来对该形象的学术分析并不多见，最系统的著作仍然是 George K. Anderson, *The Legend of the Wandering Jew*, Providence: Brown University Press, 1965。徐新曾对中世纪诸多反犹形象与谣言进行了系统分析，其中也包括对"永世流浪的犹太人"的探索性研究，参见徐新《反犹主义：历史与现状》，第 107 ~ 109 页。

神学、社会与文化内涵，长期以来西方世界由此演绎而出的故事、诗歌、小说、戏剧、谚语、漫画创作层出不穷、数不胜数，著名思想家克尔凯郭尔曾将之视为欧洲文化的三大主要神话之一。17、18 世纪为该形象的大量生产时期，当时出现了以欧洲各种文字出版的有关"永世流浪的犹太人"的大批文学与艺术作品。在反犹动机的塑造与宣传下，它逐而发展为欧洲大众观念中的人格化犹太形象，甚至被作为丑化对象的犹太人所利用①。

本文以"永世流浪的犹太人"形象在 17、18 世纪的传播为中心进行考察，旨在探讨大众反犹形象所折射的社会动向与文化内涵，以期推进对于反犹主义及其社会根源的历史分析。

二 "永世流浪的犹太人"形象的来源及文本比较

"永世流浪的犹太人"传奇的基本内容为：当耶稣背负十字架前往骷髅地殉道的途中，路过一个犹太人的家门口正准备歇息再走时，这个犹太人敲打耶稣后背并吆喝他快走。耶稣随即回答道："我走，不过你必须等到我再次回来。"以此传奇为基础，"永世流浪的犹太人"形象广为流布。它包括两大根本性主题：基督将在未来某个时候复临；犹太人对基督充满了不敬。② 这两者正是该传奇赖以存在的社会基础。它在后世的传播中形成了诸多版本，但大致都包括"击打基督""永世受罚""被罚流浪""等待复临""充当见证"等要素，③ 它们之间相互支撑，共同构成该形象的根本支撑点，并为其提供着神学上的合法性。

如果追本溯源，"永世流浪的犹太人"形象其实并不见于《旧约》

---

① 有关这一形象后来被犹太复国主义者运用的情况，参见艾仁贵《永世流浪的犹太人形象之起源及流布》，《世界民族》2013 年第 3 期。

② Richard I. Cohen, "The 'Wandering Jew' from Medieval Legend to Modern Metaphor," in Barbara Kirshenblatt – Gimblett & Jonathan Karp, eds., *The Art of Being Jewish in Modern Times*, Philadelphia: University of Pennsylvania Press, 2007, p. 148.

③ 这些要素具有强烈的基督教护教色彩，有着《旧约》、《新约》、教父等多重神学来源；而主要是在"基督受难"的框架中形成，《新约·福音书》为其最根本的来源。

《新约》，也不见于早期教父的著作。可以肯定，该形象是在先前诸多古老
传说的基础上糅合而成，它主要流行于十字军东征后期的东地中海地区，
尤其是亚美尼亚一带。① 作为一个独立的故事，它迟至中世纪晚期才在欧
洲真正形成，其最初出现的地点可能是意大利。② 1602 年是该形象史上极
为关键的一年。这一年在德国出版的小册子《亚哈随鲁故事》③，成为该形
象传播史的重要标志。"永世流浪的犹太人"形象的出现与传播，与当时
欧洲犹太人的生存状况也有一定关联，中世纪后期许多欧洲国家（英、
法、德等）纷纷驱逐犹太人，尤其以 1492 年的西班牙大驱逐为顶点。驱
逐导致犹太人在许多国家不停地来回流浪，从而为该传奇的真实性提供了
某种社会基础。迄今已知的记载"永世流浪的犹太人"形象的文本主要有
三个，分别是 1223 年的博洛尼亚《拉丁编年史》、1236 年罗杰·温道夫的
《历史之花》、1602 年的《亚哈随鲁故事》。

【文本一】博洛尼亚的《拉丁编年史》（1223 年）

在同一年，弗里德里希二世拜访了教皇洪诺留三世，并与耶路撒冷的
约翰王、塔兰托大主教和其他贵族在费拉拉修道院相会；那里还有一些从
山脉另一边来的朝圣者，他们告诉修道院院长与修士，他们在亚美尼亚看
见一位犹太人，基督受难时他曾在场。当基督前往殉道的途中，他以这些

---

① George K. Anderson, "Popular Survivals of the Wandering Jew in England," *The Journal of English and Germanic Philology*, Vol. 46, No. 4 (Oct., 1947), p. 367.

② 1215 年教皇英诺森三世主持召开的第四次拉特兰公会制定了许多影响重大的反犹措施：如犹太人不得担任官职、出庭做证，必须佩戴犹太标志等；记载该形象的文本首先出现在天主教中心的意大利，可能受此次会议的影响。

③ 该小册子的全称为《一个名叫亚哈随鲁的犹太人的简短描述及其故事，基督受难时他曾在场，当时他大喊"钉死他！钉死他！"，而且没有要求宣告基督而是要求宣告凶手巴拉巴无罪；基督受难后他再没有回到耶路撒冷，也再没有见过他的妻子儿女；自此以后他一直活着，在前些年曾来到汉堡；等等》，参见 Eduard König, "The Wandering Jew: Legend or Myth?" in Galit Hasan-Rokem & Alan Dundes, eds., *The Wandering Jew: Essays in the Interpretation of a Christian Legend*, Bloomington, IN: Indiana University Press, 1986, p. 12。

话邪恶地催赶基督："快走，快走，你这个魔鬼与引诱者，快去领受你当得的。"基督这样回答他："我走，可你要一直等到我回来。"据说这个犹太人每隔一百年就会重新回到 30 岁，在基督回来之前，他不能死。①

【文本二】罗杰·温道夫的《历史之花》（1236 年）

犹太人约瑟夫仍在等待基督的再次来临［1228 年］

这一年，一位亚美尼亚大主教来到英格兰朝圣，瞻仰圣徒遗迹，并访问了这个王国的圣地，正如他在其他地方所做的那样；他带着教皇写给信徒与教士们的推荐信，据此他们给予他应有的尊敬与荣耀。他到来后前往圣奥尔本斯修道院，在那里受到院长及修士们的充分尊重；由于旅途劳顿，他在此停留了一些日子，让自己及随从休息。通过翻译，他与修道院居住者进行了交谈，其中对这个国家的宗教与守教行为多有探讨，并提及东部国家的许多奇事。在谈话过程中，他被问及是否看到或听见有关约瑟夫的一切，世人对此人可谓津津乐道，因为我们的主受难时他曾在场并与他讲过话，他仍然活着以作为基督信仰之见证。作为主教随从及翻译的骑士以法语回答道："我的主人完全知晓那个人，这个约瑟夫在前往西部国家前不久曾和我的主人亚美尼亚大主教吃饭，故而常能看到，并与他有过交谈。"那时，这个约瑟夫被问及基督与他之间发生的事情，他做了这样一番回答。耶稣基督被犹太人抓住并带往审判大厅，在总督彼拉多的面前，基督因犹太人的指控而被审判，但彼拉多却找不到判他死刑的理由，就对他们说："将他带走，按你们的法律来审判。"然而，犹太人不断叫嚷，在他们的要求下，彼拉多释放了巴拉巴而将耶稣交给他们钉十字架。随后，犹太人将耶稣拉到大门前，一个为彼拉多服务的门卫卡塔皮鲁斯（Cartaphilus）在耶稣即将跨出大门时，极为不敬地用手敲打着他的后背，并嘲笑道："快走，快走；耶稣，你为何停下来？"耶稣严肃地回过头来看着他说："我走，不过你必须等到我回来。"据我们的主说，这个卡塔皮鲁斯一直在等待他回来。在我们的主受难时，他年约 30，他一活到 100 岁高龄，就会返回到他在我们的主受难时的年纪。基督死后天主信仰扎根，这个卡塔皮鲁斯由阿纳尼

---

① 引自 Anderson, *The Legend of the Wandering Jew*, p. 18。

斯（Ananias，他由使徒保罗受洗）受洗皈依，并被称为约瑟夫。他通常居住在亚美尼亚与其他东部国家的交界处，在主教及教士中间打发时光。他是个圣洁与敬虔之人，平素寡言少语、行为谨慎，除非主教及虔诚之士向他发问，否则一言不发。然后，他讲述了发生在过去的古老事件，包括我们的主受难与复活，以及圣徒们对基督复活的见证——目睹耶稣从坟墓里出来进了圣城向许多人显现；他还讲述了使徒们的信条，以及他们的布道与区分；在谈到所有这些时，他脸上没有任何笑容与轻漫，是一个十分悲痛且敬畏上帝之人的所为。他一直心怀敬畏地期待着耶稣基督的到来，以防在末日审判中为他在基督殉难途中所施加的侮辱受到应得的报应。许多人从世界各地前来听他讲述自己的经历；如果他们不明白，他会就被问及的内容向他们解答一切疑惑。他拒绝所有施舍给他的礼物，而只满足于最低程度的衣食。由于对上帝无知而获罪的他寄希望于拯救，因为基督在受难时曾以这些言语为其敌人祈祷："父啊，赦免他们！因为他们所作的，他们不晓得。"①

【文本三】《亚哈随鲁故事》（1602 年）

石勒苏益格主教保禄·冯·埃岑……不止一次地告诉我及其他牧师，当他还是青年在维腾堡求学时，曾于 1542 年的冬天前往汉堡探望父母。在随后的礼拜日，他去教堂布道，其间看见一位身材高大、长发披肩的人，光脚站在靠近圣坛的地方。此人对布道非常专注，身体纹丝不动，只有在耶稣基督之名被念及时他才会低头鞠躬、捶打胸膛、深深叹息。时值冬日，极其寒冷，除了一条底部破烂的裤子、一件长至膝盖的大衣与一身直到脚跟的披风外，他再无其他衣服。他看起来就像个大约 50 岁的人。他的高大、衣着和举止引人注意，他被问及身份和职业。据说……他的名字叫亚哈随鲁（Ahasuerus），是出生在耶路撒冷的犹太人；职业是鞋匠。基督受难时他曾在场，自那以后一直活着，在许多国家旅行，为证明这个真实性，他讲述了许多有关基督被逮捕及被带到彼拉多与希律跟前并最终钉死

---

① J. A. Giles, ed. & trans. , *Roger Wendover's Flores Historiarum*, Bohn's Antiquarian Library, Vol. 2, London：Henry G. Bohn, 1849, pp. 512 - 514. 着重号为引者所加。

的情况。他比福音书作者与历史学家们讲出更多的此类事情；而且他讲述了政府的许多变迁，特别是东部国家，这些都是它们在许多个世纪里发生的情况。然后，他极其详尽地叙述了使徒们的生平、受难及殉道。

保禄·冯·埃岑听到这些内容后，非常好奇，试图找机会与这个人直接交谈。最后他成功了，这个犹太人将所有这些情况一一道出。他过去生活在基督时代的耶路撒冷。他曾经激怒了我主基督，认为后者是个异端与引诱民众者（因为他不知道），正如大祭司与文士们认为的那样。他总想把这个引诱民众者（他是这么看待基督的）赶出这个世界。最后，当基督被抓住并由大祭司带到彼拉多面前时，他参与到大喊"钉死他！"并要求释放巴拉巴的行列，推动了给予基督的死刑判决。判决宣告后，这个犹太人匆忙赶回家以便能看到基督，因为我主基督必定经过那条路。他抱着小儿子站在自家门前，他们能够看见我主基督路过。然后，我主基督背负十字架打那儿经过，在这个犹太人的门旁停靠了片刻。这个犹太人就十分生气，责骂并命令基督走开，到他应该去的地方去。随后基督严厉地看着他，并富含深意地说道："我站着并得到安息，而你却得永世流浪！"

这个犹太人立即放下他的儿子，他不能再停留在这个房屋中。他必须服从并追随已经指示给他的命运。后来，一切都已成为过去；他无法返回并进入耶路撒冷城。他的妻子、儿子及亲人再也没有见过他。他立刻进入外国，一个接一个，直到今日。在游历了许多国家后，他回到家乡发现一切都已荒废，耶路撒冷也被摧毁，以至于无法辨认。上帝以如此漫长的苦难生活来指引他，其目的，如果不是要他于审判日时在不信上帝者的巨大怀疑面前充当基督受难的活的见证，真无法解释。但他必须忍受自己的命运，直到打动上帝以将他从忧伤之谷领向永久和平。

于是，保禄·冯·埃岑与精通历史而又博学的汉堡教会的主教一道，问他关于基督诞生及其时代之后东部国家所发生各种事件的真实情况。他对那些问题的叙述详尽而令人满意，以致他们感到十分惊奇。这个犹太人讲到，他自己的生活十分安静，时常在忏悔中度过。除非有人问，他一般不说话。如果受邀去做客，他不会多吃。如果有人给他钱，不超过两先令他才会接受；他将这些钱全部慷慨地接济穷人，并说他不需要钱，因为上帝会优待他。他在汉堡期间，没有人见他笑过。他去任何地方，都说当地语言；当时他说萨克森方言，说得和生在萨克森的人一样好。

保禄·冯·埃岑注意到，当这个犹太人在汉堡时，许多人从多个国家与遥远地区赶来看他，并听他讲述，还有许多人前来鉴定他的真假。他们中的许多人认为他身上具有一种漫游精神，而这能为他所讲述的这些事件提供解释。但冯·埃岑并不这么看，因为这个犹太人不仅对上帝的话及其被引用十分专注和充满敬意，会在上帝之名被念及时发出深深的叹息；而且，他不能容忍别人以上帝之名诅咒苦难与痛楚，他一旦听到这个，就会震惊不已，并极力谴责那个人："可怜的人啊！可怜的家伙！你为何要亵渎上帝之名及其殉道？如果你看到并听见我主基督为你和我而遭受的极度伤痛与折磨，就如我所看到的，你折磨他的名字就将比折磨你自己更甚！"……

1564 年 6 月 9 日于石勒苏益格

据说这个犹太人的脚掌非常厚，以至可以用两根手指叠在一起的厚度来进行测量；由于长期行走与旅行，它们坚硬得如牛角一般。据说有人于1599 年在但泽看到他。①

综合比较以上主要文本来源，可以看出该形象的早期历史演变。在1223 年博洛尼亚的《拉丁编年史》中，并未交代这个犹太人的名字及其身份；但"击打耶稣""被罚流浪""永世受罚"等要素都已具备，并加入了对"基督复临"的期待，因而"永世流浪的犹太人"形象在此初具雏形：英国修士罗杰·温道夫的《历史之花》（1236 年成书）提供了有关该形象更为详细的叙述。其中记载了一位亚美尼亚大主教在访问圣奥尔本斯修道院时，自称不久前曾与那位不朽者共餐过，而后者正是在耶稣背负十字架前往刑场途中敲打其后背并吆喝他快走的犹太人。英国版与博洛尼亚

---

① 该小册子的内容来自现藏于大英博物馆的 1602 年莱顿版，引自 Anderson, *The Legend of the Wandering Jew*, pp. 45 – 46。

版一样，也以亚美尼亚为场景；但讲述者由朝圣者转为大主教，讲述地点由费拉拉修道院变成圣奥尔本斯修道院，并且添加了"见证基督"的内容。此外，它清楚地交代了这个犹太人的名字及其职业——彼拉多的门卫卡塔皮鲁斯，并提及他后来皈依基督教改称约瑟夫，并过着修士生活。至此，这个因击打耶稣而被罚永世流浪的犹太人形象开始固定下来，但这只是该形象的初期阶段，其影响仅限于少数不知名的编年记载，而且尚未与整个犹太民族联系起来。

该形象在成形后，一度从编年记载和公众视线中消失。它的再度浮现则与宗教改革时期对犹太人神学作用的重新关注有关。1602 年出版的小册子《亚哈随鲁故事》成为该形象传播史上的最重要文本。在这本小册子中，这位犹太人之外的另一主角——保禄·冯·埃岑（Paulus von Eitzen, 1521–1598）是个真实存在的人物，他曾师从路德学习神学，后来成为著名的新教神学家，并担任了石勒苏益格的主教。尽管目前已无法确定谁是这个小册子的作者，但可以基本肯定作者是新教徒。[1] 与四个世纪前的《历史之花》相比，《亚哈随鲁故事》最重要的变化就是这个犹太人的名字和职业：此前是彼拉多的门卫卡塔皮鲁斯（希腊文作：$κάρτα\ φίλος$，意为"钟爱的"[2]）；而现在则变成鞋匠亚哈随鲁（Ahasuerus，也作 Ahasver）。为何会出现这种身份变化？实际上，亚哈随鲁既非犹太名字亦非基督徒名字，而是来自《以斯帖记》中纵容宰相哈曼灭绝犹太人的波斯王；此人在后世犹太传统中通常被视为傻子的典型，[3] 选择这个"污名化"的名字显

---

[1] Anderson, *The Legend of the Wandering Jew*, p. 44. 故事发生的 1542 年正是路德反犹小册子《论犹太人及其谎言》出版的前一年，而且保禄·冯·埃岑当时在维腾堡随路德学习神学，这些似乎都暗示着它的新教背景。

[2] Moncure D. Conway, *The Wandering Jew*, New York: Henry Holt, 1881, p. 100.

[3] 《以斯帖记》主要讲述恶毒的波斯宰相哈曼唆使国王亚哈随鲁下旨灭绝犹太人，就在哈曼将要得逞之时，犹太出身的王后以斯帖与末底改共同挫败了哈曼的阴谋并将其绳之以法。每年一度的普珥节即为纪念此次劫难而来。犹太人在庆祝普珥节进行的表演中，以斯帖与末底改被视为英雄，而哈曼是恶棍，亚哈随鲁则是傻子。参见 David Daube, "Ahasver," *Jewish Quarterly Review*, Vol. 45, No. 3 (Jan., 1955), p. 244；Galit Hasan-Rokem, "Ahasver - The Enigma of a Name," *Jewish Quarterly Review*, Vol. 100, No. 4 (Fall, 2010), pp. 544–550。

然有贬低犹太人的独特用意。而且，他的鞋匠身份也体现了高度的选择性。[①] 在东地中海一带的传说中，流浪者的身份是名鞋匠，民俗学者也指出中世纪的鞋匠行会通常由流浪的商人团体构成[②]；故此，制造鞋子的鞋匠却必须光脚流浪构成一种讽刺性的社会现象。

三 《亚哈随鲁故事》与该形象的广泛流传

1602 年出版的《亚哈随鲁故事》仅有四页篇幅，但这本匿名的德文小册子共有九个不同版本，分别出现在但泽、莱顿、包岑三个不同的城市：但泽版以雅戈布·罗森（Jakob Rothen）的名义出版，莱顿版以克里斯托弗·克鲁泽（Christoff Creutzer）的名义出版，包岑的六个版本则以沃尔夫冈·苏奇纳赫（Wolfgang Suchnach）的名义出版（一个包岑版的出版日期写着"1502"而非"1602"，很可能是印刷错误所致），另有一个版本没有标明出版者及出版地点。[③] 这些版本的封面都绘有粗线条的"永世流浪的犹太人"画像：他是一个须发很长、头裹围巾、身穿披风、双手举在胸前做祈祷状的老者。

小册子《亚哈随鲁故事》迅速传播到国外，几乎被译成所有欧洲语言。仅在次年，波尔多即出现法文版，随后英文版（1620）、丹麦文版（1631）、瑞典文版（1643）、意大利文版（1650）、俄文版（1663）、西班

---

① Shelly Zer-Zion, "Wanderer's Shoe: The Cobbler's Penalty: The Wandering Jew in Search for Salvation," in Edna Nahson, ed., *Jews and Shoes*, New York: Berg, 2008, p. 135.

② Galit Hasan-Rokem, "The Cobbler of Jerusalem in Finnish Folklore," in Galit Hasan-Rokem & Alan Dundes, *op. cit.*, p. 122.

③ 故事虽发生在汉堡，但却在但泽、莱顿、包岑三地同时形成多个版本，学术界在哪个地方的版本先出的问题上存在分歧：萨洛·巴龙主张莱顿的是第一版，纽鲍尔认为小册子首先出现在包岑，而安德森认为在但泽，另有学者认为首先出现在巴塞尔。参见 Salo W. Baron, *A Social and Religious History of the Jews*, Vol. 11, New York: Columbia University Press, 1967, p. 178; L. Neubaur, *Die Sage vom ewigen Juden*, p. 16; Anderson, *The Legend of the Wandering Jew*, pp. 45-47。本文认为安德森的观点较为可取。

牙文版（1669）相继出现，甚至还被译成冰岛文。① 它在 17 世纪末有 50 个德文版本，到 18 世纪末已有 86 个不同版本，而且每一版的扉页上都印着《马太福音》16 章 28 节耶稣对复临的预言。② 这个小册子之于该形象的意义，无论怎么强调都不为过，正如安德森所说："它或许是永世流浪的犹太人传奇发展过程中最最重要的里程碑。如果没有这本小册子，它完全有可能与其它许多经外起源的传奇一样，流入浩渺的沙海之中而仅为古物学家与传奇专家所知。"③

除《亚哈随鲁故事》的原本及译本广为流传外，人们还对其进行了许多改编、增补。原本出版不久，就出现了两个德文扩充版：一是 1613 年的《永世流浪的犹太人的奇妙报道》（*Wunder - barlicher Bericht von einem Juden, etc.*），二是 1634 年出版的《永世流浪的犹太人与耶路撒冷的亚哈随鲁之关系》（*Relation von einem Juden von Jeruslaem Ahasverus genannt*），它们与《亚哈随鲁故事》一起被称为"永世流浪的犹太人传记"或"亚哈随鲁传记"。④ 而在德国以外的传播则经历了本土化的过程，使之更加容易接受。1650 年出版的法文小册子《永世流浪的犹太人的奇妙历史》（*Histoire admirable du Juif errant*）对原本大肆扩充改编，加入有关耶稣生平的许多经外传说，从而获得巨大成功，直到 19 世纪末仍十分流行。⑤ 英文版中也有两个流行的改编版本，一是 1640 年由约翰·拉沃什（John Raworth）出版的《永世流浪的犹太人向英国人讲述时运》（*The Wandering Jew Telling Fortunes to English - men*），作家以 17 世纪人物描写的方式对伦敦社会进行大胆的抨击；二是 1757 年由迈尔斯·威尔逊（Miles Wilson）编撰的《以

---

① Anderson, *The Legend of the Wandering Jew*, pp. 53 - 68; J. E. Gillet, "Traces of the Wandering Jew in Spain," *Romanic Review*, Vol. 22 (1931), p. 19.

② Aaron Schaffer, "The Ahasver - Volksbuch of 1602," *Modern Philology*, Vol. 17 (Feb., 1920), p. 597.

③ Anderson, *The Legend of the Wandering Jew*, p. 42.

④ George K. Anderson, "The Wandering Jew Returns to England," *The Journal of English and Germanic Philology*, Vol. 45, No. 3 (July, 1946), p. 239.

⑤ Anderson, *The Legend of the Wandering Jew*, p. 55.

色列·约伯逊的历史：永世流浪的犹太人》（*The History of Israel Jobson*: *the Wandering Jew*），在此这个犹太人变成游历天堂的天使，讽喻着当时激烈的政党之争。[①]

有趣的是，在流传过程中，各地因本身文化的不同对它的理解存在差异：在德语国家，他被称作"永恒的犹太人"（*Der ewige Jude*）；而拉丁国家将他称为"永世流浪者"（*Le Juif Errant*）；在西班牙他被称作"等待上帝者"［*Juan（el que）Espera a Dios*］。此外，有其他名字取代卡塔皮鲁斯成为这位"永世流浪者"，例如马塔提阿斯（Matathias）、西班牙语的约翰内斯·布塔达斯（Johannes Buttadeus，意为"击打上帝者"）及法语的以撒·拉克德姆（Isaac Laquedem，意为"来自东方的漫游者"）等。[②]

四 作为人格化犹太形象的亚哈随鲁

作为一种"永恒的他者诅咒"，这个邪恶、丑陋、卑贱的亚哈随鲁即是全体犹太民族的人格化形象，证实了犹太人真实而永恒的命运——因为冒犯基督的"罪行"而被罚不停地流浪与四处散居。归结起来，传说中的这个犹太人一般具备以下外在特征（参见图1）。（1）挂着拐杖。拐杖寓意为木制的十字架，由于这个犹太人在耶稣背负十字架时进行击打，所以他被注定永久与作为其象征物的拐杖为伴。[③]（2）须发很长。长长的须发通常是正统犹太人的特征，而这也与中世纪基督教观念中的山羊、魔鬼有着共同的特征。[④] 它还意味着高龄，更是犹太人身体不洁与道德退化的外

---

① George K. Anderson，"The History of Israel Jobson," *Philological Quarterly*，Vol. 25（1947），pp. 303 – 320.

② Yvonne Glikson，"Wandering Jew," in Fred Skolnik & Michael Berenbaum，eds.，*Encyclopaedia Judaica*，Second Edition，Vol. 20，Detroit：Macmillan Reference USA，2007，p. 616.

③ Sander L. Gilman，*The Visibility of the Jew in the Diaspora*，Syracuse，NY：Syracuse University Press，1992，p. 34.

④ Trachtenberg，*op. cit.*，pp. 46 – 47.

在表现。（3）蒙着头巾。通常是著名的圆锥形"犹太帽"，自1215年第四次拉特兰公会开始就强制犹太人佩戴。[1]（4）挂着钱包。钱包象征着叛徒犹大出卖耶稣所得的三十块银币，这个典故也被用来支持该形象。[2]（5）光着脚。鞋子是流浪者必须有的，但这个犹太人却光着脚，这不仅意味着他的卑微低下，同时也是将之与周围人群区分开来的标志。[3]（6）衣着独特。身穿破旧不堪的宽松长袍，象征犹太人的穷困潦倒，衣服肩上往往配有犹太徽章，这也是第四次拉特兰公会的强制要求。[4]（7）额有标记。在其前额上有个状若十字架的血红印记，以示这个新该隐必须牢记自己所犯的过错。[5]（8）举止奇异。每当人们念及耶稣之名，他总要鞠躬长叹、捶胸顿足，以示自责与忏悔。实际上，他的这些悲惨外表，被基督徒视为上帝对犹太民族拒绝并迫害耶稣而遭致惩罚的活生生的见证；他以永世流浪阐释并证明了犹太民族的不断流放，而其生命之不朽则意味着犹太人是基督教社会中永恒的外来者。[6]

围绕这一形象，还衍生出众多谚语和民间传说。在乌克兰，传说他每逢月圆之时就变得年迈，而月缺之际会复返年轻。[7] 在匈牙利，说某人好动不安时，常说他像"永世流浪的犹太人"一样。[8] 在瑞典，传说他每年只被允许于圣诞之夜在田间残留的犁耙上休息一次，但这个鞋匠碰过的犁

---

[1] Ziva Amishai – Maisels, "The Demonization of the 'Other' in the Visual Arts," in Robert S. Wistrich, ed., *Demonizing the Other*, Amsterdam: Harwood Academic, 1999, p. 56.

[2] Maccoby, *Judas Iscariot and the Myth of Jewish Evil*, p. 12.

[3] Sander L. Gilman, *The Jew's Body*, New York & London: Routledge, 1991, p. 39.

[4] Ruth Mellinkoff, *Outcasts: Signs of Otherness in Northern European Art of the Late Middle Ages*, Berkeley: University of California Press, 1993, p. 31.

[5] Ruth Mellinkoff, *The Mark of Cain*, Berkeley: University of California Press, 1981, p. 94.

[6] 马克比认为永世流浪与生命不朽正是"神圣行刑者"的特征，参见 Hyam Maccoby, "The Wandering Jew as Sacred Executioner," in Galit Hasan – Rokem & Alan Dundes, *op. cit.*, p. 251。

[7] Yvonne Glikson, "Wandering Jew," p. 616.

[8] Alexander Scheiber, "The Legend of the Wandering Jew in Hungary," *Midwest Folklore*, Vol. 4, No. 4 (Winter, 1954), p. 229.

图1　永世流浪的犹太人（古斯塔夫·多勒，1852；夏加尔，1925）

把不能再用，因为这会导致歉收，用它垦过的土沟也不再生长任何种子。①
在丹麦，传说当耶路撒冷的鞋匠来到丹麦时，世界将被毁灭。在芬兰，传
说一旦耶路撒冷的鞋匠周游了整个世界，世界末日就将到来。② 在法国，
这种警示更加直接，他的出现预示着灾难来临，他的经过通常与飓风、瘟
疫、饥荒联系在一起。③ 另外，该形象作为一种文学形象，还被用来当作
社会批判的工具。④ 总之，该形象有着丰富的文化内涵，可运用于不同的
领域，正如吉尔伦总结的，"亚哈随鲁是基督永恒的见证：他是激励民众
进行忏悔的先知与牧师；他通常作为犹太民族的代表；……他还被用来讽

①　Bengt af Klintberg, "The Swedish Wanderings of the Eternal Jew," in Galit Hasan – Rokem &
　　Alan Dundes, *op. cit.*, p. 160.

②　Hasan – Rokem, "The Cobbler of Jerusalem in Finnish Folklore," pp. 130, 138.

③　Champfleury, "French Images of the Wandering Jew," in Galit Hasan – Rokem & Alan Dundes,
　　op. cit., p. 69.

④　浪漫主义文学兴起后，该形象成为其流行的创作主题。著名文学家歌德、拜伦、雪莱均
　　写过有关作品，他们笔下的这个犹太人成为讽刺文学的代表。有关浪漫主义文学对该形
　　象的运用，参见 Anderson, *The Legend of the Wandering Jew*, pp. 174 – 242。

刺政治事务或提供了当代历史的标杆。"①

传说中的这个犹太人精通各种语言，每到一地必用当地语言讲述其传奇经历；而且他一直活着，每一百年又重新回到他在基督受难时的年龄。② 必须看到，这个犹太人的不朽并非一种祝福，而是永远的诅咒③：他就仿佛活死人，其存在的根本意义只是向当地人讲述基督的生平事迹，并为其再度来临提供见证。作为基督受难的目击者，他为基督的真实存在提供了见证；但吊诡的是，现实中的许多目击者又为他的真实存在提供见证，从而构成"见证之见证"。为证明其真实存在，不少欧洲人声称曾亲眼见过这位犹太鞋匠。除《亚哈随鲁故事》提到的汉堡（1542）、马德里（1575）、但泽（1599）外，有人还煞有其事地指出在布拉格（1602）、卢卑克（1603）、巴黎（1604）、汉堡（1633）、布鲁塞尔（1640）、莱比锡（1642）、弗兰肯斯坦（1676）、慕尼黑（1721）、纽卡斯尔（1790）、伦敦（1818）等地见过此人，④ 甚至有人声称在美国犹他州盐湖城（1868）见过此人⑤。更不可思议的是，19世纪许多地方的博物馆（例如乌尔姆、伯尔尼）展示着据说是这个犹太人曾经穿过的巨大鞋子，⑥ 而罔顾传说中他一直光脚的特征。

显然，大众观念中"永世流浪的犹太人"不是飘渺不实的虚假人物，而是一个有血有肉的鲜活形象。通过众多"见证人"的叙述，该形象获得

---

① Salo W. Baron, *op. cit.*, p. 182.

② 相传每当他活到100岁，就会患上一场不可医治的重病而完全失去知觉，醒来后他像再度出生一样彻底痊愈，并恢复他在基督受难时的外貌，对基督受难与复活的记忆仍然依旧。参见 Edouard Roditi, "Observations: Wandering Jews," *Commentary*, Vol. 68, No. 2 (Aug., 1979), p. 56.

③ Maccoby, "The Wandering Jew as Sacred Executioner," p. 250. 在后来的传说中，这个犹太人渴望死亡，但却屡死不成：他试图投河自尽，但河水拒绝淹死他；他准备自缢而死，但绳索拒绝勒死他；等等。

④ Anderson, *The Legend of the Wandering Jew*, pp. 113–119.

⑤ 随着欧洲人来到新世界，这一形象也在美国扎根，参见 Rudolf Glanz, "The Wandering Jew in America," in Galit Hasan-Rokem & Alan Dundes, *op. cit.*, p. 105。

⑥ Salo W. Baron, *op. cit.*, p. 181.

了持久的生命力："永世流浪的犹太人传奇一直存活了将近 2000 年，部分是因为这么多年来诸多'见证人'的记录及讲述，……绝大部分故事来自第一手证词或目击者讲述的书面记录。所有这些都被用来证明他们所讲的是真实的，有时甚至被用来支持荒唐的说辞。由于人们直到今天仍声称目睹过这个超自然的现象，所以这些故事不能被简单地归类为神话或传奇。"①

结　语

作为一个基督教社会创造的反犹形象，"永世流浪的犹太人"形象在形成及传播过程中为传统基督教的神学反犹动机所充分利用，被用来服务于基督教宣教之特殊目的，为其论证耶稣福音的真实性提供了一个绝好的精神例证。可以说，作为"他者"的"永世流浪的犹太人"是基督教观念及价值的投射："在基督徒有关犹太人的所有传说中，永世流浪的犹太人传奇或许是最为持久及最为独特的一个。这个持久的传奇穿越了许多世纪的基督教传说，影响直达今天，它仍被视为基督教神学欲望的大众反映。"② 17、18 世纪，该形象在流传过程中虽经过无数次改写和转化，但其最根本的内涵始终是全体犹太民族的人格化象征。在反犹动员的不断塑造与宣传下，该形象成为反犹者丑化、贬低犹太人的重要手段。经过这种他者想象下的"恶"之社会建构，它作为犹太人诅咒性的身份特征代表着他们永恒的散居生存状态。在大众流行观念的推动下，辅之以宣传画的具体展示，"人格化"反犹形象的影响实际上比那些教义条文更为直接、也更加深远。可以说，"永世流浪的犹太人"形象在 17、18 世纪的传播为研究反犹形象的社会建构及其大众化提供了一个重要的案例。

---

① Dana Edwards, *The Legend of the Wandering Jew*, p. 14.

② Frank Felsenstein, *Anti – Semitic Stereotypes*: *A Paradigm of Otherness in English Popular Culture*, 1660 – 1830, Baltimore: Johns Hopkins University Press, 1995, p. 58.

后大屠杀时代：纳粹屠犹的社会后果

张倩红 *

如何界定大屠杀？国际学术界一直有不尽相同的表述。美国纳粹屠犹纪念馆出版的大屠杀教科书中所给的定义是："大屠杀特指 20 世纪历史上的一场种族灭绝事件。这一事件是 1933～1945 年间由纳粹德国及其合作者操纵的、由国家主持的、有计划地迫害与消灭欧洲犹太人的行动。犹太人是主要的牺牲品——600 万人被杀害，吉普赛人、有生理缺陷者和波兰人也因种族或民族的原因而被列为毁灭与致死的目标。有数百万人，包括同性恋者、耶和华见证会（Jehovah's Witnesses）[1] 教徒、苏联战俘与持不同政见者，也在纳粹暴政之下经历了严酷的压迫并被致死。"[2] 自第二次世界大战结束以来，国际学术界对大屠杀的研究日趋深入。总体而言，20 世纪 70 年代以前，研究重点集中于发掘与公布新的档案资料，追述大屠杀的过程，探讨其发生的原因。但八九十年代以后，在美国、以色列、欧洲普遍兴起了对"后大屠杀时代"（Post-Holocaust Period）的研究，热衷参与的学者除历史学家之外，

---

* 张倩红，河南大学以色列研究中心主任、郑州大学历史学院教授。

① 耶和华见证会是美国人罗塞于 19 世纪后半期创建的一种基督教新教派。该教派否认正统的基督教教义，认为只有一个上帝即耶和华，基督是上帝所造，圣灵是耶和华力量的一个名称。该会以《圣经》为依据，反对圣诞树、十字架、教皇等宗教礼仪和制度，在世俗生活中则反对催眠术、输血、服兵役、庆祝生日、赌博、同性恋、人工流产、进化论、吸烟、共产主义等，拒绝竞选公职，反对向旗帜敬礼，反对唱国歌，反对国家及一切世俗权威。一些耶和华见证人因拒服兵役而被判刑。由于该教派的主张与希特勒所崇尚的个人专制统治格格不入，因此，被纳粹政权列为坚决禁止的非法教派。

② United States Holocaust Memorial Museum, *Teaching about the Holocaust: A Resource Book for Educators*, Washington, D. C., 2001, p. 3.

还有社会学家、心理学家、人类学家以及新闻工作者，主要研究源于大屠杀并影响到后大屠杀时代的种种社会现象，尤其是围绕着幸存者以及大屠杀之后犹太思想的变化等问题，推出了大批研究成果。这种现象的出现，是因为人们越来越意识到了大屠杀是一个影响深远并且应该高度反思的问题，用大屠杀研究的权威学者耶胡达·鲍的话来说，"大屠杀已经成为一个世界性的问题，它对当今文明产生了持久的冲击力，而且至少是间接地塑造着民族的命运。它影响着人类彼此之间的理解、世界性的和平以及对种族灭绝事件的全面排斥。我们所有的人都要重新思考当时所发生的一切"①。中国史学界对于大屠杀问题从 20 世纪 80 年代开始有所涉猎，但真正进入研究层面的成果还比较缺乏。大屠杀对犹太民族的地域分布、人口结构、宗教信仰、文化观念以及以色列国家的诞生等都产生了深刻的影响。本文以后大屠杀时代为视野，重点探讨这一事件对犹太人社会心理的影响，以期引起更多学人关注大屠杀以及"后大屠杀现象"，并从中吸取历史教训。

一　幸存者的心理磨难与社会遭际

大屠杀给犹太人留下了几世难平的心理创伤，这一点在大屠杀幸存者的身上得到了最明显的体现。对于"幸存者"的含义，1990 年出版的《大屠杀百科全书》没有做出明确的解释。受德 – 以基金会赞助、专门对大屠杀幸存者进行跟踪调查与研究的以色列学者丹·巴让曾给"幸存者"下了这样一个定义："从纯历史学的观点来看，任何在第二次世界大战之间生活在纳粹占领区受到'最后解决'（The Final Solution，即彻底消灭欧洲犹太人）政策的威胁、并且最终设法活了下来的人，都是大屠杀的幸存者。"② 战争虽然结束了，但这些幸存者却无法从噩梦中惊醒，悲哀、痛楚

---

① Yehuda Bauer, *Rethinking the Holocaust*, New Haven: Yale University Press, 2001, p. 260.

② Dan Bar – On, *Fear and Hope: Three Generations of the Holocaust*, Cambridge, Mass.: Harvard University Press, 1995, p. 21. 不过，对于"幸存者"的上述定义，在犹太学术界有歧义。有人认为这一定义不适合于儿童；也有人认为这一定义忽略了当事者的主观愿望。因为在五六十年代，许多经历过大屠杀的人都不愿意被贴上"幸存者"的标签。

与伤痛始终伴随着他们。究其原因，主要来自三个方面。

第一，强烈的恐惧感。曾在纳粹集中营里历经磨难，并于 1986 年获得诺贝尔和平奖的著名美国学者埃利·威塞尔（Elie Wiesel）曾这样表述被解放的那一天作为幸存者的内心感受：快乐是空的，感觉是空的，情感是空的，希望是空的。以色列诗人纳坦·奥尔特曼（Nathan Alterman）用优美的诗句记录了这样一个场面：一个犹太小女孩，在集中营被解放的那天，纤弱的背上背着一个专门发给孤儿的饭包，手里拿着一块面包，那是联合国难民处提供的次日的口粮。她从阴暗肮脏的地方走出，饱享自由、阳光与空气，却没有任何激动反应，而是提出了这样一个令人心酸的问题："请问，我可不可以哭？"在当时的欧洲，有 30 万左右无家可归的"地狱幸存者"——犹太难民，其中大约有 20 万是从纳粹的死亡营与劳动营中释放出来的，他们遍地流浪，身无分文，衣衫褴褛，目光呆滞，干瘪的手背上刺有集中营编号。他们欢乐不起来，因为"伤口在痛苦地开裂着"，"恐怖的气氛仍在弥漫"。后来，经过几年的辗转，他们当中有 2/3 的人回到巴勒斯坦，1/3 的人则到其他地方，主要是北美。即便是那些来到民族家园——以色列国土上的幸存者，仍然无法摆脱恐惧。根据对生活在以色列的幸存者的调查，"80% ~ 90% 的人失去了他们的大多数直系亲属——父母、兄弟姐妹、丈夫或者妻子以及孩子。每人至少失去一个亲属，3/4 的人失去了整个家庭。失亲之痛对生还者所造成的心理创伤怎么估计也不会过分的，尤其是对十分重视家庭亲情的犹太人来说更是如此"[1]。一位幸存者这样表达自己的心情：我只觉得自己衰老了，对什么都不感兴趣，像一具会说话的尸体一样，所有的记忆都是伤痛与恐惧。你怎么会认为我可以和战前的我一样呢？当年那个生活在犹太隔离区里的有 85 位成员的大家庭，我是唯一一个、绝对是唯一一活下来的人。[2] 丹·巴让的研究表明，在幸存者身上，"恐惧与希望是更具有象征意义的感觉，恐惧

---

① Michael Berenbaum, and Abraham J. Peck, *The Holocaust and History*, Bloomington and Indianapolis: Indiana University Press, 1998, p. 770.

② Ibid., pp. 770 - 771.

代表着消极的情感，即破碎的信念，我们认为这就是大屠杀所造成的消极的后果"①。值得注意的是，恐惧感不仅支配着幸存者本身，而且严重影响到他们的后代。丹·巴让写道："大屠杀是一场人为的灾祸，它不仅播下了巨大的毁灭的种子，而且也抑制了往后数年的自由回忆与痛苦反思。幸存者及其许多子女发现自己无法游历于过去与未来之间、记忆与遗忘之间、生命与死亡之间。在他们的生平重建里，家庭共同体这一家庭机制的保护构架被中断，而且这种重建老是铭刻着失去家庭成员的痛苦。即使这种（因家庭）断裂的冲击会随着时间的消失而弱化，但恐惧的残余仍然可以从大多数第三代人的生活故事里感受得到。"②

第二，自责感与孤独感。战后，"幸存者的内疚"成为一种普遍现象，他们为失去亲人而内疚；为自己不择手段地"偷生"而内疚；为自己目睹了暴力与仇恨且无能为力而内疚；为自己没有公开站出来与党卫队战斗而内疚；甚至为自己没有自杀而内疚。总之，他们总是能够从主观上给自己找到愧疚的理由。许多幸存者不停地反省：为什么是我而不是我的兄弟姐妹们活了下来？在许多访谈中都可以听到他们的自责：如果我这样做或者那样做，如果我不这样做或者不那样做，也许他或她今天还活着。连那些有幸被列入"辛德勒名单"的人也同样因为"不正当的生还手段"（即辛德勒贿赂了党卫队成员）而内疚。不仅如此，随着欧洲尤其是东欧犹太社区的毁灭，世界最大的犹太中心转向了以色列与美国，大多数的幸存者战后都不得不移居他乡，这件事情本身同样要付出心理上的代价：与自己的家人、童年、故乡、传统、文化以及语言的人为割断。"他们中的大多数人猝不及防地被割断了与过去的联系，而且这种割断出现于他们的生命受到威胁而且毫无准备的情况下，因此就会使心灵格外受到创伤。"③ 对于那些定居于以色列的幸存者，他们不能公开抱怨，因为这是犹太人梦寐以求的精神家园，可事实上他们有相当一部分人对移居以色列并没有心理准

---

① Dan Bar – On, *op. cit.*, p. 42.

② Ibid., p. 329.

③ Ibid., p. 27.

备，背井离乡之愁照样折磨着他们。所以，面对迥异的生存环境，他们的孤独感与无助感油然而生。复杂的内心情感使他们中的许多人选择了"沉默的生活"。"这些被解放了的男人女人寻求一种隐秘的存在（private existence）。他们孤立地生活，封闭而无交流，生活在一种无形的隔离区里，很难与外面的世界联系。他们不参与我们的庆典，他们不对我们的玩笑感兴趣。他们的参照框架不是我们的，他们的话语也不是。他们的话语是他们的法典。他们的记忆是他们的规章。"①

黛娜·沃笛（Dina Wardi）是一位精神疗法的医生，在过去 20 年里，她的主要治疗对象就是生活在以色列的大屠杀幸存者的第二代。她在著作《纪念的蜡烛》中记述了与幸存者第二代的真实对话，揭示了大屠杀对后代的心理影响。她指出，这些人是在丧亲之痛的阴影中长大的，而这种环境往往导致父母对子女过于呵护或期望值过高。在子女们的童年时代，父母无意识地把痛苦传递给了他们，父母把自己所有的记忆与希望都转嫁给了子女，因此，这些子女们就成了那些大屠杀牺牲品的"纪念的蜡烛"。成人之后，他们背负着沉重的精神压力，体验着孤独的人生，不少人出现了心理健康的问题。作者在这些人身上探索一种特殊的治疗方法，就是千方百计使病人摆脱"纪念的蜡烛"这一角色，培养他们正常人的心态。②

第三，苛刻的社会价值观念。在战后初期，无论是美国犹太人还是以色列社会，都忽略了大屠杀幸存者的内心感受。就美国而言，由于大屠杀期间美国政府对犹太难民的暧昧态度以及美国犹太团体在拯救欧洲犹太人问题上的不得力，在战后招致了来自方方面面的严厉批评与谴责，大屠杀问题也因而带有一定敏感性，人们出于各种考虑，在战后初期似乎有意识地回避了犹太幸存者的问题。尽管 1960 年埃利·威塞尔出版了他的著作《黑夜》（*Night*），1966 年理查得·鲁本斯坦（Richard Rubenstein）出版了《奥斯维辛之后》（*After Auschwitz*）一书，两位思想家的主旨都是为了揭示大屠杀对犹太人生活、信仰与心理的影响，但并没有引起社会的广泛关

---

① Elie Wiesel, *A Jew Today*, New York：Random House, 1978, p. 189.

② Dina Wardi, *Memorial Candles：Children of the Holocaust*, London：Routledge, 1992, Preface.

注。这种状况使幸存者感受到一种"无言的悲哀"。在以色列，自 1948 年建国到 70 年代以前，以色列社会是以挑剔的态度来对待幸存者的。在大多数人的眼里，只有那些参加过犹太区起义或者反德游击队的抵抗者才是真正的"正义之士"，才是"为生存而战"的典范，其他幸存者都是软弱无能之辈。这一崇尚英雄的价值观与同一时期以色列社会的发展潮流密切相关。在建设新国家的过程中，以色列人的理想人格是体现了坚忍不拔与奋力求生精神的"沙漠中的仙人掌"，社会价值观的主流是强调集体观念、开拓意识与奋斗精神，而把任何群体的特殊利益与感情抱怨都视为不合时宜。这种来自全社会的偏激与忽略加剧了幸存者的痛苦，他们强烈地感受到：周围的同胞虽然泪流满面地欢迎、同情他们，但内心里并不喜欢他们。不仅如此，甚至还有人在利用他们的痛苦。威塞尔曾一针见血地呼吁道："人们为了政治目的而利用他们，以他们的名义来表达愤慨，来影响投票，来发动新闻攻势，来组织会议。顺从而幻灭，他们听天由命。人们撇开他们发表有关幸存者问题的讲话。你们是否知道没有一个幸存者被请求成为负责与西德进行财政补偿洽谈特别政务会的成员，没有一个幸存者得到机会发表他对资金分配的意见，没有一个幸存者坐在著名的索赔会议的国际政务会上？是别人以死者的名义表达着受难者的思想，不是他们自己，而是别人在处理他们的遗产；他们不被认为有资格以自己的名义为自己辩护。逃避者、流浪者，人们就是这样看待他们的。什么都不合格，什么都不合适。他们是制造麻烦的人、败兴的人、带来灾祸的人，只能小心对待。给他们同情是完全正确的，但应敬而远之。"① 总之，他们经历的灾难被粉饰、被利用，犹太幸存者只有屈从与哀伤。

上述种种因素使大屠杀幸存者在战后的 20 多年间很少品尝到经济腾飞与国家富强的欢欣，而是处在一种难言的孤苦之中。20 世纪七八十年代，他们的状况终于引起了一些文人的深切关注，反映幸存者的著述连续出版，学术会议与各种纪念活动不断举行，大屠杀再度成为媒体关注的热点，尤其是"大屠杀的美国化"（The Americanization of the Holocaust）倾

① Wardi, *op. cit.* , p. 196.

向越来越明显。与此同时，以色列的客观情况也发生了新的变化："直到这时，以色列社会才承认复杂的情感变化过程，才对自我价值实现的需求、个体与个体之间以及不同时代人之间的差异有所认知。那时，一个更成熟的社会已展现出来，并已经意识到了以前的行为与文化模式所付出的高代价。此时，人们才明白大屠杀幸存者所遭遇的一些困境也同样体现在以色列社会中的其他移民群身上。"① 这时候，幸存者也已经逐渐适应当地社会，他们的子女对父辈们的受难已有了越来越理性的认识，再加上幸存者的人数越来越少，这些都促使一些幸存者觉得自己不能再沉默，认为自己应当而且必须承担起两项责任：一是记住大屠杀并保存这个可怕的历史记忆，"把个人的经历转化为历史的意识与民族的记忆"；二是为纳粹罪行提供新的证据，证明纳粹屠犹政策确实存在。在幸存者的内心深处，希望终于战胜了恐惧，他们由被动的"沉默者"变成了活跃的见证人。当他们咬紧牙关，把多年尘封的伤疤一一揭开之后，感受到的是前所未有的释然与解脱，他们发现自己一直所苦苦追求的"正常人的生活"不是远离他们而去，而是正朝他们靠近。

当然，即便在这个时候，对幸存者的苛求与误解也并没有完全消失。一位生活在美国的幸存者曾这样描述自己的亲身经历："许许多多的人都对大屠杀感起兴趣来……我看到了一种意识的觉醒，但是也同样摆脱不了对现实的困惑。美国的犹太教师们邀请我去他们的教室演讲，但他们不想让我把大屠杀描述成一种悲惨的经历，他们想让我把幸存者变成英雄，并为他们创造出英雄的经历。他们用的教材名为《大屠杀：勇气与抵抗的历史》，但是大屠杀绝对不是勇气与抵抗的历史，它是用火焰来毁灭无辜者的历史。凭空捏造是不应该的。我们不是英雄，我们活了下来是因为一些连我们自己都无法理解的偶然机遇。有人对我说：'萨莉（Sally），给孩子们讲一些幸存者的欢乐吧！'我明白了他们一点都不理解我们，如果你处在一个独木舟上，生命会在几秒钟内消失，你活了下来，你还能谈得出幸存的欢乐吗？我们经历了火焰与灰烬，整个家庭被毁灭了，自己却留下

————————————

① Dan Bar-On, *op. cit.*, pp. 29-30.

了，我们如何谈论生存的欢乐？"①

二 对纳粹屠犹的神学反思

来源于希伯来《圣经》的选民观念一直是犹太神学观的重要组成部分，在后圣经时代，尤其是在大流散时期，特选子民的观念得到了进一步加强，并以一种优越的心理潜势呈现于犹太人的思想意识之中。面对大屠杀，犹太人在信仰上出现了分化，有些人尤其是一些正统派人士怀着一种极为强烈的信念：犹太民族眼前所遭受的巨大苦难只是"救世主弥赛亚降临之前的阵痛"，犹太人不能在苦难面前屈服，而是要为"圣化上帝之名"（Kiddush Hashem）献身。许多人正是怀着对上帝的虔敬、念着犹太信条，无所畏惧地走进了毒气室。拉比沙米尔·大卫·乌加尔（Shmuel David Ungar）的话非常能代表他们的心情："毫无疑问，我们必须要坚持上帝独一，我们必须要怀着对上帝的爱来接受上帝对我们的惩罚。"② 拉比以法莲·欧什瑞（Ephraim Oshry）是立陶宛科夫诺（Kovno）集中营的幸存者，当被囚禁的犹太人带着种种疑问来向他求教时，他用精神的自由来安慰他们。在以法莲留下的写在水泥袋上的纸片上的文稿中有这样一段记载："德国人宣布要把（科夫诺集中营的）犹太人全部消灭，我们完全失去对命运的把握，大多数人将被杀死……我们赞美上帝不是因为上帝给了我们肉体的自由，而在于上帝赋予了我们精神上的自由。因此，在任何环境下都不能停止对上帝的赞美。相反，尽管我们的肉体受到禁锢，我们却比以往任何时候更虔诚地赞美上帝，并以此向我们的敌人显示：作为人，我们的精神是自由的，任何暴行都不能禁锢。"③ 但是，仍有相当一部分犹太人对上帝失望，并对自己多年来所恪守的信仰提出质疑。生活在瑞典的大屠杀幸存者海迪·弗雷德（Hedi Fried）在回忆录里描述了居住在罗马尼亚的锡格

---

① Hilene Flanzbaum, *The Americanization of the Holocaust*, Baltimore：Johns Hopkins University Press, 1999, p. 56.

② 诺曼·所罗门：《当代学术入门：犹太教》，赵晓燕译，辽宁教育出版社，1998，第 131 页。

③ 同上书，第 129 页。

特（Sighet）小镇上的犹太人在从隔离区往奥斯维辛转移的途中所发生的一件事：一个家庭里的年轻人正在分享火腿，而老祖母却静静地坐着，不停地流泪，突然她抬起头来说："给我一点火腿，我活了76岁，从未吃过犹太教禁吃的食物，但现在我要吃。上帝这样对待我们，我将不再遵守他的诫命。"海迪接着写下了一段非常耐人寻味的话："所有的人都惊愕地看着她，老祖母切下一片火腿，若有所思地嚼起来，好像在等待上帝的回答。她不是要停止对上帝的信仰，她只是想挑战上帝。也许她正在期待着出现一个晴天霹雳来结束自己的苦难。"①

亚伦·哈斯是美国加利福尼亚州立大学的心理学教授，他结合亲身经历与调查研究，写下了《在大屠杀的阴影之下——第二代》一书。他在书中写道：上帝的观念对他来说不是一种安慰，而是一种讽刺。他曾努力回到崇拜上帝的人群之中，可当他从祈祷书上读到"上帝是仁爱和宽恕的，上帝是正义的，上帝是善良的并有怜悯心的，上帝从万民中挑选了犹太人，并保佑那些爱他的人"时，"这些话刺破了我的喉咙，激起了我的愤怒，我无法再读下去！"②哈斯认为，大屠杀的残酷记忆使身历其境的人无法再保持对上帝的虔敬心态。哈斯的舅父是马伊达内克死亡营（Majdanek）的幸存者，在战后的美国，他出入保守派会堂，让子女接受犹太教育，访问以色列并为犹太事业募捐。当哈斯问起大屠杀对他的宗教信仰有什么影响时，他回答：他失去了一切信仰。"他还非常生气的是，在他从前接受教育的犹太经学院（Yeshiva）中，那些尊敬的拉比和老师们竟然督促学生们把自己的信仰和希望都寄托在上帝手中。"一位幸存者的子女在接受哈斯采访时回忆说："我在一个非常世俗的家庭长大。作为一个孩子，我父亲从不去会堂让我很不安。他会对我说：没有上帝，只有一场大屠杀。"③

---

① Hedi Fried, *The Road to Auschwitz: Fragments of a Life*, Lincoln: University of Nebraska Press, 1990, p. 77.

② Aaron Hass, *In the Shadow of the Holocaust: The Second Generation*, Cambridge: Cambridge University Press, 1996, p. 146.

③ Ibid., p. 148.

　　大屠杀幸存者对上帝的怀疑延续到他们的子女身上。接受哈斯采访的48位幸存者的子女中，只有1/10的人守教，3/4的人只是在赎罪日才走进会堂。其中一位说道："现在信仰上帝对我来说没有太大的意义。如果上帝确实存在，如果犹太人确实是上帝的选民，上帝为什么会如此对待我们？我不相信做一个真正的犹太人、一个好人，就会得到上帝的保护。大屠杀使我怀疑这一切。"① 另一位幸存者子女的表述也很具有代表性："我并不真正相信上帝，我认为我产生怀疑态度的原因之一是大屠杀。从孩童时代起，我总问自己这个问题：如果真有上帝，他又是善良可爱的，他怎么能让那些无辜者，甚至儿童遭受如此多的苦难？我从未找到答案。"②

　　在后大屠杀时代，对纳粹屠犹的神学反思一直是犹太学术界关注的话题。欧文·格林伯格（Irving Greenberg）是一位传统的神学家与资深的历史学家，他于1974年发表的《奥斯维辛：一个新时代的开始？》（*Auschwitz: Beginning of a New Era?*）一文被许多人引用。他认为，在反思大屠杀的影响时，犹太教与历史的关系应该成为关注的焦点。在他看来，"犹太教是一种历史的宗教，它必然受制于因历史的变化而产生的影响。……很显然，大屠杀将会改变犹太教的神学内核，它对人类本性以及上帝的认识"③。一些正统派学者用"上帝特征的藏匿"（God being "hidden" features）来解释大屠杀。这一观念源于《圣经》，如《以赛亚书》45章15节中所说的，"救主以色列的神啊，你实在是自隐的神"。后来，犹太教神秘主义派别的卡巴拉学说对此作了充分发挥，认为上帝的藏匿是对犹太信仰者的一种挑战和考验。

　　马丁·布伯（Martin Buber）认为，犹太教的真正任务就是建立人与上帝的对话关系，完成精神生活和世俗生活的统一。上帝绝不是抽象的理念，绝不是彼岸世界的存在，他是直接从我们当下的生存中流射出来的。1952年，布伯出版了《神蚀》（*Eclipse of God*）一书，其中指出，当上帝

---

① Aaron Hass, *op. cit.*, p. 147.

② Ibid., p. 151.

③ Alvin H. Rosenfeld, *Thinking about the Holocaust*, Bloomington and Indianapolis: Indiana University Press, 1997, p. 165.

沉默之时，人不要否定上帝，而要意识到这是上帝的沉默。意识到这种沉默会引发一种新的变化，意味着"一种新的事件的发生，而当这个事件出现的时候，天和地之间的世界会重新被听到（即上帝会重新显现）"。在这本书里，布伯试图调和传统的上帝观念与现代哲学中所提出的上帝怀疑论，他想论证一种新的哲学命题来说明人在世界中的地位以及人与上帝的新关系。研究者认为，布伯的尝试以及他提出的观点，"毫无疑问与大屠杀密切相关，因为奥斯维辛－比克瑙（Auschwitz－Birkenau）的毒气室与焚尸炉彻底断送了这么多的人的信仰，以至于哲学家们所假设的一个命题对死亡营里的犹太人来说变成了赤裸裸的、可怕的现实"①。20 世纪六七十年代以后，越来越多的学者对上帝藏匿的正统派观点提出挑战，伯科威茨（Eliezer Berkovits）是其中有代表性的人物。他在代表作《大屠杀之后的信仰》（*Faith After the Holocaust*）一书中指出，在众多犹太人的观念中，上帝藏匿的可能性是被承认而且被反复论述的，但问题在于，即便是藏匿之中的上帝也应该具有认知能力，而且完全可以成为拯救者，而大屠杀的事实无法使人们接受"作为拯救者的上帝"的存在。因此，伯科威茨虽然没有明确表述但却暗含了这样一个结论："在这种情况下，承认上帝依然存在也许比彻底否定它更无把握。"②

在后大屠杀时代，人们怀疑上帝的另一原因是因为失去安全感，因为"上帝被理解为安全之源，如果他不能够提供安全，人们怎么维护对他的信仰"？③ 威塞尔对上帝存在不仅提出了更直接的质疑，而且表达了强烈的愤慨。在他看来，如果完全有感觉的上帝只是作为旁观者而听任罪恶发生，那么就有理由认为上帝本身就是罪恶的参与者。他在《森林之门》（*The Gates of the Forest*）一书中提出了一个非常尖锐的问题："当灾难降临的时候，上帝到底在哪里？"他让被纳粹分子吊在绞刑架上的

---

① Bill Bruinooge, "The Holocaust as a Challenge to Belief," in Livia Rothkirchen, ed., *Yad Vashem Studies XV*, Jerusalem: Achva Press, 1993, p. 194.

② Bill Bruinooge, *op. cit.*, p. 197.

③ Ibid., p. 195.

犹太儿童来回答这一问题。在他的另一部作品《审判》（*The Trial*）中，他把上帝送上了审判台并被宣判有罪。约翰·罗斯（John K. Roth）支持威塞尔，认为传统的上帝论者一直试图为人类寻找理解上帝行为的理由，强调以拯救为核心的上帝的善行，但这一论点在后大屠杀时代令人无法接受。他认为，乐观主义者的观点即善良必定战胜邪恶、上帝惠顾于尊奉他的世界，已经被血腥的历史事实所反驳。关键在于，世界上发生了如此丑陋的恶行，上帝怎么能被宣判无罪？即便上帝不能被视为罪恶的直接参与者，他也不能被排除在被告席之外，因为历史事实本身对上帝提出了公诉。①

在后大屠杀时代，一些学者包括基督教学者开始对犹太教与基督教的关系进行反思，认为宗教反犹主义与大屠杀的发生有着直接关系。有些基督教学者公开质问："当大屠杀发生的时候，欧洲的基督教会在哪里？""基督教的仁爱精神哪里去了？"罗伊（Roy）和艾丽斯·埃卡特（Alice Eckardt）是上述观点的代表人物。作为基督教思想家，他们勇敢地站出来，呼吁基督教从大屠杀中吸取教训，走出狭隘的自我主义，以宽广的胸怀接纳犹太人。他们指出：基督教会强烈地要求犹太人改宗，其终极目标与希特勒的"最后解决"如出一辙，要求犹太人"皈依基督教并毁灭对犹太教的信仰，这与彻底的反犹主义没什么两样"。②

大屠杀的事实揭秘以后，也引起了基督教的强烈反思。二战结束之后，基督教会的不同派别也都举行了一些会议，反省了基督教对犹太人的态度，以及大屠杀发生的宗教性根源。其中于 1948 年在阿姆斯特丹召开的教会世界理事会（The World Council of Churches, WCC）标志着基督新教与犹太人的关系发生了由对抗到和解的转变。特别是 1965 年的梵蒂冈第二届大公会议（简称"梵二会议"）开辟了天主教与犹太人关系的新的纪元。这次会议上通过了《关于教会与非基督教关系的宣言》（*Declaration on the*

---

① John K. Roth, "When God and Man Failed," in Livia Rothkirchen, ed., *Yad Vashem Studies XV*, Jerusalem: Achva Press, 1993, p. 198.

② Ibid., p. 199.

Relationship of the Church to Non-Christian Religions），承认基督教与犹太教同源，承认基督教是从与上帝立约的希伯来民族那里接受了《旧约》的启示。这次会议上还解除了所有犹太人都对耶稣之死负有罪责的指控。会议之后，天主教会号召全体子民以积极与肯定的态度看待其他信仰者，并开始了基督教与犹太教对话的真正历史。[①] 瑞士新教教会联合会中央理事会（The Central Board of the Swiss Protestant Church Federation）也终于在 1977 年宣布：耶稣是犹太人，是由一个犹太母亲所生。

三 大屠杀对犹太意识的强化

对于幸存者而言，他们可以怀疑上帝，甚至完全背离宗教，但都强烈地要求自己以及后代保持自身的犹太性，尽管他们也深切地感受到"把信仰与犹太性相隔离是一件十分不容易，甚至是很难做到的事情"。他们的逻辑是：希特勒的最大愿望以及纳粹德国"最后解决"政策的最终目的，就是要彻底消除犹太人身上的犹太性，就是要毁灭犹太意识、犹太精神、犹太文化，如果犹太人靠自身的凝聚力与意志力而坚守了这一切，就是宣告了纳粹屠犹政策的失败，否则就是对自己、对 600 万无辜亡灵的背叛。阿兹列尔·艾森伯格就此指出："无法回避的事实是：犹太人的毁灭仅仅是因为他们自己是犹太认同感这一链条上的一个环节，只是因为他们选择了要继续为这一链条锻造新的连接点。其结果是：对新一代的许多犹太人来说，大屠杀的教训再次坚定了他们的犹太认同感。以色列教育家莫迪凯·巴让（Mordecai Bar - On）曾说，我属于生下来就没有信仰的那一代人，但是，当我阅读了大屠杀文献以后，我的反应是：我（的精神）不能死去，而要复兴！"[②] 曼克威茨也认为："对那些从灾难中走过来的人来说，最主要的职责就是要以犹太人的身份继续活下去，并作为'活生生的纪念

[①] 《梵蒂冈第二届大公会议文献》，中国主教团秘书处出版，1987，第 21～22 页。

[②] Azriel Eisenberg, *Witness to the Holocaust*, New York：Pilgrim Press, 1981, p. 626.

碑'为那些死去的亲人与同胞保持永久的记忆。"① 美国犹太思想家欧文·豪在分析大屠杀对犹太人的影响时也曾经写道："大屠杀的记忆深刻地嵌入犹太人的意识之中，所有或几乎所有一切均使他们感到，不管作为一个犹太人意味着什么，它都要求他们一定要尽量永久做犹太人。在某种程度上说，这是一件恐怖的事情，在更大程度上是一件需要的事情，在最大程度上是一件荣誉的事情。"②

大屠杀作为一场民族灾难与集体记忆，不仅强化了幸存者而且强化了整个民族的犹太意识。19 世纪末 20 世纪初以来，在现代化潮流的巨大冲击下，越来越多的欧美犹太人逐渐融合于当地社会，尤其是两次世界大战之间的美国，同化势头更为凶猛，很多人丢弃了第一代移民身上的犹太特性，利用一切机会实现自己"美国化"梦想。他们改变犹太人的行为模式，接受美国思想，模仿美国习俗，以英语取代了意第绪语，把世俗文化的繁荣作为社会理想及人生目标实现的标志，这一现象的发展必然使犹太文化多层面地融合于主流的美国文明之中。迈尔·莱温曾毫不隐瞒地说："我清楚地记得童年时怕说自己是犹太人，我以是犹太人为耻。""然而，对犹太教的背离在很大程度上只限于第二代人。……30 年代和 40 年代的那些划时代的事件制止了这种行为，并且在犹太人中重新唤起了对传统的忠诚。希特勒的崛起，欧洲犹太人面临的灾难以及以色列争取独立的斗争，使美国犹太人的思想发生了彻底的转变。"③ 在历史上，反犹主义总是直接或间接地促使民族意识的觉醒，而大屠杀之后，这一现象更为明显。史无前例的大灾难使生活在不同地域、不同身份的犹太人在理念上及主观认知程度上强化了犹太身份，甚至沸腾了他们的犹太血液。一些已经同化或者正在被同化的"迷失的羔羊"们在惊愕与愤怒之后开始反思自己，有的义无返顾地再次回到上帝的"栅栏"之内。当时刚上任的英国工党主席

---

① Zeev W. Mankowitz, *Life between Memory and Hope: The Survivors of the Holocaust in Occupied Germany*, Cambridge: Cambridge University Press, 2002, p. 79.

② 欧文·豪：《父辈的世界》，王海良、赵立行译，上海三联书店，1995，第 571 页。

③ Abba Eban, *My People: The Story of the Jews*, London: Weidenfeld And Nicolson, 1969, p. 482.

哈罗德·拉斯基（Harold Laski）就是一个典型的例子。1945 年的"五一"国际劳动节，他在曼彻斯特发表演说，觉得自己有一种浪子回头的感觉，他在战前只是一个坚定的马克思主义者和同化论者，不信仰犹太教，并认为如果犹太人愿意失去自己的特性，那将是对人类进步做出最好的贡献；可是现在，他要宣布与过去的他决裂，要为犹太民族的复兴而贡献力量。①从这个意义上说，大屠杀在客观上起到了一次文化再生的作用，用威塞尔的话来说，"正如在过去，这考验（大屠杀）带来的不是犹太意识的一次衰落而是一场复兴，以及犹太历史的一次兴盛。远非截断他的族系，犹太人强化了它们。奥斯维辛令他更加坚强了"②。查姆·伯曼特也指出："第二次世界大战时的大屠杀已经将一个不能溶化的因子嵌入犹太人的灵魂。因此，无论一个犹太人已经离开他的血统、他的信仰、他的民族有多远，只要有人在凌晨敲一下他的房门，哪怕只是为了犹太人的地狱，他也会即刻重新变成一个犹太人。"③

大屠杀还造就了越来越多的犹太复国主义者。从战争中幸存下来的欧洲犹太难民，有很大一部分接受了犹太复国主义思想。作为恐怖行为与痛苦经历的见证人，他们把灾难的根源与失去祖国联系在一起。用一位幸存者的话来说，"我们成了真正的犹太复国主义者，因为我们知道，犹太复国主义意味着站起来反对恐惧，反对那些袭击你的人，它当然也意味着无论发生什么，都要在以色列拥有一席之地。……而这一切正是这场巨大的世界战争与纳粹反犹政策的双重结果"④。一场突如其来的灾难过后，欧洲犹太人出现了意识形态上的困顿与缺失，而犹太复国主义在很大程度上填补了这一思想真空。历史学家科佩尔·潘松（Koppel Pinson）分析说，当时的情况确实是急需一种意识形态。问题在于为什么不是共产主义或者宗

---

① Walter Laqueur, *A History of Zionism*, New York: Holt, Rinehart and Winston, 1972, pp. 561 – 562。（沃尔特·拉克：《犹太复国主义史》，徐方、阎瑞松译，上海三联书店，1992，第 682 页）

② Wiesel, *op. cit.*, p. 18.

③ 查姆·伯曼特：《犹太人》，冯玮译，上海三联书店，1995，第 326 页。

④ Berenbaum and Peck, *op. cit.*, p. 793.

教正统主义成为主流思想呢？因为"1939～1945 年的事件似乎使犹太人完全怀疑战前在非巴勒斯坦地区流行的那些思想与生活哲学，而犹太复国主义是惟一一种在大屠杀之后才似乎更有意义的纲领。犹太复国主义是有组织的、活跃的、激进的。……早先就有的移民巴勒斯坦的期望似乎急不可待了，没有巴勒斯坦就没有了他们的未来"①。

在美国，"30 来年的犹太复国主义宣传没有动员起美国的犹太大众支持犹太复国主义，而希特勒的大屠杀却做到了这一点"②。据统计，美国犹太复国主义组织（ZOA）在 1932 年的时候拥有会员 8400 人，1933 年为 8900 人，1939 年为 4.3 万人，战争结束时达到了 20 万人。1945 年夏，美国两个最大的犹太复国主义组织已拥有会员 31 万，大约有 50 万人声称自己属于某种形式的犹太复国主义组织。③ 1948 年，有 71 万人注册于犹太复国主义政党，同年美国犹太人对巴勒斯坦的财政援助超过了 9 亿美元。④沃尔特·拉克也认为，在第一次世界大战以后，犹太复国主义作为一种思想意识是随着反犹主义的增长而不断强化的，并随着纳粹的兴起而达到顶点，如果不是非常紧张的局势以及对犹太人的迫害，犹太复国主义可能仍然是一个由理想主义的改革派所组成的很小的人文－哲学派别，它之所以成为一种政治力量，是因为外部压力的结果，而不是偏执的犹太文人发表的激动人心的演说。他写道："美国犹太复国主义的真正高潮出现于 1936 年之后，当一些著名的犹太机构与起主流作用的改革派犹太会堂开始对巴勒斯坦感兴趣之时。作为纳粹迫害德国犹太人的后果，他们明显地转向了犹太复国主义。战争爆发后欧洲发生的事件以及美国不愿意接受犹太移民的事实进一步推进了犹太复国主义的发展进程。对犹太复国主义与巴勒斯坦问题的同情比美国犹太复国主义组织成员的人数增长得更快。美国犹太

① Mankowitz, *op. cit.*, p. 70.

② 诺亚·卢斯卡：《以色列现代史》，杜先菊等译，商务印书馆，1997，第 189 页。

③ *The American Jewish Year Book 5706, 1945－1946*, Vol. 47, Philadelphia: Jewish Publication Society of America, 1945, pp. 561－610.

④ Naomi W. Cohen, *American Jews and the Zionist Idea*, New York: Ktav Publishing House, 1975, p. 71.

人的亲犹太复国主义立场已经成一种压倒的优势，而在过去他们中的大多数人对此并不感兴趣，甚至采取敌视的态度"。①

四　西方社会的"遗弃"对犹太人的精神打击

当欧洲犹太人在纳粹屠刀下痛苦挣扎的时候，西方民主国家或者迫于国内的政治经济形势，或者迫于反犹主义的沉重压力，或者迫于对战争与法西斯势力的恐惧心理，都不愿意在十分敏感的犹太人问题上有所作为。面对纳粹种族灭绝政策的步步升级，西方民主国家只进行了道义上的谴责，而没有采取切实的行动。1943 年 3 月 1 日，世界犹太复国主义运动领导人魏兹曼（Weizmann）在麦迪逊广场公园发表的演说充分倾诉了犹太人的悲愤之情："如果未来的历史学家追述我们这个时代的凄惨历史，他将会遇到两类令人迷惑不解的事情：第一是罪行本身；第二是世界对这种罪行的反应……他们百思不得其解的是，为什么文明世界对纳粹残酷地、有计划地杀戮犹太人无动于衷呢……他将不能理解，为什么世界的良心还需要唤醒，为什么人类的同情心还需要激起。可是，他最不能理解的是，为什么那些对这种煽动性的、有组织的暴行有所准备的国家还需请求才准予主要受害者避难。"②

1944 年英美政府拒绝轰炸奥斯维辛的事件，再次震惊了犹太世界。为了使营救工作取得比较大的进展，犹太代办处和战时难民委员会等团体曾向英美方面提出了轰炸奥斯维辛的请求，甚至包括具体的操作方案。此时，英美政府已经掌握了大量的关于奥斯维辛的情况，包括具体的位置、主要防守点、焚尸炉的技术能力以及通往奥斯维辛的铁路线。客观而论，在整个战局已发生根本性转变的 1944 年夏天，轰炸奥斯维辛这一弹丸之地并非脱离现实，然而，英美方面却断然拒绝。9 月 1 日，魏兹曼接到了英国外交部的通知：因为技术原因皇家空军拒绝了轰炸奥斯维辛的要求。而

---

① Laqueur, *op. cit.*, pp. 549 – 550.

② Ibid., p. 551.

真正的原因则是英国担心实施这一行动"会浪费有价值的生命"。在华盛顿，陆军部长助理约翰·麦克洛伊（John McCloy）的答复代表了官方意见："经过研究，道理十分显然，这样一次行动只有使相当大的空军力量改变航线才能完成，而这些空援对于保证在其他地方进行的、具有决定性意义的战役中我方的胜利是必不可少的；而且这种行动的功效无论如何是令人怀疑的，以致不能成为动用我们人力、物力的根据。对此值得考虑的意见是，即使是可行的，也可能引起德国人采取更大的报复行动。"① 英美政府除了以"转移目标会削弱主体战场的力量，会延缓整个战局的胜利，而胜利本身就意味着犹太人的最后解放"为措辞极力掩饰自己的真实意图之外，还借口说即便轰炸了奥斯维辛，犹太人仍然逃脱不了德军的控制。而当时的实际情况是，苏联军队就在离奥斯维辛不远的地方驻扎着，关押在奥斯维辛里的犯人们几乎每天都在谈论俄国人就要来了、奥斯维辛即将解放的消息。不仅如此，德军在波兰驻守一些大城市，而且主要是白天巡回控制，如果集中营被轰炸，德国根本没有足够的兵力阻止逃跑的人群，因此，成千上万的犹太人被救出是完全有可能的。② 不管英美政府如何解释，人们都无法原谅这种袖手旁观的态度，称之为"一条冷漠的墙切断了最狭窄的逃生之道"。美国著名犹太活动家格达丽亚·布勃利克（Gedaliah Bublick）很无奈地说："漠不关心与奇怪的沉默给了我们一记响亮的耳光，当恶魔拧着犹太人的脖子要令其窒息而亡之时，除了犹太人自己以外，没有别的人站出来反对。"③

在许多犹太人的心目中，罗斯福总统是"民主的象征"，是"犹太人的挚友"。不可否认，罗斯福上台以后，曾大胆地任用了一批犹太人担任要职，因此受到了反对派的严厉批评。纳粹统治时期，他又多次为犹太人的利益而呼吁，并于 1938 年从德国招回大使，以抗议德国的种族主义政

---

① Laqueur, *op. cit.*, p. 559.

② Donald L. Niewyk, *The Holocaust*: *Problems and Perspectives of Interpretation*, Boston: Houghton Mifflin Company, 2003, pp. 273 – 274.

③ Eli Lederhendler, and Jonathan D. Sarna, *America and Zion*, Detroit: Wayne State University Press, 2002, p. 266.

策。但细心的观察家不难看出，罗斯福在战争期间对犹太人的实际态度是消极观望的，1939年的"圣路易"号悲剧①就是一个明证。因此，尽管犹太复国主义者对罗斯福寄予了很大的希望，并做了大量的努力以换取他的实际支持，其结果无非是心灰意冷，不得不用"勿相信帝王"这句格言来宽慰自己。罗斯福的助理大卫·奈尔斯（David Niles）也认为，如果罗斯福还活着，他本人确实怀疑以色列能否成立。"罗斯福是个老练的政治家。他知道即使坚决支持犹太人，付出极大的努力也不会得到多少实际报偿，因为无论如何犹太人都会给他投赞成票。同时这件事已在国内外造成了许多困难与混乱。当然，罗斯福对犹太人的态度绝不是不友好，他只不过不愿意特意去帮助他们。"② 怀曼也指出："罗斯福对如此严重的有计划地灭绝欧洲犹太人这一历史事件的轻视是他任期之内最惨重的失败。"③

到底是什么原因导致罗斯福政府在犹太人问题上无所作为呢？这是一个歧义颇多的问题，其中主要的方面如下。

第一，罗斯福不愿意成为国内反犹主义的众矢之的。30年代以来，美国的反犹势力甚嚣尘上，严重地影响着民众的情绪，尽管直到1944年公开的反犹主义者只占总人口的12%，但仍有65%的美国人认为"犹太人的权力太大"。④ 在这样的政治与社会背景下，罗斯福不想因为犹太人问题而招致更多的非议。

第二，不想在犹太难民问题上承担太多的义务。自战争爆发以来，美国国会与英国外交部都有一种担心，他们一直害怕德国与其他轴心国会把成千上万的犹太人转嫁到盟国身上。这样的话，美国就不得不接受大批犹

---

① "圣路易"号轮船曾载着960名犹太难民从汉堡开往古巴，又从古巴开往迈阿密，尽管许多人出面交涉，罗斯福政府还是拒绝难民上岸，"圣路易"号最后不得不返回欧洲。

② 伯曼特：《犹太人》，第554页。

③ David S. Wyman, *The Abandonment of the Jews: America and the Holocaust, 1941 - 1945*, New York: Pantheon Books, 1984, preface.

④ Henry L. Feingold, *Bearing Witness: How America and Its Jews Responded to the Holocaust*, New York: Syracuse University Press, 1995, p. 212.

太难民，而英国也不得不放宽对巴勒斯坦的移民限制。对于美英的这种心态，德国方面是有所预料的，戈培尔就在 1942 年 12 月 13 日的日记中写道："我相信美国和英国对我们正在进行的大规模消除犹太人的事情感到高兴"①。

第三，罗斯福考虑的是美国在中东的利益，美国政府希望在犹太人与阿拉伯人之间保持某种均势与平衡，不想因为犹太人的利益而彻底得罪阿拉伯人与英国人。在战争期间，许多受害者总以为西方世界被蒙在鼓里，他们认为杀人者之所以为所欲为，是因为对盟国封锁了消息。"'但愿盟国知道……'人们在隔离区里、在集中营里这样诉说着。但愿罗斯福知道。但愿丘吉尔知道。但愿教皇知道。但愿美国的犹太人，英国的、巴勒斯坦的、瑞典的、瑞士的犹太人知道，但愿他们知道……受害者固执地相信一旦他们知道，情况就会立即改变。他们的推理是符合逻辑的：希特勒与希姆莱操纵的杀人工厂之所以没有被干预，是因为盟国不知道，一旦盟国知道奥斯维辛的事，奥斯维辛就不再存在。"② 可是，战争结束后，在确凿的证据面前他们惊呆了。他们翻阅了当时的报刊，从 1942 年开始，"最后解决"的详细计划已经多次被公开披露，西方国家不是不知道，而是在故意保持沉默！这一事实使许多犹太人难以接受，他们觉得这是一种残忍的遗弃、一种可怕的背叛！"当胜利之后不久，幸存者发现了这背叛时，有些人——其中包括一些青少年——有意让自己滑进了死亡。他们没有欲望要成为一个容纳这么多虚伪的社会中的一员。"③ 一位《塔木德》学者直言不讳地说："如果早知道，在解放了的布痕瓦尔德（Buchenwald），外面的世界会变成什么样，我本会拒绝离开。"西方的遗弃使许多犹太人陷入了痛苦的反思，他们对外部世界失去了信任感。正如幸存者西蒙·威森塔尔（Simon Winsenthal）在 1945 年所说的那样，"像我们这些人失去的不仅仅是房屋，不仅仅是家庭，我们失去了对仁爱、友谊、正义的信念，而没有

---

① Feingold, *op. cit.*, p. 259.

② Wiesel, *op. cit.*, p. 189.

③ Ibid., p. 193.

这些信念，我不能重新开始（生活）"①。美国犹太复国主义组织的领导人之一伊曼纽尔·诺伊曼（Emanuel Neumann）也认为：大屠杀给美国犹太人上了沉重一课，使他们知道了即便在最危难的时刻，基督教社会也不会有所作为。犹太人只能靠自己来保护本民族的利益。"美国犹太人与美国犹太复国主义者必须在政治上敏感、成熟，要区分言辞与行动、承诺与表现、来自华盛顿的关于民族家园的动听信息和公告与美国政府实际的政治努力与外交支持之间的区别。"② 阿巴·埃班也就此指出："集体屠杀留下的痛苦回忆，将在几代犹太人的历史与思想意识中起决定性作用。历史上没有任何民族经历过如此惨烈的灾难……犹太人不能完全信任非犹太世界，犹太人神秘地崇拜自己民族历史上的那种不朽的力量——这种力量在完全陷于绝望时仍能鼓舞犹太人继续前进。所有这一切以及他们个人所遭受的折磨与痛苦，都是集体屠杀给在灾难的阴影之下成长起来的这一代犹太人留下的遗产。"③ 在这里，埃班并未对"自己民族历史上的那种不朽的力量"做出进一步的解释。笔者认为，这种力量是以信念战胜苦难的坚定决心，是对民族传统的缔造与固守，是对同胞的手足情怀以及对美好未来的憧憬与展望。

综上所述，大屠杀所造成的精神重压对犹太人的影响是深刻的、多方面的，"后大屠杀现象"已经成为一个复杂的社会现象引起了人们的关注。值得思考的是，后大屠杀时代以色列作为世界上唯一的犹太国家经历了由诞生到成熟的发展期，而这一期间正是以色列国民性格的成形期。国民性格是一个民族"众趋人格"（Model Personality）的反映与精神风貌的体现，大屠杀作为一场刻骨铭心的民族灾难、历史遗产与悲剧性的文化现象，不可避免地要通过文化的环境化与人格化两个层面来塑造犹太人的国民性格，来影响他们思维方式、人生态度、价值观念、行为规范、心理特质、

---

① Melvin Jules Bukiet, *Nothing Makes You Free*: *Writings by Descendants of Jewish Holocaust Survivors*, New York and London: W. W. Norton & Company, 2002, pp. 337 – 338.

② Cohen, *op. cit.*, p. 63.

③ Eban, *op. cit.*, p. 417.

国民情感、以及审美情趣等方方面面。如果说博大精深的古犹太文明从主流上看孕育了犹太人追求光明、酷爱自由的文化传统，不降其志、不辱其身的民族气节，抑恶扬善、谦虚和乐的行为准则，克己忍耐、豁达宽容的乐观精神，刚健有为、聪颖智慧的处世之道，乐善好施、团结互助的集体观念，以及注重教育、尊重贤达的优良传统的话，[①] 那么大屠杀的经历则在很大程度上塑造了以本民族利益为核心，强悍的意志力、极端的忧患意识、执着的成就感、漠然对待非犹太世界为主要特征的犹太民族个性。当然，这一国民性格的孕育与形成不能仅仅归因于大屠杀，以色列这个弹丸之国能够在短期内如凤凰再生般地迅速崛起，军事、经济与社会发展所取得的一个个奇迹使犹太人有了"超人"般的感觉，多种因素的结合终于使他们由"失去阳刚之气的懦夫"变成了"中东的普鲁士人"。

---

① 在探讨犹太人的民族特性时，当然也不能排除长期的反犹压力与四处漂泊的客观环境使民族性格往往充满了悖论，如 20 世纪的犹太思想家米加·约瑟夫·别尔季切夫斯基（Micah Joseph Berdichevsky）与阿龙·大卫·戈登等人就极力批判畏缩、懦弱、冷漠、悲观、自私的犹太人格，大声呼吁要造就"犹太新人"。参见张倩红《困顿与再生：犹太文化的现代化》，江苏人民出版社，2003，第六章"历史传统与国民性格"。

《安妮日记》与"南京大屠杀档案"之申遗比较

卢彦名*

纳粹屠犹史之所以为世人关注，是因为在经历了二战这场空前的浩劫之后，人类已经形成了一个共识：能否深入地认识并反思纳粹屠犹的历史及其根源，并避免类似悲剧的重演，是决定人类文明未来走向的一道门槛。一方面，只有当有关纳粹屠犹的个体记忆变成民族记忆，并上升为国家记忆，直至人类记忆，这样的悲剧才不会重演。另一方面，只有当纳粹屠犹的集体记忆以鲜活的个体叙事呈现在世人面前时，这些记忆才会有生命力。

正是基于这样的共识，近年来有关二战大屠杀历史的档案文献的地位不断得到认可和提升。2009 年 7 月 30 日，联合国教科文组织宣布，《安妮日记》等 35 份珍贵的文献资料已被正式收入"世界记忆名录"（Memory of the World Register）。继《安妮日记》之后，2015 年 10 月 12 日，"南京大屠杀档案"也被正式收入"世界记忆名录"。

世界记忆名录收录具有世界意义的文献遗产，是联合国教科文组织的"世界记忆工程"（Memory of the World，MOW）的延伸，旨在抢救和保护正逐渐老化、损毁及消失的人类记录，关注的是文献遗产，包括手稿、图书馆和档案馆保存的任何介质的珍贵文件以及口述历史的记录等。"世界记忆名录"每两年评选一次。①

---

* 卢彦名，南京大屠杀史与国际和平研究院副研究员、南京国际和平研究所副所长。

① 参看周耀林、黄灵波、王倩倩《"世界记忆工程"的发展现状及其推进策略》，《信息资源管理学报》2014 年第 2 期；吴志强、张嘉宝：《从〈世界记忆名录〉资源选择标准看我国数字资源长期保存的资源选择策略》，《信息资源管理学报》2014 年第 2 期。

一 申遗问题的由来

1937 年 12 月 13 日，侵华日军攻陷当时的中国首都南京，随即对南京市民和放下武器的中国军人开始了长达 6 个星期的大屠杀，其规模与性质堪比纳粹在德国对犹太人的屠戮，是第二次世界大战期间著名的惨案之一。

自 1937 年 12 月日军南京大屠杀后，中国政府及其所属机构、社会个人包括国际人士均开始收藏相关资料，特别是战后因对日本战争罪行调查、对日本战争罪行审判之需，开始大规模征集和收藏有关档案。这些档案，对当年大屠杀的 30 多万死难者的后人，对南京这个受害城市的 1000 多万名市民，对中国这个受害国家的 13 亿人民，至今仍然有着重要的感情影响。每年 12 月 13 日这一天，人们都会为当年的死难者举行哀悼仪式。从 2014 年起，中国政府还为南京大屠杀设立全国公祭日，举行全国性的悼念活动，寄托生者对大屠杀死难者的悼念感情。

南京大屠杀档案具有很高的史料价值与学术价值，还可以与纳粹屠犹口述史相互参考，具有重要的佐证作用。随着时间的推移，南京大屠杀幸存者在世的人数日益减少，档案的历史价值更为重要。该档案 2010 年已经入选第三批"中国档案文献遗产名录"，这次申报"世界记忆名录"完全必要。

南京大屠杀作为人类文明史上的巨大灾难，已经成为历史研究和文化记忆的重要主题。南京大屠杀死难者国家公祭日的设立，标志着对南京大屠杀遇难同胞的纪念已经上升为一种国家意志。南京大屠杀档案正式列入"世界记忆名录"，则标志着南京大屠杀档案由一个国家和民族的历史档案上升到人类的共同记忆财富。

与卷帙宏大的南京大屠杀文献档案比较起来，《安妮日记》这样一本薄薄的少女日记的入选似乎显得分量不足。但恰恰是这样一本书，因其强烈的个人化写作和真实性在所有有关第二次世界大战的文学作品中脱颖而出，成为发行量最大、影响力最大的二战文学作品。安妮·弗兰克的名字和故事所具有的影响力是其他作品无法匹敌的。美国学者罗森菲尔德（Alvin Rosenfeld）指出："我们选来记住的安妮·弗兰克是谁？这个问题很关键，因为有众多的安妮·弗兰克可供选择。然而只有一种超越了他者之上……天真单纯、极度乐观的积极形象。"① 安妮·弗兰克形象的文学记忆史典型地表征了社会记忆的选择性。在二战刚结束时，安妮·弗兰克的形象是悲观的、灰色的，然而不久之后，人们开始强调安妮日记振奋的一面，弱化它悲惨的一面。时至今日，世人关于安妮日记和安妮·弗兰克形象的讨论依旧方兴未艾。

荷兰犹太女孩安妮使用了 13 岁生日礼物的日记本，记录下了她从 1942 年 6 月 12 日到 1944 年 8 月 1 日的亲身经历，这本日记成为第二次世界大战期间纳粹德国灭绝犹太人的著名见证。最终只有她父亲奥托·弗兰克幸存下来，当初帮助过他们一家的朋友保存了安妮的日记本。翻阅亡女的日记，弗兰克无比痛苦。他于 1947 年在荷兰出版了安妮的日记，1952 年在英国和美国出版，从此安妮广为人知。数十年来，她被世人公认为最著名的纳粹屠犹遇害者之一。

《安妮日记》的影响力实在是一个世界奇迹，尤其在大战结束数十年之后，直接和间接描述二战的文学作品汗牛充栋，历经沉淀和淘汰后，一个受难女孩写下的日记依然闪烁着独特的光辉，这就更加弥足珍贵。美国前总统罗斯福的夫人埃利诺·罗斯福评论说，这本日记"深刻突显了（人类）精神最耀眼的尊贵"。② 因此，与"南京大屠杀档案"一样，《安妮日记》列入"世界记忆名录"实至名归。

二 档案的来源及法律地位

在首次出版后，安妮·弗兰克的故事就比二战时期任何其他的个人叙述传得更广。《安妮日记》并不是犹太人在战争年代写的唯一一本日记，但

---

① 阿尔文·罗森菲尔德：《安妮·弗兰克及纳粹屠犹记忆之前景》，载陈恒、耿相新主编《纳粹屠犹：历史与记忆》（《新史学》第 8 辑），大象出版社，2007，第 90 页。

② *Anne Frank：The Diary of a Young Girl*，New York：Pocket Books，1953，"Introduction，" p. ix.

它是其中最典型、最受重视的文献，曾被翻译成约 60 种文字，发行了 3000 多万册，在世界上拥有广大读者群。另外，安妮·弗兰克的形象通过各种大众媒体——舞台、银幕、电视、舞蹈、歌曲、歌剧、绘画、芭蕾、邮票、纪念币等得到传播。

不过《安妮日记》为全世界人民所耳熟能详也是有一个过程的。到了60 年代初，随着埃利·威塞尔《夜》和汉娜·阿伦特关于审判阿道夫·艾希曼的著述的出版，[①] 对纳粹时期犹太人命运的理解才变得丰满、严肃得多。这些书以及随后的书籍和电影的出现，纳粹种族灭绝以比战争结束之初更鲜明的面貌展现给大众。《安妮日记》正是在这样的大环境下成为其中最有影响力的作品。1984 年，荷兰国家战争文件研究所的一批学者搜集了大量资料，编纂出安妮日记的评注本。[②] 这可以被视为《安妮日记》文献编纂的集大成之作。《安妮日记》入选"世界记忆名录"，也是以这部评注本为核心。

"南京大屠杀档案"则由三部分组成：第一部分是大屠杀发生期间日军暴行档案 (1937～1938 年)；第二部分是战后对日本战争罪行调查和中国国民政府军事法庭审判日本战犯档案 (1945～1947 年)；第三部分是中华人民共和国司法机构审判日本战犯档案 (1952～1956 年)。目前，南京大屠杀档案主要收藏保管于以下机构。

1. 中央档案馆：主要收藏由中华人民共和国司法机构侦查、起诉、审判日本战犯的档案。其中包括参加南京大屠杀的日本战犯亲笔供述。

2. 第二历史档案馆：收藏了南京大屠杀发生期间日军暴行档案，其中包括日本军人自己当时拍摄的暴行照片，由当时在南京的德国人约翰·拉贝 (John Rabe) 任主席的 17 位英、美、丹麦等国外籍人士组织的国际安全区档案资料，战后中国政府关于南京大屠杀案的调查资料，南京大屠杀案远东国际军事法庭、南京军事法庭审判档案，南京大屠杀案市民呈文、日军罪行调

---

① 埃利·威塞尔：《夜》，袁筱一译，南海出版公司，2014；汉娜·阿伦特：《艾希曼在耶路撒冷：一份关于平庸的恶的报告》，安尼译，译林出版社，2017。

② David Barnouw and Gerrold van der Stroom, eds., *The Diary of Anne Frank: The Critical Edition*, trans. Arnold J. Pomerans and B. M. Mooyaart, New York: Doubleday, 1989.

查等。

3. 辽宁省档案馆：收藏了日本满铁南京特务班标为"极密"的报告书等。

4. 吉林省档案馆：收藏有日军自身形成的反映南京大屠杀后南京及周边地区治安恢复情况的报告，日军随军记者写出的新闻报道、日军进行邮政检查摘录的反映日军在南京大屠杀和强奸暴行的信件等。

5. 上海市档案馆：收藏有南京国际红十字会外籍人员的英文日记等。

6. 南京市档案馆：收藏有 1937 年 12 月至 1939 年底南京的一些慈善团体，国际红十字会南京分会、崇善堂（民间慈善机构）掩埋尸体的记录和报告。还有 1945 年 8 月抗战胜利后，南京市政府先后成立的日军罪行调查机构所形成的调查报告。

7. 侵华日军大屠杀遇难同胞纪念馆：收藏有美国牧师约翰·马吉（John Magee）当时拍摄的日军暴行记录影片，远东国际法庭中国法官梅汝璈、南京军事法庭法官石美瑜的审判笔记，亲眼目睹南京大屠杀的德国人约翰·拉贝的日记等。

经过最为审慎的择选，最终共有 11 组档案资料被提交给联合国教科文组织世界记忆工程国际咨询会第十二次会议审议，这 11 组档案包括：（1）《程瑞芳日记》；（2）美国牧师约翰·马吉拍摄南京大屠杀实景的 16 毫米电影胶片母片、胶片盒、摄影机及相关影像；（3）1938 年南京华东照相馆学徒工罗瑾冲洗并保留，后被吴璇保存并在战后送交南京市临时参议会，转交给南京审判战犯军事法庭，被列入京字第一号罪证的 16 幅砍杀中国军民和奸侮中国妇女的照片及其照片册；（4）1946 年吴璇呈送上述 16 幅血证照片册给南京市临时参议会时记录的手印证据，以及南京临时参议会转交给南京审判战犯军事法庭的文书；（5）南京军事法庭审判日本战犯谷寿夫判决书的正本；（6）美国人贝德士（Searl Bates）在南京军事法庭上的证词；（7）南京大屠杀幸存者李秀英的证词，包括南京审判战犯军事法庭的传票、法庭询问笔录、证人具结书及李秀英在鼓楼医院接受美国医生威尔逊救治时的现场照片；（8）南京市临时参议会南京大屠杀案敌人罪行调查委员会调查表；（9）南京审判战犯军事法庭调查验证、发掘死难者坟墓、检验遗骸现场照片；（10）南京市临时参议会、南京市抗战损失调查委员会、南京市赔偿调查委员会、首都警察厅、首都地方法院、国防部审判战犯军事法庭等接受的大量南京市民呈文，内容可分为人口伤亡、查找失踪人员、工商业损失、房产财务损失、宗教公益慈善团体财产损失等；（11）外国人日记："占领南京——目击人记述"。① 这 11 组南京大屠杀档案全部为记录侵华日军南京大屠杀的第一手史料，具有毋庸置疑的权威性、真实性和唯一性，对于研究当年历史具有极为重要的价值。

本次成功申遗的南京大屠杀档案均属于政府公有资产，版权受到国家档案管理、知识产权维护方面的法律法规保护。

三　档案的形式与构成

表面上看来，《安妮日记》的形式与构成非常单一，但实际上并不那么简单。最直接但最容易被我们所忽略的原因是：《安妮日记》并不是以定本呈现在世人的面前。安妮意识到了自己生活经历的特殊性，认识到自己的日记会有历史价值。因此，即便她每天都写出新的日记，她也要重温早期的手稿并加以修改，希望能打造成可在战后出版的手稿。可惜，她没有活着看到计划实现。可以肯定，有一部传诵很广的名叫《安妮日记》的书存在，而且已经成了 20 世纪的文学经典。其中一个版本甚至被叫作"定本"，但实际上这部"定本"是由日记的译者米里雅姆·普莱斯勒（Mirjam Pressler）修订的版本，该译者在很大程度上根据安妮的父亲奥托·弗兰克对其女儿著作的早期编辑和评注本中的一些素材编订了这个版本。我们永远找不到这部日记的什么定本，原因很简单，因为安妮·弗兰克在完成这部著作之前就死了，她也没有授权他人以她的名义完稿。

尽管如此，《安妮日记》还是众望所归地被列入了"世界记忆名录"。《安妮日记》之所以能够列入"世界记忆名录"，依靠的是大量有关纳粹屠犹档案文献的支撑。首先，对于纳粹屠犹研究者来说，来自战犯法庭审判

---

① 参见《〈南京大屠杀档案〉入选〈世界记忆名录〉》，《南京日报》2015 年 10 月 11 日，第 A1 版。

和质询的证据是必不可少的。从 1947 年一直到 1953 年，纽伦堡审判的记录和文件陆续出版，最初的 42 卷在纽伦堡出版，随后的 15 卷在华盛顿出版。所有 57 卷构成以后关于纳粹屠犹中谋杀者的所有历史著作的基础。1961 年，纳粹战犯、奥斯维辛集中营主管汉斯·弗兰克（Hans Frank）日记在华沙出版，这使得纽伦堡法庭上一个主要谋杀犯的文件能够以文本形式展现在世人面前。[①]

1965 年，以色列纳粹大屠杀纪念馆（Yad Vashem）以战前人口普查报告为基础，开始编辑遇难者名录。这是一项规模宏大的工程，它调查了许多国家甚至最遥远的地区的每个城市和村庄的犹太人的居住地及其人数。安妮姐妹的名字也被统计在其中。

其他死难者的日记同样是《安妮日记》的背景文献。犹太幸存者拉斐尔·沙夫（Rafael Scharf）在回忆录中说：

> 德国人至少在选择受害者这个方面是不幸的。犹太民族决心不惜任何代价也要留下自己所承受命运的一点痕迹。他们感到被上帝和人类抛弃了，那种世界可能永远不会知道他们曾经如何活和怎样死的想法萦绕在他们心头，挥之不去。在被驱逐到特雷布林卡之前，哈伊姆·卡普兰这位希伯来语教师和学者给自己日记留下的最后一句话是这声痛苦的呐喊："如果我死了，我的日记会怎样呢？"[②]

换言之，《安妮日记》不仅仅是一部日记，它所承载的是 600 万犹太遇难者的生命、尊严和拒绝消失的记忆。我们不能因为《安妮日记》的个

---

① *Trial of the Major War Crimes before the International Military Tribunal*：*Official Texts*（42 volumes），Nuremberg，1947–1949；*Trial of War Criminals Before the Nuremberg Military Tribunals under Control Council Law No. 10*（15 volumes），Washington D. C.，1949–1953.

② Rafael F. Scharf，"'The Two Saddest Nations on Earth'：A Polish Jewish Octogenarian Looks Back and Forward," *East European Jewish Affairs*，Vol. 31，2001，Issue 1，p. 95. 关于哈伊姆·卡普兰的日记，参见 *Scroll of Agony*：*The Warsaw Ghetto Diary of Chaim A. Kaplan*，trans. and ed. Abraham I. Katsh，New York：Collier Books，1972。

体性而忽略了构成《安妮日记》的庞大文献背景。

"南京大屠杀档案"包括日本方面的加害者档案，中国方面的受害者档案，美英等国第三方档案，历史线索、历史记录清晰，档案资料互证、互补完整。

"南京大屠杀档案"基本上是纸质文本文献，包括单页文件、组合文件与档案全宗。还有部分的照片、电影胶片及文物类铁质、丝质等材料。不仅有史料价值，而且有文献学价值与文物价值。"南京大屠杀档案"目前保存状况良好。档案配有专用装具，有恒温恒湿的标准库房，派有经验丰富的档案管理人员。档案已经编制有纸质文本和电子文本的目录。其中部分档案已经做了数字化处理以及文字编辑公开出版。

南京大屠杀最初的档案是由日军自行生成的。比如一名日军军官将自己连续砍杀中国人的照片送至南京华东照相馆洗印，战后被南京军事法庭列为重要罪证。当时国际安全区教会所办的金陵女子大学收容所负责人之一程瑞芳女士，目睹日军暴行的全过程，曾在当时记有日记。当时留居南京的美国牧师约翰·马吉曾冒险拍摄了日军暴行的纪录影片，秘密送往上海美国柯达公司洗印，后这部影片被带出中国，曾在东京、柏林、伦敦、华盛顿放映，约翰·马吉自己保存的一套电影胶片母片及其摄影机由其儿子大卫·马吉于 2002 年捐给中国南京大屠杀纪念馆。这些都是南京大屠杀档案的重要组成部分。

战后对南京大屠杀案进行调查形成的档案。由盟国代表组成的远东国际军事法庭、中国国民政府国防部战犯审判军事法庭对南京大屠杀案的日本战犯松井石根、谷寿夫等进行了公正审判。南京市民纷纷递交市民呈文、填具日军罪行调查表等，两个军事法庭也组织了日军罪证调查，特别是南京军事法庭有关日军罪行的庭审、质证、辩护、判决等档案，长期由中国第二历史档案馆保存。①

1950 年 7 月，苏联将出兵中国东北时逮捕的部分日本战犯移交中国。

---

① 《国防部审判战犯军事法庭对战犯谷寿夫的判决书及附件》（1947 年 3 月 10 日），载张宪文主编《南京大屠杀史料集》(24)，凤凰出版社、江苏人民出版社，2006，第 388~395 页。

1956 年 6 月，中华人民共和国最高人民法院特别军事法庭分别在沈阳、太原开庭，对在押日本战犯进行了公开审判，其中包括日本战犯永富博之、太田寿男等亲笔供述南京大屠杀暴行的档案。

四　档案的真实性与世界意义

南京大屠杀是日本军队在二战中所犯无数战争罪行中最典型的暴行。远东国际军事法庭、中国南京军事法庭均有关于日军南京大屠杀案的专案审判，并判决该案甲级战犯松井石根、乙级战犯谷寿夫死刑。日本政府也承认这两个法庭的判决。

南京大屠杀档案不仅包括日方与中方的原始记录档案，而且包括美、德、丹麦等国当时在南京的教师、传教士、记者所拍摄的暴行现场照片、影片，以及他们所写的日记、国际安全区档案等文字记录，具有广泛的国际性，对于人类认识战争的残酷性具有重要影响。中国人民遭受的苦难，也是人类共同的惨痛记忆。这些档案遗产，让世界人民牢记历史、珍惜和平，共同捍卫人类尊严。

另外，南京大屠杀档案还散存于美国、英国、德国、俄罗斯等国，日本也存有南京大屠杀档案。因此南京大屠杀档案也是世界性的。

同样，为了确证《安妮日记》的真实性，研究者们也投入了巨大的努力。

1958 年，当安妮的日记改编的舞台剧在维也纳上映时，在场的著名犹太幸存者和社会活动家西蒙·维森塔尔受到一群抗议者的滋扰。那些大屠杀否定论者质疑安妮·弗兰克是否实际存在，并挑衅维森塔尔，要求他找出当年逮捕安妮的军官以兹证明。经过不懈的努力，维森塔尔在 1963 年终于找到了当时抓捕安妮的盖世太保卡尔·希尔伯鲍尔（Karl Silberbauer）。希尔伯鲍尔本人对自己的罪行供认不讳，并在一张被他逮捕的人员的相片中认出了安妮·弗兰克。他还供认了整个逮捕过程。这些证词后来又被包括安妮父亲在内的其他目击证人证实。这次事件有力地回击了那些质疑安妮是否存在的人。①

与此同时，还有另一个问题：《安妮日记》的任何一个版本都无法完成安妮·弗兰克的故事。这是因为她的故事没有结束，而是突然中断了。在日记最后一天即 1944 年 8 月 1 日，安妮与其他七名藏身密室者被捕了；他们起先被送入阿姆斯特丹一座监狱，后又送到韦斯特博克，这是一座位于荷兰北部的中转营，之后是离开韦斯特博克（1944 年 9 月 3 日）前往奥斯维辛，最后转移到贝尔根 – 贝尔森集中营。安妮故事的中断也为大屠杀否定论者提供了借口，他们不断以此来挑战《安妮日记》的真实性。

基于六位幸存犹太妇女的证词，历史学家和传记作家威利·林德威（Willy Lindwer）复原了安妮在韦斯特博克、奥斯维辛和贝尔根 – 贝尔森的时光以及安妮直到生命最后所遭受的迫害与折磨，提供了有档案根据的目击者的叙述。下面是安妮在贝尔根 – 贝尔森集中营的狱友雷切尔（Rachel van Amerongen – Frankfoorder）的话，描述了安妮的临终时刻：

> 我又在营房里看见安妮和她妹妹玛歌……弗兰克姐妹自从头发被剃掉后，几乎认不出来了。她们比我们穿得要少得多……她们和我们一样寒冷。
>
> ……
>
> 看得出来，她们病重了。弗兰克姐妹十分瘦弱，看起来很恐怖。她们因病而有些躁动，很明显，她们得了斑疹伤寒……她们皮包骨头，脸瘦下去了。她们冷得要命。她们住在营房最差的地方，靠着频繁开合的门。你常听到她们叫："关门呀，关门呀"，声音一天天衰弱下去。
>
> 你真可以看到她俩日渐死去……②

这段对安妮·弗兰克临终日子的描述，也被其他妇女的证词所肯定，有理

---

① Carol Ann Lee, *The Biography of Anne Frank：Roses from the Earth*, London：Viking Press, 2000, pp. 241 – 246.

② Willy Lindwer, *The Last Seven Months of Anne Frank*, New York：Pantheon, 1991, pp. 103 – 105.

由相信它的真实性。安妮被监禁的那段时间，斑疹伤寒症在贝尔根－贝尔森是失控的。疾病、饥饿和迫害最终让成千上万人死于这座集中营。人们的遗体堆成一座座巨大的尸山。不到16岁的安妮·弗兰克就躺在贝尔根－贝尔森无名的死尸堆中。

这些描述还可以从其他方面得到佐证。解放了纳粹死亡集中营的美国军官索尔·帕多佛（Saul Padover）这样描述战争结束时的惨象："成千上万的、最终有数百万被解放的奴隶从农场、工厂、矿山涌向大路。……他们都在那里，除了犹太人。六百万犹太人，包括老弱妇孺已经在焚尸炉里化为灰烬、在藏尸房里化为白骨。"①

五　档案申遗的过程比较

"南京大屠杀档案"申遗工作最早开始于2009年。南京市政府成立了申遗领导小组，正式启动申遗相关工作。2010年，系列文物档案被列入中国档案文献遗产名录。2014年3月，由国家档案局以世界记忆工程中国国家委员会的名义，正式向联合国教科文组织世界记忆遗产秘书处递交了"南京大屠杀档案"提名表。②

由于战后远东国际军事法庭对日本战犯的审判是不彻底的，尤其是对日本军国主义发动侵华战争的各项罪行没有进行应有的清算与批判。这就给后来日本右翼势力的翻案活动以可乘之机。加上冷战局面的形成等其他种种原因，战后数十年来，日本右翼势力一直对远东国际军事法庭对日本战犯的判决，尤其是对法庭关于日军南京大屠杀罪行的宣判，进行攻击与诽谤。日本近年来也接连推出与二战有关的申遗事项，申报项目甚至涉及自杀式袭击的日本神风特攻队。而对于南京大屠杀历史和不断增添的档案

---

① Saul K. Padover, *Experiment in Germany*: *The Story of an American Intelligence Officer*, New York: Duell, Sloan and Pearce, 1946, p. 343.

② 《南京大屠杀和"慰安妇"档案已申报联合国教科文组织〈世界记忆名录〉》，《中国档案》2014年第7期。

证据，日本右翼却在不断狡辩、诋毁，以达到否定历史的目的。

侵华日军南京大屠杀遇难同胞纪念馆馆长朱成山认为，日本右翼一直妄图否定南京大屠杀，绝非偶然。"一方面南京大屠杀在东京审判中有着突出地位，将二战中的日本钉在了'侵略者、战败者与和平破坏者'的历史定位上；另一方面，这个二战史上三大惨案之一就是日本军国主义者反人类罪行的典型符号。"①

我国宣布将有关南京大屠杀档案申报世界记忆遗产后，日方一直通过官方和民间团体对我方申遗提出"抗议"。例如，2014 年 6 月，日本内阁官房长官菅义伟公然要求中方撤回申请；2015 年年初，日本宗教团体"幸福的科学"派人向联合国教科文组织世界记忆项目秘书处递交申请，以两项目"虚构"为由要求终止申报……

然而，真相是不容掩盖的。远东国际军事法庭判决日军在南京"杀害中国人达 20 万人以上，强奸、轮奸妇女达 2 万人以上"，南京军事法庭判决日军在南京"杀害中国军民达 30 万人以上"的最终结论，举世公认。南京大屠杀档案的入选是迟到的世界共识。南京大屠杀的历史黑白分明，作为远东国际军事法庭的一个典型判例，判决书用两个篇章，专门对南京大屠杀做出明确的判决，国际社会早有历史定论和法的定性。

值得一提的是，最早提出让南京大屠杀档案申报"世界记忆名录"的是时任联合国教科文组织文化教育委员会主席、菲律宾人卡门·帕迪拉（Carmen D. Padilla）女士。联合国教科文组织世界记忆工程咨询委员会第十二次会议上，14 位国际咨询委员会的委员，依据严格的国际标准，还了中国人一个公道。这是历史的胜利，也是正义的胜利。

相形之下，《安妮日记》列入"世界记忆名录"所遭遇的阻力就要小得多，包括德国政府在内的欧洲各国都充分肯定了《安妮日记》的价值和意义。这首先要归功于战后初期去纳粹化运动为德国社会反思历史铺平了道路。去纳粹化的成果也得到盟军方面的证实。美国占领当局于 1945 ~

---

① 《留住历史的血色底版——南京大屠杀档案成为世界记忆遗产背后的故事》，新华网，2015 年 10 月 11 日，http://news.xinhuanet.com/politics/2015 - 10/11/C_ 128305411. htm。

1949 年对德国公众观念所作的一项研究表明，战后初期有 15% ~18% 的德国成年人属于死硬的纳粹分子。到了 1953 年，联邦德国的民意研究机构的一系列研究表明，在联邦德国大约只有 5% 的人支持复兴纳粹党。①

以 1960 年的艾希曼审判为起始，以色列、德国和西方各国掀起了新一轮审判纳粹战犯的高潮。② 进入 60 年代，纳粹屠犹的幸存者纷纷打破沉默。后大屠杀文献与传记提供了大量犹太人遭受折磨蹂躏的例子。这些都逐渐改变着世人对二战历史的看法。

80 年代以来，德国历史学界的主流通过对德国历史的批判研究改善了联邦德国的国际形象，也间接对德国的统一做出了贡献。政治文化的重塑以及正视大屠杀历史，是德国国家成功重建的关键因素。正如德国总统克勒所说："许多人或许难以想象，在二战后的德国，犹太人的生活还能够恢复往日的繁荣景象。对于新生事物，我们须保持开放的心态。对于苦涩的过去，我们更不可忘却。"

二战大屠杀作为人类的一场浩劫，对全世界具有启迪意义。作为人类共同反对战争、维护世界和平、共创美好未来的公众记忆，《安妮日记》和"南京大屠杀档案"先后被正式列入"世界记忆名录"，这意味着世界对大屠杀历史已经达成牢不可破的共识。

---

① 李平民：《德意志文化》，上海财经大学出版社，2005，第 256 页。

② 其中最具深远影响的是 1963 ~1964 年在法兰克福举行的针对奥斯维辛集中营党卫军战犯的大审判。这场长达两个月的审判曾引起联邦德国媒体的广泛关注，有两万多人先后旁听了这场审判。

犹太宗教与文学

犹太文化是三星堆文化的源头吗？

——对犹太教史中"出埃及"的时间和"石头崇拜"的考证

陈贻绎 *

犹太文化最近十几年引起了越来越多的当代中国学人的关注。国人对犹太文化和历史的阐释，出发点和视角可谓五花八门、无奇不有。其中一位名为苏三的学人，在《三星堆文化大猜想：中华民族与古犹太人血缘关系的破解》等一系列著述中，[①] 把犹太文化假说成了三星堆文明的来源。

胡适的"大胆的假设，小心的求证"这一名言在当代中国的被引用率，不可谓不高。为苏三《三星堆文化大猜想：中华民族与古犹太人血缘关系的破解》作序的中国人民大学中文系教授金元浦，在其序言中（"序：飞翔的猜想"），不知是故意游戏了一把文字，还是笔误（从整篇序文的话外音来体味，前者的可能性较大），将这句名言变成了"大胆想象，小心求证"。并且直言不讳："苏三的想象可谓大胆，而且岂止于大胆，简直是惊世骇俗、石破天惊，甚而不无荒唐臆断之处。"但是，金教授还是肯定了苏三的"逻辑游戏"能力和"谨慎"的求证。在求证的谨慎这一点上，本文并无意挑战金教授的论点。只是想本着胡适的"尊重事实，尊重证据"的原则，就苏三进行逻辑演绎的众多出发点中的两个——古以色列人

---

* 陈贻绎，上海交通大学人文艺术研究院教授。

① 苏三：《三星堆文化大猜想：中华民族与古犹太人血缘关系的破解》，中国社会科学出版社，2004。同一作者和三星堆文化主题相关的著作还包括《向东向东，再向东：〈圣经〉与夏商周文明起源》（青海人民出版社，2004），《历史也疯狂》（金城出版社，2005），《难以置信：殷商与腓尼基》（花城出版社，2006），《谈天说地》（东方出版社，2008），《汉字起源新解：2008～2009 年探索手记》（东方出版社，2010），等等。

出埃及的时间和"石头崇拜"独属于犹太民族——提供一些信息。

一　出埃及是历史事实吗？

在《三星堆文化大猜想：中华民族与古犹太人血缘关系的破解》的作者看来，"以色列人出埃及是个历史事实，是个 60 万人的民族大迁徙"，进行这一陈述的依据是《圣经·出埃及记》。[①]

这里先来看看这 60 万人的数字在历史上具有可靠性吗？根据《出埃及记》12 章 37 节的记载，"步行的男人约有六十万"，在《民数记》1 章 45 节，给出了更加确切的数字和更加确切的定义，"凡以色列人中被数的，照着宗族，从二十岁以外，能出去打仗、被数的，共有六十万零三千五百五十名"[②]。也就是说，如果算上这些成年男人的妻子、孩子和太老的（不能打仗的）人，总数该有约 200 万人。而当时的埃及人口，根据埃及学学者的研究估算，也就只有 300 万人。[③] 那么，如果"出埃及"事件是真实的，则意味着当时在埃及的人中，每 3 个中就要走掉 2 个。而根据埃及的历史记载，埃及的历史上没有发生过如此大规模的人口迁移。以色列人途经的西奈半岛也从来不可能容纳下如此多的人口同时生存。[④] 当然，如果读者宁愿相信的确是神在西奈荒漠中，为这些人口解决了吃饭、喝水问题，则是另一回事了。再有，在迦南地区，也没有发生过如此规模的人口增量——当时迦南地区的人口总量也就是 5 万 ~ 10 万人。[⑤]

---

① 苏三：《三星堆文化大猜想：中华民族与古犹太人血缘关系的破解》，第 14 ~ 15 页。

② 本文中的《圣经》汉译，如无特殊注明，使用的是和合本中的译文。

③ Kathryn A. Bard, Steven B. Shubert, *Encyclopedia of Ancient Egypt*, New York: Routledge, 1999, p. 251.

④ William Dever, *Who Were the Early Israelites and Where Did They Come From ?* Grand Rapids, MI: Eerdmans, 2003, p. 19.

⑤ Israel Finkelstein and Neil Asher Silberman, *The Bible Unearthed: Archaeology's New Vision of Ancient Israel and the Origin of Its Sacred Texts*, New York: Simon & Schuster, 2002, p. 107. 需要说明的是，本注和前注应用的是圣经考古学界最权威的学者的论述。同性质的论述可以在众多其他的学术作品中读到，有兴趣的读者可以参考上述两本著作中的参考书目。

其实，大部分圣经研究学者和古以色列史研究学者认为，"出埃及"事件可能在埃及历史上根本没有发生过，《圣经》中之所以有这样一段描述，意义在于展示耶和华神在以色列民族历史中的地位和作用。[①] 即使"出埃及"是一个真实的历史事件，也很有可能并非所有以色列人的祖先都经历过出埃及的历程。这个经历只是被经历过的人记载下了，经过演化，最终成了整个民族共同的历史传统，并在每年固定的时间——逾越节——被共同庆祝。

按照《圣经》中《约书亚记》的记载，以色列的十二个部族都经历了在埃及的奴役和出埃及的艰辛历程。学者们认为这只是一个理想主义的版本。正如以色列民族的祖先不大可能如《创世记》描述的那样都来自雅各一个人的后代，而往往是一群来历不尽相同的人的组合；以色列的十二个部族的来源出处也不可能如《约书亚记》中记载的那样整齐划一地都经历过出埃及。以色列十二部族之一的亚设（Asher）族，在拉美西斯二世时期的文字资料中就已经被提及，说他们已经在迦南了；换言之，该部族到达巴勒斯坦地区的时间远远早于绝大多数学者认可的以色列人正在埃及服苦役的时期（关于此点的论证见下）。这样，亚设应该不会是和其他部族一起出埃及的，甚至都不会在埃及受过奴役。

在目前能够掌握的文献记载中，有一组海洋民族叫作达努那人（Danuna），被许多学者认为和"荷马史诗"中的达那俄斯人（Danaoi）有关。这组达努那人和非利士人一样，在迦南沿海的平原定居，但是后来在某个时候加入了以色列的部族联盟，成了但族（Dan）这个部族。他们的部族领地就在沿海，毗邻非利士人的领地。《士师记》5章17节提到但人居住在船上；《创世记》49章16节暗示但族在一个比较晚的时期加入了以色列的部族联盟；《士师记》18章1节又记载了但族不像其他的部族那样分得了一块土地。所有这些线索都可以佐证但族曾经是一支海洋民族，并没有参加过以色列其他部族的出埃及行动。

至于其他部族的来源，已知的相关资料甚为稀少。然而，仅仅是亚设族

---

① 关于《出埃及记》的著作和诠释作品多不胜数，较新的如 Carol L. Meyers, *Exodus*, New Cambridge Bible Commentary Series, Cambridge: Cambridge University Press, 2005, p. 5。

和但族这两个部族的线索就已经可以证明，以色列十二部族的来源和历史是存在差异的。历史的真实很可能不像希伯来语《圣经》想要告诉我们的：所有的部族都是雅各的子孙，都在埃及受过奴役，都从埃及出走，都在西奈荒野流落等。在这十二个部族中，可能有一个或几个部族的确是雅各的后代，并且有过在埃及受奴役、出埃及等经历。希伯来语《圣经》的作者在撰写这段历史时，为了赋予这个民族一个整齐划一的来源和经历，就把这一个或几个部族的来源和经历描述成了十二个部族共同的辉煌历史了。这个整齐划一的来源和经历的作用，是强调整个民族经历了一个相同的精神提升和坚定信仰的历程。整个民族和他们的神的契约是建立在这样一个共同的出埃及的历程和从被奴役走向自由的历程的基础上的。只有将这个历程统一化，神和以色列人的契约为全以色列民所共有的特性才得以名正言顺的成立。①

二 "出埃及"的时间是如何被推断的？

如果有一部分以色列的祖先真实经历过出埃及，那么历史真相可能是怎样的呢？下文所要看的三种可能的出埃及时间，基本是《圣经》成书较早书卷中的线索和一些考古线索交织后产生的一些推论。需要说明的是，进行这些讨论的大前提是假定这些成书较早的书卷中所记载的事件有一定的历史真实性。否则，没有任何一个现代意义上的历史学家，会认为这些推论是真正意义上的历史学研究。其实，讨论"出埃及"的时间这个论题，由于没有足够的论据，甚至都没有进入历史学范畴。

在进入具体的讨论之前，先看看与古代埃及历史相关的历史分期是怎样的（表中日期均为公元前）：②

---

① 以上论述和相关参考文献详见陈贻绎《希伯来语圣经——来自考古和文本资料的信息》，昆仑出版社，2006，第 202 ~ 204 页。

② 古代埃及的纪年本身在历史学家和古埃及学家中是一个争议很大的问题，本表只是聊备一说。这方面的著作可参看 Ian Shaw, *The Oxford History of Ancient Egypt*, Oxford: Oxford University Press, 2003。

希克索斯王朝（亦称"牧人王朝"）	1730 ~ 1575
第十八王朝	1575 ~ 1309
第十九王朝	1309 ~ 1194
拉美西斯一世	1309 ~ 1308
塞提一世	1308 ~ 1291
拉美西斯二世	1291 ~ 1224
梅尔内普塔赫	1224 ~ 1214
	（海洋民族入侵至 1220）
塞提二世	1214 ~ 1208
众小国王	1208 ~ 1194
第二十王朝	1194 ~ 1087
众小国王	1194 ~ 1182
拉美西斯三世	1182 ~ 1151
	（海洋民族入侵至 1175）
拉美西斯四世至十一世	1151 ~ 1087

首先，有的学者逐字逐句地推敲希伯来《圣经》中的记载，是这样将出埃及事件比较容易地定位在公元前 1444 年的。《列王纪上》6 章 1 节说，出埃及发生在所罗门王在位第四年算起的 480 年前。所罗门王在位的第四年是公元前 964 年——对于相信所罗门王曾经存在过的学者来讲，这是个相对比较有把握确定的时间。这样，"出埃及"就该定在公元前 1444 年前后了。主张在这一点上紧密遵循希伯来《圣经》说法的学者还援引了以下几条证据。

1. 在梅尔内普塔赫石碑（Merneptah Stele，公元前 1224 年）中，法老梅尔内普塔赫（Merneptah）首先宣扬他对利比亚的胜利，然后以几行征服迦南的记载结束。石碑中的这段记载提到了以色列——这也是迄今为止发现的所有古埃及文字记载中唯一提到以色列的地方。梅尔内普塔赫石碑上对以色列的提及假定了以色列在石碑刻立之时已经是一个单独的民族，这就将出埃及定在了公元前 1224 年之前。[①]

2. 耶利哥的考古证据说明这座城市在公元前 15 世纪曾经遭到毁灭，如果假定以色列人就是实施这次毁灭的进攻者，就可以支持公元前 1444 年以色列出埃及的说法。

3. 阿玛尔纳（Tel – Amarna）出土的泥版文书（约公元前 1400 年前后）[②] 记载了迦南地区的一群叫哈比鲁人（可能是希伯来人）的人引发了一段时期的社会不安定。

如果一位读者初次接触与希伯来《圣经》相关历史的研究，并碰巧第一个读到的是上面的观点，他或许就此信服了，觉得出埃及就发生在公元前 1444 年左右。可是，如果继续查阅其他的相关学术著作或者文献，便会发现绝大部分学者并不赞同依据希伯来《圣经》中《列王纪上》6 章 1 节的记载来断定出埃及事件的发生时间。他们认为公元前 1280 年作为出埃及的时间更加合理，其具体理由如下：

1. 根据希伯来《圣经》内部和周边文化诸多证据，《列王纪上》6 章 1 节所说的 480 年不应该按字面意思理解，这只是一个有象征意义的数字，可能相当于 12 代人，每一代人按照希伯来《圣经》的惯例折合成 40 年。而 40 年作为一代人的标准长度，和 12 作为希伯来《圣经》中一个惯用的具有象征意义的数字，如 12 个部族等，都给这个 480 年罩上了是否准确的阴影。

2. 迄今为止，在古埃及文献中，第一次对"以色列人"的提及就来自

---

① 梅尔内普塔赫（埃及法老，公元前 1224 ~ 前 1214 年）石碑碑文汉译："众王子们都五体投地，呼叫着'我们求和'。/没人抬头。/特赫努被夷为平地，赫梯人被安抚平息。/迦南被暴力掳掠。/阿什克隆被征服，基色也被围陷。/亚诺阿姆也被彻底清除。/以色列也被废掉，不再有后。/胡尔鲁也成了埃及的寡妇。/所有的土地都被夷为平地！/所有的不老实的，都被捆缚。/被上下埃及的国王，拉（太阳）神的儿子，梅尔内普塔赫－他像拉神一样赋予万物生命。"中译文据此转译：J. B. Pritchard, ed., *Ancient Texts Relating to the Old Testament*, 3rd ed., Princeton, NJ: Princeton University Press, 1969, pp. 376 – 378. 碑文中"以色列"这个古埃及象形文字词语的具体语法形式，参看下文。

② 阿玛尔纳是一个位于埃及开罗和卢克索之间的、尼罗河东岸的古代遗址，曾经是埃及第十八王朝的首都，在这里出土了许多当时的外交文书，它们用古代近东的通用外交语言阿卡德语在泥版上写成。这些文书提供了大量宝贵的关于当时国际局势的资料。

梅尔内普塔赫石碑；如果以色列人在公元前 1400 年之前就进入了迦南，应该会有更多和更早的其他资料提及相关以色列人的活动，但这类资料目前尚未发现。

3. 如果按照《出埃及记》12 章 40 节的记载：以色列人在埃及居住了430 年，以此来推算，假定公元前 1280 年就是他们出埃及的时间，那么在这之前的 430 年就将希伯来人到埃及的时间定位在希克索斯王朝时期（公元前 1730～前 1575 年）。如果真是这样，那就比较符合雅各和约瑟在埃及的经历了，尤其是解释了为什么新登基的法老不认识约瑟这件事（《出埃及记》1 章 8 节），因为据文献记载，十八王朝和十九王朝时期的法老对希克索斯王朝时期的法老的确持蔑视的态度。

4. 尼罗河三角洲地区希伯来人建造的两座城市，比东和兰塞（《出埃及记》1 章 11 节）是由法老塞提一世（公元前 1304 年至前 1291 年在位）始建，并在拉美西斯二世时期（公元前 1291 年至前 1224 年在位）完工的；这也比较符合希伯来人在埃及受奴役的时间。

5. 虽然没有毋庸质疑的证据证实拉美西斯二世（公元前 1291 年至前1224 年）就是奴役希伯来人的法老，但是各个方面的线索并没有对这一假设提出足够的否定依据来。他在尼罗河东三角洲启动或继续了先王启动的规模宏大的几处建筑工程，这正是比东和兰塞的所在地。[1] 另外，拉美西斯二世时期的两件文字资料也记载了参与建筑工程的阿皮鲁奴隶。尽管阿皮鲁人和《圣经》中希伯来人的关系尚无定论，但是在这个记载中的阿皮鲁人很可能就是希伯来人。[2]

不难看出，持公元前 1280 年这一观点的学者所提供的证据，也有难以自圆其说的地方。比如，尽管对《列王纪上》6 章 1 节所说的 480 年不按字面意思加以理解，但是对《出埃及记》12 章 40 节的记载"以色列人在

---

① 这两处城市的确切地址尚不清楚，比东（Pithom）——埃及语 Per‒Atum，意为"阿吞神的房子"——可能是 Tell el‒Maskuta，兰塞（Ramses）不是 Tanis 就是 Qantur。

② J. A. Wilson Wilson，"The 'Eperu' of the Egyptian Inscriptions," *American Journal of Semitic Languages and Literatures*，49（1933），pp. 275‒280.

埃及居住的时间是430年"中的数字仍然按照希伯来《圣经》字面照搬不误，因为这个数字对于这批学者所持观点是颇为有利的证据。如果雅各和约瑟的时代是希克索斯王朝时期，而摩西是生活在拉美西斯二世时期的话，那就意味着，希伯来《圣经》对以色列祖先有几百年在埃及居住的历史是不予记载和评论而弃置一边的——这几乎是不大可能的事情。换句话说，以色列民族出埃及和约瑟在埃及的时代很可能不超过四代人，正如《创世记》15章16节所讲，"到了第四代，他们必回到此地"。《出埃及记》6章16～20节所记载的族谱也进一步证明了这一点。

如果第二种分析得出的时间也有问题，那么以色列人到底是什么时候离开埃及的呢？一些学者提出了第三种观点。根据希伯来《圣经》记载，以色列人在西奈沙漠上待了40年。按照《圣经》的惯例，这个数字不应该按照字面的意思理解，而应该理解成大约一代人。根据历史学家的推断，那时的一代人实际的时间跨度很可能只有25年左右。所以，希伯来人在离开埃及后25年左右就到了迦南。如果真是这样，那么希伯来人到达迦南的时间就是推算出埃及时间的关键。

希伯来《圣经》中记载的以色列人在出埃及之后所路过或攻占的几座城市，有的在公元前12世纪时或许刚刚形成，这也解释了为什么以色列人路过时并没有受到大的阻挡和攻击。考古学家掌握足够的证据证明另外一些城市在这个时期曾遭到过摧毁。前一种情况的例子是约旦河东的希什本（Heshbon）和便雅悯地区的艾城（Ai）。后者最主要的例子是拉希什（Lachish），它的毁灭现在可以确定为公元前1160年——这个准确的断代归功于在拉希什出土了一个刻有法老拉美西斯三世（公元前1182至前1151年）名字的金属物件。①

如果以色列人在公元前12世纪才到达迦南，并且在荒野中停留了一代

---

① 参考 D. Ussishkin, "Level Ⅶ and Ⅵ at Tel Lachish and the End of Late Bronze Age in Canaan," in J. N. Tubb, ed., *Palestine in the Bronze and Iron Ages*: *Papers in Honour of Olga Tufnell*, London: Institute of Archaeology, pp. 213 – 230。其他相关巴勒斯坦考古细节请参看 I. Finkelstein, *The Archaeology of the Israelite Settlement*, Leiden: E. J. Brill, 1988。

人左右（25 年）的时间，那么，出埃及也应该发生在公元前 12 世纪。有什么证据能够支持这个假设呢？

1. 大卫王的族谱是个在学术界比较没有争议的话题。几乎所有承认大卫王存在的学者都把大卫王定期在公元前 1000 年前后。在《路得记》4 章 18～22 节和《历代志上》2 章 5～15 节中，大卫的祖先被追溯到拿顺。拿顺是出埃及时期的人物；《出埃及记》6 章 23 节提到他是亚伦的大舅子，而《民数记》1 章 7 节也把他列为犹大族此时的族长。拿顺比大卫要高五辈，这样，按照一辈 25 年计算，拿顺应该是公元前 1150 前后的人物。

2. 古埃及的象形文字不仅拼出了词的读音，也给出表达形和类的属性符号（定符），有些像中文的"偏旁部首"。当梅尔内普塔赫石碑列出其他被征服民族和地区时，使用的是指示外国疆土的"部首"；比如在指示较大的区域如迦南和胡尔鲁时，或者指示相对面积较小的城市如基色和阿什克隆时，都使用了指示外国疆土的"部首"。但是当提及以色列时，出现了例外——使用的是一个表示民族的"部首"（形式上，这个部首包括一个男人、一个女人和一个复数的标志）。可以将这个部首的使用这样解释：在埃及书吏的眼中，以色列当时只是一个没有土地和城邦的民族。这和他们在埃及为奴的状况十分相符。一种可能性是，书写石碑的书吏知道他们来自迦南，所以将以色列和梅尔内普塔赫来自迦南地区的其他敌人列在一起。但是他将以色列和其他地域区分的办法是用表示民族的部首，而不用表示异国国土的部首。如果这个解释成立，那么，当时在梅尔内普塔赫（公元前 1224～前 1214 年）治下的以色列很可能仍然是没有疆土的身在埃及的奴隶。

3. 埃及法老拉美西斯三世（公元前 1182～前 1151 年）时期的一系列文字材料提供了更多的线索。这个法老在公元前 1175 年前后遭到了所谓"海洋民族"的入侵。这个"海洋民族"的联军在其中一个部族即非利士人的带领下，从地中海驾船攻击尼罗河三角洲。法老拉美西斯三世成功地击败了入侵者，海洋民族联军被迫沿海岸线北上，在迦南平原的沿海地带定居了下来。尽管埃及的反击战成功了，但是各方面的情况表明，海洋民族联军对埃及的进攻也给埃及造成了巨大的震动。事实上，埃及帝国在整个青铜器时代一直将迦南地区视作自己的势力范围，海洋民族联军的这次入侵，使得埃及的势力受到很大威胁，以致在此后的几十年里，埃及在其光辉的帝国历史中第一次从迦南彻底撤出了自己的统治势力。客观来看，海洋民族联军的入侵，对正在埃及受奴役的以色列民族来讲，就是再好不过的出离时机了。希伯来《圣经》中暗示了这两个事件在时间上的吻合——在《出埃及记》13章17节中说，"法老容百姓去的时候，非利士地的道路虽近，神却不领他们从那里走，因为神说：恐怕百姓遇见打仗后悔了就想回埃及去"。于是以色列人取道沙漠以绕开非利士人和埃及人的战场所在地。

考虑了上述证据后，一些学者又提出了第三种"出埃及"发生的时间——很可能发生在公元前1175年前后，也就是埃及法老拉美西斯三世在位期间遭受海洋民族联军入侵之时。以色列人离开埃及之后不久就到达了迦南，抵达时间可能在公元前1150年前后。[①]

综上所述，关于以色列人"出埃及"的时间，存在公元前1444年、1280年、1175年三种假说，而这三种假说也只是纷纭众说中的几个而已。其实，如果细细推敲，这三说所依据的各自作为证据的历史事件的时间定位，有许多本身也成问题，例如上文提到的埃及各个朝代的纪年问题。所以，《三星堆文化大猜想：中华民族与古犹太人血缘关系的破解》的作者关于"以色列人出埃及是个历史事实，是个60万人的民族大迁徙"的断言仍有值得商榷和存疑的地方。

三 石头崇拜是犹太文化的独特现象吗？

在"石头在呼喊"一节，苏三指出"三星堆文化遗址中的三个祭祀场所中，摆放的主要祭祀物品几乎都是平常的石子，……祭祀物品都是石头而非别物"，而"犹太人从古至今保留着石头崇拜，他们用石头表达神圣庄重之事"。之后，苏三提到电影《辛德勒的名单》中犹太人在墓地敬献石头表达哀思的镜头，又提到希伯来《圣经》雅各的传说，希望证明石头

---

① 关于这个理论的论证细节请参看 G. A. Rendsburg, "The Date of the Exodus and the Conquest/Settlement: The Case for the 1100's," *Vetus Testamentum*, 42 (1992), pp. 510 – 527.

崇拜是犹太文化的独特现象，而三星堆遗址中石头的重要角色可以作为这个文明是犹太文明的后裔的证据之一。①

这里需要澄清两个问题：（1）对石头的使用，甚至"崇拜"，是犹太文化的独特现象吗？（2）犹太人在祭祀场合中是否只使用石头作为祭祀物品？

第一个问题很容易解决。一个文化在建筑的取材上，一般会因地制宜。石头在两河流域、尼罗河流域并不普遍，而在古代巴勒斯坦则是最轻易获得的建筑材料，古以色列人不用石头用什么呢？在希伯来《圣经》中，反倒是使用大量木料建筑宫殿和神庙成了例外，② 因为需要从黎巴嫩进口大量木材。而大量使用石头的建筑活动，在古以色列则是家常便饭。

但是，用石头建筑石冢，则是遍布世界各个出产石头的文化中。从英国、斯堪的纳维亚到巴勒斯坦、非洲和印度，都有此风俗。③ 佛教的窣堵坡（音译自梵文的 stūpa，又称窣堵波，直译"堆"），最初的形式很可能就是石头堆。这种形式传到（抑或是独立发生在）藏族和羌族居住的多石地区，实属自然。而这一点，在三星堆，是不是也是这个地理位置的地质地貌所决定，而非犹太文化影响的结果？

由此可见，对石头的使用并非犹太文化的独特传统，并不能够作为界定三星堆犹太来源的证据。而犹太文化在祭祀中还大量使用动物和农产品，如果三星堆的出土遗存表明这里的文明祭祀只用石头，不用动物和农产品，则无法将犹太文明和三星堆文明源头这两者凭借"石头祭祀"就相互直接联系在一起。

结　语

在比较两个文化的相似之处时，尤其是当需要假设一个文化是另外一个文化的来源时，需要界定比较的范畴的外延和内涵是什么。而在已经界

---

① 苏三：《三星堆文化大猜想：中华民族与古犹太人血缘关系的破解》，第 6~8 页。

② 见《列王纪上》5~7 章中对所罗门建筑神殿和宫殿的记载。

③ 部分地区和图片，参见 Wikipedia contributors, "Cairn," Wikipedia, The Free Encyclopedia, http: //en. wikipedia. org/w/index. php? title = Cairn&oldid = 392194386, 2016 年 7 月 7 日登录。

定了的范畴中，每一个相似点，是否都有同等的重要性呢？如果众多的相似点彼此的重要性不同，又该如何对待呢？此外，值得进一步追问的是：需要多少比例的相似点，才可以证明一个文化是另外一个文化的源头呢？这些方法论的问题，是在"小心求证"时不能够避而不谈的。

另外，在进行考古比较时，对于被比较的主体和客体的基本状况，应该落到实处。本文希望至少达到一个论证目的：即使像"出埃及"事件这种犹太教史中的重要问题，学者们想要把它落到实处，也都比较困难。

进行"大胆假设"的学者，还要不遗余力地进行"小心求证"，这"小心"两字写来容易，做起来难。或许是针对一两个小细节，都可能耗去一个或者多个学者一生的求索和积累。于是，这句"小心求证"，将学者们分为了两批：一批比较幸运，"作对了"假设，不知不觉中就"求证"得著作等身了；有另外一批，就不那么幸运了，求证了一辈子，也没有"求证"出几本专著，多少文章。但是对于人类的学术，后者的贡献或许并不比前者小——至少他们在默默地承担着为自己的假设去兢兢业业求证的职责。或许，苏三不属于这两批学者中的任何一批——如金教授在序中所言，在这"网络为王的时代"，苏三以"写小说的方式"，"完成了一次想象力的凌空翱翔和虚构力的完满建构"。

犹太教的释经传统与思维方式

傅有德*

犹太教的释经传统指的是拉比犹太教时期形成和发展的《圣经》诠释传统。拉比（Rabbi），是"师傅"（master）、"教师"（teacher）的意思，指的是圣经时代以后犹太教的神职人员。拉比犹太教，指的是圣经时代以后形成的以拉比为精神领袖并以拉比文献为经典的犹太教。具体言之，指的是从公元2世纪至6世纪形成直到19世纪犹太教改革之前的犹太教，其经典是《塔木德》《密德拉什》《托塞夫塔》等拉比文献。拉比犹太教是犹太教发展过程中的一个极其重要的阶段，它不仅规定了后圣经时代犹太人的宗教信仰、价值观念和生活方式，而且对现代犹太教的各个宗派产生了深刻的影响，在犹太人生活的各个方面发挥着重要的作用。

拉比犹太教在产生过程中形成了诠释《圣经》的传统，前面提及的拉比文献几乎都可以看作对《圣经》的诠释。在这个意义上，拉比犹太教就是依靠对于《圣经》的解释建立起来的。对于犹太教的释经传统和释经方法，国内学术界鲜有论及。本文的目的在于以下三个方面：第一，阐述拉比犹太教的释经传统，即梳理该传统的形成和发展过程，介绍与之相关的主要著作和内容；第二，阐述犹太教贤哲诠释经文的主要规则；第三，简要分析犹太教的释经传统、规则对犹太人的思维方式的影响。由于拉比文献卷帙浩繁，历代犹太文人学士的诠释与论述也多不胜数，而笔者涉猎有限，理解不深，不当或错误之处在所难免，敬请方家指正。

---

* 傅有德，山东大学犹太教与跨宗教研究中心主任、山东大学哲学与社会发展学院教授。

一　释经传统的形成和发展

拉比犹太教之前为圣经犹太教。圣经犹太教指的是圣经时代，即自犹太教的诞生至公元 70 年耶路撒冷圣殿被罗马军队焚毁期间以《圣经》为经典的犹太教。可以说，"惟神为尊，以法为训"是圣经犹太教的基本精神和取向。"惟神为尊"，指的是犹太教对唯一上帝的信仰、崇拜和热爱，如《申命记》（6：4）①所说："以色列啊，你要听，耶和华我们的神是独一的主，你要全心、全性、全力爱耶和华你的神。"这句话在犹太教中称为"示玛"（Shema，字面意思"听"），可谓犹太一神教的经典宣言。"以法为训"，则强调律法对于以色列人的规范和制约作用。反过来说，犹太教要求以色列人在生活中严格按照《托拉》的律法行事，遵循律法就是执行上帝的旨意，也是履行"特选子民"的职责，还是成为义人、实现人生目的的不二法门。犹太教自诞生之日起，就把神圣的律法运用于日常生活，其结果是把世俗的生活神圣化，赋予原本自然朴素、平淡无奇的人生以神圣的意义，充分体现了有神论宗教把生活宗教化、神圣化的特征和功能。

犹太教的释经传统是与异族入侵和文化的碰撞相伴随的。公元前 330 年，亚历山大大帝征服了以色列，犹太人开始了希腊化时期，这也是有史以来两希文明——希腊理性哲学和希伯来宗教的第一次相遇与互动。后来，七十二位犹太文士把希伯来《圣经》翻译为希腊文，遂有《七十士译本》（*Septuagint*）问世。亚历山大里亚的斐洛撰写《论创世》，开启了用希腊哲学解释《圣经》的先河。希伯来文明向希腊文化的开放，不论起初是何等被迫、被动和不情愿，都是对理性哲学的回应和一定程度的吸纳，此后的犹太文明便永久地带上了"雅典主义"（Atticism）的印记。

除希腊外，古罗马对拉比释经传统的形成有更为直接的影响。公元 70 年，罗马军队焚毁了在耶路撒冷的犹太教圣殿，从此，犹太人开始了漫长

---

① 本文汉译《圣经》引文皆引自环球圣经公会 2001 年新译本《圣经》，例外则另有说明。

的流散时代和宗教意义上的拉比时代。① 流散的犹太人，有的留在巴勒斯坦，有的寄居在中东和欧洲诸国，还有的流落到更为遥远的国度。为了适应民族与国家分离的现实以及改变了的生活环境，犹太人中的法利赛人或文士逐渐演化为拉比，取代了圣经时代的先知和祭司阶层而成为犹太教的精神领袖和生活导师。在圣经时代，犹太教的中心在耶路撒冷的圣殿，祭祀曾经是犹太教信徒与上帝联系和沟通的主要方式。及至拉比时代，各地犹太社区的会堂（Synagogue）取代了耶路撒冷的圣殿（Temple）而成为宗教活动的主要场所；原有的献祭仪式也被各种祈祷活动替代。为了适应流散犹太人的生活，早期的拉比坦拿在其领袖犹大纳西（Judah Ha-Nasi）的主持下编纂成《密释纳》（*Mishnah*，也称《密西拿》，约公元 200 年成书），② 称之为"口传律法"（Oral Law），借以区别于作为"成文律法"（Written Law）的《圣经》。③ 口传律法成为犹太教法典，乃是罗马帝国统治下巴勒斯坦的犹太拉比的功绩。它可以说是拉比犹太教诞生的标志，在犹太教发展史上具有特殊的意义。

1. 释经传统的第一个里程碑——《密释纳》

《密释纳》中有《先贤》（Aboth）一篇，开宗明义描述了口传律法《密

---

① 此前，犹太人也曾经经历过流散，例如公元前 586 年，犹大国陷落，国民多被掠往巴比伦，史称"巴比伦"之囚。48 年之后，波斯统治下的巴比伦犹太人被允许回到巴勒斯坦，在耶路撒冷重建了圣殿，恢复了政治自治和犹太教生活。在此后的很长时期内，巴比伦和巴勒斯坦一直是犹太人最集中的地方，也是犹太教的两个中心。公元 70 年后开始的流散，其人口分布之广泛、历史之久远，都是史无前例的。

② 坦拿是阿拉姆语 tanna（复数形式是 tannaim）的音译，指的是公元初年到 200 年《密释纳》成书前的犹太教口传律法学者。《密释纳》提及 275 位坦拿的名字，其中希勒尔和夏迈是两派坦拿的首领；对《密释纳》进行评注的拉比被称为阿摩拉（amora，复数为 amoraim），生活于公元 200～500 年，我们可在《革玛拉》中见到 1250 位阿摩拉的名字。坦拿和阿摩拉是拉比犹太教形成时期的著名拉比，均被称为贤哲（sage）。

③ 《托拉》指《圣经》中的律法书《摩西五经》，是成文律法；又指《密释纳》，即口传《托拉》。《密释纳》和《革玛拉》合成的《塔木德》也都称为口传《托拉》。成文《托拉》与口传《托拉》合在一起构成完整的《托拉》。又，Mishnah 多译为《密释纳》。以色列特拉维夫大学的张平教授已译出此书第一卷，见张平译注《密释纳：第 1 部 种子》，山东大学出版社，2011。

释纳》的历史渊源："《托拉》，摩西受自西奈，传之于约书亚，约书亚传众长老，众长老传众先知，众先知则传之于大议会众成员。"① 这段话表明，口传《托拉》也和《圣经》一样，是摩西在西奈山接受的神启，上帝是其直接的根源；再者，口传《托拉》的传承方式不是靠书写的文本，而是靠口述代代相传，直到大议会的时代由犹大纳西率众门生编纂成典。从这段话可以得知，《密释纳》作为口传《托拉》，是与《圣经》并驾齐驱的，都属于得自神启且由摩西接受的律法。既然如此，《密释纳》当然就不是来自《圣经》。故此，有犹太学者指出：《密释纳》并非对《圣经》的评注。② "《密释纳》是与希伯来《圣经》并驾齐驱的圣书，以往 1900 年的犹太教就是在其上构成的。"③ 然而，说《密释纳》与《圣经》并驾齐驱，意指《密释纳》也和《圣经》一样是犹太教的独立经典，而非隶属于《圣经》。但是，这并不意味着《密释纳》与《圣经》在起源和内容上没有联系。事实上，《密释纳》是对《圣经》的诠释和发展，前者提出的问题和其中拉比们的讨论、回答，大都与后者有密切的联系。例如，《密释纳》第一篇《祝福》一开始就提出：晚间什么时刻背诵犹太教的"示玛"？这个问题就是直接来自《圣经·申命记》6 章 4～9 节。那段经文在说完"全心、全性、全力爱耶和华你的上帝"的"示玛"后紧接着说："我今日吩咐你的这些话，都要记在你的心上；你要把这些话不断地教训你的儿女，无论你坐在家里，或行在路上，或躺下，或起来的时候，都要谈论。"《圣经》没有规定"谈论"的具体时刻和方式，拉比时代则把背诵"示玛"规定为每日的必修课——早晚各背诵一次，而《密释纳》开篇讨论的正是晚间背诵的时刻，坦拿们的不同意见也多是《圣经》文本的解释与发挥。再如，《圣经》中有一条诫命："要记念安息日，守为圣日。"还说："这一日，你和你的儿女，你的仆婢和牲畜，以及住在你城里的寄

---

① 《阿伯特——犹太智慧书》，阿丁·施坦泽兹诠释、张平译，中国社会科学出版社，1996，第 13 页。

② 罗伯特·M. 塞尔茨：《犹太的思想》，赵立行、冯玮译，上海三联书店，1994，第 267 页。

③ Jacob Neusner, *The Mishna: A New Translation*, New Haven: Yale University Press, 1988, "Introduction," p. XV.

居者，不可做任何的工。"（《出埃及记》20：8－10）但是，《圣经》并没有说怎样守安息日，哪些是不允许做的工。《密释纳》则根据《圣经》提出的守安息日的诫命而专辟《安息日》一篇，详细讨论如何过安息日，并列举39类300多种不允许做的工。要言之，《密释纳》虽然是独立于《圣经》的拉比犹太教的经典，但其根源和内容仍然和《圣经》有密切的联系，是以《圣经》为根据并以与时俱进的精神对《圣经》所做的诠释。①

中国古代典籍中属于注疏者甚多。"注"偏重于"用文字解释字句"，"疏"有疏放、疏散的意思，故而偏重于意义的引申性解释。"注疏"合在一起，可解为注解与疏义。窃以为，《密释纳》之于《圣经》，可谓后者的注解与疏义，且往往疏义的成分居多。但是，即便是纯粹的疏义也属于诠释或解释的范畴。因此，《密释纳》仍然属于《圣经》的诠释或解释。如果我们把对于《圣经》的注解和疏义的传统简称为释经传统，那么，《密释纳》就其地位和作用而言，毋宁说是犹太教释经传统形成的标志和这一传统发展过程中的第一个里程碑。

《密释纳》凡6卷，63篇，各篇下面再分章，共523章。第一卷《种子》，阐述和农业相关的祭典和律法；第二卷《节期》，论述安息日、逾越节、赎罪日等节日、斋日的律法和条例；第三卷《妇女》，讲述结婚、离婚以及婚姻行为等方面的律法。第四卷《损害》，主要涉及民法、刑法和伦理法则，其中的《大议会》（Sanhedrin）集中阐述了犹太教的刑法，而《先贤》则是历代圣贤的道德教诲集萃，二者的地位尤其重要；第五卷《圣物》，讲述祭祀、献祭方面的仪礼；第六卷《洁净》，讲的是饮食律法和其他生活方面的禁忌。所有这些内容都直接或间接地与《圣经》有关，属于释经传统的一部分。

2. 释经传统的第二个里程碑——《塔木德》

《密释纳》成书后，几代拉比又对之做了大量的注疏或解释（commentaries and interpretations），这些注疏被称为《革玛拉》（Gemara）。如果说

---

① 参看张平译注前引书，"导论"，第73～74页；"附录2《密释纳》与《希伯来圣经》关系一览表"，第407～412页。

《密释纳》是《圣经》的解释，那么《革玛拉》则是《密释纳》的解释。当然，《革玛拉》的解释也与《圣经》有明显的联系，或可说是间接的《圣经》解释。《密释纳》与《革玛拉》于公元 500 年前后合为一部巨著，即现在见到的《塔木德》。在习惯上，拉比们也称《革玛拉》为《塔木德》，是为狭义的《塔木德》。在当时的巴勒斯坦和巴比伦都有经学院，而且两地经学院的贤哲们都对《密释纳》做了独立的注解和疏义，所以，后来就形成了《巴勒斯坦塔木德》和《巴比伦塔木德》。前者在时间上早于后者 100 多年，但内容较少，只包括《密释纳》前四卷的阐释；后者成书时间较晚（约公元 500 年），但篇幅和内容比前者庞大数倍，其解释涵盖了《密释纳》第二卷至第六卷的大部分内容。由于《巴比伦塔木德》内容丰富且流行极其广泛，故而对于流散犹太人所起的作用远比《巴勒斯坦塔木德》为大。《密释纳》是用希伯来语写成的，而《革玛拉》使用的则是阿拉姆语。

一般说来，《塔木德》的每一章都以一段《密释纳》开始，接着展开《革玛拉》，即拉比们发表的不同意见——争论或注疏。几页《革玛拉》之后，又引述一段《密释纳》，然后接着给出相关的诠释和发挥。在《塔木德》中，除了关于律法的严肃阐述和论争以外，还充满了数以千计的寓言故事、人物逸事、格言警句，从中可以领略到古代犹太人生活的方方面面。其中，希勒尔（Hillel the Elder）和夏迈（Shamai）分别代表了两个不同的思想派别。夏迈强调律法原则，其做法和态度可谓墨守成规。希勒尔则更现实，态度也较宽容与灵活。《塔木德》记载了他们的 316 次辩论，内容涉及宗教律法、礼仪和道德等方面。由于《塔木德》包含了《密释纳》和许多著名拉比对其法规、训诫和释义的大量讨论和疏义，不仅篇幅巨大，而且观点各异。可谓异彩纷呈，蔚为大观。

如果说《密释纳》是犹太教释经传统的第一个里程碑，那么，《塔木德》（《巴勒斯坦塔木德》和《巴比伦塔木德》）则为第二个里程碑，它的诞生标志着犹太教的释经传统达到了顶峰，把这一释经传统发展到了极致。

3. 释经传统的其他拉比文献——《托塞夫塔》《密德拉什》

但是，《塔木德》仍然是犹太教释经传统的进一步发展和完善，而不是这一传统的完成，因为在《密释纳》之后，除了《塔木德》以外，还有《托塞夫塔》和《密德拉什》等其他拉比文献，它们也都属于拉比犹太教的释经传统。

《托塞夫塔》（*Tosefta*），是《密释纳》的补充，可意译为《密释纳补》。该书约成书于公元 300 年，在时间上介于《密释纳》和《塔木德》之间。虽为《密释纳》的补遗，其篇幅却比《密释纳》多出四倍。然而，就结构、主题和论述的逻辑而言，《密释纳补》又算不上独立的文献，而是依附于《密释纳》的。《密释纳补》没有自己的结构，其篇章完全对应于《密释纳》，也由六大卷组成。其基本做法是，先逐字逐句地援引《密释纳》的段落和句子，然后再作注释和评述。由于注解的是《密释纳》里的段落和句子，其中相对独立的释句也必须和《密释纳》中对应的部分参照才能得以理解。当然，在个别情况下，《密释纳补》也发表一些独立于《密释纳》的言论。[①] 总之，《密释纳补》是《密释纳》之后形成的关于《密释纳》的补充和注释，也属于拉比犹太教的释经传统。

另一类型的拉比文献是在公元 3～6 世纪之间形成的《密德拉什》（*Midrash*）。"密德拉什"意为"求索"（seek）和"追问"，以它命名的著作首先是《圣经》诠释的汇集，同时还收入了历代先贤和著名拉比在各种场合的说教和布道，其内容当然也是和《圣经》相关的。不同时期形成的《密德拉什》包含两大系列。第一系列为《大密德拉什》（Midrash Rabbah），即对《摩西五经》和《圣著》的解释，包括《大创世记》（*Genesis Rabbah*）、《大出埃及记》（*Exodus Rabbah*）、《大利未记》（*Leviticus Rabbah*）、《大民数记》（*Number Rabbah*）、《大申命记》（*Deuteronomy Rabbah*），以及《大雅歌》（*Song of Songs Rabbah*）、《大路得记》（*Ruth Rabbah*）、《大耶利米哀歌》（*Lamentations Rabbah*）、《大传道书》（*Ecclesiastes Rabbah*）和《大以斯贴

---

① 参见 Jacob Neusner, *Introduction to Rabbinic Literature*, New York: Doubleday, 1994, pp. 129 - 130。

记》（*Esther Rabbah*）。希伯来语词 Rabbah，字面意思是"大"，引申为"诠释"或"解释"，所以有人将上述诸篇译为《创世记释》《出埃及记释》，诸如此类。第二系列是《坦乎玛密德拉什》，因坦乎玛拉比（Rabbi Tanhuma bar Abba）而得名。该系列的《密德拉什》包含了大量关于弥赛亚的思考，突出了会堂布道的特点。从这些《密德拉什》中得知，拉比们在讲解《圣经》时，运用了大量的比喻、格言、古代传说和民间故事，这种风格使得它比相对严肃的《密释纳》律法书更加引人入胜，更具文学魅力。①

在中世纪，法国特鲁瓦（Troyes）的拉什（Rabbi Shlomo Yitzchaki，1040－1105）是一位杰出的《圣经》诠释学家。他在 25 岁时就创办了经学院，和学生一起用简洁的语言对《圣经》文本做了详尽的阐述和解释。除了从字义上阐述经文外，拉什在解经时还大量利用了《密德拉什》文献。此外，拉什还对《塔木德》，尤其是对《革玛拉》中拉比的评注、原理和概念做了简明且充分的阐释。拉什的《圣经》诠释和《塔木德》诠释也是犹太教释经传统的重要组成部分。

在中世纪的释经学家中，值得特别一提的还有出生于西班牙后来成为埃及宫廷御医的迈蒙尼德（Moses ben Maimon，1135－1204）。他著有《密释纳评注》、《律法再述》（*Mishneh Torah*）、《迷途指津》、《论诫命》等。《密释纳评注》是专门评述和阐发《密释纳》的著作，《迷途指津》的目的则是解释《圣经》中的多义词、歧义词和各种比喻的真正含义，使那些在理解《圣经》时陷入迷惑的人"迷途知返，从困惑中解脱出来"。当然，作为亚里士多德主义的哲学家，迈蒙尼德较之其他圣经学者赋予了《圣经》更多的哲学意蕴。

其实，犹太教释经著述远不止上述，这里只是举其要者，借以勾勒这一传统的主线罢了。犹太教释经传统的一个突出特点是有始无终。大致说来，它肇始于《密释纳》，登峰造极于《塔木德》，其他著作可以说是这一传统的补充和发展。但是，时至今日，犹太教的这一释经传统仍然没有结

---

① 傅有德：《犹太教》，载张志刚主编《宗教研究指要》，北京大学出版社，2005，第 91 页。

束，仍有为数不少的拉比或学者从事诠释《圣经》的工作。犹太教的释经传统是开放的，只有开始和不断的丰富、发展和完善，永无休止之日。

二　以实玛利拉比的十三条释经规则

《塔木德》提及的拉比被称为坦拿和阿摩拉，通称为贤哲（sages）。犹太贤哲对于《圣经》的诠释并非随心所欲的主观臆断，而是遵循一定规则的。公元前 1 世纪，希勒尔在前人的基础上提出了释经七规则。之后，以实玛利（R. Ishmael）发展为十三条规则。再后来，以利泽（R. Eliezer b. Yose ha－Gelili）又提出了三十二条规则。由于以利泽提出的三十二条属于后塔木德时代的产物，而且不完全是阐释律法性文本的，所以本文暂不论列。此外，希勒尔的七条规则虽然在圣经诠释中发挥过重要的作用，但它们基本上被吸收到以实玛利的十三条规则之中。具体说来，以实玛利之十三条规则中的前两条与希勒尔的前两条规则完全相同，以实玛利的第三条相当于希勒尔的第三、第四条。以实玛利的第四至第十一条包含了希勒尔的第五条，以实玛利的第十二条等同于希勒尔的第七条，而以实玛利的第十三条则是全新的。[①] 下面我们所列举和介绍的是以实玛拉的十三条规则，其中已包括了希勒尔的七条规则。

第一条，由轻及重（Kal V'Komer）。如果用公式表述，即是：如果 A 具有 X，那么，比 A 更甚（程度更重或者数量更多）的 B 一定具有 X。例如，有经文说："义人在世上尚且受报应，何况恶人和罪人呢？"（《箴言》11：31）再如，"如果你与徒步的人同跑，尚且觉得疲倦，怎能跟马赛跑呢？你在平安稳妥之地，尚且跌到，在约旦河边的丛林怎么办呢？"（《耶利米书》12：5）汉语中有"小巫见大巫"的说法，大巫涵盖小巫，故小巫所有的，大巫必然所有。其意思和这条规则颇为接近。

第二条，近似的表述可类比（G'zerah Shavah）。就是说，如果两段经

---

① 根据 H. L. Stack and G. Stemberger, *Introduction to Talmud and Midrash*, Minneapolis：Fortress Press, 1992, p. 24。

文包含同样的短语、词或词根，那么，这两段文字所讲之律法可比，可相互解释。例如，《士师记》（13：5）和《撒母耳记上》（1：11）都提及"不用剃刀剃头"，即都表示不剃头的男孩属于上帝。再如，经文说："以色列人要在指定的时间守逾越节，就是本月十四日，黄昏的时候，你们要在指定的时间守这节"（《民数记》9：2－3）。在另外的地方说："你们应献给我的供物，就是献给我作馨香的火祭的食物，要按着日期献给我。"（《民数记》28：2）。这两处经文相似，都提到"指定的日期"或"按着日期"，意思是说：不论逾越节献祭的公羊羔，还是每天敬献的火祭，都要按照规定的日期献上。

第三条，个别结论的普遍适用（Binyan av mi-katuv ehad and binyan av mi-shenei khetuvim），就是说，把从个别（一个或两个）明确无误的经文为基础得出的推断运用于所有相似的段落和情况。《出埃及记》（24：8）所说的上帝与摩西撒血立约的仪式也适用于《耶利米书》（31：31－34）所述之立约。又，《利未记》（17：13）说："有人打猎得了可以吃的禽兽，总要放尽它的血，用土掩盖。"这是一条个别律法。但是，它可以被普遍运用，即在任何情况下以色列人都要"用手掩盖血"，而不能用别的肢体（例如用脚）去掩盖。再如，经文说："你进了你邻居的葡萄园，你可以随意吃饱葡萄，只是不可装在你的器皿里。你进了你邻居的麦田，你可以用手摘麦穗，只是不可在你邻居的麦田里挥动镰刀。"（《申命记》23：24－25）这是一条个别的律法。但是，可以使之普遍化：不只是这里提及的"葡萄"或"麦穗"，其他任何"农作物"，都可以随意吃，但不可据为己有。

第四条，一般适用于受限的个别（Kelal u-ferat）。假如一条律法是用一般性术语表述的，接着列举的是个别的事例，那么，这条律法只适用于这些事例，而不能推广到更大范围。有经文说："你要告诉以色列人说：如果你们中间有人把供物献给耶和华，就要从牛群羊群中献家畜为供物。"（《利未记》1：2）尽管"牛群"通常包含非家养的牛，但是，这里所指的那能够用作献祭供物的只是家养的牛，而不包含非家养的牛。

第五条，从个别到可扩展的一般（Perat u-khelal）：如果个别事例的列举在先，其后提出一般性范畴，那么，所列事例以外的情况应当包含其中。例如，经文说："任何争讼的案件，无论是为了牛、驴、羊或任何畜类，……双方的案件就要带到审判官面前。"(《出埃及记》22：9）在这段经文中，先列举个别的畜类，后使用一般的"畜类"范畴，在此情况下，"畜类"是包含了此前所列以外的畜类的（参见 Sifra, introd. 8）。①

第六条，从个别到一般，再到个别（Kelal u－ferat u－khelal i attah dan ella ke－ein ha－perat），意思是说，你只可以推演出与所列的具体事物相类似的东西。例如，《圣经》说："你可以用这银子随意买牛羊、清酒和烈酒；你心想要的，都可以买。"(《申命记》14：26）这里没有列举到的东西也可以买，但必须是如所列的食物和饮料之类（参见 Sifra, introd. 8）。这里所举牛、羊、清酒，都是个别的，但是心中所想的食物和饮料属于一般，实际买时则又回到个别的东西。

第七条，一般与个别相辅相成（Kelal she－hu zarikh li－ferat u－ferat she－hu zarikh li－khela）即依靠一般和个别一起列举实例，二者互相需要。例如，《申命记》（15：19）说："你的牛群羊群中所生，是头生雄性的，你都要把他分别为圣归给耶和华你的神。"在这段经文中，某个头生雄性的（个别）包含在所有头生雄性的（一般）之中，二者结合，互为需要，相辅相成。再如，"在以色列人中，你要把所有头生的都分别为圣归我；无论是人还是牲畜，凡是头生的都是我的"(《出埃及记》13：2）。个别头生的人或畜与"凡是头生的"也属于个别与一般相互需要的情况。

第八条，如果一般规则中的个别事例出于特殊原因而被除外，那么，一般原则所包含的所有个别事例也都可以例外（Davar she－hayah bi－khelal ve－yaza min ha－kelal lelammed lo lelammed al azmo yaza ella lelammed al ha－kelal kullo yaza）。例如，"无论男女，是交鬼的或是行法术的，必要把他们处死，要用石头打他们"(《利未记》20：27）。在犹太教中，禁行巫术、算命是一条一般性诫命，包含了所有利用鬼神行巫术和占卜的事

---

① Sifra 是对《圣经·利未记》作律法性诠释的著作，属于拉比文献《密德拉什》。由于该作品在《巴勒斯坦塔木德》和《巴比伦塔木德》中经常被贤哲们所引用，所以可以反映《塔木德》中贤哲们的释经方法。

例。犯此禁令的刑法是用石头打死，此项惩罚适用于所有违反这条一般性禁令所涵盖的情况。① 关于禁止占卜、算命、用法术和邪术、念咒、行巫、问鬼之类，在《申命记》（18：10 - 14）中有更详细的列举。

第九条，在具体对待一般性法则所包含的某些个别情况时，如果已被描述翔实，则宜宽不宜严（Davar she - hayah bi - khelal ve - yaza liton to' an ehad she - hu khe - inyano yaza lehakel ve - lo lehahmir）。例如，《利未记》（13：18 - 21）列举了人在皮肉生疮之后病情变化的各种情况，指出什么情况为洁净、什么情况为不洁净，以及《利未记》（13：24 - 28）关于肌肉发炎引发麻风病的情况，都讲述得十分具体、详细，这些情况都隶属于《利未记》（13：1 - 17）所述关于皮肤病的一般性范畴。因此，关于"第二周"（患病者被隔离七天，等祭司观察后再隔离七天，见《利未记》13：4～6以及13：10）的一般性规则，在这里就不适用了（参见 Sifra, 1：2）。

第十条，在具体对待一般性法则的个别情况时，如果已被描述翔实但与一般性法则所涵盖的具体事例不同，那么，则可以既宽又严（Davar she - hayah bi - khelal ve - yaza liton to' an aher she - lo khe - inyano yaza lehakel - lehahmir）。例如，关于人的毛发和胡须受到感染的律法，在《利未记》（13：29～37）中得到了详述，但是不同于关于皮肤病的一般性律法所包含的情况，那么，对于一般性律法所提及的白毛患者要宽，即可以宣布为洁净（13：4）；对于个别事例中提及的黄毛患者要严，即认定为不洁净（13：30）。前者为宽，后者为严。宽严皆可适用（参见 Sifra, 1：3）。

第十一条，在一般性规则所含个别事例被作为特殊情况对待时，除非经文有明确规定，否则，一般性规则所述之细节也适用于此个别事例（Davar she - hayah bi - khelal ve - yaza lidon ba - davar he - hadash i attah ya - khol lehahaziro li - khelalo ad she - yahazirennu ha - katuv li - khelalo be - ferush）。例如，《利未记》（14：14）规定：麻风病人献赎愆祭时要把血涂在右耳垂、右手的大拇指和右脚的大拇指上。这样，关于赎愆祭一般性律法所规定的赎愆祭的"血要泼在祭坛的四周"（《利未记》7：1 - 2），就

---

① 参见《塔木德》之《大议会》（67b）。

不适用了。

第十二条，根据语境或从同一段经文中包含的推理中推演经文的含义（Davar ha - lamed me - inyano ve - davar ha - lamed mi - sofo）。从语境推断经文意思的例子如下："摩西十诫"有"不可偷盗"一条（《出埃及记》20：15），犯此罪者当受死刑，因为在同一段经文中也规定了"不可杀人，不可奸淫"，犯者皆要被处死（参见《塔木德》之 Mekh.，Ba - Hodesh，8，5）。从经文推理再推演出意思的例子是："我让麻风病传染到了赐给你们作产业的迦南地的房屋。"（《利未记》14：34，译文与汉语《圣经》略有差异）这里的房屋只指用石头、木头、灰泥建造的房屋，因为这些材料之后的经文（14：45）中提到了（参见 Sifra，introd. 1：6）。

第十三条，两条经文矛盾时，依第三条经文为依据做决断（Shenei khetuvim ha - makhhishim zeh et zeh ad she - yavo ha - katuv ha - shelishi ve - yakhri'a beineihe）。例如：有一处经文说，上帝降临在西奈山顶（《出埃及记》19：20），另外的经文则说从天上听到上帝的声音（《申命记》4：36）。两处经文相左。在此情况下，可取第三处经文即《出埃及记》（20：19）的意思：上帝携诸天降临西奈山说话（参见 Sifra，1：7）。

除了上述以实玛利的十三条释经规则外，著名贤哲阿奇瓦（R. Akiva）的学派还提出了另外的释经方法。例如包含与排除法，其前提是：《圣经》中的每一个词都是有意义的。例如，阿奇瓦拉比认为，《申命记》（10：20）所说"你要敬畏耶和华你的神"这段话可以引申，其中包含着对于学者的敬畏。阿奇瓦还认为，如果某条经文重复地使用动词，就表示有扩充的含义。但是，以实玛利不同意阿奇瓦的方法，认为《圣经》"以人的语言说话，重复使用动词并不具有附加的含义。[1] 此外，还有第一位犹太哲学家斐洛和中世纪哲学家迈蒙尼德的寓意释经法，即认为《圣经》文本具

---

[1] 这里所述以实玛利的十三条释经规则乃根据下列书整理而成：《犹太百科全书》（*Encyclopedia Judaica*, Jerusalem：Keter Publishing House，1971）和《犹太教百科全书》（Jacob Neusner, Alan Jeffery Avery - Peck, and William Scott Green, eds., *The Encyclopaedia of Judaism*, 2nd edn., Leiden：Brill，2005）之"诠释学"（Hermeneutics）条目，以及 H. L. Stack and G. Stemberger, *op. cit.*, pp. 19 - 24。

有表面的字义和隐含的本义，可以运用理性的阐释发掘出经文隐含的意义。对于这些烦琐复杂的释经法，本文就不赘述了。

余　论

中国人做学问素有"我注六经"与"六经注我"之别。前者的前提是认为经文本身具有客观的、一成不变的含义，注经的目的是力求把它揭示出来，其态度是作者围绕经文转。后者对于文本采取的"为我所用"的态度，即利用已有的文献为自己的思想寻求佐证，是借助现成的文本为作者的思想服务。大致说来，前者可谓学者对于文本的态度，后者可谓思想家对于文本的态度。但是，实际上，这两种态度有时是很难分开的。同一个作者有时可能以"我注六经"为目的，而在另外的时候则采取"六经注我"的态度。综观拉比文献中犹太贤哲们的态度，可以概括为："六经注我"与"我注六经"并存，有时前者为主，后者辅之，有时则相反。但是，若从整体和本质上看，"六经注我"是主导性的，经文的含义往往取决于贤哲们的解释，成文的《托拉》是服务于口传的《托拉》的。正如著名犹太学者戈登伯格所说："除非拉比权威规定什么是律法，就根本不存在真正的律法，也没有什么关于上帝意志的有用陈述。例如，《圣经》命令以色列人遵守安息日，而《塔木德》用了两大章的篇幅，多达260个双面对开的页码，详尽地阐释如何在事实上遵守安息日。……贤哲集体，而不是别人，决定着《托拉》的意义。《托拉》不再挂在'天上'，即使是天上的赐予者也不再干预对于它的解释、应用和范围的扩展。"① 可以说，拉比的基本态度是释经而不唯经。

拉比犹太教的文献表明，尽管犹太教的基础和前提是对上帝的信仰，但是，犹太贤哲在诠释《摩西五经》的经文时却采取了理性的逻辑思维。这里所谓的逻辑思维，主要是指符合形式逻辑的思维。从形式逻辑来看，以实玛利之十三条规则的第一条和此后涉及个别与一般关系的第四至第十

---

① Robert Goldenburg, "Preface," in *The Talmud*: *Selected Writings*, trans. Ben Zion Bosker, New York: Paulist Press, 1989, p. 5.

一条规则，都明确说明（如第一条）或包含了一般概念或范畴涵盖个别事物的意思，尽管有的规则是为了表明一些特殊情况，例如第九条和第十一条。可见，犹太贤哲对于概念的外延和内涵是有清楚认识的。其中，有的规则是为了解决经文中出现的矛盾的，例如第十三条。由此可知，贤哲们对于逻辑学的矛盾律也是有所认识的。概言之，尽管犹太人没有发明类似亚里士多德形式逻辑那样的体系，但是，贤哲们在解释《圣经》时却自觉地遵循了逻辑的规则。由此可见，希腊哲学对于犹太拉比及其释经传统是有影响的。

犹太贤哲运用理性对经文做逻辑的分析和诠释，其目的不是建立一个概念的体系，也不是从个别的事例中发现一般性的原理，而是解决具体的问题，即合理地解释某段具体的经文或引发出指导实际生活的律法或道德训诫。在阐述十三条释经规则的时候，我们都列举了每条规则相应的具体经文。犹太贤哲的具体思维不仅体现在上述释经规则的目的上，而且贯穿在全部的拉比文献——《塔木德》、《密德拉什》以及《密释纳补》——之中。贤哲们提出的问题是具体的，回答也是具体的，援引的根据也是具体的。例如，《密释纳》第一部开宗明义提出一个具体问题，即晚间什么时刻背诵"示玛"；贤哲们对于问题的回答也是具体的，例如以利泽拉比回答说"直到一更天结束"，不只一个拉比说"直到午夜"，拉班迦玛列则说"可以到黎明"。夏迈学派认为，晚上诵读"示玛"应该"躺着"，早上诵读时则应该"站立"，因为《申命记》（6：7）说："或躺下，或起来的时候"。希勒尔学派则说，每个人都可按照自己方式背诵，因为经上也说："无论你坐在家里，或行在路上。"（《申命记》6：7））犹太贤哲的这种思维方式或可叫作"具体思维"，它是与"抽象思维"对立的。这也就是说，犹太教的拉比们是反对抽象思维的。尽管有人会说，犹太贤哲提出七条或十三条释经规则，本身就表明他们是在进行抽象。虽然这样的反驳不是毫无道理，但是，从他们的释经规则的目的以及《塔木德》文本看来，贤哲们没有从个别事例抽象出一般的概念和原理，然后又离开具体的事例而在概念的范围内做抽象的分析和推论。贤哲们本身不是哲学家，他们的目的是诠释经文，解决犹太人社会和家庭实际生活中遇到的具体问题。因此，不尚抽象、提倡具体思维，可以看作犹太贤哲们的思维方式之一。

求异思维和平行逻辑也是显而易见的。贤哲们在提出问题后并不拘泥于某一个答案和评论，而总是提出另外不同的意见，其他的贤哲也都各抒己见，而且往往据理力争，互不相让。在《塔木德》中，可以说没有一个问题只有一种回答，一种意见。更有甚者，在《塔木德》中，不仅对于同一个问题有多种不同的答案，而且都可以为真，都具有律法的效力。就贤哲们从不满足已经给出的答案，总是想方设法寻求不同的回答而言，可以说他们实行的是一种求异的思维方式；就其平等论争，承认各种意见的价值而言，是一种多元的思维方式，有学者称之为"平行逻辑"①。这种求异思维和平行逻辑不仅反映了犹太人勇于探求的精神和多元的思维，而且表现出对于不同意见的包容心态，对于论战对手的平等态度和彼此间的相互尊重。

尤其值得人们注意的是，拉比犹太教的贤哲们诠释经典的方式对于犹太人的思维方式产生了极大影响。圣经时代以后，《塔木德》是犹太人的法典和生活指南。以学习和研究《塔木德》为宗旨的经学院大批存在，使《塔木德》的传统得以继承和光大。在家庭，犹太人儿童在父亲的指导下学习《塔木德》；在安息日，犹太成年人和孩子们在会堂一起学习《塔木德》；不论男女老少，人们在实际生活中履行《塔木德》的律法。在漫长的岁月里，经过无休止的灌输和潜移默化地浸润，《塔木德》和其他典籍体现的拉比的思维方式逐渐化为全体犹太人的思维方式，而这样的思维方式又表现在他们的学习、工作和日常生活中。常言说："两个犹太人，三种意见。"他们习惯于提问题，勇于论争，善于发表不同意见，善于引经据典，鞭辟入里地从事学术和科学探究。如果在学习和生活中没有问题，如果有问题而没有论争，没有不同的答案、观点以及不同的根据，对于犹太人来说简直是不可思议的。自古至今，犹太民族英才辈出，智者如林，以至于世人无不称道犹太人卓尔不凡的智慧。从上面的阐述和分析，我们即可发现，犹太人之所以特别有智慧，其根源在于拉比犹太教的释经传统，在于《塔木德》中形成的独特的思维方式，在于它已经成为全体犹太人的思维方式。

---

① 张平译注前引书，"导论"，第36~38页。

维尔纳版《塔木德》

现代《巴比伦塔木德》的标准版本于1880～1886年在立陶宛的维尔纳（今名"维尔纽斯"）以对开本印行，共计20卷，至今仍被不断翻印。这个版本不仅包括《密释纳》和巴比伦《革玛拉》，还包括拉什（Rashi，1040～1105年）的评注、12到14世纪德法犹太学者的进一步评注（tosafot），以及各种旁注和其他的评注。每卷后面另附额外的评注以及以撒·阿尔法西（Isaac Alfasi，1013～1105年）和亚设·本·耶胡艾尔（Asher ben Yehiel，约1250～1327年）所作的法典。《托塞夫塔》也包括在内。这张图显示了维尔纳版《塔木德》开卷《祝祷》（Berakhot）的首页，讨论的是从何时起念诵晚间的示玛。

早期犹太释经

田海华[*]

在公元 1 世纪初,《希伯来圣经》的大部分书卷已经完成。虽然,这些经卷还没有被规范化和正典化,但是,对它们的诠释已经存在。比如,晚期书卷《历代志》便依据其当下需要而对既有的早期历史书卷进行了编修,这种编修本身就是一种释经活动。因此,在《希伯来圣经》正典化之前,犹太人对《圣经》的诠释就已经开始了。[①] 这包括对已有书卷的评注、正典化与现实化。有学识的犹太人,在特殊的政治与神学处境中,为了自身文化身份的存续,确立了自己独特的经典传统,并对这一传统进行评释与弘扬。在《圣经》诠释的历史上,早期犹太释经是至关重要的一步。这里的"释经"(exegesis),源于希腊文,意为"引出",是对文本尤其是宗教文本的一种批判诠释。犹太人被称为"圣书的子民"(the People of the Book),因他们对圣典注疏传统的专注与热爱,又被称为"释经的子民"(the People of Scripture Exegesis),擅长以经解经,形成了别样的犹太释经进路。在某种意义上,犹太人因注经解经而发展出一种有关文本解读的学问,并对后来漫长的圣经诠释历史产生了深远影响。

古代以色列人在经历巴比伦被掳与统治(公元前 586~前 539 年)之后回归,不再用"以色列人"而是用"犹太人"(Jew)指涉犹大国的遗民。圣殿重建,并于公元前 515 年恢复圣殿祭祀,开启了"第二圣殿时期"。紧接着,犹太人被波斯统治(公元前 539~前 331 年)。依据《以斯

---

* 田海华,四川大学哲学系、道教与宗教文化研究所教授。

① Henning Graf Reventlow, *History of Biblical Interpretation*, Vol. 1: *From the Old Testament to Origen*, trans. by Leo G. Perdue, Atlanta: Society of Biblical Literature, 2009, pp. 16 – 17.

拉记》记载，大祭司以斯拉生活于公元前 5 世纪，是个精通希伯来文与亚兰文的文士（scholar of Scripture），曾上书波斯王，请求带领被掳的犹太人回归。回到耶路撒冷之后，在重建的圣殿前，以斯拉当众诵读律法，而且，"这一公共诵读，伴随的是对文本的诠释"①。这是具有特别意义的时刻。公元 70 年，罗马攻陷耶路撒冷，第二圣殿被毁，但文士们忙于传抄与诠释《希伯来圣经》。② 这时的文士群体被称为拉比，他们深谙律法，信仰敬虔，后发展成为学识素养深厚的犹太拉比这一学派。在第二圣殿被毁之前，犹太教内部存在不同的派别。其中，声称正统的派别，严格遵循祭司的传统，史称撒都该派（the Sadducees）。与之相对的，是法利赛派（the Pharisees）。该派对律法传统循规蹈矩，宣称要带出上帝的意志，同时声称可接受复活的观念。第三个派别是艾赛尼派（the Essenes），又称虔敬派。对于这个派别，新约没有提及，我们过往也知之甚少。但是，死海古卷的发现，使这一早期犹太教派别及其释经活动进入了我们的视野。

一　死海古卷中的释经

1947 ~ 1956 年，在死海附近的库姆兰废墟（Khirbet Qumran），发现了大批可追溯至公元前 2 世纪的古卷，成为 20 世纪最为重要的考古发现之一。这批大多以希伯来文书写的古卷抄本被称为库姆兰古卷，或死海古卷（Dead Sea Scrolls），它们据说是属于犹太教之艾赛尼宗派的文献。出自 11 个洞窟的古卷，其内容极为丰富：首先有百卷关于《希伯来圣经》的抄本，除了《以斯帖记》，其他书卷都有发现，③ 而且许多书卷多次出现；其

---

① James L. Kugel, "The Beginnings of Biblical Interpretation," in Matthias Henze, ed., *A Companion to Biblical Interpretation in Early Judaism*, Grand Rapids: Eerdmans Publishing Company, 2015, p. 9.

② 参次经《西拉书》39：1 ~ 3。

③ 这说明希伯来圣经的第三部分（圣卷）的正典，在当时可能还没有被界定。参 Martin Lundberg, "Hebrew Bible Canon," in J. Pattengale, L. H. Schiffman and F. Vukosavovic, eds., *The Book of Books: Biblical Canon, Dissemination and Its People*, Jerusalem: Bible Land Museum, 2013, p. 23。

次是众多的《希伯来圣经》评注与释经作品，包括次经和伪经，以及同撒玛利亚五经与七十士译本（Septuagint）进行比较的书卷等；最后是一些具体的行为规范，比如《社群规则》等。死海古卷的发现，之所以轰动，是因为它同犹太教与早期基督教历史密切相关，更为重要的是，正如爱丁堡大学的提摩太·林所称，它"揭示了公元前 250 年到公元 100 年之间这个关键的历史时刻圣经文本的传播情况"。① 它比传统上权威的希伯来圣经的抄本马索拉文本（Masoretic Text）还要早一千年左右。在时间上，死海古卷更接近《圣经》写作与成书的年代，见证了早期犹太教对圣经诠释的方法与内容。因此，通过死海古卷，我们可以了解希伯来圣经正典化之前的状况，以及早期犹太释经的规则与方法。

在死海古卷里，我们发现了拉比圣经诠释最为关注的两个领域。首先是对托拉的释义与界定。对犹太人而言，托拉最具权威，是其信仰的核心。涉及托拉释义的部分，主要集中在第四号洞与第十一号洞发现的古卷中。② 艾赛尼派社群崇尚祭司传统，其中负责托拉释义的是祭司（zadokite）。依据《社群规则》，他们十人一组，每组有一个祭司专门负责研习托拉，而且，要日夜研习。但是，依据规范群体组织与生活的《大马士革文献》的记载，对托拉诠释的最终权威要归于群体的创始人——公义教师（Teacher of Righteousness）（6：7），他们受到成员的尊崇与爱戴。托拉律法是通过摩西而颁布的，但公义教师是教导者，必须重新教导，并向当下

---

① 提摩太·林：《死海古卷概说》，傅有德、唐茂琴译，外语教学与研究出版社，2013，第 181 页。希伯来大学的 Tov 认为：死海古卷是见证圣经文本在公元前 250 年至公元 70 年间流传的卓越记录，其大部分文本是以方形希伯来文或亚兰文书写而成。参 Emmanuel Tov, "The Dead Sea Scrolls," in Pattengale, Schiffman and Vukosavovic, *op. cit.*, p. 29. Collins 则认为死海古卷成书于公元前 2 世纪至公元 1 世纪之间，并同《圣经》的早期历史密切关联。参 John J. Collins, "The Scrolls and the Bible," in idem, *The "Dead Sea Scrolls"：A Biography*, New Jersey：Princeton University Press, 2013, pp. 185 –212。

② Johann Maier, "Early Jewish Biblical Interpretation in the Qumran Literature," in Magne Sæbø ed., *Hebrew Bible/Old Testament*, *The History of Its Interpretation*, Vol. I/1：*Antiquity*, Göttingen：Vandenhoeck & Ruprecht, 1996, p. 112.

的群体成员显示这一律法。① 《民数记》21 章 18 节中有所谓"井之歌"，而《大马士革文献》里将井同托拉相比较：凡是掘井的人，身份高贵，等同于归附群体的成员，也是教派的成员（6∶3－11）。这里似乎还谈不上是寓意解经，但是，对于这个派别而言，"文本的关键词与我们的逻辑所理解的诠释之间，存在一种深层关系"。② 因此，希夫曼指出：死海古卷中的律法资料，是宗派圣经释义的结果。通用的技巧则是将圣经章节的词语和表述作为律法出处的基础，并将之植入律法陈述中。只有通过文本研究，才有可能显示这些陈述的圣经依据。③ 这一群体极为强调托拉的权威，以及对托拉的践履；不过，我们应意识到这里的托拉，可能并非五经（Pentateuch），而是另有所指，因为它所包含的一些律法资料与五经无关。它们二者可能共用了托拉的概念，并将权威视为共同的基础。④

其次是托拉的现实化。一号洞发现的《社群规则》表明，这一隐修群体是因为要逃避邪恶才聚此隐修，他们一生都必须遵循洁净的仪式，严格按照托拉中的诫命生活，因为寻觅上帝的过程同遵从其诫命是合一的（1∶1－3）。此外，新成员通过入门宣誓而对"回归摩西律法"负有责任，因为"这是个紧紧抓住约"的群体（5∶3）。在《大马士革文献》中，托拉现实化的一个重要内容是对守安息日的规定，禁止在安息日对正在分娩的牛和落井的人施以援手（10∶14 至 11∶18）。为了反对多妻制，《创世记》1 章 28 节关于上帝"造男造女"的经文被解释为一对男女的被造（4∶21）。在此，类比是重要的释经方法，因为托拉与当下之间存在间隙，需要通过对新案例的类比解释而充实这个间隙。⑤ 此外，这种现实化的释经，也体现在对先知的解释中。死海古卷将托拉与先知联结在一起，互为呼应。艾赛尼派充满末日气息，他们认为先知所揭示的信息既适用于末日，又能在被解释的过程中获得对生者的意义。比如，在一号洞发现的《哈巴谷书》释义中，先知哈巴谷并

---

① Reventlow, *op. cit.*, p. 30.

② Ibid., p. 32.

③ L. H. Schiffman, *Sectarian Law in the Dead Sea Scrolls*, Chico: Scholars Press, 1983, pp. 14－17.

④ Maier, "Early Jewish Biblical Interpretation in the Qumran Literature," pp. 110－112, 122.

⑤ Reventlow, *op. cit.*, p. 30.

没有充分理解上帝的指示及其真义，而在当下，只有公义教师（祭司）能够解释与理解上帝的旨意。这个释义反复而明确地说明了其目的，即以当下的现实处境为考量的中心，强调成员对律法的践履，以及对公义教师的忠诚。[①]此外，它所引述的经文多出自《以西结书》与《以赛亚书》。

死海古卷还为我们提供了早期释经史的依据。比如，出自一号洞的《创世记》伪经，其中一部分是《创世记》的亚兰文译本，但大部分是以密德拉什（midrash）的方式展开对《创世记》的阐释。这涉及亚伯拉罕在埃及有关撒莱的谎言（《创世记》12），以及他们同法老大臣之间的故事，赋予文本教诲与传奇的特征。这种阐释还反映了编修者的不同立场，会发展出对圣经文本的不同改编。[②]"密德拉什"起初意为"寻觅""眷顾""呼召""召唤"，是同祭司或先知的神谕相关的宗教术语，后来具有释经与记录之意。第十一号洞有关圣殿的古卷，体现了密德拉什与托拉的关系，即对托拉的记录。这具体表现为改变词序与重写等，从而呈现文本的隐含意义。除此之外，还有佩舍（pesher）释经法，其格式是一种固定模式，即对一段经文的解释是逐字进行介绍，或者使用"它的解释是……"，或"这是……"的句式。这种诠释策略由公义教师发起，而且，佩舍释经法通常涉及单个作品，适于小范围传阅。[③]密德拉什与佩舍后来发展成犹太拉比重要的释经方法。此时，我们注意到在公元前后，犹太人的希腊化已经是事实，而且，希腊哲学的文本诠释理论深刻影响了1世纪初的犹太释经理念。

二 希腊化的犹太释经：斐洛

为了了解1世纪的犹太圣经诠释，我们需要回溯古希腊深邃的哲学思想。在苏格拉底之前，荷马（Homer，前8世纪）的《伊利亚特》与《奥德赛》，以及赫西奥德（Hesiod）的《神谱》都是希腊史诗与神话的

---

① 死海古卷之《哈巴谷书释义》7：1~8：3。

② Reventlow, *op. cit.*, p. 33.

③ Maier, "Early Jewish Biblical Interpretation in the Qumran Literature," pp. 126 – 129.

经典作品。为解读这些经典中的理性与道德知识，希腊哲学家提出了寓意解经（allegory），认为经文可见的字面意义底下还有一层真正的深层意义，尽管它是被遮蔽的。寓意解经法曾被亚里士多德（Aristotle，公元前384～前322年）用来探讨荷马史诗，后被斯多噶派（Stoa）与新柏拉图学派（Neo-Platonist）发扬光大。[①] 公元前1世纪，罗马凯撒大帝统治时期，斯多噶学派成为希腊哲学的主流派别，为了史诗中诸神形象的神正论辩护的需要，提出了寓意解经的诠释学。[②] 在那时，希腊哲学的中心不再是雅典，取而代之的是亚历山大里亚，后者既是地中海地区的思想中心，又是希腊化的中心。而在公元前后，犹太人已经散居于整个地中海地区，其中，亚历山大里亚是犹太人的聚居中心，他们生养众多，并被高度希腊化，而这种希腊化的结果之一，体现在他们对《圣经》的诠释技艺中。[③]

出生于亚历山大里亚的犹太哲学家斐洛（Philo，约公元前20～公元40年），家境殷实，自小接受了犹太传统与希腊化教育。他对希腊哲学兼容并蓄，不过，他尤其深受斯多噶学派与新柏拉图主义二元论的影响，承袭了寓意解经的释经原则，并将之融会于犹太释经传统中，形成了独特的希腊化的犹太释经进路。在斐洛时代，希腊化的犹太人读的是希伯来圣经

---

① Reventlow, *op. cit.*, pp. 34 - 39.

② 荷马史诗被描述为是古希腊人的圣经，至少，荷马史诗之于希腊人，正如托拉之于犹太人，都构成了他们文化身份的基础。但是，荷马史诗是古老方言的混合，而且，历史处境在不断发生变化，希腊人对史诗的态度与信念也在变化。此外，文本中存在的诸神等，如何理解与解释？这首先需要文献学作为依据，去发掘文本的"真正"意义，于是，诠释学（Hermeneutics）作为一种文本的技艺，应运而生。为了解决史诗中的各种不真实或不当，有三种处理方法，即寓意化、相对化与边缘化。其中，寓意化作为从文学中提取哲学真理的重要手段，最为著名的例子，就是被斐洛（Philo）、克莱门特（Clement）与奥利金（Origen）所弘扬。参 Oskar Skarsaune, "Greek Philosophy, Hermeneutics and Alexandrian Understanding," in Magne Sæbø, *op. cit.*, pp. 462 - 464.

③ Folker Siegert, "Early Jewish Interpretation in a Hellenistic Style," in Magne Sæbø, *op. cit.*, pp. 141 - 143. 另参 Reventlow, *op. cit.*, p. 41。有关亚历山大里亚犹太人希腊化的论述，参章雪富《斐洛思想导论：两希文明视野中的犹太哲学》卷一，中国社会科学出版社，2006，第16、27～41页。

的希腊译本，即七十士译本，斐洛引用的圣经经文都出自这一译本。① 斐洛的寓意解经作品，主要有希腊语的《论创世》《论寓意解经》《论亚伯与该隐的献祭》《论亚伯拉罕的迁居》《摩西传》《论十诫》《论特殊的律法》，以及亚美尼亚语的《〈创世记〉问答》与《〈出埃及记〉问答》，等等。他极为关注五经，对《创世记》的释义在其所有著述中可谓篇幅最多。

斐洛寓意解经一以贯之的主题，就是他坚信摩西的著述见证了真理。不同于拉比将摩西视作律法颁布者与五经作者的观点，斐洛认为摩西是个与希腊哲学相通的人物，是最伟大的先知，也是神学家。他重视诫命的字义价值与有效性，但他指出经文中的真理超越了我们的观察，属于理念的领域，而且，善的最高理念在于它的伦理方面。因此，若摩西的著述包含了真理，那么，它们必须依据文本背后的意义而被解释。为了带出这个真理，就必须运用寓意的诠释（allegorical interpretation）。② 斐洛引用柏拉图的概念，在《出埃及记》3 章 14 节中发现了上帝的真名，即一个能动的存在，但斐洛的上帝，更是个万物的创造者。他同时强调上帝的超越与创造。这是他《论创世》的主旨，再次体现了希腊哲学与希伯来宗教的融合。斐洛在理念世界与物质的宇宙之间穿梭，具有强烈的超自然主义色彩，这构成他寓意解经的基础。在斐洛看来，五经是个统一整体，因为其作者只有一个摩西。他认为摩西五经自始至终都是权威的，其中的律法就是摩西制定的教规。③ 他将摩西的神谕分为三种类型：创造、历史与律法。而律法又分为两部分，即十诫与特殊的律法。他以寓意解经法为之论述。④ 其中，创造对应于宇宙论（cosmology），而最后一部分律法则对应于末世论（eschatology）。因此，斐洛对五经的诠释，"就是要把它放在由创造到末世的宇宙历史的框架中进行论述。历史体现在对摩西与其他族长生平之述评

---

① Reventlow, *op. cit.*, p. 41；另参章雪富前引书，第 46 ~ 47 页。

② Reventlow, *op. cit.*, p. 41.

③ Siegert, "Early Jewish Interpretation in a Hellenistic Style," p. 175.

④ Ibid., p. 173.

中，它阐释了律法，律法也阐释了历史"①。在希腊化的文化世界，对斐洛而言，去证明犹太圣典中蕴含了能与希腊宇宙论相媲美的知识，是极为重要的。

因此，斐洛这样解释《出埃及记》28 章中大祭司的袍子：它整体上是个实象，但各个部分对应于宇宙单个部分的形象。其中，内袍是空气的象征，它环绕着身体，正如空气环绕身体一样。而在袍子周围的底边上，石榴、绣花与铃铛分别象征水、土壤与水土和谐。如此，斐洛统一了现象世界与本体世界。在圣殿的至圣所，约柜两旁神秘的基路伯（cherubim），其在圣经中的象征意义，同样引起了斐洛的关注。他认为基路伯是悍然不动的中心，象征稳固的大地，而它拍动的翅膀，象征地上的云起云涌，正如宇宙的运动。② 也就是说，斐洛把世界看作上帝的表象，而表象世界与神性世界之间存有互寓关系。而且，斐洛对象征意义的表达，也体现在他对圣经人物之名的解释里。比如，他把亚伯兰解释为"尊贵的父"，把亚伯拉罕（Abraham）这个名字分为字母组，按照希伯来语组合为一个新词，解释为"被拣选的灵魂之父"。这是拉比释经常用的一种技艺。③ 此外，借助于希腊化的神秘主义，斐洛超越了"有形"与"伦理"寓意的界限。比如，他对《创世记》28 章 11 节中神圣之"光"的解释，呈现了抽象观念的象征意义。④ 斐洛承袭了斯多噶学派关于逻各斯（Logos）的观念，但又赋予它新的理解，认为"逻各斯并不等同于上帝，而是从属于上帝。逻各斯拥有世界能动的力量，在人的灵魂中传布，使人心向上帝。逻各斯不能等同于上帝，但它也不能从中分离，是个非人格的实在"⑤。在此，逻各斯既是本体，又是现象，是上帝与现象世界的中介。斐洛在汲取希腊思想的

---

① Siegert, *op. cit.*, p. 180. 斐洛解经的宇宙论图景来自斯多噶学派的影响。参章雪富前引书，第 83 页。

② Reventlow, *op. cit.*, pp. 43 – 44.

③ Ibid., p. 43.

④ Siegert, "Early Jewish Interpretation in a Hellenistic Style," p. 185. 斐洛的寓意解经具有连贯的思路，在象征、圣经文本关键词与意义之间存在实际上的共性，而意义来自于理念、伦理或宇宙论的领域。参 Reventlow, *op. cit.*, p. 44。

⑤ Reventlow, *op. cit.*, p. 45.

同时，捍卫了犹太宗教哲学的一元性，对希腊的逻各斯作了犹太式言说。

寓意解经有时又称为灵意解经，而斐洛的寓意解经，不但关注圣经字面下的意义，而且以他个人的灵意经验或宗教经验为基础。在《论亚伯拉罕的迁居》中，他谈到自己的灵性经验，即被从天而降的思想所充盈，并陷于极度的喜悦与迷狂之中。其论述与柏拉图的《斐德若篇》极为相似。斐洛渗透在寓意解经中的神秘经验与灵性之旅，与希腊哲学如影随形。而且，斐洛与犹太拉比不同，不是将人分为犹太人与非犹太人，而是分为对应善恶的亚伯与该隐这两种人。但是，"斐洛寓意解经法的实际意义在于，它不是要回到希腊，或者回到犹太传统，而是塑造了一种新的犹太传统，一种具有普世化价值的犹太传统。"① 在圣经诠释史上，斐洛是个独特的人物。他的独特性，在于将摩西五经与希腊哲学内在地交织在一起，融合了希伯来宗教与希腊哲学。在他的寓意解经中，呈现了犹太信仰的理性化，以及宗教实践的精神化。在希腊化的历史处境里，斐洛审视自身的宗教传统，力图实现犹太信仰诉求的转化，与希腊文化和谐相处，共生为一个整体。因此，斐洛的寓意解经，是要在希腊化的世界为散居犹太人寻求信仰上的辩护，突出犹太教的普世性，为更新犹太文化开辟新的途径。此外，我们看到希腊化的释经原则，对犹太拉比的释经亦产生了重要影响。②

三　早期拉比释经：《密释纳》与《塔木德》

在公元 70 年圣殿被罗马摧毁之前，法利赛人在犹太会众中有重要的影响力，其中的重要原因之一，就是他们不仅专注于研究托拉，掌握着丰富

---

① 章雪富：前引书，第 106 页。斐洛的著作具有强烈的身份感。他在三个方面谨守犹太教的信念：犹太教的一神论，律法是上帝内在于世界的逻各斯，摩西五经是最终的文本。同上，第 5 页。

② 拉比的释经形式，具有希腊化的特征，而且，在拉比传统与解读方法的背后，都有希腊化的影响。参 David Kramer, "Local Conditions for a Developing Rabbinic Tradition," in Magne Sæbø, *op. cit.*, p.276. 尽管拉比的一些释经方法可能先于拉比本身而存在，但是，拉比释经法的重要因素都属于他们自己很独特的发明，参 Ibid, p.277.

的圣经知识，而且拥有会堂（synagogue）与学经堂（beit midrash），在各
地召集了大批会众。在经历两次犹太人反抗罗马的起义（分别为 66~70
年与 132~135 年）之后，法利赛派成为唯一幸存的派别，而撒都该派与
艾赛尼派先后覆亡。公元 70 年后，随着圣殿被毁，犹太人开始流散世界各
地。为了延续困境中的犹太教，精通律法的法利赛人主张深化对律法的诠
释，以律法来整肃犹太人的生活。这些热心教导民众学习犹太教律法的
人，被尊称为"拉比"（Rabbi），意为"我的上师"。① 他们对《圣经》的
研习，主要体现在对托拉的评注上。这些早期评注提供了有关《圣经》诠
释的信息。它们主要是拉比对口述传统的解释，涉及一些相互矛盾的或有
争议的圣经训诫。② 拉比在后世犹太民族的文化、伦理、社会生活与宗教
事务中发挥了重要作用。

　　从本质上说，早期的拉比是研习律法的学者。拉比遵循法利赛派的精
神，根据口传律法经典及评注文献的观点，逐步演绎出了一整套敬神做人
的准则，而以此为规范的犹太教亦称拉比犹太教。对拉比犹太教而言，首
要原则是按照上帝的意志生活，而上帝的意志确定在托拉的诫命中。与撒
都该派不同，法利赛派不拘泥于托拉的表面形式，而是"承认圣经的指示
并不符合所有实际情形，而且，托拉与现实之间可能存在导致矛盾的间
隔，故需要澄清。结果是，如果托拉具有在当下依然被遵从的无条件的有
效性，那么它就需要解释。如此，他们将自己的律法材料加入成文的托拉

---

①　关于拉比传统，有学者否认它的法利赛起源，认为圣经内在的释经与拉比释经之间存在
　　着桥梁，而拉比将之连接起来。将自身看成是数世纪的立法与释经活动之顶点的拉比传
　　统，可追溯至第二圣殿时期，甚至更早。广而言之，由大卫到以斯拉的圣经人物，都被
　　描述为热衷于拉比风格的话语与行为。所有古代的犹太文化，都致力于圣经信息在犹太
　　人行动与信念中的实现，其中包含着对圣经的诠释。拉比文献力图营造一个不间断的具
　　有释经连续性的意象。参 Jay M. Harris, "From Inner - Biblical Interpretation to Early Rabbin-
　　ic Exgesis," in Magne Sæbø, *op. cit.*, pp. 256 - 269.《使徒行传》5：34 中的法利赛人迦
　　玛列，就是个拉比，和合本译为"教法师"。同样的用法，也出现在犹太史学家约瑟夫斯
　　（Josephus，公元 37~100 年）的作品中。因此，可以肯定的是，法利赛人对拉比传统的
　　出现有重要的推动作用。
②　Reventlow, *op. cit.*, pp. 105 - 107.

中，而这些律法材料起初是通过口述传统而流传的。后来，这些口述传统依据主题而被收集、编排成集子，定名为《密释纳》（*Mishnah*）"①。在死海古卷发现之前，关于早期犹太释经，我们能了解到的就是拉比对托拉的诠释，而且，这首先在《密释纳》中被发现。《密释纳》成书于公元220年左右，承袭了祭司与文士传统，是重要的拉比文献集。"拉比犹太教的诠释学，左右着对托拉的两部分——成文托拉与口传托拉——的阐释，它们被记述在《密释纳》与其他文献中。"②

圣殿在公元70年被毁之后，法利赛派的正典成为拉比犹太教的正典。③首次提及24卷书的是1世纪末的《以斯德拉四书》（4 Esdras 14：44~46），即《以斯拉记》的次经。④ 如此，塔纳赫（Tanakh）其时已具有正典的权威。在《密释纳》中，从形式上看，拉比甚少直接引述圣经经文，尽管如此，"《密释纳》与圣经之间的关系是深切的"⑤。因为，拉比的释经并不流于表面，也不依赖于对圣经字义的简单解读，他们的诠释可谓别出心裁。⑥《密释纳》显示，早期拉比释经的方法，主要是密德拉什。它在死海古卷中也有出现，而且，二者有重要的相似之处。⑦ 在希伯来圣经中，它出现过两次，皆见于《历代志下》（13：22与24：27），和合本译作"传记"，而"传说评注"似乎更符合密德拉什的含义。在《密释纳》中，包含密德拉什

---

① Reventlow, *op. cit.*, p. 107. "密释纳"的希伯来词根 *shana*，意为"复述"，"教导"。

② Jacob Neusner, "The Hermeneutics of the Law in Rabbinic Judaism: Mishnah, Midrash, Talmuds," in Magne Sæbø, *op. cit.*, p. 304.

③ Timothy H. Lim, *The Formation of the Jewish Canon*, New Haven: Yale University Press, 2013.

④ Martin Lundberg, "Hebrew Bible Canon," in Pattengale, Schiffman and Vukosavovic, *op. cit.*, p. 20.

⑤ David Kramer, "Scriptural Interpretation in the Mishnah," in Magne Sæbø, *op. cit.*, p. 280. 尽管，在语言与论述风格上，《密释纳》与圣经显然不同，但是，《密释纳》声称它和圣经一样，是权威的、神圣的与启示的。参 Richard Kalmin, "Patterns and Developments in Rabbinic Midrash of Late Antiquity," in Magne Sæbø, *op. cit.*, p. 294.

⑥ Kramer, "Local Conditions for a Developing Rabbinic Tradition," p. 281.

⑦ Kalmin, "Patterns and Developments in Rabbinic Midrash of Late Antiquity," p. 286. 在第二圣殿被毁之前，密德拉什早已存在。参 Kramer, "Local Conditions for a Developing Rabbinic Tradition," p. 276。

的资料可分为两个领域。其一是拉比通过决疑法而对律法的指示，这被称为哈拉哈（*halakhah*）；其二是拉比用以发展圣经叙述的故事资料，被称为哈加达（*haggadah*），其中，附加的资料常导致富有想象力的发现，从而被用于教化的目的。"由于哈拉哈是拉比志趣的中心，因此，较为古老的密德拉什关注的是托拉。"① 正如托拉是律法与叙述的统一，拉比的释经也体现了二者的统一。② 拉比圣经诠释的方法，主要以密德拉什的解读方式呈现。"密德拉什式的解读，虽然认可圣经的至上权威，但实际上，它是拉比能力与独立性的突出呈现。"③

拉比释经的规则，是以类别进行汇集，而这些类别随时间而扩展。最为古老的七项规则连在一起，并被置于希勒尔（Hillel）名下的传统中，而希勒尔是公元前1世纪下半叶著名的犹太释经学家。这七项规则又被扩展为传统的十三项，归于拉比以实玛利（Rabbi Ishmael，公元90~135年）名下。④ 至今，犹太晨祷文中仍可看到这些规则。以实玛利的代表作之一，是他对《出埃及记》的评注。但是，他的这一评注并不论及整个《出埃及记》，而是

---

① Reventlow, *op. cit.*, Vol. 1, p. 108. 密德拉什的词意为"寻求、考察与探寻"。传统意义上，密德拉什具有以下三种含义：(1)由以色列地与巴比伦的拉比在晚古时期实践的特别的圣经诠释方式；(2)个别拉比的诠释；(3)将拉比的圣经诠释编著成的文献集子。密德拉什的特征，是基于对圣经文本的通透阅读，认为每个词汇的组成部分都有句法意义。这种诠释技艺坚信圣经文本的每个细节都包含了上帝的启示话语。作为文献集子的密德拉什形成于3~9世纪的以色列地，附加的密德拉什资料包含在《巴勒斯坦塔木德》与《巴比伦塔木德》中。参 R. S. Sarason, "Midrash," in *Methods of Biblical Interpretation*, foreword by Douglas A. Knight, Nashville：Abingdon Press, 2004, pp. 71 - 72。

② 律法与叙述，即哈拉哈与哈加达的整合与统一，形成了以色列民族活生生的传统，是其宗教信仰的精髓。其中，哈加达主要记载以色列民族的起源与发展，以及言说上帝的创造与救赎作为，而哈拉哈论及群体对信仰与生活的回应。因此，五经传统与后来的拉比传统，都意识到将这两个看似相异的叙述话语模式相互交织而产生的价值。这两大范式为犹太教的神学言谈、社会思想与伦理实践提供了基石。参 J. David Pleins, *The Social Visions of the Hebrew Bible：A Theological Introduction*, Louisville：Westminster John Knox Press, 2001, pp. 41 - 42。

③ Kramer, "Scriptural Interpretation in the Mishnah," p. 283.

④ 关于这十三项释经规则的介绍，参傅有德等《犹太哲学史》上卷，中国人民大学出版社，2008，第109~114页。

从逾越节的庆祝开始论述，附带其他章节。即便如此，在崇拜仪式中，诵经与诠释之间的关联是显而易见的。拉比释经不涉及对历史背景的理解，而主要处理模糊的、断裂的、矛盾的经文。"在拉比的圣经论述里，他们对圣经的非凡知识起着决定性的作用。在他们对某节经文的解读中，其他众多经文也会汇集进来，常常会疏离正在讨论的主题。但是，由于出现了同样的关键词或表达，为了扩展，其他的经文就被带入考量。"① 在拉比看来，《圣经》中的每句话，甚至个别经文的特征都是有意义的，是被神圣启示的。《密释纳》中的密德拉什呈现了拉比的释经旨趣，即创造性地解读，而且，精于修辞。比如，示玛（Shema）中有一节经文："你要尽心、尽性、尽力爱耶和华你的上帝"（《申命记》6：5）。"按照拉比的密德拉什式理解，就要将'你的心'的希伯来语字母（bet）变成双，意指以善恶二心爱上帝。其中的预设是，托拉的每个字母都承载着神圣含义，而将之双倍，意味着上帝也会双倍对我们加以教导。"② 此外，这节经文中的"力"（dam）字，拉比将之同其他的形式与读音上相似但意义完全不同的词组成一句话，解释为"你当以上帝测度你的每一种分寸，万分感恩上帝"。③ 这种显示经文中的术语具有假想力量的方式，确实体现了早期拉比释经过程中的创造力。

拉比正规的释经方法都体现在《密释纳》中。比如，希勒尔七项释经规则中的第一项是 rmwxwlq（qalwahomer），意为强推理（a fortiori reasoning），是一项较为普遍的规则。它通常是有关复杂争论的结构单元，所涉及的议题，可以是经文中的术语在不同语境中的运用，可以是对某一圣经范例的综合类别的建构，或者是基于并列的圣经经文辩论而进行的溯源等。④ 这些例子是平行的，通常出现在有关律法的密德拉什中。比如，《出埃及记》12章1节中提到"埃及地"，但经文没有交代摩西训谕的具体地点。拉比便参照《出埃及记》9章29节摩西出城祷告的经文，以对话的形

---

① Reventlow, *op. cit.*, p. 109.

② Kramer, "Scriptural Interpretation in the Mishnah," pp. 281 – 282.

③ Ibid., p. 282.

④ Ibid., p. 282.

式，就训谕的地点是在城中还是城外展开论辩。他们考虑了摩西的祈祷以及神圣话语的逻辑应用，认为摩西在城外说话是更有可能的情况。同时，强推理的规则也适用于律法哈拉哈。比如，《出埃及记》22 章 31 节提到"田间被野兽撕裂牲畜的肉，你们不可吃，要丢给狗吃"。拉比就对照《申命记》14 章 21 节中"不可吃驴"的规定，① 针对使人不洁净的是否是驴的问题展开讨论。拉比质问：骑驴者为什么是洁净的？并推理《出埃及记》22 章 31 节的含义是要禁止被野兽撕裂之牲畜的经济用途。与此律法讨论直接相关的，是一则哈加达的延展：狗所得到的，比外人得到的要更光荣，因为，撕裂的牛丢给狗，而驴给外人，故上帝会惠及所有受造者，而且，按照强推理的原则，如果上帝恩赐于动物，那么，人获得的恩赐将更多。② 这一结论参照了《耶利米书》17 章 10～12 节。这样的扩展是为了达到教诲的目标，因此，拉比的整个思想就是围绕托拉而延伸，其教诲的论述也集中于托拉。③ 总之，他们的任务，就是日夜思想托拉。

在拉比历史上，从第二圣殿被毁至 3 世纪初《密释纳》编辑成典，这段时间称为坦拿时期（Tannaim，希伯来文 Tanna 意为"教师"，指拉比圣贤，其言行记录在《密释纳》中），而其后至 7 世纪阿拉伯征服这段时期称为阿摩拉时期（Amoraim，亚兰文 Amora 意为"解释者"，指口传律法《密释纳》的解释者），又称后《密释纳》时期。由此可见，《密释纳》是拉比史的重要分水岭。同时，这对于研究密德拉什而言，也具有重要的蕴涵。④ 在晚古时期，拉比释经的中心有两个，即巴勒斯坦（以色列地）与巴比伦。《密释纳》之后，拉比汇编了《塔木德》（Talmud，意为"研究"），它包括拉比犹太教的口传律法，即六卷《密释纳》，以及对《密释纳》加以分析、讨论与争辩的《革马拉》（Gemara，约形成于公元 500 年）。《塔木德》分为《巴勒斯坦塔木德》（Talmud Yerushalmi，约成书于

---

① 在此，拉比引述的经文是："不可吃驴，可以给你城里寄居的吃，因为他会吃，或者卖给外人"，而不是"凡自死的，你们都不可吃，可以给你城里寄居的吃，或卖与外人吃"。

② Reventlow, *op. cit.*, pp. 110～111.

③ Ibid., p. 118.

④ Kalmin, "Patterns and Developments in Rabbinic Midrash of Late Antiquity," pp. 287–288.

公元 400 年）与《巴比伦塔木德》（*Talmud Bavli*，约成书于 600 年）。相较《密释纳》，《塔木德》引述的圣经经文更为频繁，而且，编纂年代稍晚的《巴比伦塔木德》对《密释纳》的评释更为完整、协调、连贯，也更具说服力。[①]《塔木德》不仅述及希伯来《圣经》的正典化，而且探讨了《圣经》作者的身份。比如，它将托拉归于摩西，将《诗篇》137 篇归于大卫，认为《箴言》、《传道书》与《雅歌》的作者是所罗门。当然，《塔木德》的释经内容，依然是托拉，依然是用密德拉什对哈拉哈与哈加达这两部分进行诠释。在塔木德时期，由于政治与宗教处境的变化，《塔木德》的释经更具意识形态或神学的色彩。比如，认为《创世记》1 章中的上帝（Elohim），意指审判，上帝以审判的性质创造了世界；而 2 章中四圣字母（YHWH）的神名，意指怜悯，上帝赋予所造的世界以怜悯。《雅歌》体现了上帝与以色列族群之间的亲密关系。[②] 可以说，借着释经，拉比丰富了犹太教的内涵，使之符合他们的目的，以抗衡异端对圣经的诠释与利用。

结　语

由死海古卷至《塔木德》，我们看到早期犹太释经活动的发展，同希伯来圣经本身的历史密切相关。在圣经的正典还没被确定的时候，犹太教引述的经文是不确定的，对圣经的诠释甚至也是不确定的。比如，虽然单个的圣经书卷出现在死海古卷中，并被引用与解释，但是，在世纪初宗派化的处境中，论及库姆兰群体的圣经诠释，这个议题本身可能是有歧义的，是过于简单化的。因为，"托拉的权威，不仅是对文本的宗教与仪式界定的问题，而且，在社群中、社群之间，以及作为整体的犹太社会中，它同权力的诉求密切相关"[③]。《圣经》之外的文本，依据它们同"正典"

---

① Neusner, "The Hermeneutics of the Law in Rabbinic Judaism," pp. 304 – 322. 关于五大释经规则，参 Ibid., pp. 321 – 322。

② L. Jacob, "Talmud," in *Methods of Biblical Interpretation*, pp. 77 – 82.

③ Maier, "Early Jewish Biblical Interpretation in the Qumran Literature," p. 110.

之圣经的关系而不断被界定，其结果，就是被贴上"伪经""次经""扩展版圣经"等标签。但是，随着圣经正典的合法化，第二圣殿之后犹太人的希腊化，以及不同的犹太社群之间的身份冲突，都影响了早期的犹太释经活动。其实，自从公元前586年第一圣殿被毁，犹太人便逐渐发展成为一个以圣经为中心的群体。在缺失政治主权、领土疆界、圣殿功能以及宗教体制的境况下，备受创伤的犹太民族将圣经作为他们的精神宪章。如此，"希伯来圣经为群体的存在提供了共性与团结、历史身份、法律结构与宗教的合法性"①。因此，以斯拉一旦返回巴勒斯坦，就建立了以圣经为基础的政体（《以斯拉记》7：25）。同时，圣经也记载了古代耶路撒冷的集会，在那里，人们确定了对神圣文本的坚守（《尼希米记》8：1~8）。

随着犹太人流散于各地，犹太释经传统受到当地文化的塑造。在流散地，大部分犹太人接受了当地语言。而《圣经》用语希伯来语的持续衰落，严重危及犹太文化的流传与维持。为了便于犹太人理解《塔纳赫》，出现了不同的译本。除了希腊语的七十士译本，还有亚兰文译本塔古姆（Targum，意为"翻译"）。后者是犹太人流散于波斯地的产物，成书于第二圣殿被毁之后，《巴比伦塔木德》中有记述。"塔古姆是犹太教中圣经诠释历史的有益来源。的确，对一般读者而言，它对常见文本进行翻译的相对直接的方式，使它比《塔木德》与《密释纳》更易接近。"② 翻译即是诠释，这一说法对塔古姆而言，尤为贴切，因为，"密德拉什的风格在塔古姆中被广泛发现。因此，塔古姆这种圣经版本具有双重功能：既是译本，又是评注。本质上说，这些更为详细的释义，使塔古姆成为传递密德拉什的工具，试图将圣经文本译得更加确切、好辩、合意或可理解的。密德拉什的释经法交织在翻译中，形成一个连续体，普通的听众或读者很难在译文与评注之间做出分别"③。塔古姆包含了早期犹太注释的一个传统，

---

① Étan Levine, "The Targums: Their Interpretative Character and Their Place in Jewish Text Tradition," in Magne Sæbø, *op. cit.*, p. 324.

② B. Chilton, "Targumim," in *Methods of Biblical Interpretation*, p. 75.

③ Levine, "The Targums," p. 325.

即在《圣经》中作旁注。这些旁注是说明性质的，纷繁多样，甚至因缺乏释经逻辑而显得相互矛盾，但它们与经文互相辉映，表明了圣典的持续流传。因此，塔古姆反映了对来源的一种折中利用，其密德拉什表现出多样的目的，它的类型本身也体现了灵活性。比如，它对传统圣经文本进行改动，避免神人同形论，并将"神的众子"换成"众天使"，从属于上帝。"塔古姆同圣经进行了一种多义的、辩证的对话，涉及各种好辩的智者、不同的情形与历史处境、时空的分隔，这一切通过过程而非特定的内容形成了一个文学群体。他们的创造性，提供了有关概念、价值、隐喻、象征与行为规范共同起作用的一个聚合，从而为以《圣经》为基础的犹太教提供了完整与凝聚。"① 希腊化－罗马时期还产生了基督教。我们若考虑到基督教对希伯来圣经的诠释（如新约中对旧约的诠释），以及早期基督教派别的影响，早期犹太释经就更为复杂。不过，这是另一个值得探究的问题。

---

① Levine，"The Targums，" p. 326.

犹太教中的 "罪"

饶本忠*

"罪"是犹太教中重要的概念之一，它源自《塔纳赫》《次经》等犹太经典。[①] 在拉比犹太教时期[②]，不少拉比文献如《塔木德》等专门论及这一问题。近代以来，不少犹太百科全书、犹太教词典把它作为词条收入，而不少学术著作也对此多有探讨。[③] 国内学者亦有所关注。[④] 徐新教授指导了我的博士学位论文，他主持翻译的《犹太教——一种生活之道》也涉及这一问题，对撰写本文颇有启发。本文拟在已有研究的基础上，对犹太教中"罪"的名称、内涵、特性以及赎罪的途径等进行较为系统的探讨。

---

* 饶本忠，天津师范大学历史文化学院教授。

① 《塔纳赫》即基督教的《旧约》；《次经》又称《经外经》《圣经后典》，中译本参见《圣经后典》，张久宣译，商务印书馆，2004。

② 拉比犹太教大体是指公元 1～18 世纪的犹太教，参见饶本忠《拉比犹太教探源》，《学海》2007 年第 1 期。

③ 参见 *Encyclopedia Judaica*，Jerusalem：Keter Publishing House，1971，*s. v.* "Sin"，pp. 1587 – 1593；J. Neusner，A. J. Avery – Peck，and W. S. Green，*The Encyclopaedia of Judaism*（Second edition），Vol. 4，Leiden：Brill，2005，p. 2473；Dan Cohn – Sherbok，*Judaism：History，Belief and Practice*，London：Routledge，2003，p. 420；Jacob Neusner，*Rabbinic Judaism：The Theological System*，Boston：Brill Academic Publishers，2002，p. 202；Ephraim E. Urbach，*The Sages：Their Concepts and Beliefs*，trans. by Israel Abrahams，Jerusalem：Magnes Press，1975，pp. 420 –523；撒母耳·S. 科亨：《犹太教——一种生活之道》，徐新、张利伟等译，四川人民出版社，2009，第 217～248 页；亚伯拉罕·柯恩：《大众塔木德》，盖逊译，山东大学出版社，2004，第 109～124 页。

④ 黄陵渝：《犹太教学》，当代世界出版社，2000，第 72～73 页。

一　罪之名称

在犹太教中，表示"罪"的词语有 20 个，其中最常用、最主要的有 3 个。在这 3 个之中，首推"het"，它在希伯来《圣经》中出现了 595 次。[①] "het"是《圣经》和后圣经时代文献中表示"罪"的最为典型的词语，它源自动词"没有中的，或错过特定目标"，是指弓箭手的行为（《士师记》20：16），或是指人走错了路（《箴言》19：2）。它常用来指一个人由于犯错而错过特定目标，由此造成不能够履行职责的一种行为，如以色列人不能够为埃及人提供足够的砖而被称为"het"，臣仆不能够向主人进贡也被称为"het"（《列王纪下》18：14）。在宗教意义上，"het"不能简单地称为"过错"或"不端行为"（misdeed），而应称为"罪"，特指对上帝犯下的过错之时，更是如此。此外，"het"与犯罪（guilt）、惩罚（punishment）和赎罪祭（sin‐offering）具有同源性的概念，如《耶利米书》（17：1）用该词指犯罪的情况："犹大的罪是用铁笔，用金钢钻记录的"。《撒迦利亚书》用该词指惩罚，"这就是埃及的刑罚，和那不上来守住棚节之列国的刑罚"（14：19），而《列王纪下》（12：16）则用该词谈论金钱补罪问题："惟有赎愆祭，赎罪祭的银子没有奉到耶和华的殿，都归祭司"。

"pesha"也是表示"罪"的常用词，它在希伯来《圣经》中出现了 134 次，[②] 它一般是指有意违背责任，是一种明知故犯的行为。它有时用于政治性场所，如《列王纪下》（1：1）用它来描述对条约的违反。当条约是与上帝所立定的条约时，用"pesha"一词显示出其神学的重要性。虽然它通常被译成"过犯"（transgression），但该词准确地表达了有意背叛上帝之意。在《列王纪上》（8：50）中，所罗门在耶路撒冷圣殿举行的献祭典礼上诵读上帝与以色列人之间的契约之时，就使用了该词："饶恕得罪你的民，赦免他们的一切过犯，使他们在掳他们的人面前蒙怜恤。"它有时

---

① Neusner, Avery‐Peck, and Green, *op. cit.*, p. 2475.

② Ibid., p. 2475.

是指违背个人意愿："雅各就发怒斥责拉班说：'我有什么过犯，有什么罪恶，你竟这样火速地追我！'"同样的用法出现在《箴言》28：24 中："偷窃父母的，说，这不是罪。此人就是与强盗同类"。

"Avon"也是用来指示"罪"的术语，它在《圣经》中出现了 229 次。[①]该词的词根的意思并不清楚，它可能与不诚实有关。在《圣经》中，它既可能指过犯带来的"罪"，也可能指它带来的结果即"犯罪"和"惩罚"。在许多情况下，辨别它究竟是哪种含义是困难的，它有可能是三种中的一种，也可能是三种含义兼而有之。例如，在《创世记》4：13 中，在那里该隐杀了他弟弟，"该隐对耶和华说，我的刑罚太重，过于我所能当的"。在此处，它既指杀死亚伯之罪，又指犯罪的负罪感和由于其犯罪所带来的上帝惩罚等。

此外，还有几个时常用来表示"罪"的词："mered"含有"违法"之意（《约书亚记》22：24）；"zadon"是指对上帝及其代理人的傲慢与专横；"aven"常与"avlah"一起使用，意思是邪恶、不公、不正直和冤屈，它通常指偶像崇拜行为，是一种重罪（《何西阿书》12：12；《以赛亚书》41：29）；"resha"和"ra'ah"表示邪恶的观念，"asham"和"shmah"则指罪过、冒犯和不道德行为等。这些都是《圣经》中表示"罪"的术语。在拉比文献中，表示"罪"的词语通常是"averah"，其词根的意思是"漠视"或"过犯"。该用法显然来自拉比对上帝律法的理解，即《托拉》已经赐给以色列人，且已解释清楚，那么任何犯罪都是不温习律法和漠视律法的行为。

以上介绍和分析了犹太教中表示"罪"的词语，从中可知，犹太教中没有专门表示"罪"的术语，表示"罪"的术语较多，且不同术语的内涵也有所不同，它在内容上几乎包含了人的几乎所有不端行为和恶行。

二 罪的内涵及特性

犹太教是一个动态性的宗教，正如学者所说："按照年代顺序进行的流水式研究表明，存在着三个性质截然不同的信仰和习俗的层次，它们互

---

① Neusner, Avery - Peck, and Green, *op. cit.*, p. 2476.

相之间差异巨大，看起来几乎就像是三种不同的宗教"。① 犹太教的动态性使得"罪"的内涵也呈现出动态性，不同时期"罪"的内涵存在一定差异。

在前先知时期，"罪"被认为是故意或无意冒犯上帝所造成的错误行为或不负责任的行为，换言之，早期《圣经》中的"罪"更多的是指宗教上的犯罪。《圣经》开篇多处论及"罪"的问题，如在《创世记》第3、第4章中，亚当、夏娃偷吃禁果、该隐杀亚伯等诸多行为无疑体现了犹太教中的"罪"；崇拜金牛犊、为自己做金像之"罪"（《出埃及记》32∶4-5、31），违反了祭拜仪式的律令之"罪"（《撒母耳记上》14∶32），不遵守上帝命令之"罪"（《撒母耳记上》15∶18）等也都属于此类犯罪。当然，《出埃及记》（42∶22）流便伤害其兄弟约瑟的行为也是"罪"；违背人与人之间的契约关系亦是"罪"（《士师记》11∶27）；犹大王希西家未能履行臣属的职责同样是一种"罪"（《列王纪下》18∶14）。此类犯罪并非是对上帝的冒犯，而是对人的冒犯，正如《约伯记》所说："你若犯罪，能使神受何害呢。你的过犯加增，能使神受何损呢……你的过恶，或能害你这类的人"（35∶6-8）。在先知时期，罪观念中的伦理意识得到增强，对先知而言，罪"既是神圣的对立面，也是公正的对立面"。② 先知耶利米对以色列人背叛和漠视上帝律法的行为进行批评（《耶利米书》4∶1-4，22，5∶1-5、7）；《以赛亚书》（1∶2-4）提到了忤逆上帝的道德犯罪行为。这样，由于犹太教与道德相互融合，"罪"也指"圣洁性的任何缺乏，道德纯洁上的任何污点，真理上的任何缺陷"。③

在拉比犹太教时期，④ 伴随《托拉》（即《摩西五经》）的神圣化，《托拉》被抬升为绝对永恒的实体，"律法从它起源的语境中分离出来，超

---

① 摩迪凯·开普兰：《犹太教：一种文明》，黄武福等译，山东大学出版社，2002，第403页。
② 撒母耳·S.科亨：《犹太教——一种生活之道》，徐新、张利伟等译，第223页。
③ 撒母耳·S.科亨：《犹太教——一种生活之道》，徐新、张利伟等译，第220页。
④ "拉比"的希伯来语意思是"我的老师"，是大流散时期犹太民族的精神领袖，参见饶本忠《论犹太民族中的拉比及其历史作用》，《西亚非洲》2010年第8期。

越了历史，获得了绝对的价值"。① "罪"成为《托拉》律法的关联物，其内涵逐渐演变为违背《托拉》中律法的行为，对罪内涵的界定主要取决于如何理解《托拉》中的律法。如果把律法看作神的诫命，那么"罪"可以定义为对律法的背叛；如果把律法理解为上帝之道的启示，那么"罪"就被理解为对上帝之道的偏离；如果把律法理解成对人类行为的矫正或完善，那么"罪"就是这种行为的曲枉或缺陷；如果被愚昧蒙蔽而犯罪，那么"罪"可被看成对律法诫命所规定的责任与义务的遗忘等。② 并且，《托拉》中的律法成为犹太教判定是否有罪的具体准则，《托拉》中的律法被编纂为613条，其中248条是以"要"开头的肯定性律法（即"训诫"），365条是以"不可"开头的否定性律法（即"禁戒"），对任何违背或偏离613条诫命的行为都是犯罪的表现。③ 无论是有意还是无意的违背，无论是公开还是私密的冒犯，无论是强迫还是自觉的背离，只要犯了，都归入"罪"：无论是蓄意谋划所造成的恶行还是歹毒之口发出的恶语等都属于"罪"。邪恶、罪孽、堕落、专横是"罪"，抢劫、偷窃、腐败、唆使他人犯罪是"罪"，亵渎神、狂妄自大、偶像崇拜更是"罪"。在理论意义上，"罪"无轻重之分，任何犯罪都是对上帝律法的背离，是对神意的忤逆。但在实践中，犹太教的"罪"有轻重之别，如公开犯罪重于私密犯罪，公开犯罪是一种亵渎上帝之名的行为。④ 在拉比犹太教中，最为严重的"罪"有四种：即偶像崇拜、乱伦、杀人和诽谤。其中偶像崇拜、乱伦、杀人是宁死也不能违背的诫命，而偶像崇拜又是重中之重，被列为诸罪之首。犹太律法中最为重要的律法——摩西十诫中有三诫涉及偶像崇拜，如"除了我以外，你不可有别的神。不可为自己雕刻偶像……不可妄称耶和华你神的名"等（《出埃及记》20：3－7）。拉比犹太教中有这样的说法，"如果

<hr />

① John Bright, *A History of Israel*, Philadelphia：The Westminster Press, 1971 , p. 443

② Arthur A. Cohen and Paul Mendes－Flohr, *Contemporary Jewish Religious Thought*, New York：Free Press, 1988, pp. 881－883.

③ Samuel Sandmel, *Judaism and Christian Beginnings*, New York：Oxford University Press, 1978, p. 186.

④ Neusner, *Rabbinic Judaism*, p. 203.

一个人受到强迫去践踏《托拉》中的全部律法，不做便被处死，在这种情况下，他可以去这样做。但是，对于那些涉及偶像崇拜、道德败坏和杀戮的律法，他不得践踏"（BT Sanh. 74a）。在犹太人看来，偶像崇拜是尘世社会弊端和道德败坏的根源。① 相关惩罚也极为严厉。此外，唆使他人犯罪也遭到严厉谴责，拉比们甚至认为唆使他人犯罪比杀死他人更加恶劣。同时，拉比犹太教认为人必须警惕小罪，一则犯小罪会削弱抵抗重罪的能力，不进行遏制的话，很可能积习难改；二则它可能引发重罪，以至于引发恶性循环。正如拉比阿扎伊说道："［愿你］见罪过而走避……因罪过牵引罪过……罪过之报是罪过。"②

从中可知，犹太教"罪"的内涵具有动态性特征，但无论哪种内涵都与圣约律法有关，"如果没有圣约律法就没有罪"，"'罪'是违反、破坏圣约的行为"③，是对律法的背叛，而圣约是以色列人与上帝立定的，律法是上帝赐予的，这是希伯来《圣经》的重要思想。因而，犹太教中的"罪"实质上是一个宗教词语，其本质内涵是指对上帝故意和直接的冒犯，是对上帝意志的违背或漠视。④ 亵渎神、不敬神、不虔诚、不圣洁是犹太教中"罪"的最基本内涵。

与基督教原罪说相比，犹太教中"罪"的显著特征是没有遗传性。犹太教认为，人类虽然只有一个祖先，但无论公义之人还邪恶之徒都不应把遗传因素当作其犯罪的借口，每个人必须为自己的罪承担责任（《创世记》4：13；《出埃及记》28：43；《利未记》5：1、17，7：18，19：8、17；《民数记》5：31，9：13，14：34；《以西结书》14：10，44：10、12）。犹太教中的"罪"虽没有遗传性，但犹太教承认"罪"的普遍性。《圣经》多次论及这一问题，如《列王纪上》（8：46）提到："没有无罪的人"；《传道书》（7：20）也说道："时常行善而不犯罪的义人，世上实在

---

① 阿巴·埃班：《犹太史》，阎瑞松译，中国社会科学出版社，1992，第53页。
② 阿丁·施坦泽兹诠释：《阿伯特——犹太智慧书》，张平译，中国社会科学出版社，1996，第54页。
③ *Encyclopedia Judaica*, *s. v.* "Sin", p. 1589；参见《耶利米书》14：20 - 21。
④ Cohn - Sherbok, *op. cit.*, p. 420.

没有";《箴言》（20：9）声称："谁能说，我洁净了我的心，我脱净了我的罪？"在耶路撒冷圣殿建立的献祭仪式上，所罗门向上帝说："你的民若得罪你（世上没有不犯罪的人）……饶恕得罪你的民，赦免他们的一切过犯。"（《列王纪上》8：46－50）类似的祈祷《诗篇》（143：2）中也提到："求你不要审问仆人，因为在你面前，凡活着的人没有一个是义的。"

罪的普遍性观念为拉比犹太教所继承。拉比犹太教认为除义人外，不存在从不违反律法之人，且每个人的罪都是人自身违背上帝律法的结果，并非继承而来。犹太教中的罪还具有污染性。它不仅玷污人，甚至污染土地，《以西结书》（14：11，22：3）说道："好使以色列家不再走迷离开我，不再因各样的罪过玷污自己"，"这城有流人血的事在其中，叫她受报的日期来到，又作偶像玷污自己，陷害自己"。犹太教中的罪还具有连带性。在犹太教中，虽然"罪"大都是个人所为，但它可能给整个群体或民族带来灾难。《约书亚记》（7：1）提到："因为犹大支派中，谢拉的曾孙，撒底的孙子，迦米的儿子亚干取了当灭的物。耶和华的怒气就向以色列人发作"，其结果给整个犹太民族带来了惩罚。虽然以西结等提出了个人对自己的罪负责（《以西结书》18：20），但群体要分担个人之罪的观念，一直留存于犹太教中。罪的连带性观念一直被犹太教所沿承，并把它看作犹太人被迫长期流散的原因之一，正如犹太祈祷书所说："因为我们有罪，我们被从圣地驱逐，远离故土。"①

三　罪的根源

人天生具有犯罪倾向的观念贯穿于整个《圣经》。《圣经》由此表达了早期以色列人对"罪"何以产生的深刻认识："罪"是人一开始就有的内在品质，即人性天生不完美。它是人犯罪的根源，是上帝也不能改变的一种品质，是人之为人的知性和肉体自由的必然结果。《圣经》开篇就提到

---

① Jules Harlow, *Siddur Sim Shalom: A Prayerbook for Shabbat, Festivals, and Weekdays*, New York: Rabbinical Assembly, 1985, p. 463.

了人性的不完美（《创世记》1 – 11），上帝也知晓人性的不完美，这种不完美违背了上帝创世的初衷。因而，当"耶和华见人在地上罪恶很大，终日所思想的尽都是恶"（《创世记》6：5）之时，上帝就消灭了人类，试图造就一个本性完美的人类。但洪水退后，上帝失望地发现，根本不可能造出具有完美人性的人类。因此，上帝失望地说道："我不再因人的缘故咒诅地（人从小时心里怀着恶念），也不再按着我才行的，灭各种的活物了。"（《创世记》8：21）这种不完美的人性由于受死亡的限制（《约伯记》4：17 – 21）、人生来不洁净的制约甚至"喝罪孽如水"（《约伯记》15：15 – 16）等品性的影响，要让人性变得完美显得愈加不可能。这种不完美的人性通过倾向犯罪的形式——破坏完美的秩序和违背上帝律法的形式——显现出来，由此造成人从一开始就有犯罪的倾向。正如《诗篇》（51：5）所说："我是在罪孽里生的，在我母亲怀胎的时候就有了罪。"《传道书》也提到，"时常行善而不犯罪的义人，世上实在没有。人所说的一切话，你不要放在心上"（7：20 – 21）。

拉比犹太教大体继承了圣经的观点，即人有犯罪的本性。这种本性与生俱来，拉比把这种本性称为"恶冲动"。① "罪"的产生是人的精神对"恶冲动"的屈服，"恶冲动"构成了拉比犹太教对罪之根源的解释。它引诱人犯罪，它是驱使人违背上帝诫命的推力。如果不加以遏制，它会越来越猖狂，"恶冲动开始像蜘蛛丝，最后则像拉绳"（BT. Suk. 52a），不断诱惑人犯罪。犯罪者起初只犯小错，但在"恶冲动"诱惑下，所犯之罪就会越来越大。《塔木德》说道："恶冲动"最初称为过客，但后来他被称为客人，最后成为房东（BT. Suk. 52a），"作恶的冲动如此让人恐惧，以至于造物主也称之为邪恶"（BT. Sot. 21a）。《塔木德》也提到，"上帝遗憾造了四样东西，他们是：流放，迦勒底人，以实玛利人和恶冲动'"（BT. Suk. 52b）。可见，"恶冲动"是上帝后悔所创造的四个事物之一。但是"恶冲动"无论多么危险和邪恶，都是人类心智的重要组成部分，是人

---

① 拉比犹太教认为人有两种冲动即"恶冲动"和"善冲动"。前者引人作恶，后者促人向善；前者与生俱来，后者到13岁时才显现出来，参见柯恩《大众塔木德》，第102页。

类的本性。上帝虽然遗憾造了它，但并没有废掉它，一则上帝不再依赖其权威干预世俗事务以免打乱创世的本质;[1] 二则冲动的邪恶也是人类发展的动力，"恶冲动"所带来的益处可能远比它所带来的坏处多得多。按照拉比犹太教的观点，"恶冲动"推动人们努力工作以改善他们的生活条件、履行性义务以满足繁衍后代的愿望等。要是没有"恶冲动"，人类大部分活动会停止，人们将不会有动力去经商、结婚、养育家庭，甚至连盖房子的动力都没了（Gen. Rab. 9：7）。根据传说，大议会议员一度排斥冲动，[2] 且在三天时间里成功征服了"恶冲动"，但之后他们发现，生活无法延续，甚至母鸡也停止了下蛋（BT. Yom. 69b）。因而，拉比犹太教认为"一个人越是伟大，他的冲动就越多"（BT. Suk. 52a），缺少冲动，就会缺少杰出的诗人、艺术家等。可见，在拉比犹太教中，"恶冲动"虽然是罪的根源，但其积极性不言而喻。

在基督教中，使徒保罗认为《创世记》（3：1-22）中亚当、夏娃不听从上帝的告诫偷吃果实被赶出伊甸园的经历，是"罪"的根源（《罗马书》5：12~21），这经过奥古斯丁等神学家的阐释，发展出一种遗传性的原罪说。犹太教没有原罪说。[3] 原罪说是基督教神学重要概念，原罪说的典型特征是"罪"从亚当、夏娃那里遗传而来，犹太教并不赞同这种观念。犹太教承认亚当、夏娃的罪是造成世界上生灵必然死亡的原因之一，"罪由一个妇人（即夏娃）起，因为有了她，我们全都必然死"[4]。但犹太

---

① Neusner, Avery - Peck, and Green, *op. cit.*, p. 2477.

② 大议会是犹太史上约公元前 5 世纪到公元前 2 世纪最重要的立法机构。参见饶本忠《犹太律法的渊源》，知识产权出版社，2010，第 151 ~ 153 页。

③ 由于受基督教原罪学说的影响，在中世纪的欧洲，犹太教中出现了类似基督教原罪的观念，但在原罪来源问题上，犹太教中的原罪与基督教的原罪明显不同。参见 Alan Cooper, "A Medieval Jewish Version of Original Sin: Ephraim of Luntshits on Leviticus 12," *Harvard Theological Review*, Vol. 97, No. 4 (Oct., 2004), pp. 445 - 459. 原罪观念从来没有在犹太教中成为主流。事实上，原罪学说一直受到主流犹太教的严厉批判，参见 Joel E. Rembaum, "Medieval Jewish Criticism of the Christian Doctrine of Original Sin," *Association for Jewish Studies Review*, Vol. 7/8 (1982/1983), pp. 353 - 382.

④ 《圣经后典》，第 199 页。

教并不认为亚当、夏娃的罪必然导致后人有罪。犹太教并不认为它是
"罪"的根源,犹太教只认为它是世上生灵死亡的直接原因,但具体到每
个人的死亡则是其自身犯罪所导致。[①] 可见,犹太教承认亚当、夏娃的罪
对人类产生了影响,但他们的罪并没有遗传给后人。这显然与基督教的原
罪观区别较大。在"罪"的根源问题上,犹太教认为自由意志也是重要原
因。虽然犹太教更多强调神的干预,但犹太教中也充盈着自由意志。"那
人已经与我们相似,能知道善恶"(《创世记》3:22),"我今日将生与
福,死与祸,陈明在你面前"(《申命记》30:15),"一切都在神的预料
之中,但自主权仍授予人",等等,[②] 这些话语中就包含有自由意志的思
想。自由意志是犹太教尤其是拉比犹太教道德的基础,犹太人认为在道德
等方面,上帝赋予人自由意志,人对自己任何罪过都要负责。总之,犹太
教没有把亚当、夏娃的故事视为"罪"的根源。不仅如此,希伯来《圣
经》更没有从该故事得出人性堕落的结论,《圣经》其他地方再也没有提
及该故事。[③] 犹太教的其他文献如重要经典《塔木德》中也很少提及亚当、
夏娃与"罪"的关系问题。这清晰地表明,伊甸园的故事与犹太教中的
"罪"的根源没有关系。犹太教更反对人性已堕落到无可救药的程度,犹太
教一直坚信人性中有属神的能力,人通过自身的努力就能获得神的恩赐而得
到救赎,让自己在道德上和精神上得到新生,不需要任何中保来拯救。

拉比犹太教认为"罪"是可以控制的。"恶冲动"作为人性的一部分,
它只是表明人生来就有犯罪倾向,并不意味着一定犯罪。"恶冲动"是可
以被驯服的,征服"恶冲动"并不是上帝的责任,而是人自身的义务。个
人能通过遵行神的诫命并伴以公义的行为就能够征服这种冲动,要做到这
一点,要求所有以色列人都研读《托拉》。拉比犹太教认为,研读《托拉》
是抵御"恶冲动"的最好解药,甚至比公义的行为更有效,公义的行为只
是从事公义行为之时才免遭犯罪的诱惑,而研读《托拉》则是在任何时候

---

① Neusner, Avery-Peck, and Green, *op. cit.*, p. 2478.
② 施坦泽兹诠释:《阿伯特》,第49页。
③ Urbach, *The Sages*, p. 421.

都能起到预防犯罪的预防剂，它能消融"恶冲动"对人的影响。在拉比权威们看来，唯一确信可以征服"恶冲动"的地方就是学堂，《塔木德》提到："如果卑劣者［恶冲动］袭击你，把它拖拽到学堂。如果它是块石头，它也会溶化。如果它是铁块，它也会被研磨成粉末"（BT. Sot. 21a）。在学习《托拉》的场所，"恶冲动"自然兴不起大浪。也有拉比提到，明白下面事理就能预防犯罪："明白在你之上，有眼在看，有耳在听，你的一切行为都记录在案"，"要明白你从何而来，你向何而去，以及在谁面前你将呈文报账。你从何处而来？从腐臭的精滴而来；你向何而去？向尘埃和蛆虫之地而去；在谁面前你将呈文报账？在万王之王、神圣的、受称颂的上帝面前"。[①]

四　赎罪

"对犹太人来说，罪是一种给罪人带来毁灭的力量，因为罪与惩罚在本质上是相似的。"[②] 上帝是忌邪之神，惩罚相当严厉，且"没有任何一个罪犯能够携赃潜逃"。[③]《圣经》多次提到"罪人必死"，"必从民中剪除"等（《阿摩司书》9：10；《出埃及记》32：33；《利未记》20：20，22：9；《民数记》9：13，16：26；《撒母耳记上》15：18；《列王纪上》13：34，14：11～18；《以赛亚书》13：9，38：17；《以西结书》3：20，18：24；《阿摩司书》9：8；《诗篇》104：34；《民数记》15：30）。《圣经》还多次提及"各人都要为本身的罪而死"（《列王纪下》14：6；《申命记》24：16；《民数记》27：3），甚至"……我（上帝）必追讨他的罪，自父及子，直到三四代"（《出埃及记》20：5）。犹太教中还有一种思想认为，"因为以色列人犯罪，它失去了一切"，[④] 以色列之所以长期流散、受尽屈辱、经历众多苦难乃至死亡都是犹太人犯罪的结果，耶路撒冷的陷落也与

---

① 施坦泽兹诠释：《阿伯特——犹太智慧书》，第25、36页。

② 科亨：《犹太教——一种生活之道》，第224页，脚注1。

③ 《圣经后典》，第176页。

④ Jacob Neusner, *Rabbinic Judaism*, p. 208.

他们所犯的罪有关，弥赛亚救赎的延迟也与之密切相联。此外，犹太民族有着宗教民族之称，正统犹太教认为上帝是幸福之源，"罪"意味着对上帝的疏远（《诗篇》38：3）。在这种宗教信仰的不断强化下，犯罪感和犯罪所要带来的惩罚不停折磨犯罪者的灵魂。可见，"罪"无论对于犹太个人还是对整个民族而言，其影响直接且极具威慑性。

"罪"虽然让人畏惧和不可避免，但"罪"不是灵魂中不能抹去的污点，它是可以救赎的。因犹太人的上帝又是仁慈的上帝，仁慈的上帝知晓犯罪的不可避免，因此对那些犯过罪而又真诚悔罪者施行怜悯。犹太教认为，仁慈的上帝并不希望罪人因犯罪受惩罚而死，作为最高审判者和检察官，他也不会因证实罪人有罪和施加严厉的惩罚而高兴，上帝更乐意接受罪人赎罪，期待罪人悔改。上帝为犯罪者开辟赎罪通道，希望他们通过悔罪、祈祷、善行和严守律法等，修补他们与上帝之间错位的关系，圣洁生活，圣化生命。《圣经》说道："主耶和华说：我指着我的永生起誓，我断不喜悦恶人死亡，惟喜悦恶人转离所行的道而活。以色列家啊，你们转回，转回吧。离开恶道，何必死亡呢。"（《以西结书》33：11）这些都构成了犹太人赎罪思想的基础。因此，犹太人期待被救赎，犹太教重视赎罪，犹太教把赎罪看作宗教与社会生活本质的一部分。

赎罪（希伯来语是"teshubah"，字面意思是"返回"）是指一个人脱离了罪恶行为之后，重新返回上帝的行为。由此，"teshubah"用来描述一个人因犯罪背离上帝而重新返回上帝的过程——犯罪者为弥补过去的行为而返回先前的正常行为的过程，它是修补神人之间受损关系的过程。赎罪的最终目标是得到上帝的宽恕，宽恕代表清除、遮掩或赎偿了所犯之罪。当上帝赦免"罪"的时候，他就把"罪"遮盖、遮掩起来（《弥迦书》7：18；《诗篇》32：1、5，85：2；《箴言》10：12，17：9，19：11；《约伯记》31：33），或他忘记它（《以赛亚书》64：8；《诗篇》25：7）。"虽然只是说道遗忘罪、遮掩罪或不归罪于罪人，但上帝对罪的赦免等同于治愈罪人和让其精神力量的再生"[1]，这意味着上帝不会"中途"夺去罪人的生

---

① *Encyclopedia Judaica*, *s. v.* "Sin", p. 1591.

命，而是让其度过余生（《以赛亚书》23：15；《诗篇》90：10）。赎罪是修补罪者与上帝或与他人失和关系的开始；赎罪的重要途径是献祭、祈祷、忏悔、学习《托拉》和施行善事等。犹太教中赎罪的途径，以公元 70 年第二圣殿被毁为分界线：此前以献祭为主，此后则以祈祷、忏悔等形式为主。

献祭是圣经时代犹太人的主要赎罪方式。献祭只能在祭司的引领下，在固定时间以特定方式在耶路撒冷圣殿举行（《申命记》12），献祭所用的祭品由个人带到圣殿。赎罪祭中的祭品具有赎罪功能，可能是代替罪人向上帝赎罪的替代物（《利未记》10：17）。并且，先前偶尔作为罚款的"罚金""赎罪金"也被赋予赎罪功能，成为礼仪的一部分。祭品、赎罪金交给祭司，以取悦于上帝（《列王纪下》12：17，《阿摩司书》2：8）。赎罪意味着"除罪"、"净化"和"圣化"，也就是意味着恢复圣洁。《民数记》第 29 章、《利未记》第 27 章，《以西结书》第 43 章、第 44 章详细列出了献祭仪式的规则，《利未记》第 4 章、第 5 章陈述了如何献祭。献祭仪式活动中在赎罪日达到高潮，赎罪日在每年第七月（犹太历提利月）的第十天举行。[①]《利未记》（23：27－28）提到："七月初十是赎罪日，你们要守为圣会，并要刻苦己心，也要将火祭献给耶和华。当这日，什么工都不可作，因为是赎罪日，要在耶和华你们的神面前赎罪。"《利未记》第 16 章说道：赎罪日的礼仪是为祭司和整个以色列人赎罪。赎罪礼仪围绕大祭司进行，除进行赎罪祭和燔祭外，大祭司代表犹太民族燃烧乳香、忏悔罪过等。该节日还举行不同寻常的赎罪仪式：挑选两只公山羊，由大祭司当众在祭坛上宰杀一只，作为全体以色列人向上帝献的祭。然后，大祭司用双手按在另一只活山羊头上，把以色列人犯的各种罪都归入它身上，然后把该山羊送到旷野中（"赎罪羊"即由此而来）。但有些罪不能用献祭仪式，如"因他知道儿子作孽，自招咒诅，却不禁止他们。所以我向以利家起誓说，以利家的罪孽，虽献祭奉礼物，永不能得赎去"（《撒母耳记上》3：

---

① 提利月（以他念月）是犹太民历（第二圣殿时期后的犹太历法）的第一月，寺历（第二圣殿时期即公元前 516 年之前的犹太历法）的第七月，大致为公历的九至十月。

14）。有些罪，仅仅通过献祭并不能赎清，唯有追寻上帝、行公义才能得到救赎，正如《何西阿书》（6：6）宣称："我喜爱善良，不喜爱祭祀，喜爱认识上帝胜于燔祭"；《阿摩司书》（5：22 - 24）说道："你们虽然向我献燔祭，和素祭，我却不悦纳。也不顾你们用肥畜献的平安祭……惟愿公平如大水滚滚，使公义如江河滔滔。"《圣经》还告诫："恶人献祭，为耶和华所憎恶。"（《箴言》15：8）《诗篇》（50：8 - 13，51：18 - 21）中也体现了类似的观念。

在圣经时代，人还可以通过非献祭方式如祈祷、禁食、行公义、替代赎罪等方式进行赎罪。与献祭不同，祈祷只需言语不需祭品，可以在任何时间、任何地点进行。亚伯拉罕为犯罪的所多玛祈祷，摩西、撒母耳、阿摩司等为以色列祈祷，请求上帝宽恕；禁食也是一种赎罪形式，它经常与对"罪"的忏悔联系在一起（《撒母耳记上》7：6；《约珥书》2：12；《尼希米记》9：1 - 2）；行公义和仁慈也具有赎罪的力量，《箴言》（10：2，21：3）宣称，"惟有公义能救人脱离死亡"，"行仁义公平，比献祭更蒙耶和华悦纳"。《但以理书》（4：27）说道："以施行公义断绝罪过，以怜悯穷人除掉罪孽。"《以赛亚书》53 章提到主的仆人承受着整个有罪民族的惩罚，以此为他们赎罪。摩西就被看作受难的仆人。他为了赎崇拜金牛犊之罪而遭受惩罚。他死后之所以葬在伯毗珥，就是为赎以色列人膜拜毗珥巴力神的罪（《民数记》25：3；《申命记》34：6）。死亡也能起到赎罪作用，《以西结书》18：20 提到"惟有犯罪的，他必死亡。儿子必不担当父亲的罪孽，父亲也不担当儿子的罪孽"；义人受难也具有赎罪力量（《马加比四书》6：28，9：24，12：18，17：20 - 23）。[1] 此外，《圣经》还提到，血罪必须用血来赎，《民数记》（35：33）说道："因为血是污秽地的。若有在地上流人血的，非流那杀人者的血，那地就不得洁净（"洁净"的原文是"赎"）。"《圣经》由此制定了该原则：流血之地的污秽，必须用杀

---

[1] 义人受难能够赎罪构成了基督教耶稣受难赎罪说的教义基础；《马加比四书》属"亚历山大伪经"之一，成书于公元 1 世纪，为希腊文。它是一篇哲学论文，书中尤其强调了殉教是"罪"的代赎途径，甚至可补偿国家所犯的罪。

人者的血才能洁净。

公元70年第二圣殿被毁使犹太教的赎罪形式发生根本性转变，以献祭为主导的赎罪因圣殿被毁而丧失了存在的物质条件。犹太民族的精神领袖拉比很快找到了替代献祭的方式——祈祷和学习《托拉》。在拉比看来，一个人身体洁净、带着经匣、诵读示玛所进行的祈祷，等同于建立了祭坛并在上面献祭（BT Ber. 15a；26b；32b）；拉比甚至认为《托拉》的言辞比燔祭和牺牲更为宝贵。① 事实上，祈祷和研读《托拉》之所以能够赎罪，主要因为它们引导犹太人进行忏悔。忏悔在拉比犹太教赎罪思想中占据非常重要的地位，它是洗清罪人之罪的最终途径。在拉比犹太教中，忏悔被认为是上帝创世前所创造的七个事物之一，诚恳的忏悔与重建耶路撒冷圣殿和恢复祭祀崇拜具有同等重要的意义，它代表了敬畏上帝最灵验和最直接的手段，由此能得到上帝的宽恕。

忏悔的本质在于承认自己犯罪，公共祈祷或祭拜一般包含有忏悔，但特殊的罪过则需特别的忏悔。忏悔仅仅是获得救赎的前提条件，罪人要真正得到上帝宽恕，必须完成忏悔的整个过程。忏悔不能敷衍了事，它必须真诚、发自内心，才能起到赎罪作用。如冒犯上帝之罪，通常忏悔和善行就可以赎罪，但触犯同胞的罪，赔偿和抚慰被冒犯者是赎罪的条件，仅仅忏悔不足以赎罪。忏悔还必须伴随善良的行为，如果一个人犯罪并忏悔，然后再犯罪再忏悔，那么他无法赎罪。要实现忏悔，仅仅靠口说信条或参加赎罪仪式是不够的，而是主要靠真正的悔改。"悔改是先于创世就有的事物之一"（BT Pes. 54a，Ned. 39b）。犹太拉比赞扬那些犯过罪并真诚悔改的人胜过那些从未犯过罪的人，他们说道："忏悔者站立的地方，是那些完全公义者不能站立之地"（BT. Ber. 34b）。需要提及的是，除西奈之约的上帝外，犹太人从不向任何存在物忏悔。无论存在物是谁、不论存在物的地位如何，没有任何物能够为人赎罪，人必须自己赎罪，每个人只有虔诚地向上帝忏悔、悔改，才能赎罪。拉比犹太教认为上帝的忏悔之门对任何忏悔者敞开。不仅如此，犹太教还专门设立了一个忏悔的节日——忏悔

---

① Samuel Cohen, *Judaism: A Way of Life*, p. 298.

十日。它是犹太人集中忏悔的日子，是犹太人反省过去、忏悔自己的日子，其中最后一天就是赎罪日（Yom Kippur）。赎罪日是《摩西五经》中提及的唯一禁食日，第二圣殿时期它成为犹太教中最为神圣的节日，直到现在它仍然是虔诚犹太人最敬畏的日子。赎罪日特别重要，它给罪人提供被上帝宽恕的机会。在拉比犹太教中，赎罪日本身也具有赎罪的功效，赎罪日能洗刷罪人在上帝面前的犯罪记录，罪人精神上会得到重生。拉比文献曾说道："轻微的犯罪，无论是作为还是不作为，忏悔便可赎罪；对于不严重的犯罪，忏悔能使其搁置，等赎罪日一到便可赎罪"，"如果犯的是作为的罪，即使不忏悔，赎罪日也可赎罪，但如果犯的是不作为的罪，只有忏悔才可赎罪"。① 此外，在拉比犹太教中，中世纪的一些犹太教徒把自我施加的苦修当作赎罪方式之一，犹太教神秘主义卡巴拉尤其如此；还有拉比认为，苦难能满足上帝对公义的要求、能修补神人之间的关系，其赎罪效果胜于献祭；施行慈善也是赎罪的途径。约翰兰·本·撒该拉比认为，慈善能为整个民族赎罪，正如赎罪祭能为以色列赎罪一样。甚至有拉比认为行慈善高于献祭（BT. Suk. 49b）。

拉比犹太教的赎罪理念通过犹太教新年、赎罪日等节日庆典一直延续到现代，大体上依然为正统犹太教所信守，但犹太教改革派对其进行了改革。犹太教改革派不认为献祭仪式具有赎罪功能，也不承认赎罪日具有赎罪力量，只是把它看作旨在建立人与神相互沟通的日子。改革派不重视补偿，改革派强调"那些倚仗财货自夸钱财多的人，一个也无法赎自己的弟兄，也不能替他将赎价给神"（《诗篇》49：6-7）。改革派更重视借助道德上和精神上的新生与上帝和解，赎罪的目的就是与上帝、与同胞、与自己达到和谐一致。总之，不论哪一种赎罪途径，犹太教与基督教通过信仰耶稣基督而获得神恩救赎的途径差异明显。

另外，"罪"虽然是犹太教中重要的概念之一，但事实上在犹太教中，"罪的问题被看作次要问题"。② 一则在犹太教中，"罪"是《托拉》律法

---

① 柯恩：《大众塔木德》，第 123 页。

② Cohen and Mendes – Flohr, *op. cit.*, p. 881.

的关联物，是诫命（mizvah）的影子实体（shadow – essence），甚或被称为诫命的倒影，它并非单独或独立的实体；二则在著名的十三条教义中，①"罪"没有占到一席之地，犹太教教义更多的是强调对上帝的信仰和对上帝律法的信奉。就此而言，它与"罪"在基督教教义中具有基础性地位存在显著差别。在基督教中，"罪"尤其是原罪，是基督教的基督论的逻辑起点，没有它，耶稣的降临、受难、复活等缺少存在的基础和价值；而没有基督论，基督教神学体系的大厦就会坍塌。在犹太教与基督教"罪"之关系问题上，犹太教关于"罪"的内涵大体被基督教所承继，但正如上文所提到的那样，主流犹太教中没有"原罪说"。"原罪说"是使徒保罗的"发明"（《罗马书》5：2，9），后经德尔图良、奥古斯丁等神学家的充实和完善，创造了遗传性的"原罪说"，最终为马丁·路德、约翰·加尔文等宗教改革家推崇和发展。

---

① 这十三条教义是：（1）上帝是存在的；（2）上帝是唯一的；（3）上帝是无形性的；（4）上帝是永恒的；（5）上帝是唯一只可敬拜之主；（6）相信先知预言；（7）摩西是最伟大的先知；（8）无论成文律法还是口传律法都是上帝对摩西的启示；（9）无论成文律法还是口传律法都恒久不变，不可增减；（10）上帝无所不在；（11）上帝奖赏遵守律法者，惩罚违反律法者；（12）相信救世主降临；（13）相信死者复活。这是 12 世纪犹太哲学家、律法学家迈蒙尼德在其《密释纳评注》中总结的信条。关于这十三条教义在犹太教中的接受史，参看宋立宏《犹太教有教义吗？——一个观念史反思》，载氏著《罗马与耶路撒冷》，浙江大学出版社，2015，第 235～264 页。

摩西·迈蒙尼德哲学的当代研究路径

约瑟·斯特恩 （Josef Stern）*

　　1138 年生于西班牙科尔多瓦的摩西·迈蒙尼德，无论在犹太律法还是哲学、神学乃至思想方面，无疑都是中世纪最伟大的犹太思想家。尽管他的阿拉伯语教名是穆萨·伊本·迈蒙（Musa ibn Maymun），他仍以希伯来语名拉比摩西·本·迈蒙（*Rabbi Moshe Ben Maimon*）或其首字母缩略词 *RaMBaM* 而广为人知。迈蒙尼德出生在显赫的拉比法官家庭，在安达卢西亚伟大的犹太 – 阿拉伯文化的孕育下长大。1148 年穆瓦希德王朝入侵之后，他随家人逃离科尔多瓦，但终其一生他认同西班牙，并以希伯来语名西班牙的摩西·本·迈蒙（Moshe b. Maimon ha – Sefaradi）自称。1160 年前后，迈蒙家族逃往北非的菲斯（Fez），在此待了五年，之后前往巴勒斯坦，最后抵达埃及（开罗的福斯塔特，1166 年）。迈蒙尼德成年后的大部分时光在埃及度过，他在此担任犹太社团领袖（ra' is al – yahud），与其兄弟一起经营印度贸易，他兄弟去世后，他先后担任法蒂玛及阿尤布苏丹的宫廷医生，这些苏丹中最显赫的是萨拉丁之子阿弗达尔（Al – Afdal）及其维齐尔法官法兑尔（Al – Qadi Al – Fadil）。迈蒙尼德卒于 1204 年 12 月 13 日。

　　迈蒙尼德早年流亡，继而成为犹太社团领袖、拉比权威和医生。尽管一生极度活跃而劳碌，但他著述之丰富却达到了难以想象的程度。他

---

* 约瑟·斯特恩，芝加哥大学哲学系讲座教授、芝加哥大学犹太研究中心主任。
本文系作者在南京大学哲学系犹太 – 以色列研究所发表的演讲的基础上修改补充而成。

一生中写了三部主要著作，其中任一部都足以为他在犹太文学的来世中赢得一席之地：（1）《密释纳评注》（1158～1168），这是第一部连续的对正典化的拉比律法观点选集的评注；（2）《律法再述》（*Mishneh To-rah*，约1168～1178年），第一部也是至今唯一全面的拉比律法的法典，涵盖了关于信条、仪式、节日及安息日、婚姻、民事侵权行为、财产、洁净与不洁、献祭、管理城邦及弥赛亚王国的强制性律法；（3）《迷途指津》（1185～1190），这是影响深远的犹太哲学著作。此外，迈蒙尼德还留有一部早年写成的逻辑学论著，关于医学、星相学、数学的著作，以及上百份律法问答和书信，其中不乏《关于殉道的书信》和《致也门人书信》（1165年）这类长篇书信。

笔者在附录中列举了一些迈蒙尼德的传记、一系列迈蒙尼德的原始著作，以及关于这位巨鹰（人们习惯这样称呼他）的二手文献。

如今是研究迈蒙尼德的好机会。事实上，自13世纪以来，迈蒙尼德研究并未形成良好的局面。但在过去十年中，关于迈蒙尼德的书籍至少出版了十本，而研究他的论文的数量和质量也是前所未有的。有大约五十年没有出版新的传记，而如今一下有了四种。由于开罗密库（Cairo Genizah）的发现，我们拥有了之前得不到的关于埃及、安达卢西亚和由迈蒙尼德之子亚伯拉罕开创的迈蒙王朝的信息。更多的学者现在可以用犹太－阿拉伯语原文阅读《迷途指津》，我们对迈蒙尼德所归属的阿拉伯哲学世界有了更好的认识，同时也对他的拉比学术有了深入理解。对于撒母耳·伊本·提本（Samuel ibn Tibbon）这位迈蒙尼德亲自认可的将《迷途指津》从阿拉伯语译成希伯来语的译者，乃至对于13世纪和14世纪的迈蒙尼德哲学传统的成员，我们现在也有了深刻得多的认识。全世界——现在因为傅有德教授的中译《迷途指津》也包括了中国——对迈蒙尼德都兴趣盎然。

本文将简述当代迈蒙尼德哲学研究诸种路径之全貌，这本身就是这一领域健康与活力的标志。尽管迈蒙尼德的伟大贡献之一在于将哲学与拉比律法进行整合，这点贯穿于他伟大的律法著作《密释纳评注》和《律法再述》之中，但笔者将集中关注《迷途指津》。

迈蒙尼德《迷途指津》写本插图

《迷途指津》的写本插图由医生米拿现·比撒列（Menachem Bezalel）于 1348 年在巴塞罗那委托定制，很可能出自一位基督徒艺术家之手。此页插图是为《迷途指津》第二部分导言所作，表现的是一位学者手持测量天体位置的星盘，正与他的众学生辩论。

列奥·施特劳斯

当代关于迈蒙尼德的哲学研究始于列奥·施特劳斯，这位政治理论家及政治思想史家一生大部分时间任教于芝加哥大学。施特劳斯并非现代第一位伟大的迈蒙尼德学者，蒙克（Solomon Munk）、胡司克（Isaac Husik）、沃尔夫森（Harry Wolfson）、古特曼（Julius Guttmann）、拉维多维茨（Simon Rawidowitz）等学者都早于施特劳斯或与他同时。笔者也不认为施特劳斯研究迈蒙尼德的路径今天获得了普遍甚或大体上的接受，它曾经并且仍然引起大量争议。然而，我们可以有把握地说，今天没有人写迈蒙尼德时能够忽略施特劳斯：你要么从他的立场出发，要么对他持否定态度。

施特劳斯的路径可以通过与两个我们所谓的迈蒙尼德哲学的传统观点进行对比来介绍，这两个传统观点可这样表述。

传统观点一（T1）：《迷途指津》调和了启示与理性，或者说调和了圣典、宗教或拉比犹太教与哲学或亚里士多德之间的对立。

这一观点认为，《迷途指津》试图把启示、圣典和拉比传统所代表的那方面与理性或哲学——特别是亚里士多德所代表的希腊哲学传统——所代表的那方面综合或者弥合起来。从这一角度看，哲学并非犹太人所固有或天生的追求；相反，它是外来的、希腊的（也请注意希腊人或希腊化的人们也是第二圣殿时期的前拉比圣哲的敌人和迫害者）。然而，在 12 世纪或今天，哲学（包括了各种科学）不能被忽视。因此必须尝试去综合启示宗教与哲学（包括各种科学），去尽可能表明启示真理在何处能够被理性论证，并去将启示真理与理性在表面上互相冲突的地方尽可能表述得连贯一致。举例而言，迈蒙尼德展示了如何运用亚里士多德的物理学和逻辑，用理性来论证上帝存在、他的唯一性、他的无形体性这类启示真理；同样，迈蒙尼德表明启示律法表达了理性要求文明社会所具有的道德价值或者其他规范。这一观点尽可能地把圣典和拉比文献中的超自然和神话的因素降至最低，并试图表明犹太教是怎样在最大程度上与科学及科学特质相一致的。圣典有时会把上帝描述为具有躯体或者拟人化的特征（如说他有"大能的手"或者他会"愤怒"），从而与哲学家的上帝相矛盾，此时我们要对这些经文进行比喻性或者寓意化的再诠释。当然，症结在于：圣典关于创世的教义与亚里士多德的世界永恒论并不容易调和。关于上帝不变以及世界必然是决定论的观念，有悖于神圣意志、人的自由，神圣赏罚及神迹这类宗教观念。这些观点如果不能被消除，或者不能以一种与理性和科学兼容的方式再诠释，它们就会被当作超理性的或者由先知启示的真理而无法被论证。这种传统观点认为，因为迈蒙尼德经常明确声称他接受了传统的拉比犹太教，一旦出现不可避免的冲突，通行的原则是他置启示于哲学之上。

传统观点二（T2）：不用关注《迷途指津》的文学特征也能理解迈蒙尼德在此书中的哲学教义。

众所周知，标准的哲学文本完全按照带有前提、论证和结论的推论性散文写就，其排列之系统一如理性的自明科学。按照传统观点，迈蒙尼德在《迷途指津》中的哲学教义可以像研究任何其他哲学文本中的哲学教义那样进行研究，并且原则上可以用必真的证明形式加以重构。不仅如此，正如明说的那样，这种对迈蒙尼德论证的重构无须关注或留意该书的特殊文学特质就可以完成。笔者将马上回到这些特质上，这里只举一个例子。《迷途指津》中的许多圣经经文依据和拉比文献中的篇章、寓言或故事仅仅是作为"化妆打扮"出现在书里，以表明哲学可以和圣典与犹太教相调和。它们的出现仿佛把哲学变成了犹太教所认可的东西。但它们本身并不起什么特别的哲学功能。为了理解《迷途指津》中的哲学，研究其直白的哲学部分便已足够，无须关注其宗教的经文、寓言或者叙事。

与传统观点（T）对照，施特劳斯的路径（S）可以用以下两个观点来表述。

斯特劳斯观点一（S1）：撰写《迷途指津》的独特文学形式对于理解此书至关重要。

受迈蒙尼德 13 世纪和 14 世纪的门徒及评注家（例如 Samuel ibn Tib-bon, Shem Tov Falaqera, Moses of Narbonne, Isaac Abravanel, Joseph ibn

Kaspi）的影响，施特劳斯引导读者关注撰写《迷途指津》所用的独特的文学形式。最显著的是，施特劳斯强调：迈蒙尼德在其导言中告诉我们，他以这种方式撰写此书，是为了对某些读者隐藏他的教义；他并未明确表明他的真实信仰，只是在"章节标题"中对此有所暗示；他将诸种议题分割并散插在书中，而非将它们像自明的科学那样系统有序地呈现；他用重复掩饰显著的差别；他运用并创作了寓言和其他修辞手段，以隐藏他的观点；他特意在不同的语境中安插自相矛盾的言论，以此隐藏它们的涵意。这样，施特劳斯把迈蒙尼德文本显白（exoteric）和隐微（esoteric）层面的诠释或意义之间的差别引入现代学术讨论（或者说重新引入了中世纪解读《迷途指津》的方式）。隐微解读就是解读出文本中隐藏的意思，这才是迈蒙尼德自己真正相信的；其受众是精英或哲学家。对同一文本的显白解读是他主要出于政治原因直白或公开说的内容，但只是随口说说，他自己并不真正相信，其受众是"芸芸众生"或者整个犹太社团。对《迷途指津》的隐微写作形式而非显白写作形式的密切关注构成施特劳斯的伟大贡献之一，笔者倾向于认为如今没有人能够完全忽视这些特征。然而，笔者要把施特劳斯关于《迷途指津》写作形式的意义的洞见和他对迈蒙尼德何以选择这种方式写作的解释区分开来。这使得我们关注施特劳斯的第二个独特的主题。

施特劳斯观点二（S2）：《迷途指津》的秘密是理性与启示——或者说哲学与托拉/律法——之间是无法逾越的不相容和对立。迈蒙尼德自己真正的信仰是在理性或哲学这边，而非托拉或律法。正因为如此，哲学家，事实上是迈蒙尼德本人，必须隐藏自己的真正信仰，他在表面上对普通读者呈现出一副比较虔敬、传统的姿态，与此同时隐藏自己隐秘的、隐微的或者秘密的哲学信念。

施特劳斯认为，与传统观念相反，迈蒙尼德并不相信启示托拉或者启示律法是与哲学或者理性兼容一致的，也不相信可以调和它们。相反，《迷途指津》的惊天秘密在于理性和启示，或哲学与托拉，是绝对冲突的。在这一冲突中，迈蒙尼德自己的真实信念坚定地站在哲学这边，尤其是在亚里士多德这边。因此，迈蒙尼德事实上相信永恒而非创造，否认神对个体的眷顾（individual providence）和灵魂不灭，并且不相信神迹或者违背自然法则的神圣意志的可能性。托拉最多是一种大众哲学，哲学家通过它能够创造并掌控一个能让他安全地进行哲学探究而不用担心迫害、监禁或死亡的社团。哲人自己如同尼采的超人，超越宗教道德和法律之上。因此哲人必须隐藏自己真正的教义，既为了自保，又为了保护芸芸众生——缺乏教养的大众一旦在毫无准备的情况下遭遇哲学，将无法过有序的生活。对施特劳斯来说，这是迈蒙尼德以秘密方式写作《迷途指津》的原因所在：控制哲学真理的传播，不让它触及不适合的眼睛与耳朵。明白说出的只不过是显白之义——为了大众消费，并非迈蒙尼德自己的真实信仰，尽管他给予哲学读者以线索，让他们可以凭此解读他的真正意图。那些真正的意图是《迷途指津》的隐微含义。施特劳斯认为，从深层意义上讲，《迷途指津》是一部政治著作，它旨在建立并控制一个政治共同体，而这个共同体为其哲人－王的意志服务。

因为他相信哲学/理性和托拉/律法/启示之间存在矛盾，施特劳斯也看到了迈蒙尼德著述中一对深刻的二分法。除了认为《迷途指津》"这一文本具有隐微和显白意的不同层次"而外，他还将迈蒙尼德的著作分为为不同的读者所写的不同类型。律法著作，如《密释纳评注》和《律法再述》，是为了"一般人"而写；《迷途指津》，尤其是其真正的隐义，则是为了"一小群能够自行理解的人"而写，亦即为哲学精英所写。

对于任何了解《密释纳评注》和《律法再述》的人来说，这很可能是施特劳斯所有命题中最难以接受的，因为它们绝非通俗著作；阅读它们不仅需要相当学识，而且其中也充满了哲学。今天，我们倾向于认为迈蒙尼德的律法和哲学著作之间具有更多的互补性。

中世纪评注家的当代回响

上文已提到，施特劳斯是通过阅读 13 世纪和 14 世纪迈蒙尼德的评注家来阅读迈蒙尼德的。然而，这些中世纪评注家和施特劳斯有一大差异。施特劳斯视《迷途指津》的秘密为哲学/亚里士多德和托拉/启示律法之间的矛盾与对立，而中世纪评注家认为《迷途指津》的秘密是哲学/亚里士多德和托拉/启示宗教之间的同一。也就是说，在 13 世纪和 14 世纪《迷途指津》的评注家看来：

（M）《迷途指津》的秘密就其潜藏的隐义来看，哲学/亚里士多德等同于托拉/启示。

托拉浅白地以神人具有相同形体的词语将上帝描绘成一具躯体，这仅仅是为了让大众消费（除非具有躯体，否则大众不相信有任何东西存在）。然而，这种描绘的真正含义在于，上帝是某种非物质性的、知性的完满存在。托拉之所以用这种方式言说，是因为它模仿"人子的语言"以迁就人类。请注意，这种中世纪理解《迷途指津》的路径（M）并非传统路径（T）。（T）试图尽力维护托拉的显白教义。按照（M），托拉事实上相信永恒，而非无中生有的创世；神迹则不过是自然现象；神意和奖惩并不取决于或感应于个体对诫命的践履，而是人类理智完善的功能。总而言之，中世纪的路径既非施特劳斯的也非传统的。

中世纪这种理解《迷途指津》的路径（M）近年来有复兴之势。它将《迷途指津》的诠释领入两个新方向。第一个方向（H）这里只简要提提，它也试图调和哲学和律法，甚至想通过展现作为《迷途指津》作者的迈蒙尼德和作为拉比学者、法官、《密释纳评注》作者的 *RaMBaM* 之间有着更多的互补性和统一性来表明托拉的真义是哲学。然而，这一路径并不是要表明《迷途指津》可以用与托拉兼容的方式来诠释，而是要表明《律法再述》的核心是哲学。例如，哈特曼（David Hartman）、托斯基（Isadore Twersky）、哈维（W. Z. Harvey）和哈伯塔（Moshe Halbertal）等当代学者试图弥合迈蒙尼德律法著作和哲学著作之间的裂缝，他们主张《律法再述》及迈蒙尼德的其他律法著作不仅本身就包含了许多哲学，而且完全为潜在的哲学目的塑造并引导。事实上，他们认为，《迷途指津》给出了论据却没有径直下结论，而《律法再述》则以清晰明白的形式表达了这些结论却没有给出相关论据。因此《迷途指津》是理解《律法再述》的一把"钥匙"，能让仅在《迷途指津》中暗示的内容变得明白。

许多当代学术所采用的第二种方向（E）来源于《迷途指津》导言的

开头几段，迈蒙尼德在这里描述了自己撰写此书的两个目的：（1）为了解释圣典中有歧义词语的多重含义；（2）为了辨识并解释先知书中"非常隐晦的寓言"。基于这两个明确说明的目的，近来许多学者声称，《迷途指津》主要不是一本洋洋洒洒的哲学论著（就像亚里士多德自己的文本，或者亚里士多德的希腊化及阿拉伯的评注，或者一部独立的哲学论著那样），而是一部释经著作，亦即对托拉的诠释，尽管它并未以清晰而连贯的评注方式写作。

在这一基调下，不同的学者对迈蒙尼德的释经工程有着不同的理解。一些学者，诸如以色列学者克莱因 – 布拉斯拉维（Sarah Klein – Braslavy），展示了迈蒙尼德如何通过建立词语或概念之间语义的对应，来把圣典词语或主张解读或翻译成亚里士多德学派的范畴、术语及教条：这样，"ishah/妇女"是亚里士多德学派所说的质料，"tzelem/形象"则是其形式，诸如此类。通过这一路径，释经的目的与传统的及（第三种）中世纪的观点类似，都是想通过表明托拉的真义是哲学或亚里士多德，来"调和"圣典和哲学，在此特定意义上，二者可照字面意义互相翻译。

戴蒙德（James Diamond）采取了第二种路径，主张《迷途指津》的潜台词——如果这不是迈蒙尼德的首要目的——是为了解释托拉中的众多叙事和律法，迈蒙尼德常常通过引用《圣经》经文来暗示或影射，由此间接地呈现这种释经工程。《圣经》经文的引文散布在《迷途指津》中，而要诠释《迷途指津》，就要根据这些引文去推断迈蒙尼德对更大的圣经叙事和律法部分做了什么未阐明的哲学诠释。例如，《撒母耳记上》说扫罗没有杀光所有亚玛力人及其牲畜，因而违反了上帝的灭尽亚玛力人的命令；如果迈蒙尼德引用了这段经文中的一句话，那么我们就可以试着根据《迷途指津》中这句引文的语境来重构迈蒙尼德是如何解读《撒母耳记上》中更加令人困惑的片段——比如，与亚玛力人开战就是与偶像崇拜开战，扫罗把禁用的俘获牲畜献给上帝作祭品表明了人民的极度困惑，这种困惑因为他们的想象和他们未能领会献祭在剪除偶像崇拜当中的意义而进一步加深。

第三种路径（P）来自笔者本人，它并不试图通过把希伯来语圣经解读成（或翻译成）亚里士多德来显示《圣经》如何能与哲学相调和。相反，它旨在考察迈蒙尼德如何把托拉作为具有自身特点之哲学的独特作品来解读。托拉和拉比文献并非亚里士多德，但迈蒙尼德相信它们出自古代以色列曾经有过的一个丰富的哲学世界，这个世界也有各种相互竞争的学派，它们与他从阿拉伯哲学文献中得知的诸学派——包括柏拉图、亚里士多德、斯多噶学派、伊壁鸠鲁学派、怀疑论者和各种伊斯兰神学派别（即"凯拉姆"）——相仿佛。《迷途指津》中支持或反对亚里士多德学派观点以及反对凯拉姆的哲学论证，既不是用来使律法获得哲学合法性的，又不是用作解读圣典的钥匙。相反，它们为迈蒙尼德在托拉中发现的尤其以寓言形式表达的原创哲学立场提供了一个语境，他把这类文本当作垂范万世的哲学著作。换言之，这种路径把《迷途指津》当作一部释经学著作、一部评注，所评注的是《圣经》和拉比们阐释圣经的著作（Rabbinic Midrash），但与上述（E）路径不同的是，迈蒙尼德认为《圣经》和拉比们阐释《圣经》的著作本身就是哲学著作。诚然，托拉和拉比文献看上去"不像"亚里士多德或者众人心中典型的哲学文本；虽说如此，它们仍属同一体裁。如同亚里士多德和柏拉图那样，《圣经》和拉比文献也是智慧（Sophia）的创作，因此就是哲学；它们不像其他人想象的那样，是关于古代以色列历史的著作，或者是关于犹太人、诗歌或文学的著作。迈蒙尼德没有去思考"托拉和哲学"，而是将"托拉/哲学"当作一体之两面。如果存在张力，那么它不存在于两个分开的知识领域之间，而是在同一领域之内。而如果托拉自身是一种特殊的哲学，这反过来又意味着摩西、众先知和拉比们都是哲学家，是古代以色列和古代犹太教固有的圣哲。

一己之见

迈蒙尼德在托拉和释经著作（midrashim）中发现、并在《迷途指津》中进一步阐发的古代以色列和拉比犹太教所特有的哲学到底是什么？这里试着用三个命题或议题对笔者所持的路径（P）加以描述。

P1. 按照传统观点（T）、施特劳斯观点（S）和中世纪路径（M）对《迷途指津》的解读，迈蒙尼德关注的是"元哲学"问题：即哲学与托拉之间的关系问题，或者理性与启示、理性真理与启示真理之间的关系问题。根据这一路径，《迷途指津》列举了一系列议题，由此可以提出理性针对启示的问题：对于上帝的本质、世界的起源或永恒、预言、神意等诸如此类者，我们能够知道什么和言说什么。一些人认为《迷途指津》旨在展示这种元哲学问题能被解决，而哲学和宗教被消解了（甚至被证明是同一的）；另一些人相信此书要点在于证明相关冲突是不可解决、无法克服的。但所有这些观点认为《迷途指津》的问题就是与哲学/理性以及与托拉/启示有关的问题。

但路径（P）却以不同的方式思考迈蒙尼德的工程。《迷途指津》处理的是古典哲学问题，而非元哲学问题：人类的完满和真正的幸福由什么构成？它是物质的还是理智的，抑或其他什么东西？完满和幸福究竟是人类可以实现的，还是不可获致的理想？这种目标如何与作为一个复杂而混合的（即由理智和肉体、形式与质料构成的）人类的相互矛盾的需求进行协商？简而言之，人怎样处理或者应该如何处理其形式与质料、理智与肉体（而非哲学/理性与托拉/启示）之间的张力？《迷途指津》所处理的每个根本性议题引出了这一问题的一个不同维度，而迈蒙尼德为每个议题提供了一系列由凯拉姆神学家、哲学家、宗教法学者及其他人表达的立场和论据——尽管他自己认为托拉本身是独特的哲学。简而言之，《迷途指津》是一个人尽一切可能去理解的一次尝试，这种理解本身有重大限制，是一个托拉/哲学的经典问题。

P2. 当代迈蒙尼德学术研究中最活跃的争论围绕这个问题展开：迈蒙尼德是否相信人的理智能够获得对于形而上或超自然的真理的科学知识或科学理解，这类真理与天体、与非物质的独立理智、与自然现象的终极原因并与神灵有关。有些人认为迈蒙尼德相信形而上学的科学知识是有可能获得的，我称这些人为《迷途指津》的独断论（dogmatic）读者。还有些人认为迈蒙尼德不相信人类有可能获得对形而上学的科学知识或者充分理解——这要么是因为人类理智有局限、要么是因为这根本就不可能（亦即存在着无法解决的自相矛盾或冲突），我称这些人为《迷途指津》的怀疑论（skeptical）读者。尽管怀疑论的解读有其中世纪根源，但当代争论却肇端于已故的以色列研究中世纪犹太、伊斯兰哲学和科学史大家皮纳斯（Shlomo Pines）1979 年的一篇文章。皮纳斯认为，迈蒙尼德采纳了据说由法拉比（Al‐Farabi）主张并由伊本·巴佳（Ibn Bajja）转述的立场，这一立场认为人类理智只能通过来自感觉材料的感觉和形象认知客体。这种条件排除了人类认知纯粹的非物质存在（诸如上帝）以及任何超乎感觉世界或月下物理世界的事物的形式或概念的可能，因此排除了宇宙论和天文学。它也排除了人类对《迷途指津》中讨论的一切经典形而上学问题进行认知的可能性，这些问题包括：创造论抑或永恒论、先知预言和神意。用皮纳斯的话说，"迈蒙尼德认为关于超乎月下世界的客体的确定科学知识是不能获致的"。据说由于这些认识的局限，法拉比否定了灵魂不朽和理智完满的可能性，把最高类型的人类幸福降为政治的或公民的事务。类似地，皮纳斯认为，迈蒙尼德对灵魂不朽存疑，并且如同康德一样，把政治的或务实的行动的生活置于不能获致的形而上学沉思的完满之前。因为独立理智的存在是"仅仅可能的"且缺乏所有的"确定性"，皮纳斯推断迈蒙尼德主张"致力于理智或获得与独立理智的汇合是没有意义的"。皮纳斯解读的迈蒙尼德一如康德，也是一位批判哲学家。

皮纳斯的论点招致了众多批评。一些人质疑皮纳斯对法拉比和伊本·巴佳的阿拉伯文献的解读，一些人怀疑皮纳斯对《迷途指津》认识论的分析，其他人则对皮纳斯关于不朽和政治幸福优先的寓意进行辩驳。

笔者的观点是，尽管迈蒙尼德关于怀疑论的论据迥异于皮纳斯所认为的，而且其含义也不同于皮纳斯所说的，但皮纳斯切中了《迷途指津》之肯綮。尤其是，迈蒙尼德即使也相信人类不可能理智完满，但他从未放弃这一理想。不仅如此，迈蒙尼德为自己的怀疑论结论提供了不同种类的论据。有些论据表明了人类关于宇宙论和天体的知识有种种局限：我们永远无法获得解释性的论证，故而永远无法获得对这类主张的科学的知识和理解，而且，因为上帝存在的最佳证据是基于天体的运行，所以我们也不能获得上帝存在的科学知识。其他论据表明关于上帝的知识是不可能的，那些表达上帝属性或本质的命题尤其是不可能的。这里的问题是，我们关于真理的知识预设了我们可以（在智力上）表现我们所知道和为何要有关于真理的知识，被表现出来的东西不仅必须是真实的，我们如何表现它也必须是真实的。但是我们的一切表现是复合命题（composite propositions，有代表基层和属性的主语和谓语），然而上帝是至简的。因此，无论何时我们试图表现我们所知道的上帝，即表现祂是简单的，我们都误把祂表现为某种复合物。这违背了知识的条件。

即使如此，尽管我们理智活动的产物知识不足，理智的完满却通过个体的实践或者通过法国哲学史家皮埃尔·阿多（Pierre Hadot）所谓的"精神操练"（spiritual exercises）来引导和规范个体生命，这种操练实乃控制其生命的精神过程。某些此类实践或操练训练人专注于理智，并将肉体和物质需要最小化。另一些则通过规训人的无餍足的认识欲而悬置判断，进而使人达到获得幸福的状态。最后尚有其他一些实践通过承认人类理智的局限，而达到惊奇、晕眩和赞美的境界，这种境界构成对神的崇拜，这种崇拜与独断论者所相信的能够通过获得关于神的知识来达到的那种崇拜并行不悖。

P3. 构成理解《迷途指津》（P）路径之特色的最后一个主题是迈蒙尼德怀疑论的后果：他把哲学寓言设想为一种文学或口头的媒介，以表达人类形而上学知识的不完备、片面和局限。这里只大体勾勒迈蒙尼德怀疑论和寓言之间的关联。

正如上文所说，迈蒙尼德相信理想的人类完满是人的理智潜能的充分实现，这种完满可以通过先习得再不断沉思关于物理、宇宙论、形而上学（包括神）的各门科学获致。但是迈蒙尼德也相信人的质料（或者说身体）阻碍他实现这一完满状态。尤其是，诸如想象力（这是一种将得自感官的形象保存起来的记忆存储库，同时具有一种将这些形象重组成虚构意象的附加能力）这种身体官能妨碍人全面理解和如实再现形而上学、神和天体。理智的完满状态要求人时时不断而专一地反思他所掌握的真理和概念，我们必要的身体需求和欲望（饮食、代谢、男女）却干扰和破坏了绝对而不分的理智专注。这样，人的理智和身体之间高度紧张，其后果则是人——包括迈蒙尼德自己——至多拥有有限的、片面的、间断的对形而上学、非物质性存在和上帝的理解。《迷途指津》正是迈蒙尼德试图表达这种不完备知识——关于上帝、自然的终极原因和天体的知识——的状态的尝试。考虑到人的认识局限，此书也是用文字去表达人在试图掌握这些"秘密"——难解之谜或者不完全理解的真理——时的知性体验。

迈蒙尼德用不同的形象描述探究者探询形而上学时有限的知性体验：一场针对迷惑的拉锯战、划过黑夜的闪电、眩晕。然而，他认为，寓言（parable）是他的古代前辈（其中有拉比和希腊哲学家）试图表达他们的不完备知识的最初的口头形式。迈蒙尼德所谓的"寓言"（阿拉伯语："mathal"；希伯来语："mashal"；又译作"allegory"）有其特指并自成一格。拙著《迈蒙尼德〈迷途指津〉的形式和质料》（第2~3章）对其寓言概念及相关例证详加探究，这里只撮要述之。迈蒙尼德的"寓言"与今天此词常用的意思不同，并不是指一种带有宗教或道德信息且通常能够用清楚直白和洋洋洒洒的语言加以叙述的简单叙事。它与新约中的寓言或拉丁文中的寓意解释也不同，尽管有些人将"mathal"／"mashal"译为"寓意解释"（allegory）。迈蒙尼德用寓言指任何非偶然的、具有三层意义的文本，区分每层意义靠内容，而其结构则受制于认知限制。意义的最外层——我们可称之为文本"通俗的外层意义"，它可诠释为寓言——由相关文字的语言学意义固定下来，如果它是一种叙事，其意义就以历史或神话故事加以呈现。这种意义是普通人解读出的意义，但不是寓言应该被理解成的那种意义。这个寓言式文本的另外两层寓意都表达了人们应当相信的不同层次的智慧。笔者将其中第一种称为"外层寓意"，它试图用明白的方式陈述一种真理，这要么是关于物理的真理，要么是通过寓言形象地表达出来的形而上的真理，亦即一个关于上帝的属性或神意或先知预言性质的真理。我把这个寓言的第二种寓意或解释称为"内层寓意"，它是探究外层寓意、质疑其前提和内涵的结果，这种探究向我们揭示了我们对内容的片面理解。这种内层意义不能像对待一个科学主张那样完全以命题的形式明晰而详尽的阐发；它是碎片化的、讲究悟性的、迷一般的，仿佛闪电般的知识，与此同时又抵制完整而清楚的表达。但我们只有通过寓言那影射的、间接的结构才能尽最大可能去表达这种对其主题进行有限的、火花般理解的知性体验。

迈蒙尼德并不认为自己是第一位采用寓言的文学或口头形式来表达人对形

而上学、上帝和天体的有限而不完整理解的人。他认为在古代的先知文本和拉比文本中能发现更早的寓言尝试。因此，他的工程的中心部分包含了对这些犹太教经典文本的诠释，以及对它们出现的哲学语境的复原。他所诠释的这些经典寓言中，最有名的有两个：一是关于"起初的记述"，即《创世记》起首两章；一是关于"神车论"，即先知以西结所见的异象。此外，迈蒙尼德还将不少托拉的其他章节诠释为寓言——伊甸园的故事、雅各的梯子异象、西奈山集会、以撒被缚，以及《约伯记》。不仅如此，追慕同一写作传统，迈蒙尼德也发明了自己的寓言，以表达他自己对形而上学的"秘密"的有限理解，以及他对其前辈尝试表达他们的有限理解的有限理解。通过让读者徜徉于《迷途指津》的寓言之中，迈蒙尼德试着让他们也体验到他在试图理解形而上的真理时所经历的那种知性体验。在所有这些例子当中，寓言的功能并非施特劳斯路径（S）所主张的那样，是被先知 - 统治者所充分了解的作为控制真理传播的工具，而是表达先知自己对这些真理的不完整理解的手段。

　　讨论至此，我们应该返回《迷途指津》，一起仔细研读各章细节。这篇短文自然无法完成这一任务，但笔者希望通过它，读者能获得若干走进《迷途指津》的引导。上文已经概括了当代学者阅读这一复杂论著时的五种一般路径（T，S，M，E，P）。笔者并不是说读者应该用所有这些路径来阅读《迷途指津》，也不是说每一路径捕捉到了《迷途指津》的"部分真相"。无疑，迈蒙尼德自己认为，有这么一种路径可以诠释他的论著，尽管这种路径不能下定论、不能决定性地阐明其形而上主题的真相。然而，自《迷途指津》面世之始，它就给读者下了魔咒，这种魔咒很大程度上无疑是因为它向读者提出了深刻挑战：要求读者能够把它的哲学论据和圣典诠释，以及它的旨在传递缜密的科学理解和知识的多层次的寓言写作形式，像拼图一般缀合在一起。这些任务使得迈蒙尼德的《迷途指津》不仅成为迷途者的指南（a guide for the perplexed），也成为迷惑的指南（a guide to perplexity，此语又有"引向迷惑"之义——译注）——这种迷惑是一位伟大思想家在与至难甚至有时是无解的关于人类生存和幸福的奥秘搏斗时所遭遇的。

附录：迈蒙尼德和中世纪犹太哲学书目精选

一 迈蒙尼德的原始著作

Treatise on the Art of Logic（1937 – 1938/1966）. Trans. and ed. Israel Efros, "Maimonides'Treatise on Logic（Makalah Fi – Sina'at Al – Mantiq）," *Proceedings of the American Academy of Jewish Research* 8：English section：pp. 1 – 65；Hebrew section：1 – 136："Maimonides'Arabic Treatise on Logic," *Proceedings of the American Academy of Jewish Research* 34：英语介绍：pp. 155 – 160；阿拉伯语文本：1 – 42.

Commentary on the Mishnah（Heb.）（1968）. Joseph Kafih（ed. and trans.）Jerusalem：Mossad Harav Kook.（这是犹太 – 阿拉伯语原文与希伯来语译文对照本，但现在不易找到）

Mishneh Torah（Heb.）（repr. frequently）；Eng. trans. by Moses Hyamson of *Book of Knowledge and Book of Adoration*（1962），Jerusalem；*The Code of Maimonides*，Yale Judaica Series（1949 – 1972），New Haven，Conn.（除了第一卷《论知识》外，已全部印行于此版）

Editions and Translations of *The Guide of the Perplexed*：

Le Guide des Égarés（1856 – 1866）. Trans. S. Munk, 3 vols.，（Paris，G. – P. Maisonineuve & Larose）.

Dalalat al – ha'irin（1929）. Ed. S. Munk and I. Joel（Jerusalem，Janovitch）.

Moreh Nevukhim（Heb.）（1904/1960）. Trans.，Samuel Ibn Tibbon, with four commentaries：Efodi，Shem Tob，Crescas，and Don Isaac Abrabanel，Vilna/Jerusalem.

Sefer Moreh ha – nevukhim la – Rabbenu Mosheh ben Maimon be – ha'ataqat Shemuel ibn Tibbon（1959/1981）. Ed. Y. Even Shmuel，（Jerusalem）.

Guide of the Perplexed（1963）. S. Pines.（trans.）（Chicago, University of Chicago Press）.

Moreh ha - nevukhim la - Rabbenu Mosheh ben Maimon：*Maqor ve - Tirgum*（1972）. 3 Vols. Trans. Joseph Kafih.（Jerusalem, Mossad HaRav Kook）

Guide of the Perplexed（1995）, Abridged edition. Trans. Chaim Rabin（Indianapolis, s Hackett）.

Moreh Nevukhim（Heb）.（2002）. Trans. M. Schwartz, 2 Vol.（Tel Avi, Tel Aviv University Press）.

《迷途指津》今有傅有德教授主持翻译的中译本（山东大学出版社，1998）。

Maimonides' Responsa（*Teshuvot ha - Rambam*）（Heb.）（1986）. 4 vols. , ed. J. Blau, edition secunda emenda. Jerusaele：R. Mass.

Letters and Essays of Maimonides（Heb.）（1988 - 9）. Ed. and Trans. I. Shaiat. Ma'aleh Adumim, Israel：Shailat Publishing.

Pirkei Moshe BeRefu'ah（Heb）.（1987）.（ed.）S. Muntner. Jerusalem, Mossad Harav Kook. ［他的各种医学著作诸如《论希波拉底格言集》（*Aphorisms on Hippocrates*）和《论哮喘》（*On Asthma*）等正在由 G. Bos 为杨百翰大学出版社翻译］

二 迈蒙尼德著作英译精选

A Maimonides Reader（1972）. Ed. Isadore Twersky（New York：Behrman House）.（Contains healthy selections from the *Mishneh Torah*, epistles, and *Guide*）

Ethical Writings of Maimonides（1975）. Trans. R. Weiss and C. Butterworth（New York：Dover）.（Contains "Eight Chapters," "Laws of Traits," and selections from the *Guide*）

Crisis and Leadership：*Epistles of Maimonides*（1985）. Ed. and Transl. A. Halkin, with commentaries by David Hartman（Philadelphia, Jewish Publication Society）.（Contains "Epistle to Yemen," "Epistle on Martyrdom," and "Essay on Resurrection", with essays by Hartman）．

Maimonides' Empire of Light（2000）．Trans. with essays，Ralph Lerner（Chicago：University of Chicago Press）．

三　传记

Davidson，H. A.（2005）．*Moses Maimonides：The Man and His Works*（Oxford：Oxford University Press）．

Nuland，S.（2005）．*Maimonides*（New York：Schocken）．

Kraemer，J. L.（2008）．*Maimonides：The Life and World of One of Civilization's Greatest Minds*（New York：Doubleday Press）．

Halbertal，M.（2013）．*Maimonides：Life and Thought*（Princeton：Princeton University Press）．

四　二手文献汇编

Pines，S. and Yovel，Y. eds.（1987）．*Maimonides and Philosophy*（Dordrecht：Kluwer）．

Kraemer，J. L. ed.（1991）．*Perspectives on Maimonides：Philosophical and Historical Studies*（Oxford：Littman Library/Oxford University Press）．

Seeskin，K. ed.（2005）．*Cambridge Companion to Maimonides*（Cambridge：Cambridge University Press）．

五　迈蒙尼德思想的一般介绍性研究

Manekin，C. H.（2005）．*On Maimonides*（Belmont，Cal. /London：Wadsworth）．

Rudavsky，T. M.（2010）．*Maimonides*（Malden，Mass.：Wiley – Blackwell）．

六　学术文献精选

Altmann，A.（1987）．"Maimonides on the Intellect and the Scope of Metaphysics," in Altmann，*Von der mittelalterlichen zur modernen Aufklarung*（Tubingen：J. C. B. Mohr）．

Davidson，H. A.（2011）．*Maimonides the Rationalist*（Oxford：Littman Library of Jewish Civilization）．

Diamond, James (2002). *Maimonides and the Hermeneutics of Conceal-ment* (Albany: SUNY Press).

Halbertal, Moshe (2007). *Concealment and Revelation: Esotericism in Jewish Thought and its Philosophical Implications* (Princeton, N. J.: Princeton University Press).

Hartman, David (1976). *Maimonides, Torah, and Philosophic Quest* (Philadelphia: Jewish Publication Society).

Harvey, Warren Zev (1988). "How to Begin to Study *the Guide of the Perplexed*, I, 1" (Heb.), *Da 'at* 7: 5 – 23.

—— (1993). "Maimonides' Interpretation of Gen. 3, 22," (Heb.) *Da' at* 12: 15 – 21.

—— (1997). "Maimonides' First Commandment, Physics, and Doubt," in *Hazon Nahum: Studies in Jewish Law, Thought, and History present to Dr. Norman Lamm*, eds. Y. Elman and J. S. Gurock (New York: Yeshiva University Press).

—— (2001). "The *Mishneh Torah* as a Key to the Secrets of the *Guide*," in *Me'ah She' arim: Studies in Medieval Jewish Spiritual Life in Memory of Isadore Twersky*, eds. E. Fleischer, G. Blidstein, et al. (Jerusalem: Magnes): 11 – 28.

Klein – Braslavy, S. (1978/1988), *Maimonides' Interpretation of the Story of Creation* (Heb.), 2nd Edition (Jerusalem: Reuben Mass Publ.).

—— (1986). *Maimonides' Interpretaton of the Adam Stories in Genesis: A Study in Maimonides' Anthropology* (Heb.), (Jerusalem: Reuben Mass Publ.).

—— (1996). *King Solomon and Philosophical Esotericism in the Thought of Maimonides* (Heb.) (Jerusalem: Magnes Press).

—— (2011). *Maimonides as Biblical Interpreter* (New York: Academic Studies Press).

Kreisel, Howard (1999). *Maimonides' Political Thought; Studies in Eth-ics, Law, and the Human Ideal* (Albany. N. Y.: SUNY Press).

Pines, S. (1963) . "Translator's Introduction," Maimonides, *Guide of the Perplexed*, Vol. 1 (Chicago: Univ. of Chicago Press): lvii – cxxxiv.

——*Collected Works of Shlomo Pines* (Jerusalem, Magnes, 1997) . Vol. II: *Studies in the History of Jewish Thought*, ed. W. Z. Harvey, M. Idel (Jerusalem, Magnes) . Includes many of his most important papers on Maimonides.

Ravitzky, Aviezer (1981) . "Samuel Ibn Tibbon and the Esoteric Character of the *Guide of the Perplexed*," *AJS Review* 6: 87 – 123.

—— (1990) . "The Secrets of the *Guide of the Perplexed*: Between the Thirteenth and Twentieth Centuries," in *Studies in Maimonides*, ed. I. Twersky (Cambridge: Harvard University Press): 159 – 207.

Seeskin, K. (1999) . *Searching for a Distant God* (Oxford: Oxford University Press) .

Stern, Josef (1998a) . *Problems and Parables of Law: Maimonides and Nahmanides on Reasons for the Commandments* (*Ta'amei Ha – Mitzvot*) (Albany, New York: SUNY Press) .

—— (2013) . *The Matter and Form of Maimonides' Guide* (Cambridge: Harvard University Press) .

Strauss, Leo (1935/1995) . *Philosophie und Gesetz: Beitrage zum Verstandnis Maimunis und Seiner Vorlaufer.* Berlin: Schocken Verlag. Trans. Eve Adler, *Philosophy and Law.* Albany: SUNY Press.

—— (1952) . "The Literary Character of the *Guide of the Perplexed*," in *Persecution and the Art of Writing* (Westport, Conn.): 38 – 94.

—— (1963) . "How to Begin to Study The *Guide of the Perplexed*," in *Moses Maimonides, The Guide of the Perplexed*, trans. , S. Pines, Chicago: xi – lvi.

Stroumsa, Sarah (2009) . *Maimonides in His World* (Princeton: Princeton University Press) .

Twersky, I. (1980) . *Introduction to the Code of Maimonides* (*Mishneh Torah*) . (New Haven: Yale University Press) .

Wolfson, H. A. (1929) . *Crescas' Critique of Aristotle* (Cambridge: Harvard University Press）.

——（1973）. *Studies in the History of Philosophy and Religion*, 2 Vols. ed. I. Twersky and G. H. Williams（Cambridge, MA.：Harvard University Press）.

七　中世纪犹太哲学史和原始文献选集

Husik, Isaac（1916）. *A History of Medieval Jewish Philosophy*（Philadelphia：Jewish Publication Society）.（一部经典的犹太哲学史）

Guttman, Julius（1964）. *Philosophies of Judaism*, trans. D. Silverman（New York, Schocken）.（第二部经典的犹太哲学史）

Sirat, Colette（1990）. *A History of Jewish Philosophy in the Middle Ages*. Editions De La Maison des Sciences De L'Homme.（Cambridge：Cambridge University Press）（一部较为晚近的哲学史，包含众多未发表原文手抄本的翻译）

Frank, Daniel H. and Leaman. Oliver, eds.（2003）. *The Cambridge Companion to Medieval Jewish Philosophy*（Cambridge：Cambridge University Press）.（中世纪犹太哲学论文选）

Frank, Daniel H. and Leaman. Oliver, eds.（1997）. *History of Jewish Philosophy*（Routledge History of World Philosophies）.（中世纪与现代犹太哲学论文选）

Frank, Daniel H., Leaman, Oliver and Charles Harry Manekin, eds.（2000）. *The Jewish Philosophy Reader.*（London：Routledge）.（原始资料选集）

Manekin, Charles, ed.（2007）. *Medieval Jewish Philosophical Writings*（Cambridge, UK：Cambridge University Press）.（原始资料选集）

（曹泽宇　译，宋立宏　校）

东欧犹太风情的挽歌：
辛格《在父亲的法庭上》

傅晓微 *

美国作家艾萨克·巴什维斯·辛格（Isaac Bashevis Singer）的《在父亲的法庭上》是一部由 49 个故事构成的系列短篇回忆录。② 最初以艾萨克·华沙斯基为笔名，在意第绪语报《犹太前进日报》上连载。这部被批评界誉为"对往昔的挽歌"的小说既土得掉渣，又充满祥和温馨，再现了那业已逝去的，"伟大的谋求和平、自治和人道主义"③ 的东欧犹太隔都（ghetto）的原始风貌。

这部作品可谓回忆录与纯文学两种风格结合的成功之作，是公认的一种全新文体的经典之作。美国批评界认为："辛格的自传体故事像是直接锻打在一起的独立片断，同时又带着文学作品中罕见的重量与力度。"

自 1962 年初版以来，本书被译成了五十多种语言，并多次重印。2001年，即辛格去世 10 年后，著名犹太作家科特·列文特（Curt Leviant）又选译了《犹太前进日报》上的另外 28 个故事，以《更多父亲法庭上的故事》（*More Stories from My Father's Court*）为名出版。只是，列文特的译稿没有辛格的参与，并非辛格本人的"第二原创"，其影响也就差了不少。

---

* 傅晓微，四川外国语大学中犹文化研究所教授。

② 中译本参见艾萨克·巴什维斯·辛格《在父亲的法庭上》，傅晓微译，四川出版集团、四川文艺出版社，2010。

③ 傅晓微：《上帝是谁——辛格创作及其对中国文坛的影响》，人民文学出版社，2006，第118 页。

一 东欧犹太文化的"活化石"

当今意第绪文学批评界泰斗，哈佛大学的露丝·怀斯教授曾说："希伯来语或意第绪语作家中，极少有人像辛格那样出身于一个十足的'老式'而又博学的家庭，……辛格对前启蒙时期波兰犹太村镇的亲身经历（比尔格雷镇［Biłgoraj］的生活），他在一个书生气十足且虔敬的家庭中的成长历程，使他得以直接接触犹太社会习俗和文学源泉，这是犹太作家们甚至包括老一辈作家们感觉十分遥远的生活素材……这种濒临危机的民间传说大多是他日常生活中司空见惯的东西。"①

露丝·怀斯的参照，是 19 世纪末 20 世纪初的肖洛姆·阿莱汉姆（Sholem Aleichem）、佩雷兹（Isaac Leib Peretz）等意第绪语文学大师。为满足写作需要，这些作家不得不去偏远地区搜集犹太生活的民间素材，而辛格却有得天独厚的优势：比上述作家历尽艰辛而搜集到的那些素材更加生动、丰富的文学原料，就在他父亲——一位哈西德派拉比——的法庭上日复一日地存在和演绎着，而且是辛格自己所见、所思、所参与的。因此，《在父亲的法庭上》不仅是"一段辛酸的文献记录"，也是东欧犹太文化的活化石。

从 19 世纪到 20 世纪初，哈西德派（Hasidism，"哈西德"意为"虔诚者"）在东欧成了犹太教中影响巨大的教派，这是 18 世纪中叶产生于波兰犹太人当中的犹太教神秘主义派别。在德国犹太哲学家马丁·布伯（Martin Buber）看来，哈西德派代表了流散时代犹太教的最高成就。② 今天，哈西德精神依然影响着无数犹太裔思想家，并通过他们影响着世界其他民族。但迄今为止，国内尚无反映哈西德运动及其信徒生活的文学作品。而

---

① Ruth Wisse, "Singer's Paradoxical Progress," in Grace Farrell, ed., *Critical Essays on Isaac Bashevis Singer*, New York: G. K. Hall, 1996, p. 103.

② 布伯对哈西德派的论述，可参看 Martin Buber, *Hasidism and Modern Man*, New York: Horizon Press, 1958。

东欧犹太小镇的日常生活

纸本水彩画（42厘米×27.5厘米），署名 J. Kruszcinski，很可能作于19世纪的波兰。此画以幽默而写实的画风描绘了东欧犹太小镇（shtetl）的日常生活，图片左边是一群去犹太宗教小学（Heder）上学的小学生。

辛格《在父亲的法庭上》的中译本可谓第一次为中国读者徐徐展开了一幅犹太"清明上河图"般的哈西德生活画卷。

这本回忆录以一对贫困、淡泊的拉比夫妇为主角，用49个小故事展现了一个"十足'老式'而又博学"的犹太家庭及其街坊邻居的生活。那些纯粹的犹太人皓首穷经，终生事业就是"做一个犹太人"。比如，"雷布·莫伊西·可-可-可"认为世界上没有比做犹太人更快乐的事，不仅每日的吃穿拉撒须亦步亦趋遵循犹太律法要求，还要不停地祈祷、读经和思考《佐哈尔》。穷锡匠摩西·布莱切尔，除了养家糊口，就将自己全部的时间用来钻研《托拉》，以及和他敬重的拉比讨论《塔木德》中的问题（《去圣地以色列》）。这不禁令人联想起"一箪食，一瓢饮，在陋巷，人不堪其忧，回也不改其乐"的中华哲圣。

书中另有很多故事让我们感到似曾相识。门德尔告诫他当军官的侄子说："永远也不能忘了自己的祖宗"（《书》）。这话对于中国人是多么亲切。莫德凯·梅尔是一个无儿无女、濒临死亡的男人，他为了在自己死后还妻子自由，避免她按犹太律法和小叔子结婚的尴尬，遂要求拉比判他和妻子解除婚姻关系，独自一人过完在人世的最后几个月（《离婚》）。这些熟悉而陌生的故事里，也许还能窥见中犹两个民族在伦理道德标准方面的相似性。

美国学者卡津说："东欧犹太人事实上是最后一代全然生活在上帝面前的人——他们的生活只与上帝发生关系。"①《一个可怕的问题》有助于我们理解卡津为什么这样说。一个家徒四壁、房间几乎被老鼠占领的犹太人死了妻子。为了不让尸体受到老鼠的糟蹋，他将死去的妻子放在唯一的床上；为了自己也不受老鼠的折磨，他希望自己也能在这张床上过夜。但他不知道活人和死者同睡一张床会不会违背上帝的诫命，为此他去询问门德尔拉比。

为了严守律法，犹太教徒甚至不断延伸、扩展相关诫命。有条诫命规定：为了世世代代记住上帝领以色列人逃出埃及、摆脱奴役这一历史事件，逾越节期间不可吃发酵食物。《缎子外套》中的哈西德派教徒把这一律法扩展到了令人瞠目的地步。"哈麦兹"（chametz）本指逾越节期间禁食的含酵母食物，但在哈西德派教徒那里变成了一切与含酵母食品有关的东西。除了"面粉呀，揉面板呀，擀面杖呀什么"，他们还"要处理掉威士忌，柜子，樱桃白兰地，蜜饯，……有时候，还有人列出马厩和马，虽然我不清楚一匹马怎么会也算在哈麦兹里。不过，马是要吃燕麦的。有个人的儿子跟着马戏团，他觉得有必要把整个马戏团的兽群都列为哈麦兹申报"。凡是最终能与含酵母食物联想起来的东西，他们都要在这段时间清除出家里。可见，犹太人遵守的613条诫命和由此生发的教条充斥的生活，已不再是一种宗教，而更像阳光和空气那样，是需求和生命的一部分。哪怕一贫如洗，他也丝毫不会想到偏离613条诫命。

---

① Alfred Kazin, *Bright Book of Life: American Novelists & Storytellers from Hemingway to Mailer*, Brown: Atlantic - Little, 1973, p. 157.

拉比法庭上的故事，不止美好和积极的一面，也有不少令人鄙夷的人和事。《商人》中那个聪明绝顶、饱读经书，却恬不知耻地"出卖永生"的"商人"，就是一个学识渊博的道德乞丐和亵渎神圣的恶棍。《重大的拉比审判》中，那两个为赚取商人的蝇头小利而做代言人的体面拉比，不过是满嘴仁义道德却一肚子男盗女娼的败类。《奇迹》描绘了一些在欺骗顾客的同时又厚颜无耻地动辄发毒誓的鹅贩子。《强者》则刻画了小学堂里欺凌弱小的校霸和假仁假义的小骗子。

作为"拉比世家、哈西德教徒、喀巴拉神秘主义者的后裔"，辛格在情感上是同情哈西德派犹太人的，但这些犹太人的迷信、偏执、滑稽，也在他尖酸辛辣的笔下出尽了洋相。约瑟夫·马特斯是个虔诚的教徒，老婆靠坑蒙拐骗挣来大把的钱，他转身就把它送给了慈善机构；马特斯坚拒现代科技，不许女儿去医院动手术，以致她总是生下死胎，后来她跑到维也纳做了手术，才生下个活着的孩子。但那些狂热的哈西德派教徒却睁眼说瞎话，宁可认定这是拉比行的奇迹，也拒不承认现代科技的功效："他们下定决心，不被撒旦或者理智、事实所蒙蔽"（《奇迹》）。

辛格血淋淋地撕开意第绪语文学所忌讳的犹太民族的劣根性，目标是为民族文化寻求最好的出路。他所刻画的令人揪心的苦难深重，以及形形色色的小偷、强盗、妓女、欺世盗名的拉比和不法商贩，使我们不仅对神秘的犹太民族增加了多面的、立体的认识，而且更理解辛格何以被他的一些犹太同胞称为"以色列的叛徒"，也更尊敬这种大胆的"叛变"。

二 法庭、家庭与"家庭论战"

辛格的父亲门德尔·辛格是非官方任命的拉比。他的"法庭"功能更多的是调解。调解和判决的依据和尺度是《托拉》和《塔木德》。这是"经"的力量，也就是信仰和道德的力量。在《重大的拉比审判》中，门德尔曾裁决了一桩数额巨大的经济案件。他在双方吵嚷了几天以后，做出"折中的判决"——平分。"爸爸取下他的手帕，命令当事人抓住，这是他们接受爸爸裁决的标志。"门德尔还说了一句大实话："这就是我的裁定。我又没有打手，非逼着你们接受。"对此，辛格也曾说过：称拉比处理犹太事务的场所为法庭（court），是从意第绪语到英语的一个权宜译法。事实上，父亲的"法庭"兼具民事调解、犹太会堂、学者书房、接待室、心理医生诊所、临时法庭等功能，称之为犹太日常事务综合裁判庭也许更为合适。

除了写"一个法庭"外，《在父亲的法庭上》还写了"一个家庭的故事"。如果说"法庭"故事折射出犹太世态百相，那么辛格家中的辩论则浓缩了东欧犹太思想界的主流信仰和观点。

《我的家谱》和《婚礼之后》等故事详尽介绍了辛格父亲及其所代表的极端虔诚和狂热的哈西德派的思想源头，也凸显了母亲所代表的犹太理性主义者及其家学渊源。在犹太传统中，有钱者和有权者远不如学者受敬重——这是"伪犹太智慧"的兜售者难以想象的事实。在犹太传统中（其实在中国文化传统中也一样），研读《托拉》的学者才最受尊敬。辛格家庭结构足以说明，犹太社会理想的家庭模式是妇女养育孩子、做饭、操持家务、挣钱养家；而丈夫则一门心思研习《托拉》。而且那些"挣钱养家"以外还要包干家务的女人"不但毫无怨言，反而感谢上帝赐给她们做学者的丈夫"[①]。《塔木德》中还有要求人们慷慨款待《托拉》学者的劝导；而富人把研读《托拉》的学子招为女婿，使其无后顾之忧地献身《托拉》，才被视为财富的正当出路。辛格父亲婚后与岳父母住在一起，就是源于传统犹太社会让年轻人能在一段时间内专心学习《托拉》，不必为生计分心的习俗。

哈西德派最大的特点，是对其信仰的迷狂。门德尔自己就是个典型。他对喀巴拉神秘主义坚信不疑。圣书说一个姑娘肚子里有四个魔鬼，在她身体里四处乱钻，吹胀她的肚子，最后是格雷迪克镇的拉比驱除了那四个邪恶的精灵。门德尔会告诉孩子们这是事实，而且不允许任何人怀疑。他把迷信当真理，出了不少洋相。在《死鹅为什么尖叫》中，一位神情恐慌

---

① 亚伯拉罕·柯恩：《大众塔木德》，盖逊译，山东大学出版社，2004，第33页。这里的"学者"指研究《托拉》《塔木德》的犹太学者。不注重自然科学和对超验理论的研究是犹太教传统，在拉比们看来，这类研究既会对宗教信仰构成威胁，又会使人的精力从对更具现实意义的问题思考上游离开来。

的妇人提了两只鹅来找门德尔·辛格，说它们是按教规屠宰的，但哪怕在砍掉头、取出内脏后仍会发出恐怖的尖叫。门德尔认定这是"上天的预兆或者撒旦的信号"，说凭着这个神迹，就没有人胆敢怀疑造物主的存在。可惜，这个"神迹"被他的妻子拔士巴给当众破解：她拔掉鹅的喉管，死鹅就不叫了。面对铁一样的事实，门德尔的回答依然是他的经典台词："你今天不相信神迹（其他时候则是"圣书"或"拉比"），明天就会不相信上帝"，还抱怨"冷血的理性主义"的妻子，撕毁了他的"信仰"。

辛格的母亲拔士巴出身于反对哈西德派的犹太教派，即所谓的"米特南丁派"（Mitnagdim，字面意思是"反对者"）。这个教派与哈西德派相反，主张独立思考，不盲从，不迷信。在该派看来，永恒的知识是和上帝进行沟通的手段，而仅仅靠单纯的宗教狂热只会走向迷途。他们认为"哈西德主义把出神入迷的祈祷和神秘的虔敬置于研读《托拉》之上，是有悖于犹太基本教义的——研读《托拉》才是犹太教至高无上的目标"①。从19世纪到20世纪初，米特南丁派思想在犹太教中抑制了哈西德宗教狂热，成了在上帝信仰和科学理性之间的平衡仪。

辛格的哥哥，伊斯雷尔·约书亚·辛格原本是虔诚的哈西德教徒，他在弥赛亚情结遭受摧毁性打击之后，思想叛逆，走向了激进的犹太启蒙主义。但总起来说，他既继承了的文化基因，又接受了犹太启蒙主义的激进思想。他就像从旧世界出来杀回马枪的鲁迅，对犹太传统劣根性和主体都毫不留情，甚至对上帝的存在也表示质疑。

由于父、母、兄长恰好分别代表了东欧犹太文化的三大派别，辛格家庭内部的论战，成为那个时代的犹太内部思想斗争的缩影。在辛格家庭论战中，伊斯雷尔思路敏捷，有各种"主义"为新式武器。他告诉母亲，上帝是虚无的，工人们会联合起来，主宰这个世界。母亲当然不相信儿子的异端邪说，她用渊博的宗教知识反击那些新颖的理论，维护上帝的尊严。而门德尔会凭着父亲的特权，骂儿子是"叛教者，犹太教的敌人"，伊斯雷尔也不示

---

① 大卫·鲁达夫斯基：《近现代犹太宗教运动——解放与调整的历史》，傅有德等译，山东大学出版社，1996，第142页。

弱，他将父亲振振有词的话语归谬，说照他的理论推下去会得出结论："上帝也是邪恶的。"对于厨房里的论战的意义，辛格这样描述："虽然其后我读了大量的哲学著作，但我从未见到过比我们家厨房里进行的辩论更激烈的了。我甚至在家里听到了心理学研究领域的奇怪事实。"这些辩论强烈地吸引了小辛格，使他既自豪又孤独。最后想到的问题却是："什么是对的？我该做什么？上帝为什么在七重天里沉默不语？"（《厨房里的论战》）

不过，虽然辛格对父亲的滑稽和迷信的一面不留情面，但他对父母坚守信仰的精神是肯定的。他说过："虽然爸爸和妈妈性格迥异，但是两人对俗不可耐、夸夸其谈、阴谋诡计和阿谀奉承都深恶痛绝。我们家有一个共识：宁肯失败，也不愿屈服于邪恶；一个人的成就必须正大光明地争取。我们都继承了——意第绪语文学中不曾描写的——英雄的遗传密码，其核心是能够为了灵魂的纯洁而含辛茹苦……"（《煤贩子野狼》）

辛格自己从不盲从父辈或兄长的任何一方。他感到："他们各自都能有效地击溃对方的观点。可是，等到证明观点的时候，他们所依靠的还是那些极易引起争议的语录。我一言不发，心里自有主见。"他甚至对斯宾诺莎也是既着迷又困惑，但绝不盲从（《新风气》）。正是辛格这种既承认上帝又不迷信上帝、既热爱民族传统又绝不粉饰藏拙、既上下求索又不迷信经典和权威，并坚持追究"上帝是谁"的情结和方式，形成了犹太民族的一种特有的文化养料。也许，正是这种文化养料在视钱财如粪土而信仰和学问值千金的犹太文化土壤中的发酵、膨胀，才孕育出爱因斯坦、弗洛伊德、辛格等众多犹太精英。有人说不了解本雅明、德里达、莱维纳斯、马丁·布伯等20世纪著名西方思想家的犹太背景，便不能完全理解他们的学说。我们却可以说，只要深入鲜活的犹太底层生活，便有望探及犹太文化的深层结构和那些犹太裔巨擘的思想底色。

三　辛格作品与"犹太热"

在近年的全国各大书店里，装帧豪华的"犹太智慧"图书相当引人注目。这本应是一件好事，但随手翻翻，众多以"犹太读书秘诀、犹太智慧、犹太成功、犹太赚钱秘诀"之类吸引眼球的"亮点",多是东拼西凑的抄袭加上些无中生有的噱头。最近的"犹太热"似聚焦于犹太民族视为"第二圣经"的《塔木德》。出版商把"塔木德"与经商、读书、处世、财富、智慧捆在一起,宣布《塔木德》是"犹太人人人手一册,从生到死一直研读,常读常新",显然想让读者相信:犹太人是靠读这本书发财致富,无所不能的。你买了这本书就可以像犹太人一样聪明绝顶,脱胎换骨,搭上升官发财、梦想成真的直通车。书商这么宣传情有可原,若读者也真以为《塔木德》是升官发财的神丹灵药,那就大谬不然了。

"犹太热"的缘起和一组被出版商渲染和放大的数据不无关联:犹太人口总数不到世界人口总数的 0.22%,且长期不享有政治独立,仅凭一部《托拉》维系着民族文化,但获得诺贝尔奖的人数却占诺奖得主总数的 21%。在现代政治、经济、科技、文学艺术领域的巨擘中,犹太血统的比例同样惊人。① 这类数据虽然客观,但难免催生和激活了犹太文化的神秘感和崇拜感。另一方面,除了极少数专业研究者,我国图书界(包括文学批评界)对犹太文化的了解又相当贫乏。以色列特拉维夫大学教授张平指出:"正是这种民众对犹太智慧的渴求与缺少相关书籍的现实给了伪'犹太智慧'书乘虚而入的空子。在真正的犹太智慧被切割得体无完肤之际,读者们的满腔热情也被人利用。"② 张平的忧虑不是危言耸听。"伪犹太智慧"不但是对犹太民族智慧本身的肢解和歪曲,还像足球的假、赌、黑一样,忽悠了中国读者。为了避免和制止这种灾难的继续蔓延,中犹学者正在行动起来,提供可靠的、反映真实犹太生活的图书来抵消和纠正那些伪犹太智慧书的恶劣影响。这本《在父亲的法庭上》正是反映原汁原味东欧犹太风情而且雅俗共赏的佳作之一。辛格曾说:

> 那些读过我的作品,尤其是我的自传体作品集《在父亲的法庭上》的读者都知道,在我出生、成长的家庭里,宗教和犹太性几乎就

---

① 相关数据可参看杰克·罗森《犹太成功的秘密》,徐新等译,南京出版社,2008,第 2~4 页。

② 引自张平博客:http://zhangp.blshe.com/post/164/17468。

是我家里人呼吸的空气。我是世代拉比、哈西德教徒、喀巴拉神秘主义者的后裔。在我们家，犹太教不是某种稀释过的形式上的宗教，而是风味正宗，饱含各种维他命和彻底的信仰冥想的宗教。这是因为犹太人已经流放了两千年，被从一个国家驱逐到另一个国家，从一个隔都赶到另一个隔都，他们的宗教并未蒸发。犹太人经历了任何其他宗教信仰都不曾经历的选择。那些宗教信仰或宗教情感不够强烈的犹太人跌倒在路边，与异教徒同化，只有那些剩下来的犹太人严肃地看待他们的宗教并给他们的后代完全的宗教教育。①

所以，如果说辛格凭其正宗的犹太性，被誉为"唯一正宗的美国犹太作家"，那么本书是辛格的犹太风味大餐中犹太滋味最浓、最值得回味的一碗。它从一个"老式"犹太家庭的幼童纯真的视角，以"炉火纯青的叙事艺术"，让读者轻松愉快地在多彩多姿的民俗风情画中穿行，从一个个鲜活的犹太故事中品味犹太文化的真谛。正因为如此，辛格成为文学史上唯一获得诺贝尔奖的意第绪语作家和唯一先用一种濒临死亡的语言写作，又以强势的英语作为"第二原创"风行全球的作家，被誉为"唯一按根本的犹太传统写作的美国作家"和"在百年之后还会有人读他的作品的作家"。

自1979年以来，辛格早已为中国作家所熟悉，也有不少的模仿作品。在一些优秀作家自述中，读者还能找到与本书相关而有益于理解犹太文化的批评。作家余华多次向读者推荐从辛格那里获得的一个启示："理论总是会过时的，只有事实永远不会过时"；苏童曾感慨："辛格的作品是犹太籍作家中最守旧的，却是最动人的。如果想认识犹太人而苦于无门而入，打开辛格的小说读一下，也许就是一条捷径"。② 笔者相信，《在父亲的法庭上》一书中的"事实"弥足珍贵，永不会过时。辛格不像卡夫卡、乔伊斯们一夜之间红遍大江南北，但他的作品如涓涓细流、如滴水穿石，对当代文坛起着潜移默化的作用。诗人何小竹曾说过："上个世纪八十年代初，

---

① Isaac Bashevis Singer, *A Little Boy in Search of God*, New York：Doubleday, 1976, p.3.

② 转引自《中华读书报》2001年2月21日。

我强烈地喜欢着辛格的短篇小说……我被他的这些短篇所征服。"但迫于80年代"言必称卡夫卡"的文学时尚，他却不得不强迫自己忘记辛格，去读卖弄技巧的现代派作品。几年以后，把他从技巧的"城堡"拉出来，回到"讲故事"正轨上的，还是辛格。① 作家的现身说法，或许从一个可信的视角，揭示辛格及其作品为"犹太热"提供感性认识的意义和价值。

辛格说过："我希望一百年后，当人们问起20世纪的东欧犹太世界发生过什么，有人回答说：'去读一读辛格的书吧。'"不妨套用一句说：如果想知道犹太文化的深层结构，去读一读辛格的书吧。相信你会从犹太人的苦难、犹太人的虔诚，从犹太人生存、养育孩子、追求真理的艰辛，从他们经商、读经的日常生活中，从那些如拉家常的犹太故事和精辟简练的议论中，时不时生出"原来如此"的恍然大悟。

---

① 王毅、傅晓微：《从卡夫卡到辛格：中国先锋派的转向——以马原、苏童、余华为中心》，《社会科学研究》2005年第4期。

《爱与黑暗的故事》与以色列人的身份认同

钟志清*

与《我的米海尔》《地下室里的黑豹》等多数长篇小说类似，奥兹的自传体小说，或者说回忆录《爱与黑暗的故事》仍然集中相当笔墨描写家庭生活。小说以叙述人"我"的回忆展开叙事，描写了一个犹太家族几代人的生存经历。但与奥兹以往多数作品不同的是，标志其创作巅峰的《爱与黑暗的故事》在背景设置上颇为宏阔。它不再局限于读者所熟悉的耶路撒冷和基布兹，而是从 20 世纪 40 年代英国托管时期的耶路撒冷和 50 年代以色列建国初期的基布兹，拓展到 19 世纪末期到 20 世纪 30 年代的欧洲。欧洲之于犹太人具有特殊的含义。犹太人自公元 135 年反抗罗马人的巴尔－科赫巴起义失败后，便离开了巴勒斯坦，开始了长达近 1800 年的大流散。其间，继续留在巴勒斯坦的犹太人非常之少。散居世界各地的犹太人同巴勒斯坦的联系仅限于精神层面，即中世纪西班牙犹太诗人犹大·哈列维所吟诵的："我心系东方，人在遥远的西方。"① 许多犹太人在欧洲定居；并自 18 世纪下半叶，在犹太启蒙主义者走出隔都（ghetto）、② 融入现代欧洲世界思想的感召下，亲历欧洲文明的洗礼，向往着把自己同化到欧洲社会与文化之中。即使在 19 世纪末期，以赫茨尔为代表的犹太复国主义者提出在祖先生活的土地上——巴勒斯坦建立犹太民族家园

---

*　钟志清，中国社会科学院外国文学研究所研究员。

①　Ephraim Yuchtman－Ya'ar and Steven M. Cohen, "Close and Distant: The Relations between Israel and Diaspora," in Eliezer Ben－Rafael, JuditBoksterLiwerant, and Joseph Gorny, eds., *Reconsidering Israel－Diaspora Relations*, Leiden/Boston: Brill, p. 104.

②　欧洲犹太人被限定居住的隔离区。

的设想，但多数欧洲犹太人仍然不愿意离开欧洲。直到19世纪30年代，在欧洲"犹太佬滚回巴勒斯坦"的排犹声浪中，许多犹太人才踏上了回归故乡的旅程。《爱与黑暗的故事》所集中描写的就是这样一个犹太移民群体。犹太研究者将这个移民群体称作阿什肯纳兹（Ashkenazim）犹太人，或者叫作欧洲犹太人。

东方的他者：阿什肯纳兹与塞法尔迪犹太人

阿什肯纳兹犹太人指从14世纪开始居住在日耳曼地区的犹太人，今专指居住在西欧、北欧和东欧（如法国、德国、波兰、立陶宛、俄国等地）的犹太人及其后裔。

从理论上看，犹太复国主义，或者说在巴勒斯坦地区建立犹太民族家园的理念主要由阿什肯纳兹犹太人所倡导。早期的犹太复国主义理论家赫茨尔、阿哈德·哈阿姆和以色列建国领袖本－古里安、魏茨曼都是阿什肯纳兹犹太人。[①] 无论在国家政治、社会机构中，还是在经济实体、社会生活中，阿什肯纳兹犹太人都居于主宰地位。数代以色列文学作品中的主人公，也大多由阿什肯纳兹犹太人充当。

奥兹本人出生于阿什肯纳兹犹太人之家，自60年代登上文坛以来便成为以色列阿什肯纳兹精英文化的创建者。从最早的短篇小说集《胡狼嗥叫的地方》，到以基布兹为背景的小说《何去何从》与《沙海无澜》，再到洋溢着浓郁抒情色彩的《我的米海尔》、具有强烈哲学意蕴的《了解女人》、充满民族主义情绪的《地下室里的黑豹》等重要作品，奥兹着力描写的均为基布兹人和阿什肯纳兹中产阶级犹太人。尽管许多人物身上有着这样那样的弱点，但奥兹还是从正面对他们寄予了无限深情。尽管奥兹在许多文本中也探讨了犹太复国主义梦想的局限，但作为公众人物，他数十年培育与设计着某种理想的框架，甚至一度被视为劳工犹太复国主义意识

---

① 参见徐新、凌继尧主编《犹太百科全书》，上海人民出版社，1993，第418页；钟志清《变革中的20世纪希伯来文学》，中国社会科学出版社，2013，第316~317页。

形态精髓的代表。①

然而，在《爱与黑暗的故事》中，这些阿什肯纳兹中产阶级犹太人不再拥有优惠与霸权。他们不再是建功立业的犹太复国主义领袖和拓荒者（Halutz），也不再是富有洞见的各类精英。他们虽然也对"先祖生存的土地"怀有某种乌托邦式的憧憬，但来英国托管时期的巴勒斯坦的主要原因并非要实现所谓的犹太复国主义梦想，而是因为在欧洲反犹主义浪潮下难以生存。由于长期生活在欧洲，欧洲的生活方式与习俗已经沁入其骨髓。来到巴勒斯坦后，他们立即意识到欧洲文化与中东文化的巨大差异。尽管他们在欧洲并没有完全把自己当成欧洲人，可一旦抵达了巴勒斯坦，他们就变成了欧洲人，② 要在巴勒斯坦追求欧洲的生活方式。这种身份的转变使之成了巴勒斯坦土地上的无本之木，堪称"东方的他者"。

在文本中，"东方的他者"首先由小主人公阿摩司的祖母和祖父母那代人构成。这些人都是热诚的亲欧人士。主人公的祖父母来自乌克兰的文化名城敖德萨，他们在自己家中创办了有史以来第一个希伯来文学沙龙。尽管祖父在精神上向往着巴勒斯坦，思念那里的山川平原，慷慨地为犹太民族基金会捐款，支持犹太复国主义事业；但只有在四处遭拒的情况下才"几乎是不太情愿地移民到亚洲化的亚洲"。祖父抵达耶路撒冷后，一度经商，但很快便在竞争中失败，于是只有用俄语写诗，赞美希伯来语的辉煌和耶路撒冷的魅力。在他笔下，耶路撒冷不再是热得令人窒息的狂热者们的城市，而是散发着没药与乳香气息。没药与乳香的意象，出自圣经《雅歌》。而圣经时代又是希伯来历史上的黄金时代，因此这种憧憬本身便带有欧洲犹太人对古老东方的乌托邦想象。借用萨义德的话说：东方几乎是被欧洲人凭空创造出来的地方，自古以来就代表着罗曼斯、异国情调、美

---

① Eran Kaplan, "Amoz Oz's *A Tale of Love and Darkness* and the Sabra Myth," *Jewish Social Studies*, Vol. 14, No. 1 (Fall 2007), p. 123.

② Alan Dowty, "How it Began: Europe vs. the Middle East in the Orientation of the First Zionist Settlers," in David Tal, ed., *Israeli Identity between Orient and Occident*, London and New York: Rutledge, 2013, p. 19.

丽的风景、难忘的回忆、非凡的经历。① 这样的东方对于新移民来说，与其说正在消失，不如说未能寻觅到。

祖母从踏上巴勒斯坦的那一刻，立即断言"黎凡特到处是细菌"。小说详尽描写了祖母每天进行的反细菌大战，包括洗三次热水澡，最后死于心脏病。在作家看来，这些细节描写犹如小小的窥孔，可让人们领略到东方景象、颜色和气味对祖母（或者对像她那样的其他难民和移民）产生的心理影响。这些来自东欧阴郁的犹太乡村的犹太移民，对黎凡特人普遍追求感官享受感到困扰，乃至试图建立自己的隔离区，以抵御其威胁。或许祖母所有的清洁膜拜仪式不过是一件密封的航天服，或者是一条消毒过的贞操带。② 借此表明来自欧洲流散地、具有强烈亲欧倾向的犹太移民对东方文化的本能抗拒。

外祖父母曾在波兰拥有一座红红火火的磨坊，但在生意一落千丈之后不得不来到巴勒斯坦，继续过着贫困如洗的生活。这些人，虽然见证了犹太民族主义与犹太复国主义的兴起，但并没有投身于犹太复国主义事业之中。在巴勒斯坦的土地上，他们虽然不再流亡，但陷于新的困窘，很少有快乐时光，依旧得不到他们所向往的尊严与尊重。

第二代，也就是主人公父母这一代的心灵冲突就更加巨大。他们也是热诚的亲欧人士，但与前代人相比，他们饱读诗书，接受了欧洲现代文明的教育，可以使用多种语言，倡导欧洲文化和遗产，推崇欧洲风光、欧洲艺术和欧洲音乐。按照他们的价值标准，越西方的东西越被视为有文化。他们心目中的"真正城市"，城中央不仅有小河潺潺，更有或巴洛克式，或哥特式，或新古典式，或诺曼式，或斯拉夫式小桥横跨其上。相形之下，耶路撒冷显得太古老，太陈旧。更何况，他们所敬仰的耶路撒冷是在浓郁葱茏、花团锦簇、琴声悠扬的热哈维亚（Rehavia）区，是在本－耶胡达大街上悬挂着镀金枝形吊灯的咖啡馆，是在举办各种晚会、独奏会、舞会、茶话会以及艺术座谈会的基督教青年会或大卫王酒店的大厅。无奈的

---

① 爱德华·萨义德：《东方学》，王宇根译，三联书店，1997，第 3 页。
② 阿摩司·奥兹：《爱与黑暗的故事》，钟志清译，译林出版社，2014，第 35～36 页。

是，迫于生计，他们只能蜗居在凯里姆亚伯拉罕居住区。

居住在这里的人多从事图书管理员、教师、职员、装订工、银行出纳、电影院售票员、杂货商、牙医等职业，而当时的耶路撒冷充斥着来自世界各地的著名商人、音乐家、学者、作家和艺术家，其中包括大学者马丁·布伯、格舒姆·肖勒姆和大文豪阿格农。在这样的文化氛围里，构成《爱与黑暗的世界》一书主要人物的阿什肯纳兹中产阶级则酷似俄国作家契诃夫笔下的小人物，在生活中饱尝艰辛，欲望备受折磨。这类人尽管不同于二战结束后来到以色列、身心饱受摧残的犹太难民和纳粹大屠杀幸存者，但从本质上看，也不能算作真正的隶属新建以色列国家的人，依然带有某种流散地犹太人的精神气质。青春理想的破灭加上贫困的现实使之陷入各种苦恼和抑郁，甚至丧失了内在的生命之光。其高潮便是母亲在盛年时期自杀，这一悲剧集中体现了阿什肯纳兹犹太人移居巴勒斯坦后的绝望。

在作品中着墨不多但在历史上可与阿什肯纳兹相提并论的另一犹太群体是塞法尔迪犹太人（Sephardim）。塞法尔迪犹太人指 1492 年之前居住在西班牙或葡萄牙的犹太人的后裔。犹太人于 1492 年在西班牙、1497 年在葡萄牙相继遭到驱逐后，散居到北非、东欧和南欧（从今天的意大利到土耳其）、黎凡特或地中海东岸。这一术语经常被大量用于非阿什肯纳兹血统的犹太人，包括在伊拉克、叙利亚和也门居住多年的东方犹太人。

尽管从地域上看，塞法尔迪犹太人，或曰中东犹太人，与东方较为亲近，但他们也是某种意义上"东方的他者"。在 20 世纪 50 年代，如果说称欧洲犹太人为"东方的他者"，主要指其因过于认同西方文化而排斥东方文化，是生活在东方的欧洲人；那么称来自西班牙、巴尔干、中东和北非的塞法尔迪犹太人为"东方的他者"，则意味着其地位与欧洲犹太人相比属于劣势，无论其来自乡村还是城市，无论其在观念上传统还是现代，无论其信教与否，无论其是专业人士还是普通劳动者。来自西方的犹太复国主义领袖试图按照西方国家的模式来构建新的犹太国家，因而怀着傲慢与偏见，对这些具有东方血统的新移民进行西方文化渗透，令后者感到一种莫名的压力与挫败。犹太复国主义者在巴勒斯坦建立了由自己操纵政治、经济、文化命脉的犹太社区，这影响了一些塞法尔迪犹太人的生计来源。同时，他们讨厌阿拉伯劳动力，因而试图采取措施把一些塞法尔迪犹太人变为廉价劳动力。①

即使到了今天，第二代、第三代塞法尔迪犹太人已经出生，即使40%～60%的塞法尔迪犹太人在以色列属于中产阶级，但欧洲犹太人与东方犹太人之间的身份差别依然存在。② 而且，在过去20年间，塞法尔迪犹太人支持以利库德为代表的右翼政党的力度，往往比欧洲犹太人高3～12个百分点。多数塞法尔迪犹太人不主张归还戈兰高地和耶路撒冷，对阿拉伯人的态度也比较强硬。当然，这种比较只是相对而言，并非所有的欧洲犹太人都是温和派，也并非所有的塞法尔迪犹太人都是极端主义者。有学者认为，第二代、第三代塞法尔迪犹太人之所以支持利库德集团，是因为他们在成长过程中看到了父母因身份差异而付出的代价，包括所遭受的歧视与不公，因而希望寻找一个使之在犹太复国主义事业中拥有平等权利的政党。③

奥兹在《爱与黑暗的故事》中，虽然没有像著名作家约书亚那样深入挖掘塞法尔迪犹太人移民以色列后的生存境遇，但通过描写自己孩提时代的政治立场的转变，表明即使在50年代初期，欧洲犹太人与东方犹太人两大阵营之间的差异与鸿沟已经显而易见：

> 有一条不易察觉的纤细分界线，大厅前三四排贵宾席留给一些杰出人士：知识分子、民族阵线斗争中的老兵、修正主义运动中的活跃分子、前伊尔贡首领，多数人来自波兰、立陶宛、白俄罗斯和乌克兰，其余座位则坐满了一群群西班牙裔犹太人、布哈拉人、也门人、库尔德人以及阿勒颇犹太人。这些情绪激动的人群充斥着走廊和过

① Gideon N. Giladi, *Discord in Zion: Conflict between Ashkenazi & Sephardi Jews in Israel*, Essex: Scorpian Publishing House, 1990, pp. 39 – 41.

② Maurice M. Roumani, "The Sephardi Factor in Israeli Politics," *Middle East Journal*, Vol. 42, No. 3 (Summer, 1988), pp. 423 – 435.

③ Ibid, p. 427.

道，挤靠在墙壁上，拥满了门厅和爱迪生大厅前面的广场。①

两大阵营的差异不仅体现在穿着打扮与行为举止上，而且体现在身份政治上。前者表现出一副谦恭有礼的小资产阶级神态：头戴帽子，西装革履，流露出某种华而不实的沙龙程式；而后者则主要由商人、小店主和工人组成，穿着破旧。前者谈论民族主义革命，引用马志尼和尼采；而后者为理想主义颤抖，热心，脾气暴躁，等等。这是后来的利库德集团领袖贝京演说之前的场面描写。其中透视出早在以色列建国之初，以贝京为代表的自由党已经成为塞法尔迪犹太人的政治选择，暗示着其对以本－古里安执政府的不满。

拓荒者与幸存者

奥兹在《爱与黑暗的故事》中曾对以色列建国前后犹太人的身份阶层予以划分。根据奥兹的描绘，站在声望云梯最高处的是拓荒者，即劳工犹太复国主义者中的核心力量。这些人生活在加利利、沙龙平原和山谷；他们外表黝黑，坚忍顽强，少言多思，风餐露宿，开垦土地，种植葡萄园，正在建造一个新型的世界，在自然景观与历史史册上留下痕迹。他们谈论人生、爱情与责任、民族利益与普遍正义。在需要的时候拿起枪支，还击进犯者，把我们悲惨的灵魂铸造成战斗的国民。在奥兹看来，这些人是一种新型的犹太英雄，既不同于大流散时期的犹太人，也不同于凯里姆亚伯拉罕居住区的犹太人。②

拓荒者的价值理念与形象对日后以色列国家精神的构建起到了重要作用。拓荒者强调自我牺牲、体力劳动、回归自然、自卫与自信，着眼于未来与集体，通过个人付出建造一个现代社会，创造一种新型的希伯来文化。尽管随着现代西方个人主义思想的侵入，拓荒者们所倡导的集体主义

---

① 奥兹：《爱与黑暗的故事》，第435～436页。

② 同上书，第5页。

奉献精神逐渐遭到侵蚀与瓦解，但至少在以色列国家的形成期影响了几代人价值观念的形成，并促使一批以色列人将个人身份融入集体身份之中。[①]

强调拓荒者价值无疑会对与其相对的大流散价值加以排斥。犹太复国主义理论家认为，犹太民族历史上拥有两个辉煌时期，即古代圣经时期和现代以色列国家时期，其间的黑洞乃是犹太人近 1800 年的流亡。犹太复国主义教育体系中存在着一种反大流散（shelilat ha - gola）情结。按照这种观点，犹太人的流亡历史塑造成充满苦难与回忆的黑暗历史。在 19 世纪30 年代到 1948 年以色列建国时期撰写的巴勒斯坦犹太历史教科书中，大流散时期的犹太人被描述成巴勒斯坦土地上犹太拓荒者的直接对立面，甚至按照反犹主义程式，把他们视为软弱怯懦、逆来顺受、随遇而安的犹太人。这些历史教科书强调犹太人在现代社会所遭受的苦难，表明犹太人在异国他乡的生活没有意义，对危机四伏的生活视而不见。它们详细描述了犹太人的痛苦遭遇，并将犹太人视为被动的受难者。[②] 这种被动文化发展的极致便是大屠杀。600 万犹太人"像羔羊走向屠场"被视作民族历史上的奇耻大辱，代表着最具负面意义的流亡结果。[③]

与拓荒者相对，大屠杀幸存者和难民处在身份云梯的最底层。20 世纪40 年代和 50 年代成长起来的以色列犹太孩童在学校和幼儿园均会接受大屠杀和英雄主义教育，对大屠杀幸存者和难民既充满怜悯，又具有某种反感和排斥。就像《爱与黑暗的故事》中的小主人公及其同龄人那样，他们一直在追问大屠杀幸存者与难民为什么不奋起反抗，为什么不在时间允许的情况下来到巴勒斯坦，那边（指大屠杀发生地）所发生的事情绝不是什

① 关于拓荒者在形成以色列人身份中的作用，参见 S. N. Eisenstadt, "Israeli Identity: Problems in the Development of the Collective Identity of an Ideological Society," *Annals of the American Academy of Political and Social Science*, Vol. 370, (Mar., 1967), pp. 116 - 123。

② Oz Almog, *The Sabra: The Creation of the New Jew*, trans. by Haim Watzman, Berkeley: University of California Press, 2000, p. 77.

③ Yael Zerubavel, *Recovered Roots: Collective Memory and the Making of Israeli National Tradition*, Chicago and London: University of Chicago Press, 1994, p. 19.

么荣耀之事。"我们要面对未来，而不是面对过去。如果要重提过去，那么从圣经时代到哈斯蒙尼时代，我们肯定有足够的鼓舞人心的希伯来历史，……犹太历史不过是堆沉重的负担。"① 美国学者雅艾拉·杰鲁巴维尔指出，犹太复国主义记忆把年轻一代塑造成古代英雄的后代。这一联想强化了古代祖辈与年轻一代新希伯来人的密切关系，却把父辈——流散时期的犹太人边缘化了。②

奥兹笔下的拓荒者便是杰鲁巴维尔所说的新希伯来人的典型代表，也就是在犹太复国主义核心理念中所要创造的犹太新人。犹太新人理念应该说出现在 18 世纪的犹太启蒙运动时期，当时的犹太新人指具有世俗化和现代化特征的犹太人，能够走出封闭的犹太居住区，融入欧洲社会。然而真正的犹太新人神话，是在犹太民族主义和犹太复国主义运动兴起之后，在东方的巴勒斯坦得以成型的。其核心意义在于强调人和土地的关系。③ 也就是说，只有在他们心目中先祖生存的土地上，这样的犹太新人才能够被创造出来。

在现实实践中，一些受犹太复国主义思想感召的犹太人从 19 世纪末期便来到巴勒斯坦，这些人被界定为"阿里亚"，他们不同于前面所提到的普通犹太移民，其来到以色列土地的目的是要结束犹太人的流亡命运，并创造某种新生活，其出现标志着新型犹太人的开端。20 世纪前 20 年，第二次和第四次犹太移民浪潮兴起，数万名年轻的犹太拓荒者从俄国、波兰、立陶宛等国家移居巴勒斯坦。他们当中就有未来具有重要影响力的犹太复国劳工运动领袖、后来以色列开国元勋的大卫·本－古里安等，这些人受到了社会主义理念和俄国革命者的影响，主张并实施建立莫沙夫和基布兹两种新型的农业基地。④ 虽然这些人也来自流散地，但其思想与行动与以克劳斯纳家族为代表的欧洲犹太人完全不同，他们是凭借体力劳动而

---

① 奥兹：《爱与黑暗的故事》，第 15 页。

② Yael Zerubavel, *op. cit.*, pp. 25 - 26.

③ David Ohana, "Where East Meets West," in David Tal, ed. *op. cit.*, p. 85.

④ 莫沙夫即农业村庄，居民们拥有自己的家和少量物品，但是在购买装备、销售产品时相互合作。基布兹则是一种集体农庄，大家在那里一起劳动，财产共有。

辛勤耕耘的拓荒者，与土地结下了不解之缘，实现了从欧洲人向东方人的身份转变，彰显了本－古里安所谓"犹太复国主义的意义就是把我们正在变成东方人"之说。[1]

本土以色列人与阿拉伯人

《爱与黑暗的故事》中的小主人公阿摩司出生在巴勒斯坦，属于"本土以色列人"（Sabra）。确切地说，"本土以色列人"指的是出生在巴勒斯坦或自幼移民到巴勒斯坦，在犹太复国主义教育体系中成长起来的人，代表着一种虚构的霸权身份，反映出欧洲犹太复国主义奠基者的文化背景、价值观念与集体期待。[2] 犹太复国主义教育理念希望新移民与流散地的家庭断绝联系，希望他们忘记自己的身份、语言、记忆与文化，情况又有所不同。[3] 在这方面，小主人公的成长经历给我们提供了一个例证。小主人公自幼在家中从父母那里接受的是欧洲教育，他并不否认犹太人的过去，而是对其全部拥抱，甚至自喻：我身在东方，我心却在遥远的西方。但他在学校接受的是浸润着犹太复国主义思想的教育，堪称"犹太复国主义培养出来的温顺成果"。

他在母亲去世后毅然决定离开象征着大流散欧洲犹太人居住区的凯里姆亚伯拉罕、投身于耶路撒冷郊外的胡尔达基布兹，并把姓氏从克劳斯纳易为奥兹，分明带有 20 世纪四五十年代以色列教育思想的印痕。其表现首先在于同家庭决裂，因为在那个年代孩子反抗家庭的极致便是投身基布兹。早在母亲尚在人世时，父母不睦的家庭生活、父亲因人生失意产生的压力、母亲的伤痛与失败，便令其备感压抑，他想逃避这一切，像基布兹

---

[1] David Ohana, "Where East Meets West," p. 86.

[2] Yael Zerubavel, "The 'Mythological Sabra' and Jewish Past: Trauma, Memory, and Contested Identities," *Israel Studies*, Vol. 7, No. 2, (Summer, 2002), pp. 115 – 144.

[3] AdiaMendelson – Maoz, "Amos Oz's *A Tale of Love and Darkness* within the Framework of Immigration Narratives in Modern Hebrew Literature," *Journal of Modern Jewish Studies*, Vol. 9, No. 1 (March 2010), p. 80.

人那样生活。其次，也许更受时代影响的是，在他看来，基布兹人是一个吃苦耐劳的新型拓荒者阶层。作为在巴勒斯坦出生的本土以色列人，尽管他对以伯祖父约瑟夫·克劳斯纳为代表的犹太知识分子的文化贡献深表钦佩，但他并不期待成为克劳斯纳那样的人，他也不愿意成为像父母或者像20世纪40年代云集在整个耶路撒冷的那些忧郁苦闷的逃难学者。他更改姓氏，标志着要与克劳斯纳所代表的过去断绝联系，要在基布兹这个带有原始共产主义色彩的乌托邦社会把自己塑造成一个犹太新人。

正如上文所示，基布兹由第二次新移民创建，是以色列社会的一个特殊产物。其创建者主要来自俄国，怀揣着建国立业与改变世界的梦想来到巴勒斯坦地区。但与那些多愁善感歌词中描绘的父辈居住过的土地截然不同，展现在他们眼前的不是辽阔的俄罗斯平原，而是贫瘠的沼泽、沙漠和湖泊。那里气候恶劣，无法可依，其住所经常遭到游牧民族贝督因人的袭击。在这种情况下，集体居住似乎是最合乎逻辑的方式。加之，这些主要来自俄国的年轻人受到社会主义思想的浸染，梦想的是自己劳作，建造家园。建立集体农场可以从经济上积聚资本，为长期生存做打算。于是从1909年开始，便有了由十几个青年男女们组织起来的劳动团体"德加尼亚"（Degania），这便是巴勒斯坦土地上第一个基布兹的雏形。

基布兹的最大特点是其带有原始共产主义色彩的分配方式。在基布兹，人人平等，财产共有。大家从事不同形式的农业劳动，一起在集体食堂吃饭，儿童们住在集体宿舍，由基布兹统一抚养，只有周末才与家人团聚。在基布兹，来自流散地的犹太人不仅在形式上有了归属感，而且有了家的感觉。人们在那里找到了爱与关怀。

基布兹在以色列国家的创建过程中起到了至关重要的作用。早在以色列建国之前，基布兹成员不仅开荒种地，而且组织了各种军事武装，抵御当地阿拉伯居民和贝都因游牧民族的侵袭，并积极参与1948年的第一次中东战争，为保卫新建的犹太国家献身。1949年，以色列总理本－古里安在讨论新的兵役法时提出，所有的士兵，无论男女，有义务在基布兹或农业合作社服务一年，以增强自己的"拓荒者"意识。

作为成长于20世纪四五十年代并在基布兹开始文学创作生涯的奥兹来

说，他的许多作品，包括短篇小说集《胡狼嗥叫的地方》、《朋友之间》（2011），长篇小说《何去何从》（1966）和《沙海无澜》以基布兹为背景。在这些作品中，奥兹不仅描写了代表犹太复国主义理念的基布兹拓荒者，而且触及了基布兹新移民的生存境况、基布兹与周边民族的关系、拓荒者及其后辈之间的代际冲突，以及来自不同背景的基布兹人的文化冲突等多种主题。

在《爱与黑暗的故事》中，奥兹花费了很多篇幅描写基布兹对于小主人公的人生成长与身份塑造的意义。曾几何时，他是个具有民族主义热情的孩童。他曾在睡觉之前小声吟诵民族英雄们撰写的诗歌，撰写歌颂民族辉煌的小诗，甚至一遍遍想象在战场上英勇捐躯，并总是能从短暂的捐躯中健康地崛起，指挥自己的军团在血与火中去解放敌人手中的一切。而大流散中的犹太人缺乏阳刚之气，就像雅各似的可怜虫，不敢将这些东西夺回。由此可见，小主人公把自己想象为希伯来英雄，与大流散时期的犹太人彻底划清了界限。但是，他又难以融入真正本土以色列人的世界，难以像基布兹出生的孩子那样成为真正的新希伯来人。

从外在因素看，无论其穿着与讲述的语言，均与基布兹的孩子格格不入。奥兹曾在多年前接受笔者访谈时说，刚到基布兹时，他讲的耶路撒冷希伯来语时时令基布兹人发笑。希伯来语一度从犹太人的日常生活中消失，又伴随着犹太民族主义进程在现代得以复活，成为塑造现代犹太人身份时不可或缺的因素。他在《爱与黑暗的故事》中不止一次地写到父亲有时讲蹩脚的希伯来语，容易引人误会。伯祖父克劳斯纳曾经发明了"铅笔""冰川""上衣"等现代希伯来语词语。更富有戏剧性的一幕便是自由党领袖贝京在演讲中多次使用"装备"一词，在俚语中"装备"与性交有关，惹得小主人公笑场，进而被逐出右翼党派的伊甸园。这一切均彰显出流散地犹太人与本土以色列人的语言差异。即使同系本土以色列人，在耶路撒冷学到的希伯来语与基布兹人讲的希伯来语也仍然有别。语言的差异彰显出身份的差异。

而从内在本质上，主人公要摆脱曾经塑造他的以耶路撒冷为代表的旧有文化，并痛苦地渴望再生，这一进程本身就十分痛苦。就像他自己所感受的：他们，这些经历尘土与烈日洗礼、身强体壮的男孩，还有那些昂首挺胸的女孩，是大地之盐，大地的主人。宛如半人半神一样美丽，宛如迦南之夜一样美丽。①而他本人，永远是他者，永远是外来人，永远是乞丐，即使皮肤最后晒成了深褐色，但内心依然苍白。任何曝晒也不能使他变成他们当中的一员。可见，出身于旧式犹太家庭的孩子试图完成身份转变、成为新希伯来人的旅程极其艰难。

以色列犹太人的身份认同无疑会受到与阿拉伯人关系的影响。小主人公九岁那年，见证了1947年11月29日联合国宣布在巴勒斯坦建立犹太国家那个夜晚，见证了1948年5月以色列国家在炮火中诞生，也见证了邻里阿拉伯人一落千丈的命运和第一次中东战争。在《爱与黑暗的故事》中，对阿拉伯人有两次令人印象深刻的描写。一是小主人公年幼时在服装店走失，被一名阿拉伯工友所救，令其产生对父亲般的依恋。另一次则是在1947年夏天，他和邻居到一位阿拉伯望族家做客。透过对其居住场所家居装饰的细致描摹，读者可以感受到以色列建国之前巴勒斯坦阿拉伯富人生活的安适与奢华。但是犹太复国主义运动带来两个后果，一是以色列建国，一是永远无法解决的巴勒斯坦难民问题。身为作家，奥兹虽然一再追问这些有过接触的阿拉伯人如今身在何方，是不是陷于某个难民营，但他似乎不会有改变现状的能力。

在作品中，奥兹通过年少时期与一个基布兹老兵的对话，写到对阿拉伯人的态度与立场。老兵说："在他们眼里，我们是天外来客。在他们的领空着陆。并擅自进入他们的领土……他们拿起武器反对我们又有什么大惊小怪的？现在我们狠狠地把他们打得落花流水，成千上万的人住在难民营——怎么，你希望他们与我们同庆，祝我们好运吗？""因为我们在1948年从他们那里得到了现在所拥有的一切，因为我们现在拥有了自己的一些东西，就什么也不能再从他们手中索取。"②老兵站在阿拉伯人的立场思考巴以问题，把阿拉伯人反对犹太人视为历史的必然，并认为犹太人要适可

---

① 奥兹：《爱与黑暗的故事》，第522页。
② 同上书，第444~445页。

而止。在 20 世纪 50 年代以色列国家的形成期，这样的观点不能不说是一种大胆。即使如今，在新历史主义者对犹太复国主义运动进行批判、指责其对巴勒斯坦人与大屠杀幸存者犯了罪的年代，发出这样言辞的以色列人也需要一种道德勇气。

奥兹自幼生活在耶路撒冷凯里姆亚伯拉罕地区，家人和邻居多是反左派人士，对阿拉伯人充满恐惧与敌意。他本人后来站到左翼营垒，固然与"冒犯"贝京这一戏剧性事件有关，但也不能排除他在基布兹受到老兵那类左翼人士的影响。以致后来像许多知识分子一样从左派角度反对本 - 古里安的"暴君"品性及其在 1948 年间对阿拉伯人采取的强硬态度。

作为和平运动中的一员，奥兹试图远距离审视阿以冲突的症结所在。在他看来，在个体与民族的生存中，最为恶劣的冲突经常发生在受迫害者之间。受迫害者与受压迫者会联合起来，团结一致，铸成铜墙铁壁，反抗压迫者，这不过是种多愁善感满怀期待的神思。在现实生活中，遭到同一父亲虐待的两个儿子并不能联手，让共同的命运把他们密切地联系在一起。他们不是把对方视为同病相怜的伙伴，而是把对方视为压迫他的化身。或许，这就是近百年的阿犹冲突。① 奥兹认为，欧洲用帝国主义、殖民主义、剥削和镇压等手段伤害、羞辱、压迫阿拉伯人；也是同一个欧洲，欺压和迫害犹太人。从这个意义上，犹太人与阿拉伯人都是受难者。

结　语

总体说来，《爱与黑暗的故事》既书写了奥兹个人的家庭悲剧，又对以色列这个新国家的创建做了历史性叙述。奥兹通过描写父母、祖父母两代人的经历，重建了祖辈的东欧世界，为已经逝去的东欧犹太世界吟诵了一曲挽歌。同时，他在审视以色列建国的历史进程时，把一向在以色列生活与文化中居于主导地位的阿什肯纳兹犹太人的边缘化身份凸显出来，并展示了在以色列这个移民国家中西方犹太人与东方犹太人、拓荒者与幸存

① 奥兹：《爱与黑暗的故事》，第 343 页。

者、本土以色列人与阿拉伯人的不同身份认同，在个人命运与集体身份之间建构了一座桥梁。此作既是奥兹个人的历史，又是他那代人的历史。它引起了以色列人，尤其是同奥兹或其小说中某个重要人物有着类似经历或身份的人，发自肺腑的呼应。

特拉维夫街头的天使：
以色列读者对奇幻文学的态度

达尼艾勒·古列维茨[*]

　　向以色列人推销奇幻文学无异于向因纽特人兜售冰块。与其他西方国家相比，以色列的日常生活已经很奇幻了。请设想一下，在过去三十年，这里经历了两次倾全国之力的战争、两次巴勒斯坦人的起义（intifada）、数十次自杀式爆炸袭击（主要是在拥挤的公交车上）、三次有限规模的军事行动，以及因三个年轻人遭谋杀而紧急动员75000名后备军人。与此同时，一百多万移民从苏联来到以色列；另有上万人从埃塞俄比亚抵达，他们多以最不可思议的大胆而危险的秘密方式入境。2014年夏，"铁穹"（Iron Dome）空中防御系统，一种仿佛科幻小说里才有的东西，在"护刃行动"（Operation Protective Edge）期间保护了以色列平民，使他们免遭来自加沙的共计4594颗导弹和火箭弹的袭击。

　　现实就如此。这里生活的人可能会问："什么是奇幻？"以色列是个在大约70年前建立于愿景之上的被孤立的国家，时常处于战争威胁之下。这个民族清楚地知道，自己的分分秒秒都是争取来的，极为可贵，它有着对危机、大屠杀以及紧跟而来的救赎的共同记忆。这个国家能够存在，本身就是奇迹。故在以色列，匪夷所思才是家常便饭。这种现实孕育不出那种长着翅膀的天使在天晴时分出现在特拉维夫街头这类故事。这里的日常经历比很多西方人的想象世界更加不可思议。

　　因此，毫不奇怪，即便是最受尊敬的以色列作家也很少——如果有的

＊　达尼艾勒·古列维茨，以色列巴伊兰大学人文部副主任。

话——写成人奇幻小说。他们最多写写反乌托邦、世界终结、末日审判之类的故事，比如阿摩斯·柯南（Amos Kenan）的《通向恩哈罗德的路》（*The Road to Ein Harod*，1984）、本雅明·塔木兹（Benjamin Tammuz）的《耶利米的酒馆》（1984），以及大卫·格罗斯曼令人心碎的《到大地尽头》（2008）——下文还会谈这本小说。然而，以色列文学在过去十年间见证了一个变化：一种独特的以色列奇幻文学开始兴起，它最初以开创一种新的乌托邦－反乌托邦体裁为标志；其次立足于荒诞感，通过自嘲的犹太黑色幽默，发展出一种超现实主义或高度写实主义的手法。

本文旨在探讨以色列现实及其在当代奇幻文学中的表征，展现以色列读者对这种看似新颖的体裁的态度，并试图发现：能否从这种文学作品中提炼出以色列人的基因；这类文学作品究竟是要超越现实的束缚，反映奇幻的信念和斑斓的梦境，还是恰恰相反，想以此为工具去揭露赤裸裸的现实，从而带着针对性和迫切感去关怀现实。

这里区分出奇幻文学的三种亚体裁：奇幻、高度写实（hyperrealism）和荒诞。目前，这三类以色列小说和戏剧大多数有两个主要特征。第一，反对大流散时期的传统奇幻故事里的一种根本因素，即那种一切早已注定的信念（"由上苍规定好了"）。尽管这一信条长期以来对于描述犹太文化和宗教至关重要，但它在现代社会已经失去了相关性，不能代表以色列土生土长的普通读者。第二，近期作品彰显了当代的主流语言特征，即有话直说，哪怕显得生硬，并伴有以死亡为主题的自嘲式幽默，而这径直反映出以色列人的性格。

犹太历史、遗产和传统

不少现代以色列作家主张消除犹太记忆，虽说他们表面上可能并不严格反对这种记忆原初的或意识形态的内容。这一潮流始于 20 世纪初犹太定居点重新出现在以色列地上，并在 1948 年以色列建国后迅速壮大。犹太复国主义者把在以色列出生的犹太人称为"萨布拉"（Sabra），此词在希伯来语中意为"仙人果"，它内里甜美而外表多刺，以此作为新身份认同的标记，带有消除所有与大流散相关的、历史上塑造的犹太人形象的意味。对于新形成的同质的犹太复国主义－以色列认同来说，当时有两种"他性"（otherness）能构成主要威胁。一是历史的/政治的因素，这来自流散观念所造成的讨厌的刻板印象——犹太人在长达两千年的流散中一直被放逐，饱受迫害和屈辱——以及由此产生的无用感和无助感。二是保守的宗教因素，这与全新而自由的以色列人的观念截然相反。许多宗教小群体秉持旧的世界观，他们到达新成立的国家后，依旧遵循流散时期典型的犹太传统生活方式。另外，世俗而好斗的阿什肯纳兹犹太人（Ashkenazi，欧洲犹太人的后裔）所领导的犹太复国主义运动，尽可能远离传统犹太特性。两者之间的张力致使世俗领导层和宗教社团之间产生分裂，并引发基于不同种族背景之上的纷争——阿什肯纳兹犹太人与米兹拉希犹太人（Mizrahi，来自中东和北非的犹太人）间的对抗。

极具争议的短篇小说《演说》（*Ha－Derashah*）由哈伊姆·哈扎斯（Haim Hazaz）作于 1942 年（以色列建国前六年），书中一次基布兹会议上的讨论阐明了这些分歧的核心。郁达卡，一个出生在俄罗斯的采石工，即兴对犹太人的状况大谈特谈。他平日里不善言辞，从不发表公开演说，此时却将心事一吐为快。这吓到了所有人。虽然最初有点犹豫，他还是解释了什么令他痛苦不堪：[①]

> "我要说的是，"郁达卡用低沉、紧张的语调好不容易说出，"我反对犹太历史……我的意思是我不接受它……开动脑筋想想吧！……这部历史中到底有什么？……压迫、中伤、迫害、牺牲。重复、重复、再重复，没完没了。这些就是它所有的一切。除此之外什么也没有！……犹太历史，"他接着说，"一无荣耀，二无惊天动地的业绩；既没有英雄，也没有征服者；既没有自己的统治者，也没有主宰自己

---

① 引自 Robert Alter, ed. , *Modern Hebrew Literature*, New Jersey: Behrman House, 1975, pp. 271～286。（《演说》由徐新教授译成中文，收入徐新主编《现代希伯来小说选》，漓江出版社，1992，第 103～126 页，下文的引文用此中译文。——编注）

命运的人。有的只是一群受到伤害的、被人追踪的人，只会呻吟和痛苦的可怜虫，每时每刻都在乞讨他人怜悯的人。"紧接着，他的结结巴巴被一种明晰的愤怒所取代，他总结道："在我看来，我们完全应该禁止向我们的孩子讲授犹太历史。有什么理由要向他们讲授祖先的耻辱呢？我会这样对他们说：孩子们，从我们被赶出自己的家园那天起，我们就一直是个没有历史的民族。好了，下课。到教室外踢足球吧。"

郁达卡动情的演说刺中了犹太人永受迫害情结的痛处，而这正是导致犹太人千百年来受苦的根源。他抗议那种软弱而凄惨的犹太人集体形象。这一形象不仅被非犹太作家所描绘，同时也出现在很多希伯来语故事中。比如，安东·契诃夫的《罗斯柴尔德的小提琴》（1894）和《悲痛》（1885），撒母耳·约瑟·阿格农的《一个简单的故事》（1894）和吸血鬼故事《女主人和小贩》（1969）①，门德勒·莫凯尔·司夫里姆（Mendele Mocher Sforim）的《乞丐之书》（1869），以及安斯基（S. Ansky）的戏剧《恶灵，或两个世界之间》（1913～1916）。贯穿这些作品的共同主线是犹太反英雄式的主人公。他们总被打败，永远是受害者，生活在冷冰冰的、怀有敌意的陌生人的怜悯中，令他们饱受屈辱、绝望无助、孤苦伶仃。郁达卡也反对其他关于犹太人的刻板印象，如"疯狂的白日梦者"，这类人痴迷于妖魔鬼怪，不切实际地幻想来自上天的救赎和解脱，并为此经受折磨。此外，郁达卡还谈及那种认为弥赛亚会和先知及古以色列国王一道再临，从而团结整个民族、为这片土地带来和平的信仰，这种信仰曾为无数代犹太人带来希望：②

---

① 《女主人与小贩》由徐新教授译成中文，收入徐新主编《现代希伯来小说选》，第1～16页。——编注

② 关于大流散时期犹太民间传说中的神迹和奇事，另参 Danielle Gurevitch, "May He Come in Haste: Urban Fantasy in *Soothsayer* by Asaf Asheri," in Danielle Gurevitch, Elana Gomel, and Rani Graff, eds., *With Both Feet on the Clouds: Fantasy in Israeli Literature*, trans. by Sara Kitai, Boston: Academic Studies Press, 2013。

"流放，这可是我们的金字塔。牺牲是它的基座，救世主是它的顶尖……流放，牺牲，救世主……你们是否把握住了这疯狂的幻想中隐藏的奥秘？是否把握住了那冒出火焰的冷色月光中的奥秘？想一想，好好地想想吧！数以百万计的人，整整一个民族都投入了这一疯狂之中，并在里面沉溺了两千年！他们为此而放弃了他们的生活、他们的实际存在和他们的特性，向不幸、苦难、拷打屈服。这已被公认是一场愚蠢、疯狂的梦……这简直就是一个无底的深渊。"……总结陈词时，他指出一条出路："以一小撮人作为首领的犹太复国主义是一个不同民族的核心。……请注意：它既不是新的，也不是恢复了的，而是不同的。"

人们首先把东欧正统派犹太人定义为受害者的形象，而后，这个群体扩大到了数以百万计移民的米兹拉希犹太人。这些移民大多来自伊斯兰国家，严守教规，并非犹太复国主义者（倒不是出于意识形态方面的原因，而是因为不熟悉犹太复国主义运动），对西方现代化的形式也不了解。他们到来后就与已移民以色列的犹太复国主义者和新移民产生深刻冲突，其中的间隙无法跨越。一边是生于基督教社会，在欧洲精英教育传统下成长的西方阿什肯纳兹犹太人，他们相信世俗的民族主义，崇尚政教分离；这些"新犹太人"（首任总理大卫·本·古里安称他们为"以色列地工人"）建立了这个国家并使沙漠开花，但是他们也听古典音乐、读德语名著和法语名著。另一边是东部米兹拉希犹太人，他们在穆斯林社会中成长，被犹太复国主义者认为是原始落后的。成长在传统的价值观中，他们通常家族庞大，服从族长式拉比和长者的权威，将巫术、魔幻、魔法、诅咒作为解决问题和争端的法律手段。结果，从20世纪20年代（英国托管巴勒斯坦时期）到70年代（直到1973年的赎罪日战争），这个族群的成员在文化上被压制了。事实上，所有这些不同的米兹拉希社团，以及任何自称信教的人，从"传统"到极端正统派，在以色列都被当作"他者"（Other）。

那些被灌输了"萨布拉精神"的犹太人，在民族独立运动首领的领导下，不仅仅要解开两千年流亡的难解之结，也要根除"旧犹太人"的所有痕迹。此外，米兹拉希犹太人则被迫要求放弃，或者更准确地说，彻底摧毁所有那些被当作过时的、与"新犹太人"利益相悖的文化遗产。[①] 他们最多只能被当作边缘民俗文化的一部分。对米兹拉希犹太人的成见的各种表征很快就成为新兴以色列文化的一个标准特征，特别是出现于受欢迎的电影中，例如：《堂·吉诃德和萨阿迪亚·潘查》（*Don Quixote and Saadia Pancha*，Menahem Golan 导演，1956 年），《八个跟着一个》（*Eight Following One*，Menahem Golan 导演，1964 年），《萨拉·沙巴提》（*Salach Shabaty*，Ephraim Kishon 导演，1964 年），以及根据那个时代最受欢迎的童书系列"哈桑巴"（*Hasamba*）改编的电影（Yigal Mossinson 导演，1971年）。这些影片的共性是极端两极分化：一端是先进的阿什肯纳兹犹太人，他们先进、文明、受过教育；另一端是米兹拉希犹太人，愚蠢、迷信、落后、贫穷，有时甚至意志薄弱，并有潜在的犯罪倾向。

对米兹拉希犹太社团而言，这种情形从各个方面而言都有些痛苦。首先，在社会从传统、保守向自由、现代的西化社会的剧烈变迁中，他们遭遇了重大文化危机。其次，"以色列化"进程时常被强加给这个群体，让他们一贯熟悉的社会支柱——包括他们的文化成果、仪式、祈祷文和叙事传统——消失，而这些恰恰确保他们在整个大流散时期幸存下来，此外，他们的自我价值感也在很大程度上被剥夺了。

直到 20 世纪 70 年代前半期，对这种精神创伤的同情和支持才开始出现在一些电影中，例如《斯卢施街上的房子》（*The House on Shlush Street*，Moshe Mizrahi 导演，1973 年）和《无来由的光》（*Light Out of Nowhere*，Nissim Dayan 导演，1973 年）。这些电影在商业上统统失败了，并招来公众批评。米兹拉希犹太社团只是在几十年后才重新发声，在一些电影中受到同情的刻画，并被当时的主流电影舆论所认可，例如现实主义剧《魔法》

---

① "旧方式必须被彻底地否定和克服。但是很多人珍视旧方式，因为这决定了他们是谁。这就是解放的矛盾所在。" 见 Michael Walzer, *The Paradox of Liberations*: *Secular Revolutions and Religious Counterrevolutions*, New Haven: Yale University Press, 2015, p. 19。

四百页中的九页

　　当代以色列艺术家 Meir Gal 的摄影作品"四百页中的九页",作于 1987 年。照片中一位米兹拉希犹太人相貌的青年,拎着以色列 400 多页犹太历史教科书中谈及非欧洲犹太人历史的 9 页,以此表达阿拉伯国家的犹太人在移民以色列后体会到的困难和疏离感,并控诉阿什纳兹犹太人对非欧洲犹太遗产的排斥和压制。

（*Sh'Chur*，Shmuel Hasfari and Hana Azoulay – Hasfari 导演，1994 年）、喜剧
《司马娃宁是女巫》（*Sima Waknin is a Witch*，Dror Shaul 导演，2003 年）都
获了奖并赢得好评。很多人认为米兹拉希犹太妇女会魔法，这两部电影就
围绕这些妇女的巫术展开。不仅如此，司马娃宁还是一个寡妇，而《魔
法》开篇即宣告了盲人父亲的死亡，再通过倒叙讲述了他在一个边境小镇
的悲惨生活。因此，在两部电影中，母亲充当了家长，从而取代了在"以
色列化"进程中丧失了的传统父权。

那些国家独立运动的领袖深信，如果想在短期内将多元文化主义的巴
别塔融合成一个国家，那么只有以"大熔炉"的方式快速推进才行。第一
群"他者"是来自欧洲的可怜的反英雄人物。1948 年以后，数以万计的大
屠杀幸存者来到以色列，这些受尽屈辱的流浪犹太人极度渴望奇迹，他们
构成以色列现实中的一个主要部分。大流散所形成的一些传统态度在以色
列被认作狂妄、天真、抱残守缺，它们在这个处于战争状态的年轻国度里
没有位置。舒衡哲在她以犹太人的创伤记忆反思南京大屠杀的文章中，支
持以色列领导阶层的路径，她认为尽管从人道的角度来看，从一种文化到
另一种文化、从一个国家到另一个国家的转换是令人痛苦的、问题重重
的，但"大屠杀的结束和新国家的建立，让这个国家充满了大屠杀幸存
者，他们带来了乞求怜悯也无济于事的糟糕记忆。而新的家园饱受战乱，
根本不需要这样的记忆，它需要幸存者能够奋不顾身，去与决心摧毁新犹
太国家的阿拉伯军队进行战斗"[1]。也就是说，对以色列的生存而言，抹去
过去的需要才是实际需要。

第二群"他者"是来自北非和中东的新移民，犹太复国主义领袖们真
诚地认为，他们把这些移民从原始、无知、贫穷的流亡生活中解救了出
来。不仅如此，他们认为新成立的国家需要一个共同的文化标准，而消除
多元文化认同元素的移民政策才是唯一合理的选择。

---

[1] Vera Schwarcz, "The 'Black Milk' of Historical Consciousness: Thinking about the Nanking Massacre in Light of Jewish Memory," in Feifei Li, Robert Sabella, and David Liu, eds., *Nanking 1937: Memory and Healing*, Armonk, NY: M. E. Sharpe, 2002, p. 188.

让我们回到哈扎斯的小说《演说》，郁达卡在建国前发表的演说并不是在蓄意诋毁某些人，而是为了揭露犹太复国主义官方话语对那些削弱民族力量的"旧"集体记忆的抹杀。这些记忆包括被流放的痛苦、大流散的屈辱和欧洲犹太人遭受的种族屠杀。它们将由另一个能够强化民族认同的记忆替代。新以色列人拒绝谦卑和消极的等待、拒绝向上天祈求神迹来获得拯救。他们是"萨布拉"，是一种新型的犹太人，自力更生，并自由决定自己的命运。

毫不奇怪，作家、艺术家和教育家充当了犹太民族独立运动的喉舌，他们希望被当作新型犹太人，并与大流散断绝联系。[①] 受到建国的世俗事业激励，大多数犹太新移民消化吸收了萨布拉的先驱气质，这样一来，犹太文化历史就被摒弃，或者在某种程度上说，被遗忘了。

社会学家阿尔莫格解释说，早在 20 世纪 30 年代，当地沙漠中土生土长的萨布拉（"仙人果"）就被当作信奉犹太复国主义的新以色列人的集体符号。独立战争之后，"萨布拉"和"萨布拉精神"这两个词在构建利他的新英雄的神话中起了核心作用，它们在各种悼念仪式中扎下根，并反复出现在纪念性出版物里，几乎成了对那些在保卫家园中倒下的英勇年轻人表达民族关爱和感激的语言代码。同时，萨布拉（"土生土长的以色列人"）也成为引领以色列文化的人，他们在文学、诗歌、歌曲、绘画、雕塑、电影、戏剧和大众娱乐中都发挥了重要作用。[②]

这代战士和建国者被称为"帕尔马赫的一代"，这是根据建国前地下犹太军队里的精英部队命名的，有关这代人的散文和诗歌混合了历史事实和虚构成分，也主要用来反映主流意识形态所要求的向新的认同的急剧转变。这一时期文学作品的主要特征在于描写当时的年轻人，他们反抗父母的价值观和祖先的遗产，以为这些与他们在以色列的生活不再相关。这些故事塑造出以色列英雄的气质风骨：浪漫的青年男子汉，肤色黝黑，英俊

---

① 对否认大流散的研究，另参 Yochai Oppenheimer, "We Were Obliged to Hate Whatever We So Much Loved – Diasporism and Mourning in the Hebrew Poetry of the 1920s," *Theory and Criticism* 42（Spring 2014）, pp. 175 – 206, http：//humanities. tau. ac. il/segel/oppenyo/files/2014. pdf [Hebrew]。

② Oz Almog, *The Sabra：A Portrait*, Tel Aviv：Am Oved, 1997, p. 18.

潇洒，时刻准备为了实现犹太复国主义/社会主义理想而奋斗甚至牺牲。不顾家乡女友的思念，他奔赴战场，愿意为了国家和集体的利益而舍弃性命。作为自豪而自信的一代新人，他深信友谊的力量和兄弟情谊，在言论和行动自由的基础上为自己也为自己的民族努力创造生活。① 这类英勇的文学人物有：摩西·沙米尔（Moshe Shamir）《他走过战地》（*He Walked Through the Fields*）中的帕尔马赫成员尤里·卡哈内（Uri Kahane），S. 伊扎尔（S. Yizhar）的《洗革拉岁月》（*The Days of Ziklag*）中的年轻指挥官吉迪恩（Gideon），以及史翠特－沃第尔（Esther Schtreit－Wortzel）小说《尤里》（*Uri*）中的同名青少年英雄（他受到了几代人的喜爱）。著名诗人哈伊姆·古里（Haim Gouri）就这个主题创作了一长串流行歌曲，例如《巴布·埃·瓦德》（*Bab el Wad*，1949 年由 Shmuel Fershko 谱曲），《他不知道她的名字》（*He Did Not Know Her Name*，1954 年由 Sasha Argov 谱曲），《友谊》（*Friendship*，1954 年由 Sasha Argov 谱曲），《杜度》（Dudu，1956 年由 Alexander Uriah Boscovich 谱曲），《我的爱人在哈鲁夫突击队》（*I have a Lover in the Haruv Commando Unit*，1970 年由 Yair Rosenblum 谱曲），等等。著名歌曲作家内奥米·舍莫尔（Naomi Shemer）创作的《我俩来自一个村》（*We're Both from the Same Village*，1969）也是同类作品。②

从文学角度看，为国家目标服务所付出的代价是显而易见的。这个时期的文学作品几乎都以犹太复国主义/社会主义为底色，写作风格都是现实主义，都美化了英俊而利他的年轻犹太战士。它们显然欠缺的是神秘的、宗教的元素，更不要说任何奇幻了。

———————

① 与同期以色列电影所表现的同类形象的比较研究，参见 Ella Shohat, *Israeli Cinema：East/ West and the Politics of Representation*, Texas：University of Texas Press, 1989。

② 关于这个主题的其他研究，参见 Yigal Schwartz, *Do You Know the Land Where the Lemon Blooms*, Or Yehuda：Kinneret, Zamora－Dvir, 2007, pp. 239－366 [Hebrew]；Ortsion Bartana, "The Image of the 'Living－dead' in Nathan Alterman's Poetry：From Archetype to National Symbol," *Journal of Israel Affairs* 20 (2) (2014), pp. 182－194；https://library.osu.edu/projects/hebrew－lexicon/00400_ files/5781.pdf；Michel Arbel, "Masculinity and Nostalgia：A Close Reading of *He Walked Through the Fields* by Moshe Shamir in Light of his Generation," *Jewish Studies* 39 (1999), pp. 53－66 [Hebrew]。

以色列文学中的现实主义和高度写实

犹太人被称为"圣书之民",21 世纪的以色列读者继续维持着这一名声。海法大学近期对十万多名以色列希伯来语成年读者进行调查,结果显示,在 2002 ~ 2012 年,超过四分之一的被调查者说他们每天都阅读。[①] 像世界上其他地方一样,他们的读物中也包括奇幻文学和科幻文学。然而,我的研究表明,在 1948 ~ 2002 年,年均只有一到两本原创的成人奇幻或科幻文学在以色列出版(文学类出版物的年均出版量为一千本)。在 2003 年,这个数字略有上升。在 2005 ~ 2011 年则上升到年均 10 ~ 15 本,最高年度达到 20 本。[②] 显然,尽管希伯来语读者对国外引进的奇幻文学持开放心态,他们对本土作者却有着截然不同的期待。换句话说,托尔金的《指环王》,拉里·尼文(Larry Niven)的《环形世界》(*Ringworld*),古德坎(Goodkind)的《巫师第一法则》(*Wizard's First Rule*),甚至罗琳的《哈利·波特》系列都大行其道,但是施咒的巫师在特拉维夫却行不通。这一现象背后的逻辑是什么呢?

在 1911 年出版的第十一版《大英百科全书》"希伯来"(Hebrew)词条中,闪族语言研究者努尔德克(Theodor Nöldeke)声称,一些犹太复国主义者希望复活希伯来语,使其在巴勒斯坦成为广泛使用的活语言,但这个梦想甚至比他们重建一个犹太帝国的憧憬更加不可行。有学者指出,"学者努尔德克是个现实的人,但现实不总是遵从现实主义规律"[③]。谁会想到犹太民族能在两千年流散后重返家园呢?谁会想到流亡者重新聚集起

---

① http：//infosoc. haifa. ac. il/index. php/he.

② Annual Report on Reading Statistics. The National Library of Israel，2015. 这份报告考察了 2014 年新出版的 1378 本成人小说,其中 1175 本是希伯来语原著。参见 http：//web. nli. org. il/ sites/NLI/Hebrew/library/depositing/statistics/Pages/lgd – statistics – 2013. aspx；关于 1948 ~ 2011 年以色列出版的所有科幻和奇幻作品的目录,参看 Gurevitch, Gomel, and Graff, *op. cit.* ，Appendix，pp. 282 – 286。

③ Gail Hareven，"What is Unimaginable?" in Gurevitch，Gomel，and Graff，*op. cit.* ，p. 41.

来并在以色列地建立一个讲希伯来语的国家的愿景能够实现？的确，这个国家在建立之初为一种乌托邦式的乐观主义萦绕，并在大获全胜的六日战争（1967）后越发乐观。在不到 20 年内，一系列基本法和规章制度出台了，各方关于国家庆典和节日的意见得以统一，希伯来语作为国家语言的运用得到稳固确立，并且已经出现优秀的希伯来语诗歌和散文。但这种时代精神不久就发生了重大变化，1973 年的赎罪日战争之后变化尤其明显。这次冲突带来人员牺牲、"以色列不可战胜"神话的破灭等严重后果，由此招致民族心理创伤，引发文化和社会风气的改变，其中包括自由派/世俗派阿什肯纳兹犹太精英的逐渐气馁。这一进程为发出其他声音创造了空间，并最终将以色列重新定义为一个多元文化社会，而非"熔炉"。

然而，军队中士兵或指挥官的英雄形象依旧完好无损，英俊的萨布拉战士所体现出的民族气节以及相关的兄弟情义也不受影响。但不幸的是，政治/安全状况毫无改变，如果没有恶化的话。自 1948 年建国以来，以色列一直依赖武力谋生，始终处于上一场军事行动刚刚结束而下一场随时会爆发的紧张状态。以色列已经参与了七场战争、两次巴勒斯坦人的起义（intifadas），以及一系列与阿拉伯邻国的边境冲突。紧张与生存威胁成为国家日常的一部分，这一持续存在的状态被给予了一个模糊的文化定义："这种情势"（ha - matzav）。此词暗含了一种不可改变的恒久性：它过去如此，现在如此，将来仍如此。如今，近 70 年过去后，以色列被迫成熟起来，这也反映在它的文学作品中。第一代定居者建立了国家，他们反抗父母，怀着为后代创造更好未来的乌托邦之梦，但是他们却发现，不但自己频频陷于战争，更糟糕的是，还把他们的孩子也牺牲在国家祭坛上。悲伤已经成为一种持续的存在，不论人们是否意识到，生活永远被死亡和无力改变社会现实的苦涩笼罩着。以色列的生活充斥着这些内容：每小时的新闻报道、悼念日、纪念仪式、不断刻上新名字的纪念墙，这些宛如一只嘀嗒声从未停止的节拍器。它们塑造了以色列如今的国民性格，从中很难找到任何欢欣的逃避式幻想或是幼稚的梦幻般的甜蜜。与其他地方不同，这里不可能有一群发着牢骚的牧神（fauns）撑着伞跋涉在冰天雪地里。以色列文学作品不仅在处理现实时如此，在试图勾勒未来时也如此。

　　因此，毫不奇怪的是，近几十年来出版的以色列奇幻文学大多是些讲述反乌托邦、世界终结、末日审判的故事。它们包括上述阿摩斯·柯南的《通向恩哈罗德的路》（1984）、本雅明·塔木兹的《耶利米的酒馆》（1984），以及奥利·卡斯特尔－布鲁姆（Orly Castel－Bloom）的《人的角色》（*Human Parts*，2002）。

　　乐观的成人奇幻文学要求读者做好放弃现实合理性的心理准备，并且愿意为了愉悦而暂停怀疑（这在小说中也被称为认知疏远［cognitive estrangement］），这类文学作品在以色列即使有也很少见。以色列作家不知是否有意，总倾向于专注本地读者的心理状态，而国家经历和记忆是这种心理状态至关重要的部分。的确，根据布斯的文学修辞原则，"就算作者声称漠视读者，每本书都从人类中划分出一些读者，而书中包含的效果都是为这部分读者设计的"①。尽管这听起来有点柯勒律治（Coleridge），但它可能在暗示：因为以色列的读者长期以来不愿意暂停怀疑，所以希伯来语作家就不会贸然越过现实的边界，为了放纵自由精神的冥想而双脚离地。

　　然而，以色列文学正在逐步改变。在过去 10 年中，风格独特的诗意的奇幻文学的作品不断增多，这一点点消融了以色列作者和读者都不愿接受这种文学体裁的壁垒。欧菲·图舍－加弗拉（Ophir Tushe－Gafla）的杰出小说《音乐死亡之日》（*The Day the Music Died*，2010）就是个例子，它仿佛一座里程碑，标志着通过迂回的路径也能抵达同一目的地。

　　这本书讲了一个虚构小镇的故事。1984 年 6 月 26 日，一个叫大卫·福克斯的年轻人来到小镇，打破了它的宁静。他走的时候与镇上居民一一简短会面，然后写下他们具体的死亡日期。所有他见过的人，从最年幼的到最年长的，都有权在 18 岁以后从人口登记册上检索该信息。接下来几年，小镇居民去世的时间与他的预测完全吻合。小镇居民因此成了世界上仅有的一群知道自己死期的人。这对于一些人很欣慰，对于另一些人则很沮丧。福克斯到访后的几年，朵拉·马特，故事的女主角，在庆祝她十八

---

① Wayne C. Booth，*The Rhetoric of Fiction*，Chicago：University of Chicago Press，1983［1961］，p. 136.

岁生日的时候打开了她的档案。但是她发现,她的档案与其他人不同,上面没有她的死期。从这时起,她的生活、计划和爱情都在笼罩那张白纸的疑云和自己阳寿还有多久的不确定中展开。她的无知完全不同于那些选择不去看自己死期的居民,也不同于那些不在此小镇生活而且从未见过大卫·福克斯的人。朵拉的"另类"使她与小镇上的其他人有了隔阂,迫使她去探索一条适合自己的出路。她决定将自己的挚爱即音乐作为职业,并在葬礼上当一名实习 DJ,这份工作自然在她的镇上有很多需求。

《音乐死亡之日》因而是一本现实主义/哲理小说,其中注入了一个细节,它十分独特,实际上是不可能的,完全颠覆了现实。因此,这部小说可以说类似于魔幻现实主义文学,或者是超现实主义的故事,这类故事与超现实主义艺术一起出现在 20 世纪 20 年代。超现实主义文学,与超现实主义绘画一样,都在一个现实的、有时是过分真实的结构框架中囊括了梦幻元素(如时空断裂、比例扭曲等)。图舍-加弗拉的作品也采用了现实主义的结构,但又触碰到奇幻的边界,这些都被巧妙地嵌入了对死亡无所不在的阴郁关注之中。节拍器的嘀嗒声不断提醒着人们,时间一直奔腾向前,涌向那不可避免的终结。虚幻小镇上的人们惯常在 18 岁前倒数日子,然后开始正数,秒表般数向已提前知晓的、命定的终日。在力图过有意义的生活和难以逃脱的死亡阴影之间,萌生出一种可怕的难以打破的紧张感,这种生活最终让故事里的一人得出一个他认为不可避免的结论:①

> 人类词汇中最可怕的词是命运。这个词应该被取缔,因为它排除了其他一切智力层面的讨论,封锁了所有路径。任何事,只要一发生,就会被认为是命中注定的。它应该被视为一种逃避和能力的不足。而另一方面,一个人无法选择他生活的环境,尽管他有改变的自由。

这一哲学上反乌托邦的结论可以轻易收获很多以色列人的支持。在斯坦福大学关于以色列缺乏奇幻文学的一节讨论课上,我的同事谢姆托夫(Vered

---

① Ophir Tushe-Gafla, *The Day the Music Died*, Keter: Jerusalem, 2010, p. 363 [Hebrew].

Shemtov）提到这个例子，并用"不定状态托邦"（"limbotopia"）这个词来描述以色列社会卡在一种恒久的当下状况中，既难以想象改变，又难以预测结局到底是喜是悲。① 她将这种状态定义为"一种被悬置于中间灰色地带的感觉"。尽管我不赞成她对以色列未来抱有这种悲观态度，但这类倾向在以色列文学中是颇为明显的。

无法逃避悲惨命运是现实与反乌托邦互相交织的文学作品的一大主题。其中最辛酸的例子是大卫·格罗斯曼的《到大地尽头》（2008）。② 这本起初披着逃避主义外衣的现实主义小说逐渐发展为预言式的令人心碎的高度写实的悲剧。格罗斯曼从 2003 年开始写作这本小说，目标是探索当代以色列社会的迷信问题。主人公奥拉，正如希伯来标题 *Isha Borachat me - Bsora*（"逃离消息的女人"）所表明的那样，在"逃离坏消息"。小说讲述了她的逃离，她沿着小路，从耶路撒冷的家步行到以色列北部边境，试图保护小儿子奥弗不在第二次黎巴嫩战争中牺牲或受伤——他几天前刚刚服完三年的兵役就又志愿参加了这场战争。奥拉为儿子的安全担惊受怕，她踏上这趟旅程，并特意将手机落下。她拒绝收听电台新闻，也提前阻止路人告诉她前线的最新战况。尽管书中的奥拉是世俗的现代以色列母亲，是以色列社会主流的典型，但她保护儿子的做法却清楚体现了一种巫术思维。她的想法和行动都被这种非理性的观点所引导：如果没人在家为通知伤亡的官员开门，她就可以逃离她的命运，官员带来的可怕消息就不会成真。然而，巫术思维没能拯救小说中的奥弗，悲剧的是，它也没能拯救大卫·格罗斯曼的小儿子尤里的性命。尤里在 2006 年 8 月 12 日执勤时被一枚导弹直接击中，而此时距离第二次黎巴嫩战争结束仅剩下几个小时。格罗斯曼的小说偏离了他的最初设想，至此充满了一种对无法逃离的揪心命

---

① Danielle Gurevitch and Vered Shemtov, "The Future as Reflected in Israeli Fiction: From Utopia to Limbotopia." Talk delivered at The Future of Jewish Storytelling International Conference. Stanford University, February, 2013.

② David Grossman, *To the End of the Land*, transl. Jessica Cohen, New York: Alfred A. Knopf, 2010.（中译本见大卫·格罗斯曼《到大地尽头》，唐江译，山东文艺出版社，2014。——编注）

运的反乌托邦式的私人幻想。在写给儿子的悼词中，格罗斯曼哽咽地说道："你是那个我要逃离的人。"这是以色列风格的逃避主义。《到大地尽头》提醒我们，在以色列无处可逃，无人能够在这片土地上逃脱命运。在世上其他地方，对天使的流行表征反映了他们作为极乐世界的象征的主流信仰，但在以色列，到访的唯有死亡天使。

哈利·波特不住在特拉维夫

虽说以色列出版商是独立的，绝不拥护任何政治意识形态，也不是国家"声音"的传声筒或者特定部门的发言人，但他们明确注重商业利益，会紧跟读者阅读习惯的潮流。从这点来看，奇幻文学的经典体裁根本不能代表以色列人的声音。哈莱文说："一般而言，人们评价一本书的标准，往往是它能否推动以色列社会迈向光明的地平线。"这样一来，国民的心态就是"奇幻可以搞，大家不会对此说不。但你一定要让奇幻说出个所以然，要让它与'炙热的生活现实'关联起来，要让它去审视某种断裂的符号，或者简言之，就像果戈理所说的，要让它'对国家有益'。就此而论，哈利·波特系列没有任何益处"①。

然而，近年来，一度风靡于第一代以色列人中间的那种完全奉献于民族与国家的军国主义文学表达已基本销声匿迹。诸如约瑟·特伦佩尔多（Josef Trumpeldor）那真实性可疑的临终遗言"为国家而死是美好的"（1920 年 3 月 1 日）② 这类格言，已逐渐被一片质疑声取代：用永远遭受丧亲之痛作为代价值得吗？可能具有悖论意味的是，上述作品中的一些为以色列读者所接受，或者说为提升他们对现代希伯来语奇幻小说的兴趣铺好了路。从摩西·沙米尔 1947 年小说《他走过战地》中 19 岁的尤里战死沙

---

① Gail Hareven, "What is Unimaginable?" pp. 42, 44.

② Yael Zerubavel, "The Historic, the Legendary, and the Incredible: Invented Tradition and Collective Memory in Israel," in John R. Gillis, ed., *Commemorations: The Politics of National Identity*, Princeton: Princeton University Press, 1994, p. 115.

场——这使他成了利他主义的国家楷模，到 2006 年尤里·格罗斯曼的牺牲——这唤起难以承受的悲痛和对一个年轻人错失生机的同情，以色列社会已有了很大进展。

确实，魔幻现实主义不论在文学方面还是电影和戏剧方面，都正在受到以色列观众的欢迎。奇幻的艺术表现方式作为其亚类似乎为以色列读者提供了理想的素材：情节既与"炙热的现实"相关，但又添加了一点奇幻成分。超现实主义在词典中的定义是使不可能的状况——无论多么奇怪——看起来合理。只有极少数以色列的奇幻作家能成功地满足本地读者的口味（及其情感认同），这些作家有些共性。戏剧研究者巴尔－约瑟注意到当代以色列戏剧中一个反复出现的主题，即以色列主要剧作家和导演，例如阿洛尼（Nissim Aloni）和哈斯法里（Shmuel Hasfari），似乎都与悲伤"有染"。与谢姆托夫观点一致，巴尔－约瑟声称他们受欢迎的主要原因之一，就在于有能力在情节中嵌入"一种阴郁的解读，它反映出对国家、社会、家庭和家园能否提供所需的精神救赎持深刻的悲观态度"①。杰出剧作家哈斯法里是最早让包含奇幻元素的戏剧进入以色列主流剧院演出的作家之一。在高度写实主义戏剧《妻子、丈夫和家》（*Wife*，*Husband*，*Home*，2003）及其续集《米兰》（*Milano*，2005）中，哈斯法里将活死人的主题与以色列常见的与"炙热的现实"有关的现实主义情节结合起来。

《妻子、丈夫和家》的故事围绕约珥和他想要整修旧公寓的妻子娜娃之间日益严重的冲突展开。第一幕几个场景都包含约珥和儿子尤瓦尔的对话。只是临近第二幕结尾时，观众才发现十岁的尤瓦尔五年前就在特拉维夫大街上的一次恐怖袭击中丧生了。有了这一新信息，观众意识到，约珥是唯一能够看见他死去儿子的人。这就解释了，为什么尤瓦尔骑在爸爸背上出门时，娜娃没有对他说再见，也解释了为什么她抱怨丈夫总在夜晚"大声自言自语"。正如巴尔－约瑟所说："哈斯法里精心营造出尤瓦尔存

---

① Eitan Bar－Yosef，"Dybbuk，Husband，Home：Fantastic Tradition in Israeli Theater，" in Gurevitch，Gomel，and Graff，*op. cit.*，p. 130.

在的假象，意在误导观众，或至少使他们对舞台上发生的事感到困惑。"①
当约珥向承包人卡图什解释办公室曾是"孩子的房间"时，卡图什还以为
尤瓦尔已经长大去服兵役了。几个场景后，卡图什向约珥的母亲提到这个
孩子，她问道："他们没告诉你他们有过一个儿子？"直到此时，卡图什才
意识到这个死去的儿子一直活在他父亲的记忆中。哈斯法里就这样用文学
形式表达出什么是"背负重担"，他将这一超现实主义的意象与一种典型
的、容易辨认的以色列现实主义情节融合起来。正如巴尔－约瑟所说，这
种大胆的艺术尝试证明他是"能够对几十年来以色列戏剧过度依赖现实主
义表示质疑的极个别剧作家之一"②。通过操控对话和刻意使用一种纯然的
错视（trompe – l'œil）舞台效果，哈斯法里让观众产生错觉，营造出一种一
旦被理解就再也无法忽视的高度写实的表现形式。

在续集《米兰》中，哈斯法里让一个真人扮演天使，他在以后的戏剧
中也这样做。同样，他再次令观众误解了大部分剧本，直到最后的场景才
揭示了所添加的奇幻元素。此剧的背景设在第二次巴勒斯坦人起义时期
（2000～2005 年），故事讲的是一群去塞浦路斯旅行的以色列球迷，他们要
在那里观看一场特拉维夫工人队（Hapoel）与 A. C. 米兰队之间的足球比
赛（2002 年 3 月的一场真实比赛）。③ 这些球迷包括：上部戏的主角约珥
和他死去的儿子尤瓦尔、承包人卡图什和他的儿子罗伊（他在上部戏中被
父亲发现拒绝参军），以及在飞机上一直向人推销旅行保险的保险代理人
拿弗他利。拿弗他利是个现代正统派犹太人，极度活跃，在整个飞行过程
中不能安静地坐上一分钟，不停地说话、不断地问烦人的问题，令人恼
火。他随身携带一个装着一只鸽子的箱子。直到剧尾，通过拿弗他利和罗

---

① Bar-Yosef, *op. cit.*, p. 136.

② Ibid., p. 112.

③ 哈斯法里本人就是特拉维夫工人队的狂热粉丝，他的剧作以真实比赛为场景。2002 年 3
月 5 日，在工人队作为东道主与 A. C. 米兰队进行欧洲冠军联赛四分之一决赛前一周，恐
怖分子袭击了特拉维夫一家海鲜餐厅，当时工人队的球星们刚刚离开这家餐厅。此次袭
击中有 3 人毙命，35 人受伤。为了保证球队安全，意大利方面要求在以色列境外比赛。
因此，工人队被迫在塞浦路斯的 GSP 体育场完成自己的"主场"比赛。

伊的对话，观众才意识到拿弗他利并非人类，而是来狩猎的死亡天使。由此，整个令人震惊的超现实主义"真相"在最后的场景中揭开：球迷此时来到机场，准备返回以色列，罗伊却从航站楼楼顶一跃而下，自杀了。

然而，需要着重指出的是，与谢姆托夫令人沮丧的"不定状态托邦"理论不同，接踵而来的反省时刻并不像人们会在悲剧中看到的那样令人压抑。相反，哀伤的情境被自嘲式犹太黑色幽默冲淡了：[①]

> 罗伊（对拿弗他利说）：我从未想到，死亡天使会是你这样的笨蛋。
>
> 拿弗他利：我其实不能算是死亡天使。我就是个快递员。有办事的、有部门领导，还有代理人——我就是个快递员。
>
> 罗伊：骑摩托车的那种？
>
> 拿弗他利：为什么这么说？难道你是披萨饼？
>
> 罗伊：那箱子里的鸽子是？
>
> 拿弗他利：你灵魂的象征。一个私人玩笑，别介意。

"永远看着生活光明的那面"[②]

泪笑交加，《米兰》的最后对话令观众陷入情感的混乱，这突出了近些年来使希伯来语奇幻文学步入主流的一个主要因素：对荒诞的和以死亡为主题的，尤其是自嘲式幽默的运用。喜悦与悲伤在犹太文化中总是成双成对的，因此，节日晚宴的餐桌上会流行这种笑话也就不足为奇了："犹

---

① Shmuel Hasfari, *Milano*, Tel Aviv: Hanoch Levin Institute of Israeli Drama, 2005, p. 18 [Hebrew].

② 引自 Eric Idle 所作喜剧 *Monty Python's Life of Brian* (1979) 最后场景中的主题曲。另参 "Angels 'Favorite Funeral Song'," BBC News, March 10, 2005, http://news. bbc. co. uk/1/hi/entertainment/4336113. stm; "Baby Boomers Jazz up their Funerals with Monty Python and Fancy Dress," *The Telegraph*, November 21, 2014; http://www. telegraph. co. uk/news. /picturegalleries/howaboutthat/11243943/Baby – boomers – jazz – up – their – funerals – with – Monty – Python – and – fancy – dress. html。

太节日有什么共同点？他们要杀掉我们，我们赢了。来，吃吧。"

这种心境也出现在埃特加·凯雷特的短篇故事中。毋庸置疑，在以色列新一代独特的魔幻现实主义或超现实主义作家中，凯雷特最著名。他通过一种极具创造性的方式，将故事置于一个能够颠覆社会自我认知的批判性框架之中，从而挑战了读者对文学体裁界限的传统认知。中篇小说《内勒的快乐露营者》令人困惑的开篇就反映出他全部作品的特质。[1]

> 我自杀两天后，在这里，一家披萨店，找到份工作。它叫卡米卡兹（Kamikaze），是家连锁店。我的值班经理很酷，还帮我找了个住处，室友是个德国人，同在卡米卡兹工作。这份工作差强人意，干上一段时间倒也不赖。但这里让我不知怎么回事，以前人家每每谈论死后的生活、纠结于它存不存在的时候，我从不去多想。但我想要告诉你的是：就算我设想过它存在，也总会想到这些嘟嘟声，就像反雷达测速的仪器发出的声响，而人们在空地和物品间四处游荡。但现在我来到这里了，不知怎么回事，它常常让我想到特拉维夫。我的德国室友说这个地方也跟法兰克福似的。我猜法兰克福也是乱糟糟的。

与编剧哈斯法里只在最后一刻揭示超自然的幽灵元素不同，这里一开始就满足了人们对出人意料的期待。奥利·迈伦指出，凯雷特的作品并不符合托多洛夫（Todorov）对奇幻文学的经典定义，但与拉布金（Eric Rabkin）的契合，后者的定义是"在故事语境中将奇怪的、出乎意料的、惊人的内容要么融入单独一句，要么整合成统一的主题"[2]。《内勒的快乐露营者》奇怪而黑暗，但又极其有趣。故事设定的世界与我们所处的世界十分类

---

① Etgar Keret, *Kneller's Happy Campers*, trans. Miriam Schlesinger, London: Chatto & Windus - Random House, 2009. 希伯来语首版于 1998 出版；还曾以漫画小说（animated novel）形式出版：Etgar Keret and Asaf Hanuka, *Pizzeria Kamikaze* (2004 Israel; 2006 US)。（中译本见埃特加尔·凯雷特《想做上帝的巴士司机》，田德蓓、康尔悦译，安徽文艺出版社，2004，第 93~143 页。——编注）

② Orley K. Marron, "Etgar Keret's Fantastic Reality," in Gurevitch, Gomel, and Graff, *op. cit.*, p. 87; Eric Rabkin, *The Fantastic in Literature*, Princeton: Princeton University Press, 1976.

似，只不过它是所谓的死后生活，而这里的人也很像特拉维夫人或法兰克福人，只不过他们都是自杀者。这个开篇给人的印象是，我们已经进入了爱丽丝梦游的那个无意义的世界，平凡的、非凡的与光怪陆离之事在这里互相冲撞。读者一开始会以为正在听一个初来乍到者描述他在某个无名小镇无聊的日常生活，描述他在当地一家普通披萨店工作的第一天，然后就突然意识到这是一个暴力自杀者在报告他死后的生活。

同样，以色列的"这种情势"显然也是凯雷特灵感的来源。1998 年，这个故事以希伯来语第一次出版，而这一年标志着中东和平进程失败所导致的长期绝望的开始，以及暴力冲突日渐频繁。到 2004 年，当它出新版时，自杀式炸弹袭击已经成为日常生活的一部分。在故事中，"炙热的现实"的紧张局势被明确交织进奇幻的都市情节。小说把"以色列一方"展示为个人的绝望情绪和对"这种情势"的听天由命既相伴而生又无法混合，与此同时，它又质疑了"巴勒斯坦一方"实施恐怖袭击的理性或非理性的动机。

凯雷特的故事中有很多年轻人，其中大部分身负他们的致死印记，如枪伤、勒断的脖子或手腕上的刀疤。举例来说，乌兹是叙事者最亲密的朋友之一，这个年轻人和他所有的家庭成员都在死后世界里。造成这一不寻常情形的原因各种各样：他的母亲生病了，这样在大约五年前，为了不与丈夫分离，他的父母决定自杀；乌兹害怕服兵役，于是朝自己脑袋开了一枪；他的弟弟罗尼刚刚来到这儿，他是在日常训练中开枪自杀的。故事后来明确涉及以色列和巴勒斯坦之间的冲突，当时叙事者及其朋友开车路过一个阿拉伯人居住区，为了买饮料，他们下车走进一家酒吧，与酒保攀谈后发现他原来是名自杀式爆炸袭击者，在一次对以色列的袭击中身亡。他们的对话呈现出作者的基本政治观点，并重构了现实，鲜明地突出了暴力冲突的无意义，以及无力解决冲突的挫败感：

> "嘿，"乌兹追问道，"听说当你们出去执行任务时，他们承诺会在天国给你们七十个性欲旺盛的处女，是真的吗？统统给你一个人？"
>
> "他们确实是这么承诺的，"纳赛尔说，"但看看我现在得到了什么，不冷不热的伏特加。"

"所以到最后你就是个上当的傻瓜，对吗，纳赛尔？"乌兹幸灾乐
祸地说。

"确实。"纳赛尔点点头。

纳赛尔接着就把问题抛给以色列人，他问："那你们呢，你们得到什么承
诺？"这一问题在书中没有回答，紧接着就是下一章。以色列人和巴勒斯
坦恐怖分子酒保间的这场聊天，并没有关注恐怖袭击带来的心理影响，而
是关注了导致双方暴力自杀行为的私人心理动机。巴勒斯坦恐怖分子得到
的承诺是 70 个处女，而以色列人则希望从政治情势的重担中解脱出来，他
想逃离现实，避免自己去保国护民，这一责任他很可能无法在精神上承
受。这一对话是反映中东局势的讽刺性寓言，它捕捉到以色列生活和以色
列人心理的本质，其中包括无法对强制性兵役说不。这个故事传达出的信
息依然是"这种情势"无从改变：没有光明的未来可以期待。事实上，就
连死亡也无法终结未解决的冲突。我们每个人都将继续把各自困难的重负
带到死后世界。个人的救赎也不可能。正如酒保所知道的，哪怕实施了暴
力行为，尽管有承诺，仍然得不到拯救。剩下的一切，就只能像英国一喜
剧团体（Monty Python）所建议的那样：永远看着生活光明的那面，享受
生命中（或是来世）的小事：一起厮混的朋友、一份体面的工作和一间负
担得起的公寓。

综上所述，以色列新兴的奇幻文学似乎回应了哈扎斯故事中郁达卡那
情绪激动的呼吁。它不含任何对压迫和羞辱的历史记忆。但是推出门外的
东西似乎又从窗户进来了：无法忽视的对深刻痛苦、暴力和恐惧的新记
忆，在这种另类的体裁中得到文学表达。这些年来，以色列人经历了大量
暴力事件，学会了将之作为日常生活的一部分来对待。哈利·布罗德这样
描述以色列人认同的 DNA：对这种生活方式所带来的莫大情感冲击轻描淡
写。[1] 布罗德相信，这片土地上的事情和以色列的语言本身，会使其艺术

---

[1] Harry Brod, *Superman Is Jewish？*: *How Comic Book Superheroes Came to Serve Truth*, *Justice and the Jewish - American Way*, New York: Free Press Publishing, 2012 [1998].

努力"通过一种含蓄的低调陈述获得很大权力"。不仅如此，他还说到，"以色列人素以说话坦率直接闻名，这可能使别人觉得生硬乃至刺耳"①。但恰恰是这种态度，让以色列读者或观众能够与他们所生活的极端现实做斗争。这反映在哈斯法里的戏剧和凯雷特的文学中，他们都是各自领域内最受欢迎的作家，其作品实现了正常与怪诞之间的完美平衡，映射出以色列寻常百姓的生活。因此，为了让本地读者接受，当代以色列奇幻文学必须展示出当前以色列心态的基本方面，在这里，奇异是新常态，而寻常才极不寻常。

（李佳臻、欧阳玉倩 译、宋立宏 校）

---

① Brod, *op. cit.*, pp. 180 – 181.

犹太流散与认同

犹太社团与外族统治者：以波斯时期为例[*]

孟振华[**]

犹太人在历史上很多时期，都不得不面对着外族人的厌恶、恐惧、憎恨、排斥、仇视和迫害。而反犹主义作为一种思想或观念，"早在上古时代就已经出现"[①]。犹太人之所以被很多人仇恨，且上升为普遍、持续、暴虐的反犹主义，关键的原因在于犹太人所具有的"犹太性"，即犹太人的信仰——犹太教。犹太人的宗教信仰、仪式与符号往往成为外族统治者的眼中钉、肉中刺。早在犹太教正式形成之前，亚述对以色列王国的征服便伴随着对其国民的掳掠与文化上的强制混杂，例如引进异族信仰与偶像崇拜（《列王纪下》（以下简称王）17）；巴比伦人也摧毁了作为犹大王国宗教中心的耶路撒冷第一圣殿，可见其对犹太信仰的憎恶。而另一方面，"只要犹太人放弃犹太人的习俗和信仰，在文化上融入当地人，对他们的偏见、歧视、憎恨和迫害便会马上中止"[②]。历史上这样的例子也不胜枚举。

然而，在犹太教形成的关键时期——波斯时代，当独一的耶和华信仰成为犹太社团的排他性信仰、耶路撒冷的第二圣殿成为他们新的宗教中心、声势浩大的改革确立犹太教的基本边界的时候，作为异族统治者的波

[*] 在学习和探索波斯时期犹太历史和其他相关问题的过程中，徐新教授对我进行了耐心的指点与热情的帮助，大大拓宽了我的视野，引导我展开了更深入的思考，在此表示由衷的谢意。

[**] 孟振华，南京大学哲学系、犹太-以色列研究所副教授。

[①] 徐新：《反犹主义：历史与现状》，人民出版社，2015，第2页。

[②] 同上书，第15页。

斯帝国不但没有阻止犹太社团这些凸显犹太性的行动，反而表现出了一定的宽容。在《圣经》的记载中，波斯当局不但允许被掳者回归，而且主动资助第二圣殿的修建和以斯拉、尼希米的宗教改革，和巴勒斯坦的犹太社团之间似乎展现出一种融洽的关系。那么，波斯帝国究竟是如何统管犹太人[①]、如何对待他们的宗教，而犹太社团又是如何做到在确立和发展自己宗教的同时得到波斯的允许和支持的？

一 居鲁士圆柱铭文与《圣经》的居鲁士诏命

相对于波斯时期的很多问题而言，帝国对犹太人的态度有不少可供参考的一手文献。在《圣经》的《历代志》结尾和《以斯拉记》开头，都提到了波斯的居鲁士大帝下诏准许犹太人返回故土、重建圣殿［《历代志》（以下简称代）下36：22－23；《以斯拉记》（以下简称拉）1：1－4］。19世纪70年代，在巴比伦城埃萨吉拉[②]（Esagila）神庙的遗址发现了公元前6世纪的居鲁士圆柱（Cyrus Cylinder），上面记载了波斯帝国的居鲁士大帝征服巴比伦的历史。这不但成为研究波斯历史最重要的考古发现之一，长期以来被看作最早提出保护外族被征服者的人权和宗教自由等先进观念的一部伟大的解放宣言；[③] 同时也被为数众多的解经学者用以证明《圣经》经文的可靠，并相信居鲁士鼓励被掳犹太人回归、帮助他们修建圣殿的宗教宽容政策具有历史真实性。

然而，通过对铭文原文的分析，我们可以发现，所谓"解放宣言"并

---

① "犹太人"这一概念何时正式出现，仍存在一定争议。详细讨论，参见宋立宏《谁是"犹太人"——关于"Ioudaios"的札记》，《历史研究》2007年第2期，第122～134页。本文为方便起见，除直接引用《圣经》经文外，一般使用"犹太人"的称呼。

② 巴比伦供奉主神马尔杜克（Marduk）的神庙。

③ 比如1971年伊朗庆祝建国2500周年时，居鲁士圆柱的图案成为活动标志，世界各国对它的溢美之词不绝于耳。有关文献参见 Amélie Kuhrt, "The Cyrus Cylinder and Achaemenid Imperial Policy," *Journal for the Study of the Old Testament* 25 (1983), p. 95, notes 7－11。同年联合国安理会也把它的一件复制品收藏在总部。有关文件参见 http://www.livius.org/a/1/inscriptions/cyrus.pdf。

居鲁士圆柱

居鲁士圆柱，1879 年发现，年代定于居鲁士大帝统治期间（公元前 550～前 530 年），上面的楔形文字提到居鲁士公正而和平的统治，故它常被称为最早的"人权宣言"。现藏于大英博物馆。

非这篇铭文写作的主要目的。它的重点在于批判巴比伦王拿波尼度的无道，宣称居鲁士取而代之乃是替天（巴比伦的马尔杜克神）行道。另一方面，整篇铭文中很难找到波斯鼓励和支持犹太人回归、重建其宗教的明确线索。

不过，《圣经》作者却不惜笔墨记载了居鲁士的诏命：

> 波斯王塞鲁士元年，耶和华为要应验藉耶利米口所说的话，就激动波斯王塞鲁士的心，使他下诏通告全国说："波斯王塞鲁士如此说：'耶和华天上的上帝，已将天下万国赐给我，又嘱咐我在犹大的耶路撒冷为他建造殿宇。在你们中间凡作他子民的（愿他的上帝与他同在），可以上犹大的耶路撒冷，在耶路撒冷重建耶和华以色列上帝的殿，他是耶路撒冷的上帝。凡剩下的人，无论寄居何处，那地的人要用金银、财物、牲畜帮助他；另外也要为耶路撒冷上帝的殿，甘心献上礼物。'"（拉 1：1-4）①

---

① 此段译文由笔者在和合本基础上进行修订。代下 36：22-23 的诏命文字与此相似，篇幅稍短。

圣经中的居鲁士诏命仍然把胜利归功于神（代下 36：23；拉 1：2）。不过这次，他的权柄不再来自马尔杜克，而是耶和华上帝。正是这位犹太人的神赋予了他如此强大的力量，占领了包括犹大故土全境在内的广大地区。谈到修建神殿、安置神祇，在圆柱铭文中是出于马尔杜克的命令；而在诏命里，则是出于耶和华（代下 36：23；拉 1：2）。

需要注意的是，和合本把拉 1：3 的אלהי ישראל הוא האלהים אשר בירושלים יהוה 错误地翻译为"只有他是上帝"，使读者误会居鲁士也有耶和华信仰。[①]事实上，根据已有的资料，居鲁士和其他波斯的君主面对不同的信仰群体，可能用他们最爱听的语言解释自己统治的合法性，而这并不代表他本人的宗教皈依。

另外，诏命明确肯定了犹太人回归耶路撒冷的权利（代下 36：23；拉 1：3），这和铭文中的回归文字也遥相呼应。不过，诏命似乎给了犹太人更多的自由，是否去耶路撒冷都凭自愿，并不强求。其他地方的犹大社团仍然可以合法地居住，只是有义务对圣殿的建造提供经济支持。（拉 1：4）而这，正是编纂《历代志》和《以斯拉记》的回归文士所关心的。

二　诏命的真实性与折射的信息

从《圣经》经文看，居鲁士似乎是非常鼓励犹太人回归巴勒斯坦的，并对他们的宗教也心有戚戚。如果历史上真有这么一份诏命，可以想见被掳犹太人对这样一位虔诚崇拜耶和华的伟大君主定然产生极大好感，并愿意回归；同时，也说明波斯政府对犹太人采取了极为宽容的政策。

毕克曼、威廉姆森等学者基本认同此诏命的存在，[②] 威廉姆森和戴克

---

① 和合本修订版已经修正了这一错误。

② E. J. Bickerman，"The Edict of Cyrus in Ezra 1，" *Journal of Biblical Literature* 65（1946），pp. 249－275；Hugh G. M. Williamson，*Ezra*，*Nehemiah*，Waco，Texas：Word Books，1985，pp. 6－7. 事实上，这几位学者基本接受了《以斯拉记》中所有波斯文件的历史真实性。

甚至进一步提出这可能是居鲁士应巴比伦的犹太领袖的要求而下的命令。①
但布雷肯索普等学者却对真实性提出质疑，认为应当谨慎对待。②

　　考虑到居鲁士圆柱铭文和他在巴比伦的所作所为，他对犹太人说话时
确实可以把自己说成耶和华的使者。问题在于，他有什么必要那么做呢？
他高举马尔杜克，是因为马尔杜克是巴比伦城的守护神，而巴比伦城又是
他刚刚灭亡的新巴比伦王国的首都，其安定局面对新兴的波斯帝国至关重
要；他高举辛，是因为辛是乌尔的守护神，而乌尔是北迦勒底最大的城
市，政治中心和商业中心，这一地区的支持对波斯帝国也十分关键。相比
之下，犹太人和犹大地区对居鲁士和波斯帝国又有什么作用呢？前者早已
是被征服者的手下败将，后者的面积在辽阔的波斯帝国中也几乎可以忽略
不计。此外，在居鲁士"元年"，也就是刚刚征服巴比伦，百废待兴之际，
居鲁士怎么可能有闲工夫去处理这样一个弱小民族的回归事宜，并且还要
"通告全国"（代下 36：22；拉 1：1）呢？从犹太社团的角度说，诏命对
回归和圣殿的重视虽看似有可能与其领袖的求告有关；但问题在于，如果
有人希望回归和修建圣殿，首先求告的也应该是当地总督而非帝国元首。③
至于这类求告上达日理万机的居鲁士本人，并使后者专门回应，全部批
准，实在有些困难。

　　此外，《圣经》中诏书的文字是希伯来文，而非帝国常用的阿拉姆文
（Aramaic，又常译作"亚兰文"）或阿卡德文。毕克曼认为这是由于它本
是口头诏命，后被翻译成希伯来文供犹太人阅读。④ 但格拉贝指出，在波
斯、希腊化直到罗马时期，《圣经》之外的文献绝少使用"以色列"这个

---

①　Williamson, *op. cit.*, p. 11; Jonathan E. Dyck, *The Theocratic Ideology of the Chronicler*, Leiden: Brill, 1998, pp. 93 – 94.

②　Blenkinsopp, *Ezra – Nehemiah: A Commentary*, Philadelphia: Westminster, 1988, pp. 74 – 76; 另见 Morton Smith, *Palestinian Parties and Politics that Shaped the Old Testament*, 2ⁿᵈ edn., London: SCM Press, 1987, pp. 78, 186, note 16; Lester L. Grabbe, "The 'Persian Documents' in the Book of Ezra: Are They Authentic?" in Lipschits and Oeming, eds., *Judah and the Judeans in the Persian Period*, Winona Lake: Eisenbrauns, 2006, pp. 531 – 70.

③　Grabbe, *op. cit.*, p. 544.

④　Bickerman, "The Edict of Cyrus in Ezra 1," p. 253.

词，而是用"犹大"和"犹大人"指称这一地区和群体。① 如此，《圣经》诏书里出现的"以色列"（拉1：3），便显得十分奇怪，使得整篇文字的波斯背景更加可疑，而更像经过犹大文士的编修。格拉贝更把它列为《以斯拉记》的波斯文件中最不可靠的一篇。② 综上所述，居鲁士以这样一种书面诏命的形式允许、鼓励犹太人回归巴勒斯坦的可能性并不大。

事实上，《圣经》中的居鲁士诏命，乃至其记载的所有波斯文件，到目前为止都没有得到出土的波斯官方记录的支持，还是孤证。③ "疑古派"学者的代表托瑞就全盘否定这些经文的历史真实性，认为它们全都是后期的犹太文士伪造的产物，④ 但这样的看法未免有些武断。一方面，我们可以肯定这些经文或多或少都经过晚期犹太文士的加工，流传的版本可能也有残缺；但另一方面，结合居鲁士圆柱铭文的内容来看，这些描述也反映出当时的一些情况。

首先，犹太人的回归得到了居鲁士的认可。既然两河流域各民族的人民可以随他们的神祇一同回归本地，部分犹太人的回归要求便并不过分。而且，从圣经经文来看，犹大团体离开被掳之地的过程没有受到任何阻碍[拉1-2；《尼希米记》（以下简称尼）7]，相反还得到了一些协助（拉7；尼2：9）。同时，在不发生利益冲突的前提下，居鲁士以及波斯帝国并没有消灭犹大宗教的打算。如果他对两河流域的马尔杜克和辛等神祇的信众真的那么宽容，他也没有任何理由强令犹太人改变信仰。

第二，总的来说，居鲁士对各地不同宗教的神殿并无敌意。他在巴比伦城和乌尔便主动修理神殿。⑤ 如果犹太社团自筹资金重建耶路撒冷圣殿，居鲁士应该不会过分干涉。圣经中除了上文讨论的诏命外，其他地方也数

---

① 有关文献和考证详见 Grabbe, *op. cit.*, pp. 542 - 43, note 53。

② Ibid., p. 563.

③ Ibid., p. 562.

④ Charles Cutler Torrey, *Ezra Studies*, New York: Ktav Publishing House, 1970 [1910], pp. 140 - 147.

⑤ 波斯支持修建地方神殿的例子，可参见 Joseph Blenkinsopp, "Temple and Society in Achaemenid Judah," in Davies, ed., *Second Temple Studies*, 1, pp. 24 - 26。

次提到居鲁士的许可（拉3：7；4：3；5：13）。可以想见，这样的一再重复不至于是空穴来风，犹太社团应该得到了某种程度的官方保证。即使居鲁士本人没有精力直接去处理犹大的事务，他手下的地方官员也完全有可能参照他对巴比伦的政策精神，以他的名义对犹太人的回归和宗教诉求从宽处理。

值得注意的是，除了《历代志》和《以斯拉记》对居鲁士的溢美之词外，第二以赛亚更是把居鲁士塑造成犹大之王和上帝膏立的弥赛亚的形象（赛45：1）。一方面，在古代近东，可能确实存在宗教集团把本民族最高统治者的称号授予外国统治者的传统。前文已经提到居鲁士"巴比伦之王"的称号，这显然得到了马尔杜克祭司集团的认可。[①] 而波斯时期的古埃及祭司乌迪亚霍雷斯奈特（Udjahorresnet）也曾经在石碑上写道："我授予他（冈比西斯）拉神后裔（Mesuti Re）的称号，使人知道他是上下埃及之王。"[②] 而这是先前古埃及法老的头衔。[③] 弗莱德指出，这表明了祭司集团与统治者一种互惠互利的关系（quid pro quo），他们互相得到对方的承认，有利于各自地位的提升。[④] 另一方面，也许可以从中推测，居鲁士对第二圣殿的重建起到了某种积极的作用，这才令第二以赛亚不仅是根据传统，同时也是发自内心把他高举到犹大信仰中的崇高地位。

当然，圣经的夸大其词也是显而易见的。居鲁士也许无意消灭犹太人的宗教，但绝不至于刻意扶植、壮大它，更不可能在刚刚取得政权之际便主动自掏腰包去给这个弱小的异族修建圣殿。但《圣经》作者和编者却从自己的利益出发，去编造居鲁士的诏命；或者说，就算确实存在有关命令，他们也掺入了很多他们自己关心的内容，在吹捧波斯国王的同时抬高

[①] Lisbeth S. Fried, "Cyrus the Messiah? The Historical Background to Isaiah 45：1," *Harvard Theological Review*, Vol. 95（2002），p. 385.

[②] Miriam Lichtheim, *Ancient Egyptian Literature：A Book of Readings*, 3：*The Late Period*, Berkeley：University of California Press，1980，p. 40，note 9.

[③] Fried, "Cyrus the Messiah?," p. 384.

[④] Ibid. , p. 387.

了自己的身价。

综上所述，正如对巴比伦和两河流域其他城市一样，波斯帝国早期对犹太人和他们的宗教也许确实采取了比较宽容的态度，这使得被掳犹太人的回归和重建圣殿的工作成为可能。但是，还没有证据表明这一工作得到波斯帝国的直接鼓励和财政支持。另一方面，一旦巴勒斯坦的犹太社团威胁到帝国的核心利益，波斯统治者们便不会再那么温情脉脉了。

三 波斯帝国的基本利益与对犹大的统治方针

波斯帝国既不以马尔杜克的神谕为根据制定政策，也不放任各地被征服民族自行其是，而是从自身的基本利益出发管理异族。[①] 实际上，它的很多行政措施与早先亚述和巴比伦统治者并无二致。比如，位于"麻烦地区"（troublesome areas）或容易引起国际冲突地区中心位置的城市，往往能从中央政府那里得到各种各样的特权。[②] 而波斯展现其残暴一面的例子也不少。

居鲁士末年，大举进攻东方的游牧部落马萨格泰人（Massagetae）。根据希罗多德的记载，那是一个在各方面都相当落后的民族。（《历史》1.217–218）于是，居鲁士便并没有像在巴比伦那样仁慈，而是嗜杀成性，终于导致了当地女王托米丽斯（Tomyris）的复仇，命丧沙场。（《历史》1.211–216）[③]

而居鲁士的继任者们对威胁波斯统治的异族，更是毫不留情。每当某地的神庙被卷入反抗波斯的行动中时，他们便会毫不犹豫地摘下"宗教宽容"的面具，暴露出残酷的本性。大流士（Darius）一世破坏了小亚细亚迪迪马（Didyma）的阿波罗神庙（《历史》6.20），薛西斯（Xe-

---

① Kyung–jin Min, *The Levitical Authorship of Ezra–Nehemiah*, London：T&T Clark, 2004, p.97.

② Kuhrt, *op. cit.*, pp. 93, 97, note 49.

③ 关于居鲁士之死，有不同版本的说法。希罗多德也承认，这只是他听到的诸多故事中的一个，但却是最可信的版本。

rxes) 一世则在巴比伦的第三次反抗后彻底摧毁了埃萨吉拉神庙和马尔杜克的雕像,[1] 从那以后,波斯君主也再不使用"巴比伦之王"的头衔。[2]

此外,就如亚述和巴比伦统治者一样,波斯帝国同样放逐或迁移百姓。从大流士一世到亚达薛西三世近 200 年的时间里,不同民族百姓被强掳到外地的事件屡见不鲜。公元前 351 年,位于腓尼基的西顿(Sidon)反抗波斯失败后,包括妇女在内的一大批人被流放到巴比伦,重演了 200 多年前犹太人的一幕。[3]

由此可见,波斯只有在某个地区文化发达、位置重要,而且不会对抗帝国时,才会显露出它的仁慈。所谓"宽容"只是施舍给那些乖乖做顺民的民族的,"稳定"才是波斯"仁政"的基本前提。话说回来,亚述和新巴比伦对待顺服的异族并不残酷,前者也尊重地方宗教的传统(王下 17:27 - 28),后者则不但善待耶利米这样的合作者(耶 40:4),也让投降的犹大王做了个安乐公(王下 25:27 - 30)。对于胆敢反抗者,尼布甲尼撒固然会怒不可遏,斩尽杀绝(王下 25:7,21),但波斯在马萨格泰、迪迪马、巴比伦和西顿的作为也好不到哪儿去。

当然,"平静"并非波斯帝国对其所征服的地区唯一的要求。高特

---

[1] 巴比伦在大流士一世时期曾经两次(公元前 522 年,公元前 521 年)反叛,薛西斯一世时再次反叛(公元前 482 年),均遭镇压。参见 Christopher Tuplin, "The Administration of the Achaemenid Empire," in Ian Carradice, ed., *Coinage and Administration in the Athenian and Persian Empires: The Ninth Oxford Symposium on Coinage and Monetary History*, Oxford: B. A. R., 1987, pp. 149 - 153; Muhammad A. Dandamaev and Vladimir G. Lukonin, *The Culture and Social Institutions of Ancient Iran*, Cambridge: Cambridge University Press, 1989, pp. 362 - 366. Dandama [y] ev 和 Lukonin 还指出,摧毁神庙和马尔杜克像的举措被证明是有效的,再没有人试图公开追求政治独立,因为巴比伦王的权力必须来自马尔杜克之手。另一方面,巴比伦其他地区的神庙并未遭到薛西斯一世的破坏。参见 Dandamaev and Lukonin, *op. cit.*, p. 366。

[2] Kuhrt, *op. cit.*, p. 97, note 52.

[3] Ibid., p. 94.

沃德精辟地指出："帝国的生存和扩张建立在攫取被征服地区物资的基础上。只有这样才能平衡帝国庞大的军事、行政开支，进而为统治者提供更多的利益。"[1] 波斯帝国连年征战，疆域辽阔，军事和行政成本高昂，而波斯本土又长期被免除税赋，[2] 因此沉重的财政负担便转嫁到了帝国征服的异族地区。这些地区的财富被源源不断地运往伊朗高原的波斯宫廷，也激起了各地不同程度的反弹。[3] 考古学家在波斯波利斯发现了建成于公元前492年的巨大宝库，由一系列复杂的建筑组成，共有110间独立仓库，占地竟达11000平方米。[4] 回到我们关心的犹大省，我们未曾看出它得到过波斯任何的特殊照顾，因此必然也是量全地之物力，结波斯之欢心。

波斯维护稳定与攫取利益这两点统治原则，在《圣经》文本中虽然没有明说，但从其中记载的文献，包括敌人的告状信里，也可略见端倪。

> 如今王该知道，他们若建造这城，城墙完毕，就不再与王进贡、交课、纳税，终久王必受亏损……请王考察先王的实录，必在其上查知这城是反叛的城，与列王和各省有害。自古以来，其中常有悖逆的事，因此这城曾被拆毁……这城若再建造，城墙完毕，河西之地王就无分了。（拉4：12－16）

尽管这份材料的位置十分奇怪，犹太人所要建的对象和建筑时间并不很清楚，[5] 文字上也有一些疑点，[6] 但至少应该有相关的原始材料。也就是

---

① Norman K. Gottwald, *The Politics of Ancient Israel*, Louisville, Kentucky: Westminster John Knox Press, 2000, p. 224.

② Arthur T. Olmstead, *History of the Persian Empire*, Chicago: University of Chicago Press, 1948, p. 291.

③ 波斯对各地区（包括河西）的征税详情，参见 Ibid., pp. 289－301, Chapter XXI, "Overtaxation and its Results"。

④ Dandamaev and Lukonin, *op. cit.*, p. 207.

⑤ 这段文字被置于两段重建圣殿的记载之间，但这里提到的亚达薛西王即位时圣殿早已竣工。

⑥ Grabbe, *op. cit.*, pp. 544－545.

说,《圣经》的作者至少是根据对立面的指控编写出这份告状信。而这些指控的确摸透了波斯统治者的心理,强调了"反叛""悖逆"(4：12,15)和不再与王"进贡、交课、纳税"(4：13)是"同等重要的行为"①,这必定使已经为各地平叛忙得焦头烂额的波斯统治者大吃一惊,继而严厉禁止。而在波斯回信中,"反叛""悖逆"(4：19)与"进贡、交课、纳税"(4：20)也被特地提出,可见中央统治者关心的焦点所在。而另一方面,这也成了耶路撒冷圣殿提高地位的契机。此外需要提及的是,维护稳定与攫取利益也不仅仅是波斯的统治方针,后世征服犹大的外族政权也同样把它作为行动指南。②

在波斯帝国统治的早期,整个河西地区和巴比伦本土被划入同一大区,内部行政架构也延续了巴比伦时代的设置。③ 众所周知,犹大既没有优越的地理位置,也没有丰富的物产,至少在波斯早期,犹大的发展远远不及巴勒斯坦和黎巴嫩、叙利亚的沿海平原。考古发现显示,公元前6世纪末至公元前5世纪,从腓尼基的西顿、推罗(Tyre)等地直到加沙附近的阿什多德,出现了许多繁荣的城镇,公元前4世纪初更达到前所未有的顶峰。这些城镇都享有高度的商业、经济和管理自治权。④ 相比之下,主要位于山地的犹大和撒玛利亚则相当荒凉,无论是建筑遗址还是出土文物

① Blenkinsopp, *Ezra - Nehemiah*：*A Commentary*, p. 114.

② 如希腊化政权和罗马政权的统治。

③ Briant, *From Cyrus to Alexander*：*A History of the Persian Empire*, trans. Peter T. Daniels, Winona Lake：Eisenbrauns, 2002, pp. 44 – 45；Oded Lipschits, "The Achaemenid Imperial Policy, the Settlement Processes in Palestine, and the Status of Jerusalem in the middle of the 5th Century B. C. E. ," in Lipschits and Oeming, *op. cit.*, pp. 24 – 25.

④ J. Elayi, "The Phoenician Cities in the Persian Period," *Journal of the Ancient Near Eastern Society (of Columbia University)* 12 (1980), p. 25；"Studies in Phoenician Geography during the Persian Period," *Journal of Near Eastern Studies* 41 (1982), pp. 83 – 110；Epraim Stern, "Between Persia and Greece：Trade, Administration and Warfare in the Persian and Hellenistic Periods," in T. E. Levy, ed., *The Archaeology of Society in the Holy Land*, New York：Facts On File, 1995, pp. 433 – 445. 腓尼基城市在亚述和新巴比伦时期并不享有这些权利。但公元前4世纪西顿的反叛也招致波斯的疯狂报复,见前注。

都比较稀少，没有出现规模较大的城市。[①]

可见，波斯和巴比伦一样，都不鼓励在贫瘠的犹大山地（连同约旦河东岸地区）发展城镇。一方面，大规模的城市有可能成为潜在的不安定因素（如公元前 586 年之前的耶路撒冷，公元前 6 世纪后期到 5 世纪初的巴比伦城），影响中央政权的统治；另一方面，以农业为主的乡村经济可以向巴比伦和波斯统治者提供更多的物质利益。

当然，除此之外，作为一个疆域更加辽阔、国力更加昌盛、野心更加膨胀的帝国，波斯对河西地区的统治还有两个目的，可能巴比伦未曾有过：一是维持地中海东岸直到埃及的商路畅通，二是建立一个强大的对抗希腊的政治、经济和军事根据地。[②] 但弱小的犹大省对于波斯的整个计划所起的作用应该是十分有限的。

从以上分析可以看出，波斯帝国的利益诉求，以及由此制订的对征服地区的统治方针，和亚述、新巴比伦并没有什么本质区别。但是，在具体做法上的一些变化，却可能极大地影响地区的社会结构。

四 耶路撒冷与第二圣殿地位的提升

波斯初期，犹大在行政上隶属巴比伦总督管辖。直到薛西斯时期（公元前 486～前 465 年），河西地区方才成为独立的大区。[③] 公元前 5 世纪中期，波斯对犹大省的重视程度似乎有所提高，比如公元前 458 年准许以斯

[①] Ephraim Stern, *Archaeology of the Land of the Bible*, 2: *The Assyrian, Babylonian, and Persian Periods (732 - 332 B. C. E.)*, New York: Doubleday, 2001, pp. 424 - 427. Ephraim Stern 对此提出了三条假设：（1）波斯时代结束后，一部分遗址被完全废弃，不复存在；（2）希腊化时期和罗马时期的一些建设毁掉了先前不少遗址；（3）有些遗址可能被大型的宫殿或行政机构的房屋占据。见 Stern, *Archaeology of the Land of the Bible*, pp. 461 - 462。但这些理由仍然难以解释波斯时期犹大山地与沿海平原考古发现的巨大差异，以及便雅悯、亚扪和以东与犹大类似的现象。参见 Lipschits, "The Achaemenid Imperial Policy," pp. 28 - 29 及注释中所列更多文献。

[②] Ibid., p. 26.

[③] Olmstead, *History of the Persian Empire*, p. 243.

拉回到耶路撒冷"教训以色列人"(拉 7：10),公元前 445 年又派遣尼希米到耶路撒冷(尼 2)。这些措施可能与当时的周边环境有一定关系。①

另外,公元前 5 世纪中期,耶路撒冷的地位获得显著提升。尼希米的重建和改革措施为耶路撒冷带来了变化。他修建的城墙虽未必是波斯为镇压反叛而加强犹大防御的标志,但坚固的工事无疑令耶路撒冷在犹大的地位得以提升。《尼希米记》11 章的记载则不仅仅是对耶路撒冷重建圣殿、重修城墙和重住人口的总结,更预示着它获得了新生,重新建立起强大的力量,恢复了过往的地位。② 而在这一过程中,圣殿及其神职人员的重要性也大大增加,③ 祭司和利未人的排名仅次于省长而高于"民的首领"[尼 10：2 - 28(10：1 - 27)],对圣殿人员的奉献也有了强制性(尼 13：10 - 12)。

那么,究竟是什么带来了这些变化呢?

波斯帝国和新巴比伦一样,攫取征服地区的出产为己所用。但是,他们对圣殿收入却采取了不同的处理方式。

根据古代近东史和波斯史专家丹达马耶夫对巴比伦神庙和波斯的神殿财政制度的研究,税收是巴比伦和波斯时期各地神庙的日常事务之一,但它们并不完全相同。第一,巴比伦的神庙财政凌驾于王权之上,即使王室成员也要向神庙缴纳和奉献;波斯时期的神庙财政则受国家管理,帝国的特权阶层可以免除纳税的义务。第二,巴比伦的神庙财富是相对独立的,由神庙自主支配;波斯时期的神庙财富,很大一部分要献给国家。换句话说,神庙某种意义上是在为国家征税。第三,巴比伦神庙收取赋税的形式比较单一,以田地出产为主,其他物产(主要是农产品)为辅;而波斯时期神庙向国家奉献的赋税形式则呈现多样化,要缴纳种类更多的农产品和其他产品,也要专门供养特定对象,还要向政权提供徭役。这必然会减少"偷税漏税"的机会,增加纳税人的负担。可见,波斯时期的神庙,不但

① 参见 Olmstead, *op. cit.*, pp. 262 - 271 对此的历史重构。

② Lipschits, "Literary and Ideological Aspects of Nehemiah 11," pp. 423 - 440. 前章已经提到,尼 11：25 - 36 记载的地名并不可靠,但这与作者/编者试图表达的看法没有太大关系。

③ Joel P. Weinberg, "Administration in the Achaemenid Empire," *The Citizen - Temple Community*, p. 115.

承担着国家税收机构的职能，其工作任务还相当繁重。①

美索不达米亚的神庙如此，耶路撒冷的圣殿也有类似的使命。

在《以斯拉记》和《尼希米记》中，共有 4 个与赋税有关的词语：

1. מדה（拉 4：20；6：8；尼 5：4）或מנדה（拉 4：13；7：24）

2. בלו（拉 4：13，20；7：24）

3. הלך（拉 4：13，20；7：24）

4. תרונה（拉 8：25；尼 10：38［37］，40［39］；12：44；13：5）

其中，前 3 个词都出现在阿拉姆文记载的波斯文件中，唯一的例外是尼 5：4。这 3 个词都来源于阿卡德文，②分别对应 mandattu、biltu 和 ilku，意思是"进贡"、"人头税"和"地税"。③而中文《圣经》和合本，则把它们依次翻译为"进贡"、"交课"和"纳税"。

对מדה，我们已经有了比较多的了解。它是缴纳给波斯国王个人的贡赋，④可以以银子（参见拉 7：21，尼 5：4）或类似形式上交，先耶路撒冷圣殿统一征收。在圣殿有专人，很可能就是《圣经》提到的"窑户"（יוצר）（《撒迦利亚书》11：13），负责将各种金属熔化，铸成符合波斯标准的钱币。⑤

---

① Dandamaev and Lukonin, *op. cit.*, pp. 361 – 362; Muhammad A. Dandamayev, "Achaemenid Babylonia," in Igor M. Diakonoff, ed., *Ancient Mesopotamia: Socio – economic History, A Collection of Studies by Soviet Scholars*, Moscow: Nauka Publishing House, 1969, pp. 309 – 310.

② R. Laird Harris, Gleason L. Archer & Bruce Waltke, eds., *Theological Wordbook of the Old Testament*, Chicago: Moody Press, 1980, 1147. 0, 2632. 0, 2695a.

③ I. Eph 'al, "Syria – Palestine under Achaemenid Rule," in John Boardman, N. G. L. Hammond, D. M. Lewis and M. Ostwald, eds., *The Cambridge Ancient History*, Vol. 4: *Persia, Greece and the Western Mediterranean, 525 to 479 B. C.*, Cambridge: Cambridge University Press, 1988, pp. 158 – 159, note 18.

④ 在波斯，国王的财产与国库的财产并没有明显的区别，后者也可以看作国王的私产。参见 Joachim Schaper, "The Jerusalem Temple as an Instrument of the Achaemenid Fiscal Administration," *Vetus Testamentum* 45 (1995), p. 537 及更多文献。

⑤ 在各地神庙中，广泛存在铸币部门。参见 Charles Cutler Torrey, "The Foundry of the Second Temple at Jerusalem," *Journal of Biblical Literature* 55 (1936), pp. 247 – 260。对于这一工作和圣殿财务机构负责人的讨论，参见 Schaper, "The Jerusalem Temple," pp. 530 – 534。作者还提到，波斯帝国有收藏贵重金属的经济政策。

波斯中央派驻的专员把圣殿保存的财富中贵重的部分集中起来,通过地区总督上交到国王在波斯波利斯和苏萨的宝库;而剩余部分,尤其是农产品,可能由圣殿管理人员享用。①

作为神职人员的祭司和利未人可以免除贡赋(拉7:24)。但可以想象的是,他们要为维护圣殿的运行努力工作,并协助把犹大省的贡赋转移到波斯宫廷。正因为有这一群体的存在,波斯的贡赋系统才能够平稳而高效地运行。作为交换,波斯免除他们的义务,作为报酬或福利。

对הלך和בלו,我们的了解相对少一些,前者可能是按人头交的,后者则是根据财产缴纳。② 从拉7:24可以推断,普通的犹大百姓,也就是圣殿人员之外的一切民众,都必须在缴纳ממדה的同时缴纳这两种赋税。如果ממדה的受益人是国王本人,那么ממדה和הלך的对象可能还包括从总督到小吏的各级官员。尼希米曾指控说:"在我以前的省长,加重百姓的担子,每日索要粮食和酒,并银子四十舍客勒,就是他们的仆人也辖制百姓。"(尼5:15)他用了"加重"(הכביד)一词,可能暗示百姓原本就有义务供养省长,只是数量没那么多。至于"仆人也辖制百姓",威廉姆森就指出,地方官员手下的人可能同样享受着百姓贡献的财物。③

而תרונה则不仅出现在《以斯拉记》和《尼希米记》中,在《圣经》其他书卷也多次被提及,直译为"供物"。其中,《尼希米记》有关供物的一系列规定可能来源于《以西结书》:"首先初熟之物和一切所献的供物都要归给祭司。"(结44:30)在这段希伯来文的经文里,我们没有看到另3个有关赋税的阿拉姆文词语出现,也没有提到政治机构和人物;④ 而在《尼希米记》中,提及תרונה的经文也是如此。可见,תרונה代表

---

① Schaper, "The Jerusalem Temple," pp. 536 – 537.

② Ibid., p. 538.

③ Hugh G. M. Williamson, *Studies in Persian Period History and Historiography*, Tübingen: Mohr Siebeck, 2004, p. 62.

④ 在五经和其他被掳前书卷中,供物一般规定献给耶和华,而《以西结书》(简称结)45:16还提到献给以色列的王的供物。同样是描绘理想社会的尺度和条例,在波斯时期关于祭司的规定显然比关于不存在的国王的规定更具有现实性和可操作性。

的奉献制度可能是犹大社团内部的规定，只与圣殿本身和神职人员有关。

因此，当 מדה、בלו、הלך与תרונה多次同时出现在《以斯拉记》与《尼希米记》中时，我们有理由推断，耶路撒冷第二圣殿有两套税收系统，前三种以阿拉姆文命名的赋税是波斯帝国税收的一部分，后一种用希伯来文词语的则主要为当地圣殿和神职人员服务。[1] 也就是说，神职人员一方面形成了一个自收自支、自我管理的宗教实体，另一方面也要充当波斯帝国的税务官员，是帝国地方财政的执行者；犹大省的居民则既要向从波斯国王到地方官的各级行政机构和个人缴纳赋税，还必须供养本土的圣殿人员，承担着双重剥削和压迫。

同时需要指出的是，至少在公元前 5 世纪初期，或者在那之前，犹大省很可能存在别的税收机构。斯皮罗推断说，在犹大有很多类似第二圣殿高层的祭司、利未人、文士和学者团体，担负类似的使命。[2] 沙普尔却坚持认为耶路撒冷圣殿是犹大省唯一的征税机构。[3] 闵琼真（Kyung - jin Min）则折中地提出，圣殿为波斯提供了更多的财政收入。[4] 按照沙普尔的逻辑，公元前516 年之前耶路撒冷没有圣殿，波斯就无法在犹大省征税，这是不合情理的。尽管我们对巴比伦时期留守在犹大的团体知之甚少，很难了解当时具体的行政运作情况；但毫无疑问，巴比伦对犹大实行了有效统治，包括征税。而基大利向犹大余民起誓，让他们"服事巴比伦王"（עבדו את־מלך בבל）（《列王纪下》25：24），这很可能包括了缴纳贡税的义务。也就是说，米斯巴的行政机构也许担负了征收犹大的贡税并缴往巴比伦的任务。

在波斯时代以后，第二圣殿也继续为外国统治者提供税收。在底米丢

---

[1] Schaper, "The Jerusalem Temple," p. 539; Min, *op. cit.*, p. 96.

[2] S. J. Spiro, "Who was the *haber*? A New Approach to an ancient Institution," *Journal for the Study of Judaism in the Persian*, *Hellenistic and Roman Period* 11 (1980), p. 200, note 1.

[3] Joachim Schaper, "The Temple Treasury Committee in the Times of Nehemiah and Ezra," *Vetus Testamentum* 47 (1997), pp. 205 - 206.

[4] Min, *op. cit.*, p. 96.

一世（Demetrius Ⅰ）写给犹太人的信中，他承诺"不再要求从圣殿的收入中每年提取的五千块银币，这笔钱归给在圣殿里服务的祭司们使用"①（《马加比传上》（简称马上）10：42）。信中提及了名目众多的苛捐杂税，包括与宗教有关的诸多税种（马上 10：34），圣殿很可能也担负了为塞琉古王朝征收这些税的任务。②

此外，圣殿不仅存放着大量的金银财富（拉 8：24－30），布雷肯索普还从《马加比传》和约瑟夫斯等人的记载中，推断它具有银行功能，并认为这一功能可以追溯到尼希米时代。③ 若如此，则第二圣殿还在某种程度上掌握了犹大的经济命脉。

可见，耶路撒冷地位的提升与第二圣殿的社会职能有密切的关系。回到前面的问题：为什么这一改变发生在公元前 5 世纪中期？这有可能是因为第二圣殿刚刚建立的时候，还不具备上述所有的功能，④ 回归者的团体也还非常弱小。经过两代人的发展，圣殿人员渐成气候，圣殿也不再单单是一个宗教和文化中心，而且还开始提供较为稳定的财政收入，⑤ 这才引起波斯更大的兴趣。⑥

波斯帝国是在短期内突然崛起的一个超级大国，著名的居鲁士铭文记

---

① 本文所引次经译文、译名及缩写，如无特殊说明，均引自张久宣译《圣经后典》，商务印书馆，1999。

② 从次经文本看，希腊化政权，尤其是塞琉古王朝对犹大的统治显然比波斯时代要严酷得多，也因此引起了犹太人的强烈反抗。在圣殿财产方面，底米丢一世承诺的"负担圣殿的管理经费"（马上 10：41）根本没有得到犹太人的采信（马上 10：46）；而西流古王虽从他的税收中拨款用于支付圣殿祭品的花销（马加比传下（简称马下）3：3），但之后就听信西门和阿波罗尼，命总理大臣海里奥道拉去耶路撒冷圣殿要钱（马下 3：7－9），被大司祭奥尼亚拒绝，遭到失败（马下 3：22－28）。从这些事件可以看出，第二圣殿虽仍然扮演财政机构的角色，但与外国统治者的关系远没有波斯时期和谐、融洽。

③ Blenkinsopp，"Temple and Society in Achaemenid Judah，" p. 49.

④ Bedford 认为第二圣殿建立时并没有承担行政功能，参见 Peter Ross Bedford，*Temple Restoration in Early Achaemenid Judah*，Leiden：Brill，2001，pp. 301－310 的总结。

⑤ 沙普尔关于圣殿税收职能的论述，所提出的论据基本都指向较晚的年代，有关讨论参见 Ibid. ，p. 192，note 16。

⑥ Lipschits，"The Achaemenid Imperial Policy，" p. 39.

载了他对所征服的巴比伦城的宽容。但是，居鲁士并非犹太教的信徒，也未必真正关注过被掳的犹太人。《圣经》上记载的居鲁士诏命很可能经过了后期的编修甚至篡改。

波斯对于治下的犹大地区，有两个基本要求，一是维护稳定，二是攫取利益。而公元前 5 世纪中期耶路撒冷的地位提升，宏观原因是波斯将神庙作为收税的机构；微观原因是第二圣殿建成之后，以此为核心的犹太回归者形成一定规模。在利益驱动下，波斯先后允准以斯拉、尼希米等人回到耶路撒冷，作为加强对犹大省控制的手段。第二圣殿成为犹大的宗教、经济和政治中心。从波斯的角度来看，只要犹太社团没有威胁到帝国的统治，只要他们能为帝国提供持续、稳定的收入；即使犹太社团的信仰与帝国的官方意识形态或境内的流行信仰有别，也并不会成为帝国无法容忍的存在。

而从犹太人的角度而言，以斯拉、尼希米等与波斯合作的回归者由此获得机会，得以建立他们理想中的神权社会。祭司和利未人也在波斯的支持下成为犹大省的高层。作为回报，他们在自己的信仰体系中也对波斯统治者大加褒扬。对波斯帝国和耶路撒冷的犹太社团（尤其是回归者）来说，这是一种双赢的局面。当然，留守犹大的百姓后代或许不这么看。

应当承认，无论是由于什么样的宏观和微观原因，波斯帝国与犹大地区的关系总的来说比较和谐，也为后世外族统治者和犹太社团之间如何相处提供了一个正面的范例。但每个时代、每个政权都有其自身特点，难以一概而论；犹太人后世遭受的迫害也是多种因素共同作用的结果。另一方面，《以斯拉记》和《尼希米记》反映的犹太社团与波斯的关系具有整体性和系统性，而《以斯帖记》所描述的故事主要则是单个的犹太人与波斯社会之间的恩怨。尽管后者的历史真实性恐怕比前两者还要低不少，但同样值得进一步研究。

这本《哈加达》有什么不同？

大卫·斯特恩（David Stern）*

历史上几乎没有多少犹太社团能像如今已消失了的、传奇般的中国开封犹太社团那样引人瞩目。今天，要了解这个存在了近 800 年的社团的历史，只能依靠为数不多的遗存：17 ~ 19 世纪的基督教传教士留有对这个社团的一些记述；开封犹太人自己留下的几块石碑；他们使用过的一些托拉经卷，上面的希伯来文字母由于是毛笔所写看起来很像中文；还有少量其他书籍。[①] 这其中，他们的逾越节《哈加达》恐怕最令人着迷，笔者一想到一家中古或近代早期的中国犹太人举办逾越节晚宴的场景，就不禁浮想联翩。

《开封犹太社团〈哈加达〉考》是第一部论述此《哈加达》的学术专著，其合著者之一黄福光毕业于哈佛大学，目前任香港浸信会神学院

---

* 大卫·斯特恩，美国哈佛大学近东语言文明系、比较文学系讲座教授，犹太研究中心主任。

① 参阅 William Charles White，*Chinese Jews：A Compilation of Matters Relating to the Jews of K'ai - feng fu*，New York：Paragon Book Reprint Co.，1966；Donald D. Leslie，*The Survival of the Chinese Jews：The Jewish Community of Kaifeng*，Leiden：Brill，1972；Michael Pollak，*The Torah Scrolls of the Chinese Jews：The History，Significance and Present Whereabouts of the Sifrei Torah of the Defunct Jewish Community of Kaifeng*，Dallas：Bridwell Library，Southern Methodist University，1975；Donald D. Leslie，*The Chinese - Hebrew Memorial Book of the Jewish Community of K'aifeng*，Belconnen，A. C. T.：Canberra College of Advanced Education，1984；Xu Xin，*The Jews of Kaifeng，China：History，Culture，and Religion*，Jersey City：KTAV Publishing House，2003。笔者之前对开封犹太人的讨论见大卫·斯特恩：《犹太传统中的人性观——从"上帝的形象"到中国犹太人》，载宋立宏主编《从西奈到中国》，三联书店，2012，第 278 ~ 298 页。

圣经研究科旧约教授，另一位作者雅莎普洱（Dalia Yasharpour）则在哈佛大学讲授波斯语语言和文学。[1] 两位作者对文本进行了抽丝剥茧般的分析，从中发掘 17、18 世纪开封犹太社团的信息，而这段时期正是这本《哈加达》两个存世的写本的形成时期。此书的大部分章节细致研究了这两个写本的希伯来语文本及附随的以犹太－波斯语写就的用法说明，以及文本语言所反映的开封犹太人的希伯来语读写能力。对这部分内容感兴趣的主要是学者。而《哈加达》本身所承载的关于中国犹太人的历史有更为广泛的意义。这本专著还把其中一个写本全部影印，抄录了其希伯来语文本并附有英文翻译和注释，仅仅这部分内容就值得检视一番。

开封犹太社团很可能最初形成于中世纪早期。在公元 1000 年前后，犹太商人——他们最有可能来自波斯或也门[2]——通过丝绸之路抵达中国。这些商人所居住的城市当中，数开封最为著名，而开封犹太社团事实上也是唯一一个今人所知的中世纪中国犹太社团。种种迹象表明，他们从一开始便非常兴旺，到 1163 年，他们已拥有一座壮观的犹太会堂，在此后五个世纪里，这座会堂因周期性的黄河水患而被数次整修或重建。

就目前所知而言，犹太人在中国从未遭到迫害，相反，他们似乎被欣然接纳，继而迅速融入当地文化，也就是迅速"华化"（Sinification）、泯然于华夏众人之中，这是少数民族都不可避免地要经历的过程。开封犹太人遗留的实物便是华化最清晰的物证，比如形似汉字的希伯来字母。又如犹太会堂的建筑风格和邻近的清真寺一样，犹太会堂与孔庙如出一辙，前面也有供奉先祖的牌位与香炉；当然，会堂中不乏典型的犹太物件，比如存放托拉经卷的约柜、刻有"示玛"等祈祷文的石碑，以及一把供诵读托拉时坐的庞大的"摩西座椅"。

---

[1] Fook - Kong Wong, and Dalia Yasharpour, *The Haggadah of the Kaifeng Jews of China*, Leiden: Brill, 2011.

[2] Daniel D. Leslie, "Persia or Yemen? The Origin of the Kaifeng Jews," in Shaul Shaked, ed., *Irano - Judaica: Studies Relating to Jewish Contacts with Persian Culture throughout the Ages*, Jerusalem: Ben - Zvi Institute, 1982, pp. 101 - 111.

虽然当时的中国百姓认识到自己与这些犹太人之间有宗教差异，将其宗教称为"挑筋教"（源自《创世记》32：32 宰杀牛羊时要剔除脚筋的诫命）或"教经教"，但这并不妨碍这些中国犹太人仕途通达，在朝廷或地方官居高位。中国犹太人似乎在客居之地感到足够舒适，并不反对与当地百姓通婚，尽管他们依旧奉守安息日与其他犹太节日，遵循某种形式的饮食法，也在犹太会堂举行传统的崇拜仪式，然而，文化适应终究要他们付出代价：要么在将中国文化内在化方面取得异常成功，要么与世界上其他犹太团体几乎完全隔绝，要么在几个世纪以后逐渐丧失了对希伯来语与犹太文化的掌握。总而言之，到了 17 世纪，随着越来越多的成员被周围人数庞大的其他民族所吞没，开封犹太社团开始迅速衰落。

1605 年，意大利人利玛窦带领的耶稣会传教士抵达中国后，这批中国犹太人的存在第一次为西方所知。开封社团听说有一位信奉唯一神、通晓《圣经》的西方"神父"来到北京，便认定他是犹太人。利玛窦并没有打消他们的错误念头，但他与后继的传教士也对这个犹太社团产生了真正的兴趣（部分出于想说服他们改宗的意图，部分是因为他们相信，开封犹太人如其所称那样起源于第一个千年，因而能够为找到那个拉比时代之前的"原初的""真正的"的犹太教提供宝贵证据）。当然，令这些传教士更感兴趣的，是开封犹太人的经卷与书籍，而非他们的继续生存，他们并没有采取任何措施来帮助这些犹太人或阻止其社团的衰落［尽管其中两位耶稣会士孟正气（Jean Domenge）和骆保禄（Jean - Paul Gozani）的确给我们留下大量信件，成为了解此社团的主要资料①］。19 世纪早期，随着当地最后一位首领和教师去世，开封犹太社团消失。此时，他们的犹太会堂又一次被洪水破坏得不可修复，而托拉经卷与其他书籍则流入大多信奉基督教的各色机构与个人。

黄福光和雅莎普洱所研究的这部《哈加达》的两个写本现藏于希伯来

---

① Joseph Dehergne, and Donald D. Leslie, *Juifs de Chine*, Roma and Paris: Institutum Historicum S. I., 1980.

联合学院的克劳图书馆（Klau Library），于 1851 年购自在犹太人中传播基督教伦敦协会（London Society for Promoting Christianity Amongst the Jews）。两者皆朴实无华，其中一个出自说犹太 - 波斯语之人的手，另一个以中式的希伯来方形字体（与抄写托拉经卷的字体相似）抄写。这两本《哈加达》虽由相隔约一个世纪的文士抄写而成，其内容却大同小异，基本遵循波斯犹太人早期的逾越节仪式，许多为今日《哈加达》使用者所熟悉的元素当时还未出现。因此，开封《哈加达》并无"求你倾倒愤怒"一节（dayyenu, Shefokh Chamatekha，该节可能在十字军东征后才被加入阿什肯纳兹《哈加达》），也无《一只小羊》（Chad Gadya）这类民谣（此曲在 17 世纪意大利印刷版《哈加达》中才成为固定内容）。然而，缺少对无酵饼的祝福［这与对面包（ha - motzi）的通用祝福相同］最令人惊异，对此，黄福光和雅莎普洱的解释是，这一祝福可能家喻户晓，故抄写者觉得没必要收录。但笔者以为，这更可能缘于抄写者一时疏忽，或者因为这一祝福在 17 世纪已经失传。毕竟，无论发酵与否，面包在中国必定十分少见。

尽管如此，在所有犹太仪轨的文本中，逾越节《哈加达》的文本是最为固定的那种，各地文本的核心内容即便不完全相同，也是基本相似。开封《哈加达》尽管有上述的犹太 - 波斯特色与章节缺失，却并不比当今美国犹太人中最通行的麦斯威尔版（Maxwell House）《哈加达》更难阅读使用。如两位作者所示，开封《哈加达》最能说明问题之处在于其错漏百出：有几页错放顺序，有几页被直接遗漏。另有大量拼写错误，许多是因为抄写者并未看到过原词、仅凭听到的发音拼写出来的，而开封犹太人的希伯来语带有严重的汉语口音（有石碑与耶稣会士的记载为证），比如 le - olam 这个词被发成了 re - oram，这又带来更多拼写错误。有记载说，他们的希伯来语听起来更像汉语，与耶稣会士在欧洲所学的希伯来语相差甚远。在黄福光与雅莎普洱看来，所有这些特征（包括拼写错误、遗漏、顺序与抄写的怪异），以及他们从《哈加达》页边空白处的注释（有些是用中文写的）中所能获得的信息表明，在两个写本形成的 17、18 世纪，开封犹太人可能对希伯来语仍有一定了解，足以在逾越节晚宴上使用《哈加达》，然而他们对希伯来语的掌握已经毛病多多，这预示着开封犹太社团不久就会彻底销声匿迹。

社团的没落通过《哈加达》的形式来预示，这当中包含了不小的讽刺。所有犹太教经典文本中，逾越节《哈加达》是最典型的犹太救赎之书，它以重述出埃及的故事使人在当下重新体验救赎的力量，从而为弥赛亚时代的最终救赎做准备。不同社团、不同时期的《哈加达》对救赎的具体想象有所不同，但是无一例外，每个犹太社团都会根据自己的流散经历，通过在《哈加达》中添加新的章节、插画或图片来想象救赎。

开封《哈加达》对救赎并无独到见解。其独特之处在于汉化的字体，以及充斥着拼写与排版错误的文本，但这种独特并非救赎，而是其对立面。这两个写本所捕捉到的，是社团走向不可逆转的衰落的那个历史时刻。开封《哈加达》不是一本企盼救赎的《哈加达》，而是一本关于湮灭的《哈加达》。

近几十年来，在英语世界，尤其是在美国，出现了一大批关于中国犹太人的著作，其中有的是学术专著，有的是普及读物，《开封犹太社团〈哈加达〉考》属于这批书中的一种。相较于当代中国对犹太人与犹太教的广泛兴趣，这股西方出版热潮较少有人关注。在全球化（其实是西方化）的浪潮下，由于爱因斯坦、弗洛伊德、马克思与艾伦·格林斯潘（我访问中国数次，艾伦·格林斯潘这个名字被多次提及，他被视为美国犹太人的典型）的影响，中国人开始将犹太民族视为西方文化的核心，核心到了任何美国犹太人无法想象的地步。虽说有报告言过其实地宣称中国每个书店的书架上都有《塔木德》或关于犹太人的书籍，但笔者可以以亲身经历（笔者曾在南京大学犹太研究所讲授《塔木德》）做证，当代中国对于犹太教、犹太文化与犹太历史方面的真正知识的渴望几乎无法满足。

当代美国对中国犹太人的着迷有所不同。显然，这与中国犹太社团的异域特色有关，然而原因或许不止如此。开封犹太人没有遇到阻力就成功同化进中国社会，所享有的文化接纳以及显著的财富、权力与地位在犹太历史上几乎是无可比拟的。当然，唯一的例外正是美国犹太人，美国犹太人在客居文化中享有的接纳与繁荣程度，也有人认为是前所未有的。此外，犹太历史中再无其他任何一个流散社团，同化程度如此之高，而希伯来语与犹太文化的普及程度却如此之低。笔者并不认为美国犹太人会如开封犹太人那般迅速衰落，然而，当我们坐在逾越节晚宴的桌旁，举杯去饮那纪念出埃及的四杯酒时，我们或许也应当记得开封犹太人的《哈加达》。

（傅聪译、宋立宏校）

16 世纪奥斯曼帝国犹太人和
穆斯林的法律关系

章　波[*]

伊斯兰法在奥斯曼帝国法律体系中有很高的地位。伊斯兰法规范穆斯林的个人行为，以及穆斯林与非穆斯林的相互关系。一切刑事、民事案件均由穆斯林法庭审理。乌来玛泛指伊斯兰教学者，包括领导穆斯林聚礼及宣讲教义的伊玛目、穆斯林法庭法官卡迪（Qadi）、解释伊斯兰法和发布宗教法令的穆夫提。[①] 在奥斯曼帝国的城市，卡迪代表司法权威。在卡迪面前要裁决城市居民的许多问题，如居民之间的关系、居民与政府之间的关系、经济活动和城市管理问题等。此外，卡迪管理城市事务，如建筑规则、社区组织、行会管理等；他们还控制着相当部分的城市预算，并负责医院、公共卫生等。如果翻译成现代术语："卡迪是市长，是法官和市政首脑"[②]。

穆斯林法庭法官卡迪遍布奥斯曼帝国的各个角落。他们主持穆斯林法庭，执行伊斯兰教法，仲裁诉讼，征集战争物资，募集兵员，保障交通和道路安全，监督市场交易，宣布苏丹的法令。卡迪在奥斯曼帝国的日常事务管理方面扮演最重要的角色。奥斯曼帝国境内的每一个城市、村社和定居点都处在卡迪的司法管辖之下。辖区内的所有人，无论信奉何种宗教，均可向卡迪主持的穆斯林法庭提出申诉。[③]

---

* 章波，中国社会科学院西亚非洲研究所助理研究员。

① 哈全安：《中东史 610—2000》上，天津人民出版社，2010，第 339 页。
② 车效梅：《中东中世纪城市的产生、发展与嬗变》，中国社会科学出版社，2004，第 86 页。
③ 哈全安：《中东史 610—2000》上，第 339 页。

犹太人和基督徒在伊斯兰法中是顺民（dhimmi）[1]，他们前往穆斯林法庭，是因为他们认为伊斯兰法的某些原则对自己有利。但是司法条例和社会偏见导致穆斯林的证据比顺民的证据重要。[2] 尽管顺民的司法地位低于穆斯林，奥斯曼帝国的司法实践表明，穆斯林法庭不是体现穆斯林宗教优越性或者迫害非穆斯林的场所，它是一个寻求公平的场所，是公开满足所有当事人需要的公共空间。[3] 犹太人有自己的司法机构来裁决犹太社区内部的事务，但他们也经常到穆斯林法庭解决一些问题。[4]

犹太人长期流散在世界各地，努力与所在国家的统治者保持良好的关系，犹太律法学者做出向居住国法律妥协的决定。在波斯征服巴比伦后，"居住国的法律是法律"的原则被犹太人普遍采纳。[5] 这也是犹太人对奥斯曼帝国法律和司法体系的基本态度。犹太人为了更好地维护自己的利益，经常将一些案件提交穆斯林法庭。穆斯林法庭能够基本公正地审理关于犹太人的案件，维护犹太人合法的权益。犹太拉比有时出于犹太社区整体的利益考虑，阻止犹太人将某些案件提交穆斯林法庭，但是拉比采取灵活的策略，避免与统治当局发生冲突。本文尝试对上述这些方面进行较系统的梳理。

一　穆斯林法庭维护犹太人的合法权益

尽管理论上伊斯兰法对顺民有歧视，奥斯曼帝国穆斯林法庭经常给处

---

① 宋立宏：《论"顺民"：犹太人在伊斯兰世界中的法律和社会地位》，载潘光、汪舒明主编《离散与避难：犹太民族难以忘怀的历史》，时事出版社，2013，第31～55页。

② Najwa Al-Qattan, "Dhimmis in the Muslim Court: Legal Autonomy and Religious Discrimination," *International Journal of Middle East Studies* 31 (1999), p. 438.

③ Ibid., pp. 439-440.

④ Aryeh Shmuelevitz, *The Jews of the Ottoman Empire in the Fifteenth and Sixteenth Centuries: Administrative, Economic, Legal and Social Relations as Reflected in the Responsa*, Leiden: E. J. Brill, 1984, p. 29.

⑤ David Biale, *Power and Powerlessness in Jewish History*, New York: Schocken Books, 1986, pp. 54-57.

于弱势地位的犹太人提供司法保护。对穆斯林法庭档案记录进行分析，可以看出穆斯林法庭能够较公正地审理与犹太人相关的案件，维护犹太人的合法权益。

（一）穆斯林法庭审理犹太人之间的案件

犹太人之间的诉讼案件通常由犹太社区的达杨（法官）根据犹太律法审理。尽管犹太社区有独立的司法机制，犹太人对犹太社区的达杨也非常尊敬，但有些犹太人仍然把其他犹太人告上穆斯林法庭。显然，奥斯曼帝国犹太人把穆斯林法庭当作犹太人个人生活和社区生活的重要部分。[①]

犹太人把辱骂他的人告上穆斯林法庭，穆斯林法庭也给予审理，并且能够作出公平判决。例如，1534年10月3日，一名犹太妇女控告另一名犹太人辱骂她。此控告被证明属实之后，被告被判有罪。1583年11月15日，一名犹太男子控告一名犹太妇女公开辱骂他，他找了两个犹太证人。他们的证据被核实后，那名犹太妇女被判有罪，被处以鞭刑。[②] 把生活中的这类小事提交到穆斯林法庭，说明犹太人借助穆斯林法庭审理的做法在犹太人中间已经非常普遍，去穆斯林法庭已经成为犹太人日常生活的重要部分。

1538年5月，有一名犹太人和另外一名犹太人因为如何按照婚约记载和约定支付嫁妆费用问题产生了争执，他呼吁卡迪确保犹太婚约条款的执行。[③] 本案中犹太人原告明显是希望利用穆斯林法庭的强制执行权确保婚约条款得到执行。

普通人控告有权有势者的案件在穆斯林法庭也能得到基本公正的判决。有一名普通犹太人曾把犹太社区的谢赫（长老）告上穆斯林法庭。[④] 另有一名普通犹太人控告犹太社区的有权势者在大街上用大棒击打他的

---

① Amnon Cohen, *Jewish Life under Islam*: *Jerusalem in the Sixteenth Century*, Cambridge, Mass.: Harvard University Press, 1984, p. 115.

② Ibid., p. 117.

③ Ibid., p. 116.

④ Ibid., p. 116.

头。在这两起案件中，原告带来了穆斯林证人，结果是犹太人原告都胜诉。① 奥斯曼帝国犹太人在犹太社区内部一旦不能维护自己的权益，就会通过穆斯林法庭有效维护自己的权益。

犹太社区的领袖为了犹太社区的公共利益也会到穆斯林法庭对有关犹太人提出刑事诉讼。1541 年 3 月 12 日，犹太社区的谢赫、达杨和其他知名人士来到穆斯林法庭，向卡迪控告某个犹太疯子，说他打人，且不能控制自己。他们请求卡迪拘留该犹太人，直到他恢复理智。这一请求获得了批准。1593 年 3 月 10 日，犹太社区领袖向卡迪控告一个从采法特（Safed）来到耶路撒冷的犹太人，说他向穆斯林卖酒，并且打骂其他犹太人。他们要求卡迪让该犹太人离开耶路撒冷，卡迪表示同意。在 1594 年 7 月 29 日，犹太社区的一些名人向卡迪控告一名犹太人在皈依伊斯兰教后继续在犹太社区居住，卡迪命令他离开犹太社区。② 奥斯曼帝国各省访问耶路撒冷的犹太人愿意把与当地犹太人之间发生纠纷的案件提交穆斯林法庭来裁决。③

一些犹太人把与其他犹太人之间的案件提交穆斯林法庭，主要是因为穆斯林法庭具有强制执行效力。

（二）穆斯林法庭审理犹太人与穆斯林之间的案件

犹太人和非犹太人之间的法律问题需要提交穆斯林法庭处理。④ 例如，1539 年 1 月，一名来自马耳他的犹太人在穆斯林法庭指控一个穆斯林打了他，他的脸上正流着血，经过证实，该穆斯林被宣判有罪，被处以鞭刑，立即执行。1553 年 8 月 21 日，一名犹太人来到穆斯林法庭，指控两名穆斯林袭击了他，撕碎了他的头巾，并且把他抓到警察局局长的办公室。但是，警察局局长否认发出了武力逮捕该犹太人的指令，这两名穆斯林被迫承认他们这样做是为了向犹太人要债。1567 年 11 月 2 日，耶路撒冷一名

---

① Amnon Cohen, *Jewish Life under Islam*, pp. 118 – 119.

② Ibid. , pp. 118 – 119.

③ Ibid. , p. 116.

④ Shmuelevitz, *op. cit.* , p. 44.

犹太人指控一个穆斯林偷了他一只羊。犹太人还带来了两个穆斯林证人，结果犹太人胜诉，穆斯林法庭判穆斯林被告有罪，判他赔偿犹太人一只羊。1569 年，一名犹太妇女在穆斯林法庭控告耶路撒冷军区的一个穆斯林秘书欠她已故丈夫债务。她的指控被证实后，卡迪宣判该穆斯林必须向这位犹太妇女还债。①

犹太人毫不犹豫地利用穆斯林法庭向有权势和地位的穆斯林施加压力。1557 年 1 月，耶路撒冷的卡迪审判了一个犹太商人起诉当地警察局局长的案件。这名犹太商人指控警察局局长从犹太会堂的管理人员那里非法收取大量资金。犹太商人向在大马士革的叙利亚省总督（Wali）投诉。叙利亚省总督命令耶路撒冷的卡迪把原告和被告都带来，如果情况属实，必须将警察局局长绳之以法。1562 年初，某犹太人指控警察局局长欠他 10 个苏坦尼（Sultani）买布的钱。② 1574 年初，一名犹太布匹商人到耶路撒冷的卡迪那里，指控前任市场和道德监督员欠自己 200 苏坦尼，被告是重要的穆斯林官员，犹太人必须提供证据。犹太人提供了原始的贷款合同，并且带来了两个穆斯林证人。卡迪做出了对犹太人有利的判决，并且强迫那位穆斯林官员还债。③

1587 年，一群犹太人来到穆斯林法庭投诉一个穆斯林士兵骚扰犹太人，并非法向犹太人征收罚款。卡迪遂传唤该穆斯林士兵来法庭受审，穆斯林士兵认罪，并发誓以后不再对犹太人做出违法行为。④ 1589 年 4 月 15 日，一些犹太人到穆斯林卡迪那里起诉一名穆斯林士兵对犹太人敲诈勒索。卡迪下令关押这名穆斯林士兵，直到把事实搞清楚。⑤ 卡迪的立场表明他随时准备采取措施阻止对犹太人的骚扰活动。

---

① Amnon Cohen, *A World Within*: *Jewish Life as Reflected in Muslim Court Documents from the Sijill of Jerusalem*, (*XVIth Century*), Philadelphia: Center for Judaic Studies, University of Pennsylvania, 1994, p. 142.

② Amnon Cohen, *A World Within*, p. 178.

③ Amnon Cohen, *Jewish Life under Islam*, p. 114.

④ Amnon Cohen, *A World Within*, p. 178.

⑤ Amnon Cohen, *Jewish Life under Islam*, p. 114.

1556 年，某街区的一群犹太人来到耶路撒冷穆斯林法庭，控告该街区的穆斯林谢赫（领袖）对犹太人有多种袭扰行动。这位谢赫无法为自己的违法行为开脱，于是穆斯林法庭免去了他的职务，让犹太人推荐的另外一位穆斯林顶替。① 1570 年 7 月 13 日，卡迪接受犹太谢赫的投诉，有穆斯林正在阻挠三名犹太人在耶路撒冷的郊区生产和销售奶酪。犹太人最终赢得了官司，能够不受干扰地在耶路撒冷及其郊区生产奶酪。② 可见，不仅犹太人作为个人寻求穆斯林法庭的保护，犹太社区的谢赫也通过穆斯林法庭的权威和强制执行权，维护犹太社区的利益。

以上案例大多发生在 16 世纪后期，案件内容大致包括穆斯林对犹太人的袭击、穆斯林个人或官员欠犹太人债务、穆斯林士兵骚扰或者勒索犹太人，甚至穆斯林街区的谢赫袭扰犹太人、干扰犹太人的经济活动等。这表明 16 世纪后期犹太人在奥斯曼帝国的状况有所恶化，但是穆斯林法庭仍能给予基本公正的裁决。穆斯林对犹太人的袭扰行为、穆斯林欠犹太人的债务等事例很大程度上只代表个别穆斯林的行为，并没有来自奥斯曼帝国中央的反犹主义和集体迫害行为。

（三）穆斯林法庭接受犹太人的证据

穆斯林法庭的档案中有很多犹太人的做证记录。犹太人的证据被称为顺民的证据，是可以接受的。犹太人的证据对于鉴定事实以及审理与犹太人有关的案件来说是必要的。犹太人在穆斯林法庭所作的证词一旦被卡迪证实和接受，就成为证据。

在犹太人之间的案例或者一般的民事案件和刑事案件中，穆斯林法庭接受犹太人的证词和证据。但是在某些针对穆斯林的案件中，仅有犹太人做证是不够的，需要有穆斯林证人的进一步证词。在犹太人和穆斯林之间的案件中，穆斯林的证据比犹太人的证据重要。③ 即便如此，当犹太人找

---

① Amnon Cohen, *A World Within*, p. 103.

② Amnon Cohen, *Jewish Life under Islam*, p. 115.

③ Shmuelevitz, *op. cit.*, p. 44.

到穆斯林证人后，穆斯林法庭基本上能够维护犹太人的利益。相形之下，在 15 世纪末基督教统治下的西班牙，每天都会有犹太人因为莫须有的罪名被送进宗教裁判所。成千上万犹太人改宗者因为秘密奉行犹太教而被判刑，或者仅仅因为一些看来荒唐可笑的指控而被处死。[①] 在某些重要案件中，要求犹太人提供穆斯林证人的做法虽然有些歧视的意味，但是与 15 世纪末的西班牙宗教裁判所相比，奥斯曼帝国穆斯林法庭对犹太人宽容和保护的一面值得肯定。

（四）犹太人在穆斯林法庭的誓言可以作为判案证据

穆斯林法庭经常要求犹太人出庭做证。犹太人在宣誓时援引摩西的名字，对上帝和《希伯来圣经》宣誓。犹太人的誓言可以作为证据，如果一个犹太人不愿发誓，则一般会被定罪。1585 年春天，一个犹太人把案件提交穆斯林卡迪，犹太人原告无法提供证据，卡迪让被告发誓，但是该被告自始至终不愿发誓，卡迪最终判被告有罪。[②] 穆斯林法庭认可犹太人的誓言也是穆斯林法庭在一定程度上宽容和信任犹太人的表现。

（五）穆斯林法庭保护犹太人免受诽谤

穆斯林法庭审理了一些诽谤犹太人的案件。在这类案件中，犹太人一般能够得到奥斯曼帝国的保护。1546 年 9 月，一名来自葡萄牙的牧师指控耶路撒冷一个犹太人应对一个基督徒的失踪负责。卡迪要求犹太人提供证据。该犹太人请来两个穆斯林证人证明自己无罪，最终被判无罪。1585 年 9 月，耶路撒冷的一位穆斯林官员控告犹太人谋杀了一个穆斯林，针对犹太人的诽谤再次被提交穆斯林法庭。犹太社区的领袖否认了指控。在经过一系列审判之后，穆斯林没有提供足够证据证明该犹太人有罪，卡迪遂放

---

① 何伙旺：《1478 年西班牙宗教裁判所的建立与西班牙犹太人问题探析》，《中东研究》2010 年第 1 期。

② Amnon Cohen, *Jewish Life under Islam*, p. 123.

弃了对该犹太人的怀疑。[①]

(六) 穆斯林法庭维护犹太妇女的权益

犹太妇女可以在穆斯林法庭做证,她们的证词可以被接受。1569 年,某犹太妇女以她子女的名义追讨到了耶路撒冷驻军欠她丈夫的债务。1567年,当一个犹太人和两个穆斯林商人之间达成一项房产交易时,该犹太人的妻子在穆斯林法庭做证。[②] 穆斯林法庭还保护犹太妇女的财产继承权。伊斯兰法关于妇女继承财产的规定也被犹太人接受。犹太妇女可以寻求卡迪的帮助,通过他的监督来确保裁决得以实施。[③] 在奥斯曼帝国,犹太妇女的地位可以说有了较大改善。

总之,奥斯曼帝国的穆斯林法庭能够以相对公平的态度对待犹太人,这一定程度上是受到伊斯兰教哈乃斐学派思想的影响,也受到突厥民族文化的影响。此外,大多数帝国都有为社会成员提供归属感的理念。奥斯曼帝国合法性的基础是统治者和臣民的和谐关系。奥斯曼帝国的思想家肯那里杂德 (Kinalizade) 有一套关于国家合法性和公平循环 (the Circle of Equity) 的理论,它不仅强调国家的至高无上性,也强调国家为了确保公平正义而要对臣民给予保护。他说:"没有军队就没有国家王权的权威,没有财富就没有军队,臣民创造财富,公平正义能够保证臣民对国家王权的忠诚,公平正义需要国家的和谐。"[④]

虽然在某些案件中,犹太人的证词不能作为充分的证据,犹太人的地位也低于穆斯林,但犹太人的证词在大多数案件中是有效的,穆斯林法庭能够不畏权贵,主持司法公正,相对公平地审理与犹太人有关的案件,甚至做出对犹太人有利的判决,这是奥斯曼帝国对犹太人有限的宽容政策的体现。

---

① Amnon Cohen, *Jewish Life under Islam*, p. 126.

② Ibid. , p. 128.

③ Ibid. , p. 133.

④ Karen Barkey, *Empire of Difference: The Ottomans in Comparative Perspective*, New York: Cambridge University Press, 2008, p. 101.

二 犹太人对穆斯林法庭的积极态度

伊斯兰法允许顺民司法自治。犹太法庭没有强制手段来惩罚或者执行判决，拉比只有道德权威和实施绝罚（Excommunication）的威慑力。穆斯林法庭能够基本公正地审理与犹太人相关的案件且具有强制执行的权力，因此犹太人为了维护自己的利益愿意将一些案件提交穆斯林法庭，或者请求穆斯林法庭执行犹太法庭的判决。犹太律法规定犹太人应遵守居住国家的法律，只要居住国的法律与犹太律法不冲突。[①]

传统犹太教的基本观点是犹太律法优先于其他律法，犹太律法应该被应用于犹太社区生活的各个方面。然而，由于犹太人长期流散于世界各地，不得不处理好与所在国家统治者的关系，犹太律法学者做出向帝国法律妥协的决定。在波斯征服巴比伦后，犹太人普遍接受了"居住国家的法律是法律"这一原则。但凡涉及与非犹太人的法律纠纷时，居住国的法律优先于犹太律法。

"居住国的法律是法律"是流散地犹太人的律法原则，也是犹太人对待奥斯曼帝国法律和司法体系的基本态度。有两个因素促使犹太人对帝国采取合作的态度。第一，奥斯曼帝国欢迎和宽容犹太人，犹太人能够在奥斯曼帝国重建经济和文化上繁荣的犹太社区。第二，一些犹太人是帝国宫廷中为苏丹服务的御医或财政顾问，另一些犹太人为帝国的高官服务。这些宫廷犹太人社会影响力很大，有能力防止帝国犹太人处境的恶化。[②] 奥斯曼苏丹、中央政府、穆斯林法庭和地方统治者经常保护犹太人并且维护犹太人的合法权益。犹太人遵守奥斯曼帝国的法律，服从奥斯曼帝国的统治，并视其为上帝的旨意。

15 世纪和 16 世纪的拉比对穆斯林法庭的态度主要依据迈蒙尼德拉比的态度。迈蒙尼德认为穆斯林法庭关于财产、贸易和贷款的登记是有效

---

① Shmuelevitz, *op. cit.*, p. 42.

② Ibid., p. 33.

的，在穆斯林法官面前进行资金交易有更大的安全保障。[1] 虽然一些拉比对穆斯林法庭某些判决的合法性持保留态度，但是，因为犹太人有义务遵守居住国的法律，在大部分情况下拉比认可穆斯林法庭的判决。

奥斯曼帝国的犹太拉比重视穆斯林法庭的司法档案（Sicil）。在这些档案中，每个司法程序和判决都被记录下来。拉班（Radbaz）拉比写道："发生的一切都记录在穆斯林法庭档案里，被保留很长时间。每个人都可以根据穆斯林法庭档案的记载寻求司法公正。"拉班拉比认可穆斯林卡迪审批和登记的犹太人的贷款、财产转让和其他交易，认为穆斯林法庭档案是维护犹太人权利的重要证据性文件。在犹太人和非犹太人的商业和财产案件中，拉比们坚持要求犹太人把案件提交穆斯林法庭登记备案。拉比们强调，当犹太人生活在流散地时，相信非犹太人是很危险的行为，因此很有必要把犹太人的商业和财产等交易活动记录在穆斯林法庭档案里。虽然犹太拉比一致认可穆斯林法庭档案，但是他们对卡迪和非犹太证人的可靠性的认识不同。有时同一个拉比的不同答问[2]里也会有不同的态度。

犹太拉比的答问中有关于犹太人向卡迪贿赂的记载。相关希伯来文献中一般用"妥协"一词来指代"贿赂"。[3] 在 16 世纪后期，奥斯曼帝国货币贬值，贿赂和卖官鬻爵盛行。一些犹太拉比开始批评穆斯林法庭。马哈沙达姆（Maharshdam）拉比甚至说所有的卡迪都受贿。哈云（Hayyun）拉比则认为卡迪"接受贿赂，拒绝司法公正，接受假证据"。[4] 虽然拉班拉比赞扬穆斯林法庭，但是他强调穆斯林法庭可能错误地指控犹太人，导致犹太人遭受经济损失。犹太人有时被迫贿赂卡迪以获得公正的对待。尽管如此，应该说 16 世纪后期仍然有一些卡迪公正地对待犹太人，虽说他们的人数有所减少。

穆斯林法庭和犹太法庭既有合作，也有冲突。在 15 世纪后期和 16 世

---

① Shmuelevitz, *op. cit.*, p.55.

② 关于答问文献，参看徐新、凌继尧主编《犹太百科全书》（修订版），上海人民出版社，1998，第 634 页。

③ Shmuelevitz, *op. cit.*, p.51.

④ Ibid., p.61.

纪前半期，穆斯林法庭和犹太法庭有较多协商。当案件的当事人是犹太人时，穆斯林法庭甚至向犹太法庭或著名的拉比寻求法律援助。但这种合作到 16 世纪后半期就减少了。犹太拉比对穆斯林法庭的态度，一定程度上取决于拉比对穆斯林法庭可靠性的认识以及对穆斯林法庭信用的评价。一旦拉比对穆斯林的司法公正产生怀疑，他们就会限制或劝阻犹太人将某些案件提交穆斯林法庭，具体说来，这主要是出于如下几个方面的考虑。

第一，根据犹太律法优先于其他民族的法律的原则，在审理案件时会优先考虑犹太律法的正义性和犹太人的安全。

第二，阻止犹太人通过穆斯林法庭获得一个违反犹太律法的判决。这会威胁到犹太社区作为一个独特的文化和宗教实体的存在，故而拉比会尽最大可能阻止此类事情发生。

第三，希望阻止和奥斯曼帝国有友好关系的有影响的犹太人在穆斯林法庭的帮助下控制犹太社区（Qehillah）。例如，犹太拉比坚决抵制一些犹太人利用伊斯兰法控制犹太会众，抵制富有的、有影响力的犹太人在穆斯林法庭的帮助下获得孤儿监护权。拉比认为，某些犹太人攫取孤儿监护权造成了两方面的威胁：一方面，该孤儿可能被监护人剥夺财产；另一方面，拉比在犹太社区的权威地位可能受到威胁。简言之，拉比防止犹太社区的其他成员在穆斯林法庭帮助下在犹太社区内部获得太大的经济、行政甚至司法等方面的独立地位和权力。①

第四，努力避免可能伤害犹太社区声望的行为。拉比认为内讧有损于犹太社区的声望，因而努力阻止把犹太社区内部的问题和冲突提交穆斯林法庭。较危险的情况是，冲突一方威胁要诽谤另一方或者整个犹太社区，或者诬陷犹太人。最危险的是诬陷某些犹太人伪造奥斯曼帝国的硬币，这会给该犹太社区带来灾难。②

第五，防止犹太人受到惩罚，防止犹太人被关押或被鞭打，特别是如果按照犹太律法该犹太人不该受如此重罚的话。某些犹太人被关押在穆斯

---

① Shmuelevitz, *op. cit.*, p. 69.

② Ibid., p. 70.

林监狱受审时，可能因为无法忍受监狱恶劣的条件而被屈打成招。这种认罪甚至会导致犹太人被处死。拉比有时会夸大其词地威胁或规劝犹太人不去穆斯林法庭，他们尤其反对犹太人把犹太人之间的债务案件提交穆斯林法庭。

如果有关各方都是犹太人，犹太社区力图阻止他们前往穆斯林法庭。对于那些已经从穆斯林法庭获得司法判决的犹太人，拉比尽力劝他们优先接受犹太法庭的决定。对于那些拒绝接受拉比要求的犹太人，最严厉的处罚是对他们实行绝罚，即逐出犹太社区。不过犹太社区被迫在一些问题上采取灵活的立场，以避免和奥斯曼帝国当局发生冲突，这时遵循"居住国的法律是法律"这条原则就变得十分突出。尽管拉比限制或阻止犹太人将某些案件提交穆斯林法庭，但如前所述，犹太人仍广泛利用穆斯林法庭维护自己的利益。

犹太人内部的民事案件以及犹太社区的宗教事务等由犹太法庭（Beit Din）审理。犹太法庭的处罚通常是温和的，犹太社区的成员在几天内不理睬某犹太人。常见的处罚是罚款，较严厉的处罚是拒绝某犹太人参加宗教活动，最严厉的制裁是绝罚。[1] 虽然犹太法庭的判决对犹太人具有一定约束力，但由于没有强大的执行权，犹太人为了维护自己的利益，经常把一些刑事、商业、财产交易、继承和婚姻等方面的案件提交穆斯林法庭，根据伊斯兰法审理。犹太人还会去穆斯林法庭登记贷款、债务和房地产交易等。这是因为穆斯林法庭是一个公共事务登记办公室，是所有官方文件的存放处，是唯一具有强制执行权的官方法庭。[2]

16世纪奥斯曼帝国的拉比用希伯来语创作了大量的答问文献，其中有大量的伊斯兰法和奥斯曼帝国世俗法的法律术语和司法材料。这清楚地表明，奥斯曼帝国犹太人能熟悉并利用自己所处的伊斯兰社会环境，为犹太

---

[1] Walter F. Weiker, *Ottomans, Turks and the Jewish Polity: A History of the Jews of Turkey*, Lanham, Maryland: University Press of America, 1992, p. 66.

[2] Najwa Al-Qattan, *op. cit.*, p. 431.

社区的自治服务。① 犹太人的答问文献和奥斯曼帝国的档案里包含很多和犹太人有关的金融和商业案件。贷款是当时最复杂的金融问题之一，犹太人坚持把所有的贷款、存款和非犹太人欠犹太人的债务在奥斯曼帝国的穆斯林法庭登记备案。

犹太人通常会把刑事案件中的犯罪嫌疑人送交给穆斯林法庭，而卡迪会把嫌疑人关入监狱，直到他们给受害的犹太人家属一些补偿。一旦遇到偷盗和抢劫，犹太人一般会迅速通知穆斯林法庭或奥斯曼帝国中央政府的国务会议（Divan）裁决。穆罕默德二世首先要求把这方面的案件提交帝国法庭。②

犹太人愿意将有关婚姻和财产问题的案件提交穆斯林法庭，是因为在穆斯林法庭登记的婚姻关系很难被解除，经过穆斯林法庭登记的婚约中有保护妇女和儿童的条款。一些犹太妇女根据犹太律法不能得到的某些遗产，却可以根据伊斯兰法获得。③ 按照伊斯兰法签订的婚约清楚地记载着有关各方的义务和权利。基督徒妇女和犹太妇女有时在自己所在的社区不能离婚，却可以在穆斯林法庭离婚。奥斯曼帝国的叙利亚和其他城市的证据表明，穆斯林法庭经常审理顺民的继承案件。这表明穆斯林法庭遵循伊斯兰教哈乃斐学派关于穆斯林法庭有义务处理顺民的财产继承问题的原则。④

有时，犹太人为了解决社区内部的案件也会求助于穆斯林法庭。例如，1565 年耶路撒冷一些犹太人前往穆斯林法庭投诉某个犹太医生的恶劣行为，要求穆斯林法庭把他驱逐出犹太街区。⑤ 顺民理论上处于自己的社区法庭管辖之下，他们前往穆斯林法庭是公开寻求伊斯兰法的支持。大马士革穆斯林法庭档案记载着顺民前往穆斯林法庭起诉其他顺民和自己家庭

---

① Haim Gerber, *State and Society in the Ottoman Empire*, England: Ashgate Publishing, 2010, pp. Ⅵ, 115.

② Shmuelevitz, *op. cit.*, p. 67.

③ Najwa Al-Qattan, *op. cit.*, p. 432.

④ Ibid., p. 435.

⑤ Amnon Cohen, *A World Within*, p. 133.

成员的大量案件。这类行为证明了穆斯林法庭在顺民日常生活中的重要意义。①

犹太人提交给穆斯林法庭的案件大致分为以下几类。第一,金融案件。例如,贷款、存款、典当、抵押和贸易等,大部分是与商业交易有关的借款、债务等有关的案件。第二,关于财产继承、家庭馈赠和遗嘱等案件。第三,刑事案件,这类案件只有奥斯曼帝国的司法机构有审判权。第四,有关犹太社区的行政和司法机构以及社区官员的案件。犹太社区任命法官和行政官员后经常要提请卡迪批准。这是为了确保犹太社区法官或官员的任免能够被执行。第五,婚姻方面的案件,如结婚、离婚、利未婚等。②

总的看来,有五个原因促使犹太人把针对其他犹太人的案件提交穆斯林法庭:第一,在特定的行政和司法领域犹太社区需要获得国家法律的支持;第二,为了保障犹太律法的执行;第三,在商业、金融和财产交易等方面确保获得国家的合法批准和备案;第四,希望从穆斯林法庭获得有利的判决;第五,这样做会有助于犹太人与奥斯曼帝国统治当局建立良好的关系。

结　语

伊斯兰教的顺民政策决定了犹太人的地位低于穆斯林,但同时犹太人也受到奥斯曼帝国统治者和穆斯林法庭一定的保护。犹太人曾长期流散在世界各地,努力与所在国的统治者保持良好关系,犹太律法学者做出了向所在国法律妥协的决定。奥斯曼帝国的犹太人就遵循了"居住国的法律是法律"这条犹太律法原则。

穆斯林法庭能够相对公平地审理和犹太人有关的案件,甚至做出对犹太人有利的判决。穆斯林法庭甚至认可犹太人的证据和誓言。这体现了奥

---

① Najwa Al-Qattan, *op. cit.*, p. 432.

② Shmuelevitz, *op. cit.*, p. 67.

斯曼帝国对犹太人有限的宽容和保护。16 世纪后期犹太人受到穆斯林袭扰的情况增多，穆斯林法庭仍然能够在很大程度上维护犹太人的利益。尽管如此，奥斯曼帝国对犹太人的有限宽容政策没有发生实质性变化。奥斯曼帝国犹太人与穆斯林良好的法律关系对于犹太人权益和帝国统治秩序的维护都起到了重要作用。

17、18 世纪德意志地区的宫廷犹太人

张礼刚 *

在漫长的流散生活中，犹太民族作为一个弱小的群体，在大部分时间里遭到主流社会的歧视、驱逐、迫害，甚至残暴的屠杀，到纳粹屠犹走到了极端。但这不是犹太流散生活的全部。由于主流社会对个体犹太人持不同态度，在一些地区的不同历史时期，由于特殊的历史境遇，有一部分犹太人走进主流社会生活，过着与其他犹太人不同的生活，成为犹太历史乃至整个人类历史长河中独特的浪花，宫廷犹太人就是这些浪花中的一朵。

所谓的宫廷犹太人，主要是指那些与宫廷保持着微妙关系，享有很大特权的一部分犹太人。① 虽然难以知道宫廷犹太人准确的出现时间，但资料显示宫廷犹太人最早出现于穆斯林世界。因为当穆斯林军队进攻西班牙的时候，犹太人把他们作为粉碎基督教残酷统治的解放者来欢迎，再加上新占领的地区也需要犹太人为他们服务，所以犹太人在穆斯林统治的西班牙受到了当权者的信任，有些西班牙的犹太人就抓住这个机会与阿拉伯的宫廷保持着密切的联系。② 在 10～13 世纪，一些犹太人获得了宫廷银行家、宫廷御医等头衔，享有较大的权利，③ 当西班牙当局对犹太人政策逐渐恶化时，这些宫廷犹太人纷纷退出了历史舞台。随着形势的发展，17、

* 张礼刚，河南大学以色列研究中心执行主任、历史文化学院教授。

① *Encyclopedia Judaica*, Vol. 3, Jerusalem：Keter, 1971, p. 1006.

② 徐新：《犹太文化史》，北京大学出版社，2006，第 48 页。

③ 塞西尔·罗斯：《简明犹太民族史》，黄福武、王丽丽等译，山东大学出版社，1997，第 181～183 页。另参 Walter J. Fischel, *Jews in the Economic and Political Life of Mediaeval Islam*, New York：Ktav Publishing House, 1969。

18 世纪在德意志地区涌现出许多宫廷犹太人，他们十分引人注目，如布拉格的雅各·巴塞维（Jacob Bassevi），他是地中海地区第一位进入贵族阶层的犹太人；维也纳的参孙·威特海默（Samson Wertheimer），他是维也纳、美因茨、帕拉第内特和特雷福斯法庭的总代理，在西班牙各衍生国之间发生战争的时候负责奥地利的军粮供应；撒母耳·奥本海默（Samuel Oppen-heimer）是前者的同僚，曾经帮助侄子大卫·奥本海默在牛津建立了被誉为希伯来书籍收藏中心的"博雷安"图书馆（Bodleian Library）；约瑟·苏斯·奥本海默（Joseph Suss Oppenheimer）被后人称为"犹太人苏斯"，在悲剧性的倒台之前，他在威尔茨堡的宫廷中曾是一位无所不能的人物。这一时期德意志地区几乎每个侯国都拥有宫廷犹太人，他们在国王或领主的保护下，可以不受中世纪针对犹太人的禁令限制，出入宫廷，享有很大的特权。[①] 他们无论对主流社会的宫廷还是对犹太社会的发展都有重要影响，研究这一特殊群体有助于我们全面认识和理解近代犹太历史及其犹太人解放等问题。目前，虽然国外有一些学者对这个问题进行了研究，但国内还没有学者论及这个问题。本文试对 17、18 世纪德意志地区的宫廷犹太人加以初步探讨，勾勒出犹太人生活的特殊的一面。

德意志地区出现较多宫廷犹太人的原因

在反犹主义比较盛行的欧洲，为什么德意志地区会出现这么多的宫廷犹太人？应该说这不是偶然的现象，而是有着深刻的历史原因。

第一，欧洲及德意志地区政治和经济环境的变化为宫廷犹太人大量出现提供了契机。中世纪君主专制统治在欧洲是一个普遍的现象，庄园经济占据统治地位。到了近代早期这种情况逐步发生了变化。这个时期英国已经形成了具有一定规模的中产阶级，建立了比较完备的税收体系和地方官僚机构，国家基本上能够按照国王的目的进行运作。在安全得到保障的情况下，地方的银行家和商人乐意把资金借贷给政府。在法国，国王基本能

---

① 塞西尔·罗斯：《简明犹太民族史》，黄福武、王丽丽等译，第 389~390 页。

宫廷犹太人木雕

　　宫廷犹太人木雕，高 23 厘米，约 1700 年，来自奥地利。此人可能就是参孙·威特海默
（1658~1724），他是利奥波德皇帝的心腹，影响很大，时人称为"犹太皇帝"（Juden Keiser），他
还是当时首屈一指的犹太宗教领袖。他看起来正前往皇宫，恭敬地手持帽子，但头顶表明犹太信
仰的贴头小帽（Kippah），神情自信。

够控制住整个王国，农业税的收入能够满足王室的挥霍。所以在这两个国家当中，犹太商人和金融家没有很大的市场，在政治、经济生活中也没有重大的影响。与英法相比，德意志地区情况就大不一样。在 16 世纪，德意志地区的一些城市由于位置比较重要，经济还算繁荣。哈布斯堡皇帝和地方的君主仍能够从德国银行家和商人手中借到大量资金。自 17 世纪以来，该地区经济形势发生了重大变化，德意志成为欧洲的主要战场，接二连三发生战争，特别是三十年战争（1618～1648）使德国经济遭到严重破坏，人口与牲畜数量骤减，一度执北欧商业之牛耳的汉撒同盟也被占据海上霸权的英国和荷兰的公司取代，德意志境内最享盛名的银行家富格家族，也在此期间因战争和西班牙王室赖债（1607）而破产①，这无疑断了德国皇帝和地方君主借债的主要渠道。再加上物价的起伏，统治者的奢侈需要增多，德意志境内的一些君主有时需要举债度日，不论是哈布斯堡的皇帝，还是其他地方的一些公国的君主都负债累累。② 因此，这些专制君主需要寻找新的财源。

同时，三十年战争和《威斯特伐利亚条约》的签订削弱了哈布斯堡王朝的统治，加深了德意志境内分裂割据的局面。这场战争使德意志损失了 1/3 的人口，300 多座城市，2000 多个村庄毁于一旦。封建主利用战争造成的破坏，大肆霸占土地，许多自由农变成了农奴，13 世纪已被废止的农奴制得以复活。在易北河东岸地区，自由农就"像白色的乌鸦一样罕见"，当时德意志境内出现了大大小小的 360 多个独立邦国，4 万个世俗领地和 4 万个教会领地。政治的分裂导致了关税壁垒，严重地影响了经济的发展。③ 此时以普鲁士为代表的几个大的邦国面对欧洲的荷兰、英国等国家的强大，希望建立自己的国家和军队，像在凡尔赛宫的太阳王一样拥有无限的权力。然而，德意志境内的公国和地方贵族为了自己的利益，千方百计地

---

① 黄仁宇：《资本主义与二十一世纪》，三联书店，1997，第 337 页。

② F. L. Carsten, "The Court Jews: A Prelude to Emancipation," *Leo Baeck Institute Yearbook*, Vol. 3 (1958), pp. 140–156.

③ 孙炳辉、郑寅达：《德国史纲》，华东师范大学出版社，1995，第 24 页。

阻止中央集权和皇帝取得绝对权力。各个邦国为了达到自己的目的，都在积极寻求利己的统治工具。

第二，犹太人特殊的历史经历造就了犹太人为宫廷服务的职业条件。在中世纪和近代早期，德意志犹太人从事的职业与基督徒有着很大不同，这主要由当时的社会环境造成。一般而言，人们喜欢选择那些工作轻松、地位高和利益丰厚的行业。然而，犹太人受到基督教会和世俗势力的歧视和迫害，不能涉足许多职业，只能从事一些所谓的低贱职业。在农业方面，欧洲各国禁止犹太人占有土地，如"西哥特人的法律使全部犹太人丧失了他们的家产"①，使得犹太人不可能拥有土地；欧洲还接连不断地发生驱逐犹太人等反犹事件，使犹太人具有很大的流动性，犹太人也不宜从事农业和拥有大量不动产；再加上犹太人宗教习俗使犹太人在基督教社会从事务农的时间相对减少②。所以，从中世纪到近代早期，从事农业的犹太人口极为稀少，大致占犹太从业人口的 0.5% 左右。③ 在手工业方面，犹太人在刚开始进入欧洲时，许多人从事手工业，如印染、丝织、刺绣、金银锻造及玻璃制造，但到 10 世纪之后，随着欧洲城市的发展，各国纷纷建立了手工业行会，由于主流社会反感作为异教徒的犹太人，行会对犹太人手工业有着严格限制，于是当欧洲基督教国家手工业行会制度普遍确立后，犹太人的各种手工业经营便被有效地阻止了。犹太人长期被排挤在主流经济活动之外，他们为了生存，只能选择主流社会不愿从事的行业——商业和借贷业。另外，犹太人在长期的流散过程中，长期保留着经商传统；犹太人定居的分散性及其城市化特点为经商提供了便利的条件；共同的宗教信仰和遭受迫害的命运，使得犹太人表现得十分团结，有利于形成统一的犹太人商业和信用网。历史表明，正是由于这些原因，犹太人与商业和金融业有着

---

① 阿巴·埃班：《犹太史》，阎瑞松译，中国社会科学出版社，1986，第 101 页。

② 季惠群：《中世纪欧洲犹太人商业活动初探》，载潘光、金应忠主编《1990 以色列·犹太学研究》，上海社会科学院出版社，1991，第 142～146 页。

③ Jacob R. Marcus, *The Rise and Destiny of the German Jew*, Cincinnati：The Union of American Hebrew Congregations, 1934, pp. 103 - 109.

密切关系。据统计，即使到近代早期，仍然有大约50%的犹太人从事商业和金融业，20%的犹太人是小商贩。① 犹太人在从事这些职业的过程中，培养了较为丰富的经商经验，建立了犹太人信用体系，积累了大量资金。②

在近代，随着货币在经济领域作用的凸显，重商主义的兴起，一个国家的实力取决于它所拥有的货币财富量，而这种财富在当时主要通过贸易、信贷等手段获取。"到17、18世纪商业目标已成为欧洲统治者所关注的首要问题，宗教问题则降到次要地位"③，因此政府把发展商业和金融放在重要位置。然而，在中世纪基督神学控制下的欧洲，人们对劳动和财富有着独特的认识，普遍认为商人及其从事的商业活动是低贱的，甚至是罪恶的，主流社会的许多人不愿意从事这些所谓的低贱职业，从而导致经商人才在一定程度上的短缺。这种局面为犹太人发挥特长创造了良好条件，所以许多犹太人抓住了这个机会，被宫廷委任为宫廷代理商、外交官、管理人员等，成为宫廷犹太人。

第三，犹太人对居住地表现出来的"忠诚"和"弱民"地位也是宫廷犹太人大量出现的一个重要原因。自从公元70年第二圣殿被毁，犹太人被赶出家园，其主体一直生活在以色列故土以外的地区，流散于世界各个民族之间。这种客民身份使得犹太学者不得不考虑犹太人与居住地关系的问题，早在萨珊王朝时期犹太教中就形成了"王国之法便是法"的思想。④尽管这个思想有居住地世俗法律高于犹太律法之嫌，在某种程度上限制了犹太律法的阐释和施行，但正是这个思想调和了犹太人与居住地的关系，遵守居住地的法律体现了犹太人对居住地统治者的忠诚。特别是在中世纪

---

① Marcus, *op. cit.*, p.125.

② 关于犹太人与近代经济生活，参看维尔纳·桑巴特《犹太人与现代资本主义》，艾仁贵译，上海三联书店，2015。

③ 大卫·鲁达夫斯基：《近现代犹太宗教运动——解放与调整的历史》，傅有德等译，山东大学出版社，2003，第34页。

④ 张倩红、胡浩、艾仁贵：《犹太史研究新维度——国家形态·历史观念·集体记忆》，人民出版社，2015，第73~82页。

欧洲,"犹太社团只有在取得特许状的情况下才能获得在一地的居住权"①,犹太人要想在这种情况下客居他国,必须妥善处理好与统治者的关系,希望用自己的"忠诚"来换取居住权和得到统治者的保护,所以在同统治者打交道的过程中十分谨慎,坚守信誉,努力满足统治者的要求,有时甚至会放弃自己的一些利益。犹太人的这种"忠诚",正好是 17、18 世纪急于扩充势力的德意志各个宫廷所急需的。尽管犹太人对统治者表现出无比的忠诚,但是由于处于"外来人的弱民"地位,统治者在需要的时候可以让他们充当替罪羊。在历史上,犹太人在不需要时被主流社会驱逐、迫害,在需要时被召回。这种现象在欧洲时常发生,而且无论统治者怎么处置犹太人,基本上会得到当地人的支持,这也是利用犹太人的一大好处。所以刘易斯·科塞曾指出:"在社会转型时期,新兴的统治者想取得他们没有的政治和经济权力,这时可靠的权力的走卒就显得尤其重要,……这种难得的忠诚在当地的普通群体中很难找到,因为他们同旧的统治集团有着千丝万缕的联系,所以新兴的统治者往往利用侨民来为他们服务,扩大他们的权力,剥夺旧的统治者的权力,他们只好寻求外来人。"② 利用外来的犹太人既然有这么多好处,当时的宫廷何乐而不为呢。17、18 世纪德意志地区的一部分犹太人抓住了这个机会,活跃于以宫廷为核心的主流社会。

犹太人在德意志宫廷的主要作用

一个犹太人自成为宫廷犹太人起,便肩负着为宫廷服务的职责。17、18 世纪德意志地区的宫廷犹太人主要在以下几个方面发挥了作用。

第一,为宫廷提供战争资金。近代欧洲爆发了一系列战争,如三十年

---

① 张淑清:《论中世纪西欧犹太社团的司法自治——以 10—12 世纪的法国和德国为例》,《学海》2006 年第 1 期。

② Lewis A. Coser, "The Alien as a Servant of Power: Court Jews and Christian Renegades," *American Sociological Review*, Vol. 37, No. 5 (Oct., 1972), pp. 574 – 581.

战争、七年战争、北方战争等。这些战争的胜败直接影响到参战各方政治地位的高低、地盘的大小、经济利益的多寡，甚至决定着一个邦国或王国的存亡。要想在战争中取得胜利，必须要有足够的金钱来雇佣军队、购买军需等。富有冒险精神的犹太人通过他们的经济活动在为战争提供资金方面发挥了非凡的作用，有时决定着战争的胜败。以哈布斯堡为例，在战争爆发时，哈布斯堡皇帝的财产几乎挥霍殆尽，不能够供给与奥斯曼土耳其帝国作战士兵的军需，哈布斯堡的统治者面临着失败的威胁，不得不求助犹太人撒母耳·奥本海默，将奥本海默委任为帝国军队的代理商，为军队提供贷款、服装、马匹、粮草、枪支等，并且帮助运送士兵。1683 年，遭受围困的维也纳因为他的援助而解围，在德军 1686 年围困布达佩斯和 1688 年占领贝尔格莱德战役中，奥本海默也起着非常重要的作用。后来，帝国的军队指挥官刘易斯伯爵承认："如果没有奥本海默的支持，战争不能够继续下去，德意志在各个方面都会以失败而告终。"[1] 1688 年，普鲁士军队进攻巴列丁奈特，奥本海默利用犹太人的广泛的金融网，连续几年为这次战争的前线军队提供资金。奥本海默去世后，参孙·威特海默继任为该地区的军需供应商。在普鲁士同西班牙的战争中，威特海默支付了大量的军费。除了哈布斯堡家族以外，这个时期德意志地区几乎每个邦国都有几个犹太人为其宫廷服务，参与到他们的战争中去，在某种程度上欧洲的战争孕育了德意志地区的宫廷犹太人，欧洲的战争也离不开犹太人。有学者指出："宫廷犹太人最突出、最有政治影响的活动，毫无疑问是为欧洲的战争提供资金。"[2]

第二，渗透进宫廷的政治生活。犹太人在与主流社会长期交往中，对政治非常敏感，因为居住国的任何政治上的风吹草动，说不定都会对他们产生严重的影响；再加上犹太人在居住国的生存要得到当地统治者的许可

[1] F. L. Carsten, "The Court Jews," pp. 140 – 156.

[2] Michael A. Meyer and Michael Brenner, eds., *German – Jewish History in Modern Times: Integration and Dispute, 1871 – 1918*, Vol. 1, New York: Columbia University Press, 1996, p. 107.

和保护，对当地的政治势力有一定的依附性，所以犹太人对居住国的政治非常关注，经常参与能够利己的政治活动。宫廷犹太人在参与选侯、国王和君主的选举、继任方面，表现得十分积极，他们筹集大量资金支持那些随着权势扩大而想提高地位的君主、选侯等。1649 年萨克森的选侯奥古斯都二世（1670~1733）通过贿赂波兰贵族，取得了波兰王位。奥古斯都二世为此支付的上百万金币是由宫廷犹太人伯伦德·雷曼（Behrend Lehmann）提供的，"如果没有他和其他犹太人的帮助，奥古斯都不可能成为波兰国王"。① 这位宫廷犹太人也因此成为德意志北部地区最耀眼的人物，借机拓展自己的经营领域，从事着各种行业，有着宫廷银行家、军队代理商、宫廷珠宝商和政治代理人等多个名号。汉诺威伯爵艾伦斯特·奥古斯都的宫廷犹太人雷夫曼恩·贝伦斯献给帝国许多金钱，估计在 110 万金币，并帮助弗里德里克一世在 1701 年取得普鲁士国王的职位，他也因此取得了选侯的头衔。另外，还有一些犹太人被宫廷委任为各级官吏，成为宫廷的顾问、收税官、外交官员等。如被称作"犹太人苏斯"的苏斯·奥本海默，曾经担任符腾堡的伯爵查理·亚历山大的顾问，帮助伯爵制定了许多政策，由于他在政治方面的影响而受到地方贵族的强烈抗议；1700年，鲁本·伊利亚格·姆佩尔兹被任命为克莱夫和马卡公国的大收税官；伯伦德·雷曼作为萨克森的奥古斯都·斯特朗的政治代表，参加了波兰国王的选举及其谈判。需要指出的是：这个时期虽然犹太人利用他们的经济成就直接参与了宫廷的一些政治活动，但是不能过高估计他们的政治影响。因为他们在政治上的一切言行必须听命于各自依附的宫廷，其实是他们经济活动的结果和延伸。经济和政治有着密切关系，相互影响，犹太人在宫廷的活动也不例外，不可能把二者完全剥离。即使宫廷犹太人最单纯的经济行为也包含着政治性因素。

第三，参与宫廷的日常生活。由于商业贸易是犹太人从事的主要职业之一，在长期的流散过程中形成了庞大的犹太人商业贸易网络，积累了一定的经商经验和资金，所以许多宫廷把其拥有的产业交给犹太人经营和管

---

① Meyer and Brenner, eds., *op. cit.*, p. 108.

理。1672 年，普鲁士的弗里德里克·威廉一世（Frederick William Ⅰ）委任克勒菲的摩西·莱温·格姆佩尔兹（Moses Levin Gomperz）家族在阿姆斯特丹为他经营珠宝，估计价值在 22 万金币左右。1732 年，这个家族的雅各·格姆佩尔兹为宫廷购买成年的身材高大的卫兵，价格分别是 6 英尺高 300 金币，73 英寸高 400 金币，74 英寸高 500 金币，75 英寸高 1000 金币，76 英寸高 2000 金币，这些卫兵被用来护卫宫廷。犹太人负责购买宫廷护卫士兵，这极不寻常，因为此事关系到统治者的安危，如果宫廷对御用犹太人没有足够信任，绝不可能把此事交给他们办理，部分宫廷犹太人与宫廷的亲密关系由此可见一斑。同时，宫廷犹太人还出资为宫廷修建宫殿，购买生活必需品和奢侈用品，提供娱乐服务等。

宫廷犹太人与犹太社团的关系

宫廷犹太人在进入主流社会后是否割断了与犹太社团的联系呢？资料显示，这个时期的德意志宫廷犹太人虽然同以宫廷为代表的主流社会保持着密切关系，享有特权，但是他们中的大多数人没有忘记自己的犹太身份，始终对犹太社团的发展起着重要作用。

在 17、18 世纪，犹太人必须得到居住地统治者的特许才能在当地定居，并接受主流社会的统治，他们一般被认为是统治者的私有财产。德意志地区的许多宫廷纷纷任命宫廷犹太人担任所在地犹太社团的领导人，便于他们利用和管理这份特殊的私有财产。1651 年，明斯特地区的主教任命一个富裕的宫廷犹太人为该地区所有犹太人的领袖。这个宫廷犹太人的职责是：确保犹太社团保护税的收取，解决犹太人之间的争端，提议拉比的任命。稍后，克莱夫地区犹太人社团的领导也由宫廷犹太人古姆伯特·所罗门（Gumpert Salomon）担任，在他之后，其家族成员一直担任这个职务。他们的职责是收取强加给犹太人的特别税。从某种程度上说，这些被任命为犹太社团领袖的宫廷犹太人有益于保护整个犹太社团利益，因为他们中的大多数没有忘记自己的犹太身份，能巧妙地周旋于宫廷和犹太社团之间，为后者争得一定利益。但是，他们本质上是宫廷任命的官员，而宫廷允许他们通过收取犹太人的赋税来抵消宫廷对他们的欠款，这种利益冲突使他们做出一些不利于犹太社团的事情在所难免，所以这些充当宫廷官员的犹太人往往会遭到犹太社团不同程度的抵制。

尽管这样，总体而言，宫廷犹太人在犹太社团中仍然有很高的地位，他们的功能远远超出了宫廷任命他们的初衷。迈耶指出："如果宫廷犹太人在犹太人社团的功能仅仅是收税，那么他们在犹太社团的地位还不如一个令人害怕的世俗社会的收税官或贵族。"[①] 典型的宫廷犹太人通常是当地犹太社团的赞助人和集体利益的鼓吹者。他们把没有取得居住许可的犹太人接纳在自己家里作为仆人，使他们免受驱逐；他们建立了许多慈善机构和基金，其中一些机构一直延续到20世纪，无数次成功阻止了对犹太人有计划的迫害，解放受害者，阻止暴力和反犹出版物的扩散。总之，无论哪里有贫困和危险威胁到犹太人，哪里就会有宫廷犹太人的帮助。例如，哈尔伯斯塔特（Halberstadt）地区的伯伦德·雷曼从普鲁士的弗里德里克一世和弗里德里克·威廉一世那里取得保护犹太人的资格。作为波兰国王的特使，他确保了利萨（Lissa）犹太社团的安宁。为了犹太人的相互利益，他与来自波兰的宫廷代理商和德意志地区其他宫廷犹太人进行谈判，协调犹太人的行动，避免社团的分裂。虽然雷曼被宫廷生活和巴洛克生活方式所吸引，但是他基本上能够保持对犹太传统的信仰。他把对犹太同胞施行慈善和对非犹太人的关心结合起来。他曾经为修建哈尔伯斯塔特的犹太会堂进口大理石柱，在该市发生大火后，他又慷慨地帮助穷人修建房屋。再如，奥本海默的代理人来往于匈牙利、斯洛伐克和巴尔干等地，赎回在土耳其战争中被俘的犹太人。由于宫廷犹太人利用其特殊身份对犹太社团施以援手，他们受到犹太同胞的尊敬，在希伯来文献中被尊称为"Shtad-lan"[②]。

---

① Michael A. Meyer and Michael Brenner, eds., *German - Jewish History in Modern Times: Integration and Dispute, 1871 - 1918*, Vol. 1, New York: Columbia University Press, 1996, p. 118.

② Shtadlan 的词根源自阿拉姆语，有"代为说情"之意，主要指那些代表犹太人利益的犹太名人。

宫廷犹太人还积极参与犹太文化的传承和发展。在塞法尔迪犹太人中，富裕的家庭有在自己家中留出专门房间供学者学习用的传统，并为学者提供生活开支。这个传统也在近代德意志宫廷犹太人中间被很好地保持和实施下去。许多宫廷犹太人为研习犹太历史和文化提供场所和经济支持。1689 年，宫廷犹太人格姆佩尔兹建立了学习室（Klausen），专供学者研习犹太经典；同年，宫廷犹太人雷夫曼·伯伦斯在家中建立了学习室（Bet ha-midrash），供《塔木德》学者居住，他还出资赞助研究《塔木德》书籍的出版。1703 年，伯伦德·雷曼在哈尔伯斯塔特地区建了一座学习场所（Klaus），供三个学者研究和居住，还为这所房子配套了图书馆和会堂。他还认识到儿童学习宗教经典的重要性，曾呼吁犹太社团当局在当地修建《塔木德》学校，他为此愿意提供该犹太社团三分之一的财政，如果不满足他的要求，他就要离开此地。这个时期，一部分宫廷犹太人通过大力修建研究场所、出版犹太文献、提供研究资助等措施，吸引了很多外地学者，为犹太文化的传承和发展做出了巨大贡献。特别值得强调的是，犹太启蒙运动之父摩西·门德尔松就是一个与宫廷犹太人有着密切关系并受到保护的犹太人，这个柏林犹太人对整个犹太文化的近代转型起了划时代作用。[①]

近代德意志地区许多犹太社团的起源和发展也与宫廷犹太人有着密切关系。"在现代早期德意志地区隔都制度盛行，犹太人被逐出大部分德意志城市……仅仅在法兰克福、沃姆斯、维也纳和布拉格存在一些重要的犹太社团"[②]，在德意志许多地方不允许普通犹太人居住。由于宫廷犹太人对宫廷的贡献和工作需要，他们享有居住隔都之外、自由移动、雇佣仆人等方面的特权，这些为新犹太社团的出现和形成提供了有利条件。在宫廷的特许下，宫廷犹太人可以到一个没有犹太人居住的城市定居和开展业务，

---

① 参看摩西·门德尔松《论这个问题：什么是启蒙？》，载詹姆斯·施米特编《启蒙运动与现代性：18 世纪与 20 世纪的对话》，徐向东、卢华萍译，上海人民出版社，2005，第 56~60 页；摩西·门德尔松：《耶路撒冷》，刘新利译，山东大学出版社，2007。

② 罗伯特·M. 塞尔茨：《犹太的思想》，赵立行、冯玮译，上海三联书店，1994，第 504 页。

为了便于工作，他们雇佣许多犹太仆人和工人。随着被雇佣的犹太人口增加，这些有着共同的文化背景和生活经历的犹太人走到一起，以他们为核心逐步形成新的犹太社团。近代德意志的许多犹太社团就是在这种背景下形成的，如马德格堡、柯尼斯堡、布雷斯劳等。

尽管宫廷犹太人与犹太社团关系密切，但是他们之间也经常发生摩擦和冲突。梅耶指出："宫廷犹太人有专制倾向，他们往往以统治贵族自居，而犹太社团一般也是这样看待他们的。"[1] 他们的特权有时把他们和普通犹太人区别开来，甚至能够不受拉比权威的控制。他们还利用身份和影响谋取大量私人利益，控制社团的行政事务和宗教事务。当时犹太社团中的许多官员都和宫廷犹太人有着千丝万缕的关系，有的就是直接受宫廷犹太人的影响而派立的。柏林的宫廷犹太人约斯特·利伯曼（Jost Liebmann）及其继任者以斯帖成功地安排约斯特的弟弟任纽马克地区的大拉比，他们后来又安排以斯帖的女婿继任这个职位。克里夫的宫廷犹太人鲁本·以利亚·格姆佩尔兹（Ruben Elias Gomperz）被任命为西里西亚犹太社团的拉比；梅伦堡宫廷犹太人鲁本·迈克尔·海因里森（Ruben Michael Hinrichsen）的岳父被任命为梅伦堡地区的拉比。犹太社会盛行的富人和知识阶层通婚的习俗[2]更加剧了这种情况。大多数犹太社团对宫廷犹太人的特权和裙带关系保持沉默，也有一些犹太社团不断起来反抗。哈尔伯斯塔特的犹太社团抗议任命亚伯拉罕·利伯曼为拉比；利伯曼在借贷业和欠款方的裁决权不仅受到城市议会反对，而且受到犹太社团成员的抗议，两年后他被解除拉比职务。帕德博恩和克莱夫的犹太社团则强烈反对伯伦德·利未，认为他残暴不良，不适合做社团领袖。

结　语

德意志宫廷犹太人在某些方面是中世纪西班牙模式的再现，即一些犹

---

① Meyer and Brenner, eds., *op. cit.*, p. 119.

② 参见亚伯拉罕·柯恩《大众塔木德》，盖逊译，山东大学出版社，1998，第196～208页。

太精英同统治者形成了密切的经济交往和私人交往。同时，德意志宫廷犹太人也是一种现代发展，他们能够充分利用重商主义政策和变化的环境，在西欧日益资本主义化的经济中找准位置，并利用他们同大西洋沿岸各个港口，以及波兰、立陶宛、地中海沿岸犹太商人的贸易关系，为他们的统治者效力，取得了非凡业绩。宫廷犹太人作为一个特殊的群体活跃于以宫廷为代表的主流社会，为宫廷所用。他们取得了许多普通犹太人不具有的特权：他们的经济活动不再受到限制，享有和基督徒同等的权利，无需缴纳人头税和其他强加给犹太人的赋税；可以在隔都之外居住，并可以在公国内自由流动，携带武器；取得了一般市民不享有的权利，如在特殊时候可以直接面见君主，有时可以垄断某些行业的经营权。从本质上看，宫廷是出于有利于犹太人更好地为他们服务的目的才给犹太人这些特权和便利，并不是有意要解放犹太人，宫廷犹太人并没有完全取得公民权，成为当地真正的市民，但是这些宫廷犹太人在主流社会的成功，地位的改善，走出隔都，更多地了解主流文化，客观上为犹太人的解放和发展准备了条件，后来许多宫廷犹太人成为犹太启蒙运动和犹太人解放的开路先锋。①

就德意志地区而言，宫廷犹太人无论对非犹太社会还是对犹太社会都产生了重要影响。他们是德意志地区专制主义的代理人，是君权和地方贵族斗争的工具，在德意志地区的军事斗争、政治活动和经济生活中起了很大作用。但对整个欧洲社会和资本主义经济来讲，犹太人的影响只局限在一定的地域，不应过高估计宫廷犹太人对整个经济和政治的影响。虽然犹太人在资本主义经济发展中扮演了重要角色，但是他们在欧洲殖民扩张和资本主义的发展中并没有起到核心作用。宫廷犹太人在德意志地区产生的影响是特定历史环境的产物。许多宫廷犹太人在德意志地区的成就和地位是昙花一现。到了19世纪，随着基督教徒主导的资本主义经济的恢复和繁盛，以及统一的民族国家正式形成，犹太人与宫廷的关系也发生了变化，一些宫廷犹太人逐步走向没落。

---

① 参见 Daniel J. Silver & Bernard Martin, *A History of Judaism: Europe and the New World*, Vol. 2, New York: Basic Books, 1974, pp. 210-230。

近代柏林犹太妇女沙龙及其困境

张淑清*

犹太妇女沙龙最早出现于 18 世纪 80 年代的柏林，它是随着启蒙思想传播到德国并以法国妇女沙龙为原型而出现的。主持或参与沙龙的犹太妇女均出身于富裕家庭，其祖先往往具有宫廷犹太人的身份，[①] 其中最著名的有亨利爱特·赫茨（1764～1847）、拉赫尔·列文（1771～1833）、撒拉·莱维（1761～1854）和阿玛丽·比尔（1767～1854）等人，她们将自己的住所作为与基督教上流社会交流的公开场所，前所未有地将贵族、学者、作家、政治家等聚在一起，被誉为"茶桌上的革命"。一直到 19 世纪末，柏林犹太妇女沙龙都是德国文化的重要组成部分。虽然这些主持或参与沙龙的犹太妇女在犹太人中只是特例，但恰恰因为她们既是妇女又是犹太人，因此尽管人数不多，却具有比较重要的研究价值。

西方学者在研究犹太人的同化、现代化及政治解放等问题时，对犹太妇女沙龙的关注越来越多，其中最具代表性的著述有《犹太妇女及其沙龙：交谈的力量》[②] 及黛博拉·赫兹从社会史的角度撰写的《旧政权体制下柏林的犹太上流社会》[③]。汉娜·阿伦特在《犹太女性拉赫尔·瓦尔哈根

---

* 张淑清，鲁东大学历史文化学院教授。

① 关于德意志宫廷犹太人，参见本书张礼刚的论文。

② Emily D. Bilski and Emily Braun, eds., *Jewish Women and Their Salons: The Power of Conversation*, New Haven: Yale University Press, 2005.

③ Deborah Hertz, *Jewish High Society in Old Regime Berlin*, New York: Syracuse University Press, 2005.

的一生》① 中以拉赫尔为个案，分析了19世纪初德意志犹太女性试图实现自我解放的种种努力及身份认同问题，礼赞了沙龙女性对德意志浪漫主义运动的贡献。此外，还有一些论文探讨了犹太女性热衷于沙龙的原因及沙龙对她们产生的影响。② 总体而言，他们把犹太妇女沙龙看作犹太人现代化进程中的一个环节，认为它是犹太妇女应对世俗文化和现代化挑战时的一个反应。在国内学术界，尽管外国妇女史的研究和犹太研究早已勃兴，而且不断取得新的进展，但是有关18～19世纪欧洲犹太妇女的研究才刚刚展开。③ 本文以柏林犹太妇女沙龙为视角，透视在犹太启蒙运动视阈下德国犹太人所面临的异族通婚、改宗等问题，以此探讨18世纪末至20世纪初德国犹太人在自我解放与身份认同、文化适应与同化之间的困惑与抉择。

——

沙龙作为一种社会和文化现象，起源于文艺复兴时期的意大利，继而在17世纪上半叶的法国出现。在18世纪中叶以前的巴黎，沙龙作为文化聚会和重要的社交活动已经成为巴黎社会文化的重要组成部分，④ 资产阶级妇女是沙龙活动的重要主持者和参与者。较之巴黎，柏林要保守得多，

① Hannah Arendt, *Rahel Varnhagen：The Life of a Jewish Woman*, New York：Harcourt Brace Jovanovich, 1957.

② Deborah Hertz, "Salonnières and Literary Women in Late Eighteenth – Century Berlin," *New German Critique*, No. 14 (Spring, 1978), pp. 97 – 108；Deborah Hertz, "Emancipation through Intermarriage in Old Berlin," in Judith R. Baskin, ed., *Jewish Women in Historical Perspective*, Detroit：Wayne State University Press, 1998, pp. 182 – 201；Roswitha Burwick, "From Aesthetic Teas to the World of Noble Reformers：the Berlin Salonnière (1780 to 1848)," *Pacific Coast Philology*, Vol. 29, No. 2 (Oct., 1994), pp. 129 – 142；Susanne Hillman, "The Conversions of Dorothea Mendelssohn：Conviction or Convenience," *German Studies Review*, Vol. 29, No. 1 (Feb., 2006), pp. 127 – 144.

③ 宋立宏、王艳：《从"自我教化"到同化：近代柏林的沙龙犹太妇女》，《学海》2012年第5期。

④ 关于法国妇女沙龙与公共生活，参看裔昭印等《西方妇女史》，商务印书馆，2009，第298～300页；詹娜《近代法国贵族沙龙与女性教育》，《湖北社会科学》2011年第7期。

在这里，社会等级秩序依然被严格地执行，犹太人受到普鲁士法律的限制和社会的歧视。柏林少数富有的犹太人因其宫廷犹太人的身份，以及在金融领域中的特殊作用而享有受保护的地位，正是来自这些家庭的女儿们，成为了第一批犹太沙龙女主人。柏林犹太妇女创办的沙龙，也成为后来德国沙龙的典范。

沙龙为何能在普鲁士统治下的柏林出现并繁荣起来？国外学者认为原因在于它满足了城市贵族、犹太社团或者犹太知识分子的需要。犹太人的财富给他们带来了文化上的繁荣，犹太人借助沙龙这一平台，为自己寻求政治上的解放。柏林大部分沙龙由犹太妇女主持，是因为犹太妇女比同一时期的非犹太妇女受过更好的教育，有更高的文化素养，贵族可以在她们举办的沙龙中获得知识上的愉悦，而对于柏林当地具有启蒙思想的知识分子来说，去犹太人家里则是展示自己思想解放的一种公开方式。

事实上，柏林犹太妇女沙龙的出现的确有其特殊时代背景。

首先，就思想和文化层面而言，犹太启蒙运动所倡导的"宽容、平等和解放"等理念为犹太妇女主持和参与沙龙活动提供了重要的社会理论基础。作为18世纪中后期至19世纪在中欧和东欧犹太人中兴起的一场社会文化运动，犹太启蒙运动是"犹太文化摆脱蒙昧、保守的中世纪状态而步入文明、开化的现代社会的第一页"[1]，它呼吁犹太人走出"隔都"、顺应社会潮流改革犹太教、大力发展现代教育，以积极的姿态融入主流社会，从而加速了犹太人的解放进程。以摩西·门德尔松为代表的犹太启蒙运动倡导者提倡宗教宽容，以理性的态度看待犹太教和基督教，同时他鼓励犹太人开展世俗教育，积极学习德国文化，从而对柏林犹太人的生活产生了重要影响。犹太沙龙妇女一半出生于18世纪60年代——她们是在门德尔松时代成长起来的。在启蒙思想的影响下，她们努力寻求自我解放，试图摆脱古老的犹太文化和传统的限制，以实现自身存在的价值。她们很早就接触到德国的文化和社会生活，讲德语，读德语文学作品，不再严格按照

---

[1] 张倩红：《犹太启蒙运动初探》，《世界历史》2002年第5期。

犹太教的宗教规范生活。但值得注意的是，这些犹太妇女并没有阅读马斯基尔①的作品，因为大部分马斯基尔没有为妇女而写作，她们恰恰是在犹太文化之外发现了自己的兴趣、受到了启迪并找到了施展自己才华的平台。

其次，就柏林犹太沙龙妇女自身而言，富裕的家庭背景为她们提供了良好的受教育和社会交往的机会。有学者对同一时期柏林的 450 个犹太家庭进行了调查，发现其中 45% 即使不是"腰缠万贯"，也非常"富有"。② 这些富有的犹太人为普鲁士的宫廷经济做出了特殊贡献，弗里德里克大帝也给予他们特别优待，不仅没有对他们的居住地区设定限制，而且在 18 世纪 60 年代，最富裕的犹太家庭被允许在市中心建造富丽堂皇的住所。最早主持沙龙的犹太妇女无一例外，都生于犹太富商之家，这不仅为她们创办沙龙提供了经济基础，而且使她们有条件接受优质教育。一些有远见的父亲在家里教授女儿，送她们去女校，让她们学习音乐和各种语言。柏林第一个犹太沙龙女主人亨利爱特·赫茨就是典型的代表。她家既遵循犹太教正统派传统，又重视世俗教育，父亲亲自教她法语、英语、拉丁语和希伯来语。她 15 岁时嫁给医生和哲学家马库斯·赫茨（1747～1803），婚后，丈夫继续鼓励她学习语言和科学，她最终掌握的语言包括法语、意大利语、葡萄牙语、丹麦语，此外，她还会讲一些土耳其语、马来语和梵语。③ 亨利爱特·赫茨个人的语言天赋，以及她对最新文学发展趋势的热情，是她创办第一所犹太妇女沙龙的独特条件。主持音乐沙龙的撒拉·莱维是当时柏林最有影响的犹太银行家丹尼尔·伊特齐格（Daniel Itzig）的女儿，她和她的兄弟姐妹都接受了法语和法国礼仪方面的教育，她家还以固定薪水为孩子们雇了一位出色的钢琴师。④ 多罗特娅·施莱格尔作为摩西·门德尔松的女儿也从父亲那里接受了世俗教育。

---

① 关于马斯基尔，参见张倩红《"马斯基尔"与犹太社会——以启蒙视阈下的德国为个案》，《世界历史》2012 年第 1 期。

② Raphael Mahler, *A History of Modern Jewry 1780 - 1815*, London：Vallentine Mitchell, 1971, p. 127.

③ Deborah Hertz, *Jewish High Society in Old Regime Berlin*, p. 99.

④ Peter Wollny, "Sara Levy and the Making of Musical Taste in Berlin," *Musical Quarterly* 77, No. 4 (1993), p. 651.

亨利爱特·赫茨

最早在柏林创办犹太妇女沙龙的亨利爱特·赫茨，她嫁给康德的学生马库斯·赫茨，在她母亲过世后受洗皈依新教。

在 18 世纪的德国，学习世俗文化并不需要平等的公民权。在 1812 年普鲁士犹太人获得有限的公民权之前，柏林犹太人就已经掌握了主流文化的语言、学术，并且可以按照德国人的习俗而生活。甚至在门德尔松成名之前，柏林就已经有一个小的犹太学者圈子在学习哲学、数学和医学，最富有的家庭甚至在家里建剧院，其孩子可以在社团长老的允许下表演世俗剧。在这一社会融合的过程中，犹太沙龙妇女起到了非同寻常的作用。她们举办沙龙最直接的目的是寻求自身的解放和女性本该拥有的诸多权利，努力使自己摆脱犹太传统和文化的束缚并被主流社会所接纳，从而实现与德国主流社会的真正融合。她们坚信要想获得尊敬，就必须使自己跟上主流的脚步，认可并模仿其价值观和行为方式，接触上流社会。[1]

在犹太启蒙运动的影响下，家境较好的犹太妇女普遍接受了良好教育，在丈夫和朋友的帮助下，培养了读书和学习的极大热情。像亨利爱特·赫茨一样，柏林主持和参与沙龙的犹太妇女除了德语以外，一般还会讲流利的法语和当时欧洲的文化语言，并且能够阅读和书写。在 18 世纪最后几十年，阅读逐渐成为德国人一个重要的生活习惯，也成为富裕家庭女性业余时间的主要活动之一。此外，世俗文学作品这一时期也在欧洲图书市场逐渐流行开来，城市里富裕家庭犹太妇女的私人教育大部分集中于世俗的欧洲文化。亨利爱特曾说："阅读非常美好，我从中找到了快乐，当其他事情在平日里占据我读书时间的时候，我会在周六和周日读两遍，以这样的速度和坚持，我可以在一天里读完一本小说的几章内容，然后再去离家不远的外借图书馆，借阅其他书籍。"[2] 阅读在这些接受了世俗文化的犹太女性身上发挥了重要功能，它不仅仅是她们知识和价值观念的源泉，还是她们突破犹太圈子而与非犹太社会交往的一种重要方式。通过举办沙龙、参加读书协会等方式，她们与非犹太人就文化、社会和政治问题交换

---

[1] Jehuda Reinharz and Walter Schatzberg, *The Jewish Response to German Culture: From the Enlightenment to the Second World War*, Hanover: University Press of New England, 1985, pp. 1-16.

[2] 引自 Natalie Naimark - Goldberg, "Reading and Modernization: The Experience of Jewish Women in Berlin Around 1800," *Nashim*, No. 22, 2011, p. 61。

看法，与主流社会进行思想文化方面的互动和碰撞，从而加入 18 世纪在德国出现的公共生活中。此外，犹太传统本身就重视知识文化的价值，研习《塔木德》的传统几乎弥漫于所有犹太家庭，这也潜移默化地影响了犹太妇女热衷于对话和讨论的倾向。

更为重要的是，柏林社会公共生活的变迁为犹太妇女沙龙的出现提供了重要的政治背景和时代氛围。1740 年弗里德里克大帝登基之时，柏林尚无一家剧院，也没有任何公共场所供文化人聚集。但是到弗里德里克大帝 1786 年去世之际，柏林的公共生活已经发生了巨变。除了音乐会和上流社会的聚会以外，皇家学院设有公开讲座，著名学者在家里提供私人讲座，同时还有讨论俱乐部和读书协会等。但在 1760 年之前，犹太人和普通知识分子并没有机会获得柏林上流社会的入场券。犹太人与非犹太人的交往一般是在私下场合，摩西·门德尔松就经常在自己家里召聚非犹太客人，而在 1760～1776 年，门德尔松并不是唯一这样做的犹太人。[①] 这表明，在 1760 年之前，尽管犹太人还不能融入柏林的上流社会，但是犹太人和非犹太人之间的社会交往并没有受到严格限制。

从 18 世纪中后期到 19 世纪初期，普鲁士经历了四十多年的和平期，政治相对开明，经济也比较繁荣，柏林是当时普鲁士王国的宫廷所在地，这种地位无疑对各地区、各阶层的人均有特殊吸引力。法国的胡格诺派教徒被邀请到这里，所以法语、法国时尚、法国思想，以及法国社会交往方式能够在柏林有所传播和影响。维也纳的犹太人家庭也受邀来此，他们的后代中有不少思想深刻的犹太人，成了沙龙的组织者和参加者。君主和贵族开始关心思想文化生活，崭露头角的年轻作家因此蜂拥而至柏林，受雇为教师、职员、巡回讲师等。到 19 世纪末，柏林已有人口 17.2 万，成为德国统治地区最大的城市，在中欧仅次于维也纳。[②] 人口的急剧增长，统治者对思想文化的开明认识，社会文化氛围的日益浓厚，使得普鲁士传统

[①] Hertz, *Jewish High Society in Old Regime Berlin*, p. 97.

[②] Isser Woloch, *Eighteenth – Century Europe*, *Tradition and Progress*, *1715 – 1789*, New York: Norton, 1982, pp. 91 – 92.

贵族、新兴资产阶级、平民及犹太人都需要一个满足各自需求的社交场所，犹太妇女沙龙正是在这样的大背景下应运而生。

二

柏林犹太妇女沙龙大体上分为三个阶段：1780～1815 年、1815～1880 年和 1880～1914 年。三个时期的沙龙从形式上没有大的变化，但内容有所不同。早期沙龙主要以文学为话题，在 1780 年到 1806 年间，有 9 位犹太妇女在柏林主持沙龙活动，另外 11 位犹太妇女要么是这 9 个沙龙的参与者，要么是其中某一位沙龙女主人的姐妹或者朋友，同一时期还有 5 位非犹太妇女主持沙龙。[①] 1815 年至 1880 年的犹太妇女沙龙内容则涉及音乐、哲学、政治等更多领域，并且鲜明地体现了犹太人与基督徒进一步融合的思想，到 1880 年前后，柏林犹太妇女沙龙文化达到了 1806 年之后的又一个顶峰。此后柏林又出现了一些新的犹太妇女沙龙，但是随着人口的增加及人们获取信息渠道和社交场合的增多，沙龙逐渐呈现衰落的趋势。

亨利爱特·赫茨是最早的犹太妇女沙龙主持者，她的沙龙以文学为主要媒介。亨利爱特能够脱颖而出，既得益于语言天赋、美貌和智慧，同时也与丈夫马库斯在家中举办的自然科学讲座及良好的社会关系密不可分，赫茨的沙龙正是源于马库斯晚间在家里举办的讲座活动，她的家因此成为柏林最优秀的艺术家、作家、科学家和外交官聚会之所。此外，各国外交官和造访柏林的外国贵族也是座上宾。[②] 像所有其他沙龙自由对话的氛围一样，人们在这里可以一边喝茶，一边交流和分享彼此的思想及所喜爱的文学作品。尽管后来赫茨的声望被比她年轻的拉赫尔·列文超越，但赫茨对德国沙龙文化的贡献却无可替代，因为正是她创立了柏林妇女沙龙的典型方式：一张简单的茶桌，一位有魅力的女主人，对阅读、讨论和对话充满热情，以及友好的气氛。而柏林犹太妇女沙龙也成了德国沙龙的典范。

---

① Deborah Hertz, "Emancipation through Intermarriage in Old Berlin," p. 184.

② Ros with a Burwick, "From Aesthetic Teas to the World of Noble Reformers," pp. 131 - 132.

音乐沙龙是柏林犹太妇女沙龙的另一种形式。犹太人无须改宗就可以公开参与音乐活动，它在犹太妇女沙龙中发挥的作用一直持续到 20 世纪 20 年代。在解放的最初几十年里，世俗音乐文化和音乐创作在讲德语的犹太人中颇为流行，音乐也因此成为犹太人融入主流社会的一个重要媒介。19 世纪上半叶柏林主要的音乐沙龙是由两个没有皈依基督教的犹太妇女撒拉·莱维和阿玛丽·比尔主持的，其中撒拉·莱维的音乐沙龙在柏林音乐生活中占有特殊地位。E. T. 霍夫曼、路德维希·博恩、古斯塔夫·德罗伊生、菲利克斯·门德尔松等文学艺术界的名流就是她沙龙的常客。① 撒拉·莱维的一生经历了弗里德里克大帝统治的后半期、拿破仑战争和 1848 年革命，她主持的沙龙持续了半个多世纪，她与赫茨一样因其个性魅力，不仅打破了等级和偏见的束缚，而且在向柏林的社会生活中灌输优雅的理性文化方面做出了独特的贡献。

除了文学沙龙和音乐沙龙以外，拉赫尔·列文创立了一个非常个人化的沙龙概念。它探讨更多的是哲学和心理学问题，文学色彩则稍淡。她在和一位西班牙外交官订婚失败以后皈依了基督教，于 1814 年嫁给了作家兼外交官卡尔·奥古斯特·瓦尔哈根·冯·恩瑟（Karl August Varnhagen von Ense）。拉赫尔·列文没有赫茨的美貌和财富，她是靠着超凡的智慧和驾驭对话的能力吸引了社会各界名流，一位造访她沙龙的基督徒雕刻家曾评价她是一位思想特立独行的女性。② 拉赫尔一生中先后主持过两个沙龙，她于 1790 年创办的第一个沙龙由于有政界、学界和艺术界的名流参加而名声大振，一度成为当时影响最大、最知名的犹太沙龙。她和丈夫在结束旅居国外的生活于 1819 年返回柏林后举办了第二个沙龙，尽管此时社会的宽容程度和对话气氛都已今非昔比，但是她的沙龙依然吸引了一些名流，而且许多客人和 1810 年成立的柏林大学有密切的联系。诗人海涅还曾将自己创作的诗集献给她。拉赫尔·列文通过主持沙龙和写作（主要包括上千封书信）为现代犹太知识女性树立了典范，她获得了"智慧女神"的称号。

---

① Peter Wollny, "Sara Levy and the Making of Musical Taste in Berlin," p. 651.

② Emily D. Bilski and Emily Braun, *op. cit.*, p. 27.

在 19 世纪后期，犹太妇女中继续沙龙传统的是亨利爱特·索尔玛（Henriette Solmar，1794－1890）和范妮·莱瓦尔德（Fanny Lewald，1811－1889）。亨利爱特·索尔玛的沙龙具有明显的政治色彩，吸引了不同阵营的人，包括德国政治作家海因里希·劳勃（1806－1884）、苏格兰讽刺作家和评论家托马斯·卡莱尔（Thomas Caryle，1795－1881）和英国小说家乔治·爱略特（George Eliot，1819－1880）等。索尔玛沙龙的客人与其他年轻的基督徒妇女比如路德米拉·阿辛（Ludmilla Assing，1821－1880）和莉娜·邓克尔（Lina Duncker，1825－1885）主持的自由沙龙均保持着联系，这是当时犹太妇女沙龙的一个重要特征。因为在 1848～1849 年革命失败以后，1850 年 1 月 31 日颁布的普鲁士《宪法》第 12 条规定了"宗教自由和宗教协会组织的自由"权利，并且明文规定"公民权利和政治权利不以宗教为基础"，这被理解为是对犹太人解放的一个保证，但随后在对宪法"补充条款"第 14 条的解释中，实际上它又限制犹太人在政府中任职。对政治时局的不满，将柏林自由的基督徒和犹太人团结在一起，促进了他们之间的融合。范妮·莱瓦尔德是与索尔玛同时代的最杰出的沙龙主持者之一，她改宗了基督教，并于 1854 年从哥尼斯堡来到柏林，嫁给了德国作家阿道夫·斯塔尔（Adolf Stahr，1805－1876），此后开始主持沙龙活动。范妮·莱瓦尔德代表了一种新型沙龙主持者，她本人是成功的小说家，关心政治，并且撰写女性主义著作，沙龙只是她活动的一部分，她成为许多犹太妇女和非犹太沙龙妇女及柏林乃至整个德国早期女性主义者的典范。

柏林在 1871 年成为帝国的首都以后，出现了许多新的沙龙，但此时的沙龙影响已经日渐衰微。柏林最后真正有影响的沙龙之一是来自圣彼得堡的菲力希·伯恩斯坦（Felicie Bernstein，nee Rosenthal，1850－1908）的沙龙。她的丈夫是杰出的罗马法学者卡尔·伯恩斯坦（Carl Bernstein，1842－1894）。伯恩斯坦主持的沙龙同样吸引了杰出的学者、作家、音乐家、画家和艺术史家，而最忠实的常客是犹太画家马克斯·利伯曼（Max Liebermann，1847－1935）。伯恩斯坦夫妇的沙龙是柏林第一个拥有名画的沙龙，是名副其实的艺术沙龙，大家在这里热烈讨论古今艺术，这样的讨论后来导致了艺术史上颇有影响的分离派（Secession）的创立。

柏林犹太妇女沙龙具有鲜明的特点。首先，沙龙的主题不仅仅限于文学、艺术，还涉及哲学、政治等众多领域，沙龙因此成为新作品、新思想和新流派的诞生地。在拉赫尔·列文的沙龙中，产生了以施莱格尔为代表的早期浪漫主义的萌芽，他们批判启蒙运动时期形成的极端理性主义，注重个人内心的表达和个性解放。19 世纪 80 年代的菲力希·伯恩斯坦沙龙则将法国的印象派引进德国。沙龙中可以讨论任何主题，这在 19 世纪的沙龙中尤其明显。反权威的年轻贵族在拉赫尔·列文的沙龙中讨论女权、法国大革命、费希特的哲学及康德的著作。在 1803 年 3 月 8 日的日记中，拉赫尔·列文写下 "奴隶贸易、战争、婚姻"①。可见，犹太妇女沙龙不仅仅是附庸风雅地沉醉于对艺术和文学探讨的社交活动，还表现出对现实问题的关切。这些犹太女性以美貌、智慧和背后强大的经济实力吸引了德国知识界、政界、艺术界等各界名流，她们因此成为犹太文化与现代主义、德国主流文化多重汇聚的一幅绚丽场景。

其次，沙龙中女性客人的比例相对较小，非犹太男性构成了沙龙常客中的大多数。在柏林 31 位参与沙龙活动的妇女中，有三分之一主持自己的沙龙，所以仅有 21 位妇女造访其他沙龙。② 而在 69 位经常参与沙龙活动的男性中，仅有 8 位是犹太人，沙龙的常客多是非犹太男性。在沙龙开办之前，尽管犹太人和非犹太人之间已经有私下的交往，但是王公贵族很少光顾犹太人家。犹太妇女的沙龙吸引了许多贵族和社会名流登门造访，这是前所未有的。在沙龙文化圈子里，犹太人和基督徒的融合进一步增加，但这并不意味着主流社会对犹太人成为德国人的接受程度也在增加。

三

国外学界对犹太妇女沙龙评价不一。批评者认为它是犹太传统式微的征兆；赞扬者却认为它恰恰是犹太人解放和对德国文化适应的标志，"犹

---

① Emily D. Bilski and Emily Braun, *op. cit.*, p. 155.

② Hertz, *Jewish High Society in Old Regime Berlin*, p. 158.

太文化对德国文化的影响就是从这些沙龙开始的"①。但也有学者指出，"多罗特娅·门德尔松、亨利爱特·赫茨、拉赫尔·列文及其他犹太妇女沙龙在柏林'上流社会'文化圈里暂时获得了她们在犹太社会里不可能获得的名声，但是妇女作为沙龙女主人的做法既没有进一步延续，也没有受到尊敬"②。无论作何评价，犹太妇女沙龙的重要性都不容忽视。在启蒙时代，德国犹太人毫无疑问面临着两大挑战：一个是如何处理好自我解放与身份认同之间的关系；另一个则是传统与现代性之间的关系。柏林犹太妇女沙龙为我们透视 18 世纪以来德国犹太人如何应对这些挑战提供了一个独特视角。

尽管 1806 年以后在德国出现的民族主义、反犹主义及反启蒙运动对德国犹太人的处境产生了不利影响，但沙龙是社会融合和启蒙运动宽容思想的一个写照。各时期的犹太妇女沙龙都吸引了德国各界人士，尽管犹太妇女不会被客人邀请到家里去。不仅如此，在 1815 年之后，犹太沙龙妇女和基督教沙龙妇女之间的相互交往也进一步增多。犹太妇女沙龙因此成为打破宗教、民族和社会等级界限，令犹太人和基督徒进行正常交流的一个尝试。

主持和参与沙龙活动成为打开主流社会之门的一把钥匙，作为个体的犹太人与德国上层社会及知识分子保持联系，无疑是接受上流社会文化最便捷的方式。拉赫尔·列文以其书信天赋而闻名，撒拉·莱维和范妮·门德尔松·亨塞尔的音乐沙龙则孕育了巴赫的复兴。作为犹太中产阶级文化活动的一个象征，沙龙不仅体现了文化在犹太人融入非犹太世界中发挥的力量，也表明了犹太妇女可以在塑造现代社会知识和文化生活方面发挥自己的独特作用。从这个角度说，柏林犹太妇女沙龙并非昙花一现，而是犹太妇女参与并塑造文化生活的开端。

但不可否认的是，犹太沙龙妇女在努力融入德国主流社会的时候，也在与自己的民族文化传统渐行渐远。与非犹太人通婚、放弃犹太教、改信

---

① Hertz, *Jewish High Society in Old Regime Berlin*, p. 10.

② Paula E. Hyman, *Gender and Assimilation in Modern Jewish History: The Roles and Representations of Women*, Seattle: University of Washington Press, 1995, p. 21.

基督教、主动同化于德国社会，这是当时大部分沙龙犹太妇女选择的道路。摩西·门德尔松的女儿布伦德尔（Brendel）在 19 岁时嫁给父亲为她选择的一个犹太商人，后来像很多犹太人一样，她将自己的名字从布伦德尔改成了具有基督教色彩的多罗特娅。在 1798 年，34 岁的她与刚刚在文学界崭露头角的弗里德里希·施莱格尔相遇，两人很快坠入爱河，她抛弃了丈夫和两个儿子，而与施莱格尔度过了艰难的余生。拉赫尔·列文走得更远，她从小就厌恶自己的犹太身份，终其一生都因自己是犹太人而痛苦，她在给朋友的信中这样写道："我就像一个远离俗世的人，被强行抛入这个世界，心头被刻上这样的话：赐予你感知力，看世界是多么伟大和高贵……但是会多给你一样：犹太身份！现在我的生命正在慢慢流血至死。"[1] 她拒绝了家人为她安排的婚姻，割断了与犹太社团的联系。她学习德语，广泛结交非犹太朋友，并在 1814 年嫁给了非犹太人。

在 1780~1806 年间，主持和参与沙龙活动的 20 位犹太妇女中有 15 人嫁给了犹太人。[2] 后来有 9 人与犹太丈夫离婚，7 人再婚。而包括拉赫尔在内有 3 位沙龙犹太妇女第一次婚姻就嫁给了非犹太人。[3] 毫无疑问，沙龙是犹太妇女与非犹太人通婚的重要媒介，因为她们与自己新的伴侣往往是在沙龙中相识的，多罗特娅在赫茨的沙龙中认识了弗里德里希·施莱格尔，拉赫尔·列文在科亨的沙龙中遇见了后来的丈夫。在这一时期，这类与异族的通婚在犹太社会不会遭到太多反对。

异族通婚是改变传统的一个重要因素，这在许多方面可以看作犹太人所在社会对犹太人的开放和接纳。但是奉行族外通婚会影响到犹太人作为少数族群的群体意识和共同的民族意识，子孙后代是否会继续做犹太人？她们是否会不可避免地脱离犹太教？这对于今天的犹太社会来说，也依然是个严肃话题。对于犹太沙龙妇女来说，与基督教贵族的婚姻尽管提升了社会地位，但仍然需要改宗，因为民事婚姻在当时是不存在的，要嫁给基

---

① Hannah Arendt, *op. cit.*, p. 4.

② Deborah Hertz, "Emancipation through Intermarriage in Old Berlin," p. 188.

③ Ibid., pp. 192 – 193.

督徒，必须首先成为基督徒。7 位再嫁的离异犹太妇女和 3 位最初就选择与异族通婚的犹太妇女全部改宗了。另有 6 位虽然没有选择异族通婚，但都改信了基督教，只有 3 位犹太妇女至死没有改变宗教信仰。

事实上，在犹太启蒙运动的影响下，许多犹太人以世俗化之名而冲破了束缚他们的宗教限制。一般来说，犹太男子改宗主要是为了克服职业晋升上的障碍，而妇女改宗最直接的目的是与基督教贵族男子通婚。两种情况殊途同归，都是为了在整个德国社会基督教大背景下维系一种清晰的自我身份认同，以求与所在社会保持宗教上的一致，获得最大限度的自我解放，从而被主流社会接纳。关于犹太妇女改宗的背景，有学者认为，犹太妇女宗教教育的缺失是她们放弃犹太教的原因。此外，造访沙龙的客人也经常试图影响犹太妇女的宗教选择，弗里德里希·施莱尔马赫就一直向赫茨和拉赫尔灌输基督教的真谛。但从总体上来说，犹太妇女改宗的比例低于男子。在 1873 年到 1882 年之间，在德国改宗的所有犹太人中，妇女仅占 7%。[1] 只有到了 19 世纪和 20 世纪之交，犹太妇女改宗的比例才有所增加，即便如此，犹太妇女选择通婚和改宗的情况依然少于男子。据研究，在 1873～1906 年间，妇女依然仅占所有改宗者的四分之一，而且与男性改宗者相比，有一半的妇女改宗者来自最低收入家庭。[2] 这一时期女性改宗率增加，一方面是因为世俗化的趋势在进一步加剧，另一方面是由于妇女就业机会增多，她们因此得以更多地接触到非犹太人和反犹主义。

当然也不乏犹太沙龙妇女没有改宗而获得成功的例子。比如启蒙时代柏林的阿玛丽·比尔，她的父亲是个银行家，丈夫则是柏林证券交易所的负责人。受门德尔松启蒙思想的影响，比尔夫妇参与了犹太人的现代化进程，他们热衷于慈善事业，阿玛丽·比尔对公共事务和慈善事业的参与还

① Todd M. Endelman, "The Social and Political Context of Conversion in Germany and England," in Todd M. Endelman, ed., *Jewish Apostasy in the Modern World*, New York: Holmes & Meier, 1987, p. 90.

② Sharon Gillerman, "GERMANY: 1750 - 1945," Jewish Women's Archive, http://jwa.org/encyclopedia/author/gillerman - sharon (accessed June 23, 2012).

不仅仅局限于犹太社团，她是唯一被邀请参加妇女援救受伤战士协会的犹太人。比尔夫妇的财富让他们结交了柏林许多上流社会人士，贵族、音乐家和学者纷纷造访她的沙龙，柏林最著名的改宗的犹太人拉赫尔·列文和她的哥哥、作家路德维格·罗伯特及诗人海涅也造访她的沙龙。她那三个儿子都和妈妈一样，没有改宗而获得了成功。

但从总体上说，这些沙龙妇女很小就开始了漫长的文化适应过程，到20多岁的时候就出入柏林的俱乐部、讨论协会和沙龙，与非犹太社会建立起联系，大部分人最终和犹太教决裂。犹太妇女的沙龙为她们提供了与现代世俗思想直接接触的平台，加速了她们向非犹太社会迈进的步伐。改宗和通婚尽管并非这一文化和社会融合不可避免的结果，但却是大部分沙龙妇女最终选择的道路。诚如有学者所说，这些沙龙使犹太人与德国社会第一次真正联系在一起，以致这一时期德国犹太人和基督徒关系的紧密程度超过了欧洲其他地区。[①] 毫无疑问，沙龙对犹太人产生了积极影响。这些杰出的犹太女性重塑了家庭和公共领域的界限，在犹太人现代化进程中发挥了特殊作用。

但必须承认，沙龙也给犹太人带来了负面影响。犹太妇女的改宗和通婚，无论在犹太社会还是在德国社会，都没有被完全认可和接纳。既受犹太社会的排斥又无法真正融入德国上流社会，这使她们的犹太身份反而更加凸显了。"无论怎么做——皈依、同化，甚至变得比德国人更优秀——他们的德国同胞总有一个挥之不去的困惑：一旦是犹太人，永远都是犹太人。"[②] 犹太妇女沙龙旨在消解群体同一性的限制，鼓励个人解放和多元主义，然而对于大部分犹太人来说，它不可避免地成为文化方面脱离犹太群体和犹太性的一个界标。犹太历史学家对犹太沙龙发展出来的同化模式表达了不满。早在19世纪末，犹太史学家海因里希·格雷茨就异常尖锐地批评这些女性，他讥讽沙龙中的犹太女性对犹太教做出的贡献是背叛犹太教，转向异教，他说这些女性"聪明但是有罪"，他对亨利爱特的评价是

---

① Hertz, *Jewish High Society in Old Regime Berlin*, p. 233.

② 克劳斯·费舍尔：《德国反犹史》，钱坤译，江苏人民出版社，2007，第78页。

"如果她不是因为世俗影响而误入歧途，可能会是犹太教极力赞美之人"①。到了 20 世纪，犹太历史学家在反思：沙龙时期犹太文化与德国文化是否存在着真正的共生现象，19 世纪初开始的同化对于犹太民族的现代化进程来说是不是一个错误的开端？

事实上，沙龙妇女的经历正是德国犹太人生活经历的一部分，他们试图通过拥有的财富和掌握的世俗知识而融入非犹太社会，但是犹太人在文化上对上流社会的适应并没有使他们免受迫害，他们放弃了自己的文化传统，转而模仿所在社会的文化习俗，却依然被当作外来者。此外，犹太人模仿基督教文化习俗的能力和做法，反而会促进非犹太社会对犹太人的各种指控，即使在沙龙的常客中也会有人表露出反犹主义。1803 年在柏林出现的反犹小册子表明，正是犹太沙龙的成功助长了这个城市知识分子阶层中日益增长的反犹主义。其中最具有攻击性的是卡尔·格拉特努瓦（Karl Wilhelm Grattenauer）写的《反对犹太人》，它这样描写沙龙犹太妇女：她们"读过许多书，讲好几种语言，弹奏许多乐器，演绎不同的风格，用各种颜色画画，跳流行舞蹈，装饰不同的图案并且拥有展示她们魅力的独一无二的珠宝"，但是这些都不具有吸引力，也不会对她们的同化行为产生任何益处，因为犹太人不能遮盖他们"异国人的本质"。② 这表明，努力追求同化的犹太人并没有得到主流社会的真正认同。1812 年的解放法曾打算给普鲁士的犹太人以平等的公民权，也没有成功，而且随后出现了退步，启蒙思想让位于浪漫主义后期的传统主义阶段，随着 19 世纪末政治反犹主义的出现，犹太人在所在国家被看作寄生虫，而且在文化上具有颠覆性，犹太沙龙妇女也因此而成为反犹主义者谩骂攻击的目标，即便她们割断了自己与犹太教的联系，也不会消解德国社会对她们根深蒂固的偏见，她们的成功激起了一种新的、反同化主义者的反犹主义，这最终对沙龙造成了

① Heinrich Graetz, *History of the Jews*, Vol. 4, Philadelphia: Jewish Publication Society of America, 1895, p. 413.

② Deborah Hertz, *How Jews Became Germans: the History of Conversion and Assimilation in Berlin*, New Haven: Yale University Press, 2007, pp. 59 – 60.

戕害。

　　通过举办沙龙、改宗及与异族通婚，犹太妇女试图改变自己的社会地位。从长远看，她们背叛了自己的宗教和民族，即使这未必是她们的初衷。但从犹太沙龙妇女自己的视角看，这其实是她们争取自我解放的尝试。在18～19世纪，争取解放并不意味着将自己从所属的宗教、民族或者社会性别的限制下挣脱出来，而是意味着融进占主流地位的上层社会文化生活中，但这背后恰恰蕴含了犹太人在对族群的忠诚和个人解放之间的冲突，而18世纪下半叶至20世纪初许多欧洲犹太人恰恰为如何抉择感到困惑和痛苦。

近代欧洲犹太人的解放与犹太社会的转型

——以法德为中心的考察[*]

胡　浩^{**}

18 世纪最后 20 年是欧洲经历深刻变化的时期,启蒙运动所倡导的理性主义、人道主义和普世主义正在欧洲政治革命和民族国家建构的过程中逐步得以落实。理性主义不允许将个人身份建立在那些非理性的宗教教条、社会偏见或政治歧视之上;人道主义要求尊重人性,尊重每一个人,包括犹太人;普世主义则声称人类权利应当由普遍标准来确定,既然欧洲主要民族已经或正在获得解放,那么,按照自由、平等、民主等普世价值,犹太人也理应被赋予公民权。[①] 而从 18 世纪后半叶开始,以摩西·门德尔松为首的一批犹太知识精英就开始积极传播启蒙价值,在犹太人中发起了哈斯卡拉运动(犹太启蒙运动),主动学习和接纳世俗的哲学、科学、教育和文化,积极寻求融入主流社会。在这种情况下,是要继续将犹太人看作外来者,让他们留在以前的生活环境(作为少数民族宗教社团受到政治、宗教和社会歧视,并被迫实行自治)中,还是让他们获得完全的公民权以全面参与现代国家生活,成为已废除封建制度或封建制正走向没落的

---

　*　本文是在我博士学位论文部分内容的基础上修改完成的。我的导师徐新教授在我博士论文写作过程中给予了悉心指导,在此表示衷心感谢。

　**　胡浩,河南大学以色列研究中心副教授。

　①　Peter R. Erspamer, *The Elusiveness of Tolerance: The "Jewish Question" from Lessing to the Napoleonic Wars*, Chapel Hill and London: University of North Carolina Press, 1997, Introduction, pp. 25 – 26.

国家所共同面临的问题。① 在一种乐观主义和追求社会进步的氛围下，支持犹太人获得解放成为主流的声音。

犹太人解放运动（以下简称解放）指的是 18 世纪 80 年代以来，欧洲国家打破犹太社团自治状态，改善犹太人生存状况和民权地位，直至最终赋予犹太人以完全平等公民权的一场运动。② 关于这一问题，西方学者从解放的社会背景、解放与犹太人的现代性、解放与反犹主义等角度进行了较深入的研究。③ 国内学者近些年来也关注犹太人解放问题，并发表了相关论文④，这些论文主要从民族国家视角研究了解放的起源与后果，但对解放之于犹太社会的整体性影响关注不够。应该说，解放将犹太人带入了一个剧烈变化的时代，加快了犹太人走出中世纪隔都、融入主流社会的步伐。解放作为现代国家对犹太人的一种政治行动，更广泛地宣传了启蒙价值；作为一种较彻底的解决犹太人问题的方案，解放在相当程度上影响

① Erspamer, *op. cit.*, p. 2.

② 在犹太历史编纂学和社会哲学领域，"解放"一词被普遍用于指从法国大革命开始，欧洲国家从法律上赋予犹太人以平等公民权的过程。不过，这一词汇在语言学上也存在一定程度的年代错位，因为它用以指代犹太人争取公民权的斗争直到 1828 年才首次出现，当时，在英国天主教徒要求进入国会引发的争论中使用了这一词汇，而它很快又被借用到犹太人身上。同时，一些历史学家认为，"解放"这一术语超出政治范畴，具有更为广泛的社会和文化内涵，可泛指一切直接或间接地促使犹太人融入主流社会的文化和社会运动。参看 Jacob Katz, "The Term 'Jewish Emancipation': Its Origin and Historical Impact," in Alexander Altmann, ed., *Studies in Nineteenth - Century Jewish Intellectual History*, Cambridge, MA: Harvard University Press, 1964, pp. 1 - 25.

③ 主要成果有 Jacob Katz, *Out of the Ghetto: The Social Background of Jewish Emancipation*, 1770 - 1780, New York: Schocken Books, 1973; Jacob Katz, *Jewish Emancipation and Self - emancipation*, Philadelphia: Jewish Publication Society, 1986; Michael A. Meyer, *The Origins of the Modern Jew: Jewish Identity and European Culture in Germany*, 1749 - 1824, Detroit: Wayne State University Press, 1979; Erspamer, *op. cit.*

④ 主要论文有王亚宁《拿破仑的犹太人政策》，《世界民族》2003 年第 6 期；罗衡林《论普鲁士犹太人解放》，《武汉大学学报》（人文科学版）2004 年第 1 期；张庆海《法国启蒙运动与犹太人的解放》，《浙江学刊》2006 年第 4 期；张庆海《犹太名人会议研究》，《史学集刊》2006 年第 3 期；张倩红、贾延宾《"犹太人名人会议"与犹太教公会的重组——拿破仑的犹太政策》，《历史研究》2008 年第 6 期。

着现代犹太人的宗教和民族认同。在解放的诱惑和压力下，犹太人开始思考并切实采取措施变革宗教教义和传统以适应主流社会要求，这有力地促进了传统犹太社会的转型和犹太现代化的进程。本文将以考察法德地区的犹太人为中心，在比照解放前后犹太社会变化、分析解放进程和模式的基础上，阐明作为一种政策和观念的解放对近代欧洲犹太社会转型所产生的影响。

前现代时期的犹太社会

在解放到来之前，欧洲犹太人社团维持着较独立的生存状态，隔都是这一状态的实体形式。它指的是城市中的一条街或一个街区，分出来作为强迫犹太人居住的法定区域。这一称呼最早出现在 16 世纪的意大利，[①] 后来在德法等欧洲其他区域流行开来。隔都反映出外界对犹太人的种种歧视：犹太人被迫居住在城市指定的街区，人口增长受到人为的限制；职业上，犹太人不能进入绝大部分的生产性行业、大规模的商业活动和自由职业，只能从事被视为下等职业的借贷业和商品零售业；在特定时期，有些地区的犹太人甚至要佩戴带有侮辱性的犹太标志。[②] 这些歧视迫使犹太人形成了闭合性的社团实体。在去中央化的欧洲社会中，他们像基督教社团一样有责任行使着自我管理的职能，也就是说，在社团内部为犹太人提供教育、宗教、行政、社会、医疗等方面的服务。只要犹太社区按要求缴纳集体税，统治者就不会反对隔都自治。[③]

在隔离环境中发展起来的传统犹太社区被称为开希拉（Kehillah），是一种带有高度自治性的犹太社区组织。开希拉的领导层由世俗领导人和宗教领导人构成。世俗领导人依靠政府支持获得对社区的管理权。而

---

① 徐新、凌继尧主编《犹太百科全书》，上海人民出版社，1993，第 651 页。

② 参见张淑清《对犹太人隔都的历史考察》，《北方论丛》2002 年第 4 期。

③ Howard Morley Sachar, *The Course of Modern Jewish History*, New York: Dell Publishing, 1977, p. 26.

这一权力通常经政府特许状予以确认，它的存在构成了犹太社区自治的基础。不过，这种从外部获得的权力通常要经过社区内部的理性化认同。世俗领导人通常负责社区的征税及处理社区同外界的关系，世俗法庭处理诸如打架斗殴之类的民事纠纷。拉比领导层对犹太宗教事务享有特别的支配权，主要依据哈拉哈①来解决信仰和日常生活问题。犹太人的出生、婚丧、男子的成年礼、日常宗教祈祷、会堂活动、犹太节日仪式等都在犹太律法的框架内进行。② 当时的犹太教育本质上是一种宗教教育，以《托拉》和《塔木德》为根本，律法、仪式、犹太节日等方面的教育是基本内容。犹太教育系统也相当完善，社区规定，犹太父母及社团都有责任为 6 岁或更小的男孩提供初级教育。除初级教育外，社团还有高等塔木德学院，教师主要由拉比担任，甚至犹太成年男子要前往其他社区拜师学习《塔木德》。③ 传统的宗教律法教育起到了强化犹太宗教性和民族性的作用。

依据哈拉哈进行的司法裁断被认为具有最终的权威。有些案件在世俗法庭不能解决时，通常会移交到宗教法庭并最终由犹太律法的原则加以处理。一般而言，犹太案件只能在世俗法庭和宗教法庭解决。社区规定成员不得向非犹太法庭申诉，否则就构成宗教罪，会遭受惩罚。为维护社区免遭不法之徒侵害，社区执行对告密者的制裁措施，最严重时可判死刑，这一点得到拉比和世俗领导层的一致认可。在这些制裁之外，最严厉的制裁是绝罚和将犹太人移交至异教法庭。绝罚是指社区异端分子被剥夺参与宗教生活的一切权利。这意味着犯罪者彻底脱离犹太生活，为犹太社团所抛弃。将犹太人移交到异教法庭通常作为一种最终威胁，旨在控制犹太人同外界接触的行为，因为这样的行为可能给整个社区带来严重后果。④

---

① 即希伯来语 Halakhah 的音译，泛指犹太教所有律法。

② Jacob Katz, *Tradition and Crisis: Jewish Society at the End of the Middle Ages*, New York: Schocken Books, 1993, pp. 65 – 112.

③ 张淑清：《中世纪西欧犹太社团及其历史作用探析》，《世界历史》2006 年第 6 期。

④ Katz, *Tradition and Crisis*, pp. 141 – 155.

开希拉之间通常彼此联系，较大的开希拉通常将附近较小的犹太定居点（Yishuvim）合并进来。在德意志的一些公国，随着联系的加强，逐渐形成了省际性的开希拉。而政府也希望它们在征税方面发挥积极作用，因而鼓励其发展。从16世纪下半叶到18世纪上半叶，在波兰、立陶宛、摩拉维亚甚至形成了超级开希拉，这一组织被称为加里尔（Galil）或迈迪纳（Medina），由几个或者多个犹太社区行政单位组成，实际是一种大规模的民族联盟和民族政府形式，标志着传统的犹太自治达到鼎盛。这一组织得到了政府的有力支持，政府通常赋予超级开希拉以中央权威，因为这样国家可以使租税征收更有保证。尽管超级开希拉没有一个稳定的执行机构，但是它仍然在协调社区关系、维护社区统一性、处理社区对外关系、捍卫犹太人权益、维护犹太人名誉等方面发挥了重要作用。[1] 正因为开希拉自治权力和超级开希拉中央权力的存在，近代以前部分犹太社区实际结成了一种自治联盟，在行政、司法、教育、宗教等多方面形成独立管理体系，除必要的经济接触外，犹太生活的一切几乎都是在社区内部或社区之间，以及犹太律法的框架下进行的。犹太人在政治、社会生活、思想文化等方面缺乏同外界的交流。[2]

与犹太社区这种前现代存在方式相关的是，犹太人在身份上是确定的，即他们是特定的犹太社区成员，既是宗教意义上的犹太人，也是民族意义上的犹太人，这两者是紧密结合在一起的。

处在流散状态下特定社区的犹太人主要与社区组织本身发生联系，同外界的联系只是随机的、不稳固的，且主要限制在经济领域。所以，一般犹太人只认为自己是所在社区的一员，并不认为自己是生活其中的特定地域和国家的真正一员。这种意识因为前现代时期欧洲社会普遍存在的反犹主义而强化。中介性客民而非臣民的意识使得犹太人在所在国很难找到归属感。诚如梅耶所言："直到近代，犹太社区，除了少数的例外，主要通过政治契约同外界保有一定经济联系，成为一种宗教和文

① Sachar, *op. cit.*, pp. 32 – 33.
② Katz, *Tradition and Crisis*, pp. 88 – 103.

化上自我独立的实体。居住在波兰、德国或者法国东部的犹太人之间几乎没有什么宗教和文化上的差异。他们之间主要的差异在于阿什肯纳兹传统（说意第绪语的中欧和东欧犹太人）同塞法迪传统（起源于伊比利亚半岛的犹太人）的差异。在德国的犹太人认为他们是犹太人，而非德国人；同样，非犹太人也这样看待他们。结果，中世纪中欧一般历史学家都根据政治与经济关系以及反犹主义等语境描述犹太人的生存状况，而中世纪犹太历史学家也将这些外部观念带入对社区内部宗教与社会生活的陈述中。"①

综上所述，在传统犹太社会，犹太人基本生活在封闭的犹太社区中，拉比犹太教和犹太律法在犹太生活中起支配作用。犹太人缺乏同外界的接触，因而也很少有机会了解外部思想与文化。加之基督教社会长期以来的憎犹情绪，犹太人普遍将自己看成犹太社团的成员，而非国家臣民；一言以蔽之，他们是犹太人，而非欧洲人。浓郁的传统氛围和严重的孤立状态压制了社区内部异质力量的增长，新的思想观念很难在社区中传播，革新也很难发生。在法国革命爆发前，全世界犹太人约有 225 万，其中欧洲占175 万。就大部分犹太人而言，其法律地位及社会结构直到革命爆发之前仍没有发生根本性变化，其组织形式和宗教面貌本质上仍然是中世纪的。现代初期的欧洲，现代性虽已存在，但还不足以改变传统社会，在这种现代性与传统性浑然一体且后者还居于主流地位的社会结构中，犹太人仍被剥夺了各种权利。② 而在接下来的两代人时间里，欧洲犹太社团即将接受西方现代主义风暴的猛烈冲击：它们即将感受到历史和科学理性主义、政治自由主义及由工业革命所带来的社会和经济震荡，③ 在这一过程中，解放扮演了革命性的角色。

---

① Michael A. Meyer, "Jews as Jews versus Jews as Germans, Two Historical Perspectives: Introduction to Year Book XXXVI," *Leo Baeck Institute Year Book*, 36 (1991), p. xv.

② 张倩红：《困顿与再生——犹太文化的现代化》，江苏人民出版社，2003，第 100~101 页。

③ Philips S. Alexander, ed., *Judaism: Textual Sources for the Study of Religion*, Manchester: Manchester University Press, 1984, p. 37.

犹太人解放的进程和模式

1781 年，普鲁士国家顾问威廉·多姆发表了《论犹太人民权状况改善》的小册子，呼吁改善德意志境内犹太人的政治权利和社会状况。这本小册子第一次将犹太人解放问题带入了公众视野，激起了德国（乃至整个欧洲）社会对这一问题的普遍争论。[①] 多姆认为，犹太人在欧洲长期遭受隔离，以及他们在社会生活和文化教育方面的落后状况，是基督教社会歧视和压迫的结果。[②] 赋予犹太人以公民权，将有助于调动他们参与德国经济与社会生活的积极性，充分发挥犹太人的生产能力，增强国家经济竞争力，符合整体的国家利益。[③] 多姆也期待，公民权的获得将促进犹太人融入主流社会的进程，以及他们在职业、生活方式、宗教、文化等诸多方面进行自我改良。

在多姆思想的影响下，1782 年 1 月 2 日，奥地利皇帝约瑟夫二世率先颁布了《宽容法令》，从而开始了奥地利治下的犹太人的解放进程。该法令将犹太人置于同基督徒平等的地位，认为应逐步取消对犹太人民权资格的限制，并帮助他们融入普通公众生活之中。[④] 法令要求犹太社区必须建立服务于公民教育的犹太学校，在不能建立犹太学校的地方，基督教学校必须接纳犹太儿童。中学及高等教育机构必须对犹太人开放，这些机构不应专事于宗教教育。废弃特殊的犹太标志及犹太服饰，废除各地对犹太人征收的人头税。犹太人被允许学习手艺和进入工厂。如果犹太人愿意的话，他们可以和基督徒师傅建立师徒

---

① Katz，"The Term 'Jewish Emancipation'，" p. 3；关于犹太解放争论的研究，参见胡浩《关于犹太人解放的争论及其影响》，《世界历史》2010 年第 6 期。

② Christian Wilhelm Dohm, *Concerning the Amelioration of the Civil Status of the Jews*, Cincinnati, Ohio：Hebrew Union College – Jewish Institute of Religion，1957，pp. 19 – 21.

③ Jonathan M. Hess, *Germans, Jews and the Claims of Modernity*, New Haven：Yale University Press，2002，pp. 28 – 29.

④ 塞西尔·罗斯：《简明犹太民族史》，黄福武等译，山东大学出版社，2004，第 407 页。

关系。① 这部法令体现了约瑟夫二世一贯坚持的开明专制思想，即实行宗教宽容、鼓励教育以及解除在经济贸易领域的限制。法令受到犹太人的普遍欢迎，也被视为削弱传统犹太生活的重要事件。②

1789 年，法国大革命爆发。8 月 27 日发布的《人权宣言》暗示了犹太人享有平等权利："每一个人都不应当因为其观点特别是宗教信仰而受到侵扰和差别对待，只要这些观点没有妨害由法律所建立起来的公共秩序。"③ 根据这一精神，在经过激烈的讨论后，1791 年，法国国民议会颁布决议，废除此前强加于犹太人的一切限制和拖延政策，赋予法国境内犹太人以平等的公民权并要求他们进行公民宣誓。④ 之后，拿破仑又逐步赋予法兰西治下的欧洲其他地区犹太人以公民权，以前欧洲广泛存在的限制犹太人的地方性政策开始服从于革命所带来的激进原则。⑤ 例如，在拿破仑新建立的威斯特伐利亚政权中，按照法国宪政，犹太人获得了公民权；在荷兰建立的巴达维亚共和国，国民议会在 1796 年 9 月 2 日以法律形式宣布："如果犹太人具备成为公民的资格，能够履行公民义务并希望行使公民权利，那么就没有理由阻止他们获得这一权利"⑥，经过较长时间的激烈斗争，荷兰最终废除了对犹太人的限制，赋予他们公民权。

1806 年，拿破仑为了回应阿尔萨斯农民对犹太人放高利贷的抱怨，召

---

① "Edict of Toleration, January 2, 1782," in Raphael Mahler, ed. *Jewish Emancipation: A Selection of Documents*, New York: American Jewish Committee, 1941, pp. 18 – 20.

② Notes of "Joseph Ⅱ, Edict of Tolerance (January 2, 1782)," in Paul Mendes – Flohr and Jehuda Reinharz, eds., *The Jew in the Modern World: A Documentary History*, 2nd ed. New York: Oxford University Press, 1995, p. 40.

③ The French National Assembly, "Declaration of the Rights of Man and of the Citizen (August 26, 1789)," in Mendes – Flohr and Reinharz, *op. cit.*, p. 114.

④ The French National Assembly, "The Emancipation of the Jews of France (September 28, 1791)," in Mendes – Flohr and Reinharz, *op. cit.*, p. 118.

⑤ 法国大革命在解放犹太人问题上显得比欧洲任何国家都激进，这得益于法国启蒙思想的激进特征。不过，法国启蒙和大革命的激进特征并不能完全消解主流社会对犹太人的偏见，法国政界和思想界在解放犹太人问题上仍存在争论和疑虑。关于这一问题，参见张庆海《法国启蒙运动与犹太人解放》。

⑥ *Encyclopedia Judaica*, Vol. 6, Jerusalem: Keter Publishing House, 1972, p. 703.

集了 110 名犹太知名人士（有商人、银行家，还包括 25 名拉比）到巴黎开会并向会议提出了 12 个问题①。这 12 个问题要么是质疑或者期望确认犹太人对于国家及其法律的忠诚，要么指向犹太人与主流社会文化和习俗相冲突的传统习惯。犹太人引用了犹太律法原则，声明"国家的法律才是法律"，犹太人不再是一个分离的民族，驳斥了所谓犹太人构成了"国中之国"的言论。②犹太贵族在多方面表达了犹太习俗和律法让位于国家法律的原则，作为公民，犹太人必须服从国家法律，相应的，拉比职能只限于传布道德、履行婚姻仪式等领域。他们声明犹太人不再实行一夫多妻制，而结婚和离婚属于民事权利，必须首先得到国家认可，婚姻是世俗事务而非宗教事务。犹太人和基督徒的婚姻也是正常婚姻行为。犹太人认为法国是他们的祖国，法国人是他们的教友，这本质上符合犹太教"爱邻如己"的精神。无论涉及犹太人还是基督徒，高利贷都是违背犹太律法，理应加以摒弃；犹太人应摆脱职业上的限制，更广泛地从事农业和手工业生产。犹太人必须为国家服兵役，效忠国家，在服兵役期间犹太人可以不遵守犹太教律法。③很显然，在这次会议上，犹太人明确表达了一种解放时代的身份观念：抛弃传统犹太社区体制的政治分离主义和传统犹太生活的孤立主义倾向，接受民族国家模式下的新型政治理念和要求。在所有社会行为方面，法国犹太人试图提出新的应对战略，以尽可能迎合法国快速变

---

① 这 12 个问题是：1. 犹太人是否可以一夫多妻？2. 犹太律法允许离婚吗？不经民法批准，或只根据与法国法律相左的犹太律法判决的离婚是否会得到认可？3. 犹太男子或女子可以和基督徒通婚，或犹太律法只允许犹太人族内婚？4. 犹太人把法国人视为同胞，还是外国人。5. 关于上述任何一种情况，犹太人对具有不同的信仰的法国人应尽怎样的义务？6. 在法国生长，获得法国公民权的犹太人是否把法国看作自己的祖国？他们是否认为有义务捍卫法国？他们是否愿意遵守法国法律或民法规定？7. 拉比由谁来任命？8. 拉比对犹太人拥有哪些司法权？在这样做时，他们依据什么？9. 他们是否依据成文法或传统？10. 是否有一些职业是犹太教所禁止的？11. 犹太律法是否禁止犹太人向其他犹太人放高利贷？12. 犹太律法是否禁止犹太人向其非犹太人放高利贷？参见"The Assembly of Jewish Notables：Answers to Napoleon," in Mendes - Flohr and Reinharz, *op. cit.*, pp. 128 - 132。

② Michael A. Meyer, *Response to Modernity：A History of the Reform Movement in Judaism*, New York：Oxford University Press, 1988, pp. 27 - 28.

③ "The Assembly of Jewish Notables：Answers to Napoleon," pp. 128 - 132.

化的社会和经济形势。在革命性的解放进程中，法国犹太人成为积极的公民。①

拿破仑还推动了犹太教公会（Great Sanhedrin）②的重组，一个由三位大拉比及两位世俗人士构成的中央委员会在巴黎建立起来，全面地控制着各级地方性组织。③ 犹太教公会负责落实犹太名人会议的成果，其成员多是参加会议的知名犹太人。法国的犹太教公会体制后来在拿破仑战争时期的许多法国占领区得以落实。这一体制对犹太教改革运动影响重大。虽然犹太教公会成员并没有严厉斥责回归巴勒斯坦及与之相关的宗教教义，但是，作为一种国家主导下的宗教体制，犹太教公会明确了自己作为国家宗教社团的地位，并将法国人看作他们的教友，将法国看作自己的祖国。他们认为拉比在民事和司法问题的裁断权已经终止，唯有国家才能够对这些事情做出决断。④

尽管随着大革命的失败，欧洲反动政权复辟使得犹太人权利受到多种多样的限制，但总体上看，犹太解放的成果并没有完全丧失，犹太人解放的信念也没有动摇，只是在以相对温和而缓慢的方式进行着。

解放依赖的是每一个国家实际的政治和社会环境，以及当地犹太人的居住、文化和社会特征。⑤ 所以，不同国家犹太人解放的模式存在差别。总的来说，西欧犹太人的解放采取的或是政治改良，或是政治革命、抑或

---

① Pierre Birnbaum, "Between Social and Political Assimilation: Remarks on the History of Jews in France," in Pierre Birnbaum and Ira Katznelson, eds., *Paths of Emancipation: Jews, States and Citizenship*, Princeton: Princeton University Press, 1995, p. 97.

② 这一机构起源于罗马时代的巴勒斯坦地区，无论在圣殿被毁之前还是之后，都是犹太人的最高宗教和司法实体，直到公元 425 年废除族长制。在犹太教历史上没有任何机构超过它所拥有的权威。拿破仑宣布复兴这一古老犹太权威的象征符号，正如他预计的那样，激起了犹太人的弥赛亚情感，他们对拿破仑这位新时代的弥赛亚心存感激。参见 Count Mole, "Summons for Convening the Parisian Sanhedrin (September 18, 1806)," in Mendes-Flohr and Reinharz, *op. cit.*, pp. 134–135。

③ 塞西尔·罗斯：《简明犹太民族史》，第 413 页。

④ David Philipson, "The Beginnings of the Reform Movement in Judaism," *Jewish Quarterly Review*, Vol. 15, No. 3 (1903), p. 497.

⑤ *Encyclopedia Judaica*, Vol. 6, p. 697.

改良与革命相结合的形式，同时，在这一进程中，犹太人的政治、宗教和文化主动融入也发挥了重要作用。在法国和荷兰，解放作为一种正式的法律进程在不同的中央集权政治背景下展开。两国犹太人的解放都是法国大革命的产物，革命要求打破先前因为与保守势力妥协而受到严重限制的公民权观念，并不分种族和宗教差异扩展公民权的适用范畴。但受到多元主义和联合国家传统的影响，在1795年之后，荷兰犹太人的解放不再像法国共和主义那样激进。在整个19世纪的大部分时间里，荷兰犹太人的政治参与受到一定限制，天主教和加尔文教宗教社团保持政治强势地位，成为荷兰国家和民权社会的基石。

相较而言，在欧洲犹太精英荟萃的德意志，犹太解放采取的是政治改良和革命相结合的形式，其中，普鲁士充当了先锋角色。普鲁士犹太人的解放并不能直接归因于法国的影响，也不等同于法国的模式。由于独特历史传统和文化氛围的影响，普鲁士犹太人的解放采取了一条与众不同的方式。在腓特烈二世死后，虽然政府采取了若干宽容上层犹太人的政策，但犹太人问题成为一个被反复提及却没有得到彻底解决的问题。1788年，在多姆小册子的影响下，普鲁士政府废除了人头税，犹太人也不必集体为偷盗及诸如此类的犯罪行为负责。1806年，普鲁士被拿破仑打败，丧失了大片土地。在这一屈辱的刺激下，普鲁士进行了影响深远的促进民众自由和社会调整的立法改革，其中，废除农奴制、解散手工业行会以及接纳犹太人为公民是主要改革措施。后来，在拿破仑战争造成的广泛的改革呼声下，政府发布了1812年解放法令，该法令赋予了犹太人以公民身份，废除了犹太社区的司法自治权以及作为代理机构收取租税的权利；同时规定犹太人可以自由选择定居地和职业，但必须承担兵役；此外，犹太人在商业文书、合同以及其他宣言、法案上应使用德语和拉丁语签名。[1] 大致说来，从1781年到1815年，是德国犹太人解放的第一个阶段。这一时期德意志各邦（以普鲁士为代表）就这一问题展开了争论并出台了一些解放犹太人

---

[1] "Emancipation in Prussia March 11, 1812: Edict Concerning the Civil conditions of Jews in the Prussian State," in Mahler, *op. cit.*, p. 32.

的早期法令。但 1815 年，以普鲁士 1812 年法令为参照，试图出台全德意志范围内的犹太解放法令的计划最终流产。之后到 1849 年为第二阶段，犹太人问题引发持续争论，受保守势力的影响，解放出现倒退迹象。1848 ~ 1849 年革命开启了第二次试图解决全德意志犹太人问题的努力，但最终因革命失败而流产。此后到 1871 年为第三阶段，经历了最初的政治挫折后，由于经济迅速发展及由此导致的自由主义势力的增长最终推动了 1871 年普遍解放犹太人法令的出台。① 总体上看，犹太人的解放在德意志不同邦国不均衡地展开。法国的干预最初对解放施加了局部影响，但在之后自由主义、反启蒙思想、浪漫主义以及基督教民族主义等诸多思潮混杂的政治氛围中，犹太人获得公民权的进程趋缓甚至出现倒退。不过，即便犹太人受到排斥，甚至先前所获得的权利被取消，德国犹太人结构性地融入德国资本主义和城市，以及与此相伴的犹太中产阶级迅速成长的进程却大大加快了。同时，犹太生活持续地经历着现代化，即便大多数犹太人仍然生活在同异教邻居隔离的状态下。从 1869 年到 1871 年，当政治解放最终在德意志得以实现的时候，那些对文化适应和结构性同化持积极立场的犹太人事实上已经摆脱了传统犹太社区的束缚。②

研究解放问题的著名学者莱因哈德·吕鲁普（Reinhard Rurup）进而总结了两种不同的犹太解放观念：一是自由革命的解放观念，二是启蒙国家的解放观念。自由革命的解放观念主要出现在法国、荷兰等受到法国大革命冲击较强的国家：这些国家以革命性的方式直接赋予了犹太人以平等公民权。启蒙国家的解放观念主要在德意志：普鲁士等国将国家定位成一种教导型角色，在局部的解放行动后，旨在让犹太人获得完全公民权的行动通常是一步一步实现的，而这些步骤的实现要取决于犹太人所达到的同化或"正常化"

---

① 参见 Werner E. Mosse，"From 'Schutzjuden' to 'Deutsche StaatsborgerJudischenGlaubens'：The Long and Bumpy Road of Jewish Emancipation in Germany," in Birnbaum and Katznelson，*op. cit.*，p. 60；Mendes – Flohr and Reinharz，*op. cit.*，p. 113。

② Pierre Birnbaum and Ira Katznelson，"Emancipation and the Liberal Offer," in Birnbaum and Katznelson，*op. cit.*，pp. 24 – 25.

程度。① 而同化或"正常化"的程度又取决于犹太人自我改良的程度。

解放与犹太社会转型

无论在奥地利、法国、德国还是其他国家，政治解放作为一种具有极大诱惑力和一定强制性的政策对犹太社区产生的冲击是巨大的。它促使传统社区逐渐松动并最终走向崩溃，新的反映主流政治和文化倾向的价值观不断挑战并最终战胜了传统犹太价值观。解放以来，犹太人政治、经济和文化融入的进程空前加快。

首先，解放有力地推动了犹太人政治融入的进程，是犹太人政治现代化进程的开端。对于主流民族而言，政治现代化意味着民族国家的建立、作为公民参与国家的选举、民主意识的确立、政治权力的有序化和高效运作等；而对于作为欧洲社会少数民族的犹太人而言，政治现代化主要意味着身份的转变，因为犹太人没有属于自己的民族国家，因而也就没有所谓在民族框架内实现政治现代化的问题。犹太人政治现代化的内涵就是走出隔都，走出传统的拉比犹太教，成为所在国的公民，参与到所在国的政治活动当中，融入主流社会。现代国家不再以社团的标准来定义犹太人，开始以公民准则要求犹太人。犹太人必须首先成为一个公民，然后才是犹太人。解放要求犹太人放弃传统的政治孤立主义和分离主义，犹太社区不能再行使独立的行政和司法权，宗教律法必须无条件地让位和服从于国家的律法，犹太人将按照国家的法律享有作为公民的权利和履行作为公民的义务。因为，就现代国家而言，法律是普遍的公民社会的准则，而不是确保特定民族和宗教社团自治的手段。法律就其普遍性而言，应该属于更广泛的公民社会，而不是特定的社团。约瑟夫二世颁布的《宽容法令》中有一段文字很鲜明地表达了国家对犹太人实行宽容政策的政治意图："通过这些努力……我们衷心希望他们（犹太人）能够同其他居民一样，谨慎地遵守这个国家的各项法

① Erspamer, *op. cit.*, Introduction, pp. 5–6.

令。"① 解放要求终止犹太民族和犹太教社区作为欧洲"国中之国"的状态。1789年，法国国民会议在讨论犹太人公民权问题时，克雷蒙·托尼埃伯爵强调了一个基本事实：犹太人作为个体将获得一切权利，而他们作为一个民族将一无所获。② 也就是说，公民身份要求犹太人压抑他们的民族特性并改变在司法上的自治和分离状况。当19世纪，欧洲民族国家在凯歌行进之时，犹太教公会效忠法兰西帝国的庄严宣誓显示出更加深刻的意义。不管是好是坏，犹太人已经迈进了欧洲社会，他们的福祉和命运同赋予他们公民权的国家紧密联系在一起。随着岁月的流逝，他们隔都自治的历史也逐渐化为朦胧的民间记忆。如果说他们已发誓放弃作为犹太人的民族权力的话，那么，从今往后，他们决心勇敢地捍卫他们作为法国或德国公民的权益。③

其次，经济上，解放使得犹太人口和经济资源最大限度地服务于正在兴起的民族国家统一体及其经济发展的需要。18世纪，在欧洲普遍发展起来的民族国家为了更好地发展经济和参与世界竞争，需要调动一切有效的人力和社会资源参与到建设国家的活动之中，封闭和自治性的少数民族社团在很大程度上阻碍了国家利益的实现。解放犹太人，让富于智慧和经营能力的犹太商业者参与到自由资本主义的竞争之中，有利于现代国家开拓海外市场，获得更多的赋税和收入。解放要求传统的犹太经济结构必须让位于更大范围的民族国家的经济结构，国家而不是犹太社区将对犹太经济资源进行调配。自由放任的资本主义观念打破了欧洲传统的具有垄断特征的社团经济形态，使犹太人获得了更大的经济选择范围，同时也破坏了过去犹太人据以生存的手段。④ 犹太人必须扩展犹太职业类型，以适应正在形成中的资本主义的要求。有资料表明，到1810年和1811年，犹太人已迅速地从借贷业、行商、布匹贸易等传统职业转向了新兴的商品零售业、

---

① "Edict of Toleration, January 2, 1782," in Mahler, *op. cit.*, p. 18.

② The French National Assembly, "Debate on the Eligibility of Jews for Citizenship (December 23, 1789)," in Mendes - Flohr and Reinharz, *op. cit.*, p. 115.

③ Sachar, *op. cit.*, p. 70.

④ 罗伯特·M. 塞尔茨：《犹太的思想》，赵立行、冯玮译，上海三联书店，1994，第535~536页。

手工业、机械制造业及其他行业。[1] 张倩红指出，在当时的西欧地区，经济已发展到一种无与伦比的程度，几乎成为全世界的"制造车间"，商业、工业及各类自由职业的需求量猛增。在此背景下，刚刚获得公民权及职业许可权的犹太人很快进入多种经济部门，其职业领域发生了巨大改变，他们开始告别高利贷业、小商贩业和旧衣批发等传统职业，成为受人尊敬的手工业者、国际贸易商、经纪人、制造批发商和股票交易人等，他们作为企业家、制造商、发明家、银行家而引人注目。[2] 梅耶更进一步指出，关于犹太人的职业和经济活动，19世纪上半叶存在一些悖论。一方面，国家支持采取措施使犹太人更多涉足农业、手工业等生产性行业；另一方面，它也不想缺少犹太人在理财和给国家借贷方面的才智。不过，大多数犹太人既没有卷入生产型行业也没有进入金融交易领域，他们更多的是从小买卖和行商的传统行业转向了拥有固定门面和永久经营场所的中产阶级商业活动。同样，在工业制造业发展的初期，他们也比非犹太人具有更多的创新精神。在一些地区，犹太人为19世纪后半叶的经济繁荣做出了先驱性的贡献。[3] 国家对居住地限制的逐渐放宽、职业选择的扩展、相对自由的状况也打破了犹太社区地理上的集中，传统社区领导人越来越感到不能够控制社区人员流动了。到19世纪中叶，出于寻求经济机遇和职业发展的动因，犹太人进一步从农村和小城镇地区移居到经济正在扩张的大中城市地区，特别是那些因贸易和工业飞速发展而变得具有巨大吸引力的城市（同期调查表明，犹太人在小城镇人口中所占的比例迅速下降，而在大中城市的人口增长速度和所占比例都迅速提高），并成为城市中产阶级的一部分。[4]

再次，欧洲政治宽容和解放政策促进了犹太人在语言、教育、宗教文

---

① Sachar, *op. cit.*, p. 64.

② 张倩红、贾延宾:《"犹太名人会议"与犹太教公会的重组——拿破仑的犹太政策》。

③ Michael A. Meyer and Michael Brenner, eds., *German - Jewish History in Modern Times*, Volume 2: *Emancipation and Acculturation*, 1780 - 1871, New York: Columbia University Press, 1997, pp. 88 - 89.

④ 迈克尔·梅耶对19世纪上半叶德意志境内的犹太人口流动进行了细致的研究，可有力地佐证解放以来犹太人口向大中城市流动的基本趋势，具体描述和数据参见梅耶前引书，第50~59页。

化等方面实现转型。一般而言，西方国家的现代化是伴随着西方民族国家的兴起并依靠民族政权力量加以推行的，所以在这一过程中，民族性的加强同现代化的要求是一致的。现代化是由内部的压力造成的，内部的变化使传统的变异保持在原有的文化框架内，并不造成文化脱裂现象。① 犹太现代化属于一种非原发性的和少数民族的现代化，其传统文化与欧洲文化并非同一渊源，在欧洲民族国家框架内，它缺乏出自民族性和传统根基的对于现代化的支撑能力。现代化所要求的同质性对于极具个性的犹太文化构成了严重挑战。对于犹太人而言，由于主流文化处于强势地位并确立了自身作为现代化标准的地位，犹太人只有通过改造甚至放弃自身的文化特性，才能真正为主流社会所接纳。

解放以来，约瑟夫二世《宽容法令》中的设想，即"通过对犹太青年进行良好的教育和启蒙，将他们引导到科学、艺术和技术的道路上，使之成为对国家更加有用的人"② 正在为犹太人所践行。在语言文化上，犹太人逐步废弃只会加深社会和文化孤立的意第绪语，学习本地语言，以便同主流文化沟通和交往，增进与主流民族的亲近感和同胞之谊。在德国，犹太人领袖门德尔松所主持的《圣经》德文翻译为大批犹太人架设了通往德语和德国文化的桥梁③，借此，犹太人开始以德语为媒介，广泛接触世俗文学、科学与哲学，宣传犹太教经典传统，逐渐学会了同主流社会交流和对话的能力。阿巴·埃班评价说，犹太人学会了德语这项成就在以后的年代对德国文化，尤其是对犹太文化大有裨益。④ 在教育上，犹太人开始摆脱单纯宗教教育的束缚，更广泛地接受世俗教育，创办适应新时代的要求的将宗教教育和世俗教育结合起来的新型学校。著名犹太教育家威塞利极大地抬高了世俗教育的地位，认为人类知识的学习应先于神圣律法的学习，因为这将为学习上帝的律法准备健全心智并促使他们在尘世的努力中

---

① 钱乘旦、刘金源：《寰球透视——现代化的迷途》，浙江人民出版社，1999，第4页。

② "Edict of Toleration, January 2, 1782," in Mahler, *op. cit.*, p. 18.

③ 大卫·鲁达夫斯基：《近现代犹太宗教运动——解放与调整的历史》，傅有德等译，山东大学出版社，2006，第64页。

④ 阿巴·埃班：《犹太史》，阎瑞松译，中国社会科学出版社，1986，第239页。

获得成功。他认为，在政治宽容和文化启蒙的时代，犹太人应抓住机遇，将《托拉》的学习同世俗知识的学习紧密结合起来。① 后来，门德尔松的另一名弟子大卫·弗里德里兰将威塞利的教育理论应用到实际之中，为培养符合社会需要的职业人才创办了一所犹太免费学校，将犹太教育、一般性学术研究和职业培训结合在一起。②

　　解放提出了犹太人的文化和宗教逐渐被同化的问题，也就产生了他们的（传统）宗教和文化被破坏的危险。③ 在解放的影响下，传统拉比犹太教逐渐丧失对犹太生活的支配权力。在新的时代，犹太宗教必须与自由主义政治相适应，坚持政教分离和宗教自由原则。信仰应出于个人内心而不是社区强制。由于欧洲政治宽容和解放犹太人的政策主要基于普世主义原则，所以也自然要求传统犹太教进行变革，逐渐消除自身所蕴含的特殊主义和民族主义因素，以彰显普世宗教的价值。法国大革命以来，在平等权的召唤下，一些法国犹太人开始走出传统，公开声明他们的宗教并不与公民职责冲突。他们淡化了回归巴勒斯坦的实际意义，向国民会议宣布犹太人只相信自然宗教信条，只践行三种主要礼仪：割礼、安息日、犹太节日。一些法国犹太人更愿意将犹太教看成坚守普遍伦理准则的"摩西宗教"。之后，一些激进主义者甚至倡导所谓"理性崇拜"，把犹太教斥为"迷信"而加以摒弃，并接受了一周十日制的革命历法：这是有悖于周五和周六为安息日的犹太诫命的。巴黎犹太小学的校长们还被要求带学生到理性圣殿（即先前的圣母院大教堂）做礼拜。一些极端分子甚至建议废除割礼，反对在逾越节烤制无酵饼④，同时，与异族通婚也首次在犹太人中出现。在巴伐利亚共和国，一些头脑中浸润着革命理想的年轻犹太知识分子组成了一个赞成法国的爱国社团"因自由而幸福"（Felix Libertate）。后来，该社团的21名成员又组成了另一个名叫阿达斯－约书仑（Adath Jes-

① Naphtali Herz Wessely, "Divrei Shalom ve' Emet (Berlin, 1782)," in Mendes – Flohr and Reinharz, *op. cit.*, pp. 63 – 65.

② 大卫·鲁达夫斯基：《近现代犹太宗教运动——解放与调整的历史》，第 67 ~ 68 页。

③ 克劳斯·费舍尔：《德国反犹史》，钱坤译，江苏人民出版社，2007，第 36 ~ 37 页。

④ 大卫·鲁达夫斯基：《近现代犹太宗教运动——解放与调整的历史》，第 79 页。

churun）的会堂。该社团使用的是传统祈祷书，但介绍了一些新的变革，显露出改革征兆。[1] 如删除了一些烦冗而无意义的祈祷词；每个安息日，会堂布道都强调道德劝诫并要求会众静静地聆听；基于平等原则，诵经的荣誉不再被拍卖[2]。受到阿姆斯特丹塞法迪犹太社区改革的影响，该会堂也开始注意仪式上的庄重。

随着解放的深入，当现代性开始侵入犹太传统，企图将犹太教简化为一套理性宗教和自然宗教的原则，或者贬斥为一种低级和过时的宗教的时候，犹太教和犹太文化的幸存面临危机。解放带给犹太人的不仅是获得现代性的机遇，同时也是失去传统和迷失身份的挑战。如何协调传统和现代的关系并确立一种新的犹太认同是摆在犹太人面前的一项迫切任务。

在机遇和挑战之间，不同的犹太人做出了不同的抉择，解放最终造成了一个具有明显世俗特征的、多元性的犹太社会的出现。在解放时代，有些犹太人放弃了犹太教而选择了皈依基督教；而有些人则彻底放弃了宗教意识形态而选择启蒙与解放带来的世俗化生活，成为世俗犹太人，犹太性的弱化以去宗教性的形式实现。还有些人选择用科学和现代哲学的方式来研究和改造宗教，坚持犹太教应适应现代世界，他们重视非犹太哲学家，如洛克、康德和黑格尔等人所做的贡献。1818 年，富有革新思想的犹太人成立了犹太科学与文化协会——一个教育和宗教机构，它的成员传授的文化不拘泥于教义，而是带有强烈人文主义色彩的神学，并鼓励和非犹太人进行文化方面的交流与对话。更多的犹太人在传统和现代的挣扎中选择了宗教改革。为了显示对国家的忠诚，不少犹太人以放弃民族性为代价而获得适当的宗教认可，虽然他们不一定心甘情愿地将自己和非犹太民族视为一体。许多信奉宗教的犹太人开始将自己视为既是犹太人，

---

[1] David Philipson, "The Beginnings of the Reform Movement in Judaism," p. 480.

[2] 在犹太会堂面对会众诵读《托拉》章节被认为是一种至高的荣誉。过去，富裕犹太人通过向会堂捐献较多资金的方式能轻而易举地获得这一荣誉，而其他较贫困的会众则很难享有这一权利。

又是德国人、法国人，他们想让自己的地位得到法律承认，想让自己成为真正意义上的公民，还可以信奉自己的宗教。① 在解放的影响下，犹太教逐渐开始退出民族的领域，而走向纯粹的宗教领域，并经历着持续的变革。

关于解放和犹太教改革的关系，不同的学者有着不同的看法，分歧主要在于解放，即犹太人争取公民权利的斗争是否对改革进程及观念的构建具有关键的影响。著名现代犹太史学家梅耶认为，从总体而言，在长期不懈的争取完全解放的过程中，犹太人拒绝让政治准则（尽管这一点对他们至关重要）支配他们的宗教思想。如果说从 18 世纪 80 年代开始，改革者就不断发出不同程度的变革呼声的话，那主要是他们将与传统因素相冲突的新的宗教和文化价值内在化的结果。② 显然，梅耶将犹太教改革的出现看作犹太人对解放及其政治诉求的一种创造性的回应，解放作为一种外部力量和观念被犹太教以特定的方式内化。因而，在梅耶看来，解放没有从根本上破坏犹太教价值的整体性和独立性。与梅耶有着相似看法的还有大卫·索尔金。他认为改革与解放之间存在着非常微妙而复杂的关系。不过，他坚持认为，改革的根基在于解放争论出现之前犹太社会内部变革因素的不断积聚。③

研究现代反犹思想的学者乔纳森·赫斯则指出，对于改革派犹太教思想和社会起源的研究绝不能脱离那个时代德国犹太社区争取公民权利的特定经历，早期犹太教改革观念的政治维度必须加以强调。那个时代改革的犹太人认为，犹太教必须从根本上与现代性相协调。他们根据现代性术语，在解放氛围下写出的文章、提出的改革计划在很大程度上可以被看作一种政治行动，因而，改革的政治抱负和政治影响是很明显的。宗教改革实际是犹太人为自己寻找的获得政治公民权的一种替代方式。在这一意义

---

① 克劳斯·费舍尔：《德国反犹史》，第 39 页。
② Meyer, *Response to Modernity*, p. 17.
③ David Sorkin, "Religious Reforms and Secular Trends in German - Jewish Life: An Agenda for Research," *Leo Baeck Institute Year Book*, Vol. 40 (1995), p. 172.

上，宗教改革和政治解放是紧密联系在一起的。① 当我们从 18 世纪最后 20 年激进哈斯卡拉观念来考察犹太教改革运动观念的起源时，赫斯的结论无疑是正确的；但是，当我们从一个长时段（其前端上溯到前现代和早期哈斯卡拉时代，末端延伸到 19 世纪上半叶）来考察犹太教改革运动的时候，我们发现梅耶和索尔金的观点更具有说服力。

但无论如何，有一点无疑是学者所公认的，那就是犹太教改革的问题始终同犹太人获得平等公民权的斗争联系在一起，解放的进程在相当程度上影响着犹太教改革的程度，而改革的进程也同样影响着犹太公民权的实现。解放创造了一种有益于宗教改革力量成长的氛围，在一定程度上可以被视为犹太教改革运动的政治起源。解放在观念上影响着改革运动对犹太教的反宗教特殊主义倾向和非民族性定位。在解放的政治和文化氛围下出现犹太教改革运动实际上有着双重的目标。一方面，它寻求以一种合理的方式来缓解传统犹太律法和礼仪对于现代犹太人的束缚，使得他们能够在新的社会环境中进行自己的职业选择，追求自己的经济成就，实现自己的世俗理想和抱负，由此为融入非犹太社会开辟道路。这是改革在实用的层面应当取得的效果。而比实用层面更为重要的目标在于，改革要发展出一种全面的犹太教哲学。这种哲学应当与作为非犹太国家公民和非犹太社会成员的犹太人身份相协调。② 上述目标只有通过对传统犹太教信条进行深刻的检讨和仔细的遴选才能够达到。它要求忽略传统犹太教中那些看起来同犹太人由解放获得的新身份相抵触的部分，如以效仿基督教、增强审美性为目标调整和简化宗教仪式，废除造成与非犹太人交往障碍的犹太饮食法，删除传统祈祷书中带有强烈民族排外倾向的返回锡安、重建犹太国家等内容③，而发掘、介绍，或者至少是重新强调传统犹太教中看起来同现代犹太人所处新环境相协调的因素。

《圣经》和《塔木德》是犹太民族历史经验的反映，在一定程度上具

---

① Hess, *Germans, Jews and the Claims of Modernity*, p. 17.

② Katz, *Out of the Ghetto*, p. 208.

③ Alexander, *op. cit.*, pp. 36 - 37.

有表达犹太民族性和特殊性的倾向。然而，它们也蕴含着普世主义的因素，包含着对所有人类都具有约束力的律法，并且展望了人类在信仰统一上帝基础上团结起来的美好愿景。在解放影响下发展起来的犹太教改革运动正是要强调犹太教中的普世主义因素，而摒弃同普世主义传统和现实相冲突的启示律法的观念及与之相关的特殊宗教礼仪，力图按照解放时代普世宗教的要求，将犹太教改造成为类似于新教的教义和道德系统。大多数现代犹太哲学家和神学家不同程度地表达了上述观念。在他们看来，犹太教本质上是一神信仰和道德的告白，犹太社区就是在这种神学观指引下的精神和道德实体。[1] 改革就是要消除犹太教中的非本质主义的存在，并提炼其中本质主义的一神信仰和道德要素。

结　语

解放是一个充塞着诸多内容的简易术语，旨在反映在启蒙及其自由主义遗产、宗教宽容、世俗化、科学、理性、个人主义、契约原则等因素影响下，犹太人在观念和生存环境方面发生的深刻转变。基于政治权利的改善及其提供的新的选择，前社会学和前政治学意义上的犹太人转变为现代社会学和政治学意义上的人，引发了诸如社团地位、文化和少数民族权利等一系列问题。[2] 18 世纪 80 年代以来，自欧洲国家开始的解放犹太人的运动打破了传统犹太社区自治的模式，迫使犹太人走出隔都，成为现代国家的公民，在法律意义上意味着作为群体和个人的犹太人身份的转变，从而开始了犹太人全面参与和融入所在国政治、经济、文化生活的进程。在宗教上，拉比犹太教权威遭到挑战，启蒙的世俗价值观对犹太教产生严重冲击；解放使传统犹太身份面临危机，它在观念上要求分离犹太教的宗教性和民族性，弱化甚至消除其中反映民族孤立主义和特殊主义的因素，按照现代性的普世价值重新界定宗教及其功能。犹太教改革运动、科学运动在

---

① Katz, *Out of the Ghetto*, pp. 209 – 211.

② Birnbaum and Katznelson, "Emancipation and the Liberal Offer," p. 4.

参加解放战争的犹太志愿兵返回他那依然按照旧习俗生活的家庭

    Moritz Daniel Oppenheimer（1800 - 1882）常被称为"第一个犹太画家"，曾在慕尼黑和罗马接受绘画训练。他的一系列画作捕捉到犹太人作为公民在德国社会中经历的角色变化。这幅油画作于 1833 ~ 1834 年，题为《参加解放战争的犹太志愿兵返回他那依然按照旧习俗生活的家庭》。画上身着军服的受伤犹太士兵刚从抗击拿破仑入侵的战场上返回，桌布上的安息日面包（challah）和祝酒杯表明此刻正值安息日，因此，为了忠于正在出现的德意志民族国家，他违反了安息日不旅行的犹太律法。

上述观念影响下应运而生，试图重塑犹太人和犹太教在现代国家中的形象，重新定位其在现代社会中的身份和地位。由于对传统产生的分裂性影响，解放造成了一个具有明显世俗特征的、多元化的犹太社会的出现。从上述意义上讲，解放成为犹太人进入现代社会的标志性事件，带给欧洲犹太人以丰厚的遗产。解放及其潜在的价值取向促进了欧洲犹太人社区从传统政治经济形态向现代政治经济形态的转变，从传统宗教范型向现代宗教范型的转变，因此成为犹太社会转型和犹太民族现代化的重要驱动力。但在解放过程中，许多犹太人抛弃民族传统的做法以及同化浪潮的发展，也是犹太社会转型过程中付出的重大代价。

摩西·赫斯论犹太人问题

王 雪[*]

对近现代犹太知识分子而言，19 世纪法国大革命后的莱茵河畔无异于一个现代"伊甸园"。生活在这里的犹太人在法国大革命及拿破仑的襄助下享受到了前所未有的平等公民权。[①] 这种平等不仅是一种社会共同体生活中的平等，更是在智识上为犹太知识分子打开了一片广阔的天空，创造了追求新知的平等。虽然自由平等的果实并不长久，随着拿破仑的战败，获得解放的犹太人再次品尝到从天堂跌入地狱的痛苦，但是，痛苦中蕴含着希望。平等自由之思的种子已经随着法国大革命思想的深入而根植于一批犹太知识分子的心田。因此，虽然犹太人短暂享有的平等权被再次剥夺，但自莱茵河畔涌现出的一批杰出犹太思想家始终不曾放弃为犹太民族寻求平等公义，并且将对平等公义的追求扩展到了普世层面。他们的思想与行动引领了犹太民族未来的走向，为犹太民族再度崛起奠定了精神上的根基，并最终引导犹太人民重建犹太民族自己的家园。

与其他民族的知识分子相比，犹太知识分子身上总是体现着顽强的奋

---

[*] 王雪，黑龙江省委党校哲学教研部讲师。

[①] 在法国大革命及自由平等精神的影响下，拿破仑在取得政权后推动了犹太人解放，使犹太人在他的治下拥有了公民权和平等的法律地位。尽管拿破仑对犹太人的善待有其复杂的政治动机与对经济形势的考虑，但他的宽容政策毕竟打开了欧洲犹太人的视野，犹太人得以在社会各领域中施展身手。关于这一问题，参看张倩红、贾延宾《"犹太名人会议"与犹太教公会重组——拿破仑的犹太政策》，《历史研究》2008 年第 6 期；贾延宾《试论拿破仑与犹太复国主义》，《学海》2008 年第 3 期；贾延宾《拿破仑与欧洲犹太人的解放》，《河南师范大学学报》2015 年第 4 期。

斗精神——他们对社会、对人类压迫现象的思考与批判从来都不是形而上的思维游戏，而是带有事关民族存亡的紧迫感。犹太人自古以来就承受着不公的待遇，遭受着持续不断的驱逐与迫害，在异国与异族之间流浪。"永世流浪的犹太人"（Ewiger Jude）① 这一由基督教勾勒出的犹太形象，俨然成为犹太民族整体的化身。然而，在历经岁月长河的洗礼后，这一形象显露出了两种截然相反的含义。首先，"永世流浪"意味着在欧洲这片由基督教精神所笼罩的多民族国家共同体中，犹太人无法找到自己的精神坐标。其次，"永世流浪"意味着犹太民族被排除在基督教信仰笼罩下的、各民族紧密交错的历史发展进程及社会各阶层之外，被迫成为"异民"。异民的身份对犹太民族，特别是对犹太知识分子来说，既幸运又不幸。其幸运在于，在欧洲基督教国家陷入深重的精神危机之时，具有犹太文化传统背景的知识分子能够摆脱西方学者自身难以摆脱的基督文化精神的束缚，观察到问题根源所在，并开出独特的"药方"。其不幸则在于，尽管犹太知识分子能够敏锐观察并诊断西方文明之疾，却始终无法解决自己的身份认同问题，因此时常陷入一种矛盾的境地。这种境地在面对如何处理欧洲犹太人问题时表现得尤为明显。

大体来说，在面对涉及自身的犹太人问题时，近代犹太知识分子表现出了两种不同的态度。一种是试图将犹太族群拆分为个体，通过个体同化以达到融入欧洲主流社会、获得社会承认的目的。持此态度的犹太知识分子大多接受了启蒙思想，认为宗教是愚昧、落后的，因此对犹太教及由犹太教衍生出的犹太文化皆应予以抛弃，犹太人应积极接受现代进步观念，努力融入正在蓬勃发展的欧洲文明以摆脱异类的身份。另一种是主动挖掘犹太历史与文化中所蕴含的犹太民族自觉意识，为犹太民族屹立于欧洲各民族之间寻求合理性与可行性。持此态度的犹太知识分子或是不相信同化能够解决犹太人问题，或是在试图同化时一再遭受挫折，因此希望另辟蹊径，借助19世纪民族主义思潮云起之机，使犹太人重新以民族的身份登上

① 关于这一形象，详见徐新《犹太文化史》，北京大学出版社，2006，第346~359页。另参本书中艾仁贵的论文。

历史的舞台，参与历史发展的进程。① 摩西·赫斯②就是后一类犹太知识分子的代表。

一 思想背景

摩西·赫斯于 1812 年出生在莱茵河畔波恩市一个犹太富商之家，祖辈中出过多位著名的犹太拉比。其父大卫·赫斯既是经营有方的商人，又是虔诚的犹太教徒。赫斯五岁时，其父因生意需要前往科隆，小赫斯则与母亲留在波恩同祖父生活在一起，他的童年就在专为犹太儿童开设的宗教学校和身为拉比的祖父身边度过。在这段时期，赫斯跟随祖父系统学习了《希伯来圣经》与《塔木德》，并在学校接受了全面的犹太文化教育——这也是赫斯一生中唯一接受过的系统学校教育。1825 年，因为母亲不幸逝世，赫斯来到科隆跟随在父亲身边。

对赫斯这样一个成长在闭塞的犹太隔都（ghetto）中的年轻人而言，科隆这个大城市繁华且充满活力、新鲜而有吸引力。他很快就被当时流行于科隆的法国大革命思想与德国古典哲学深深吸引住了。然而，一旦新鲜感退去，问题便开始出现。赫斯发现他所接触到的新知识体系与他脑海中已然成型的犹太价值观发生了尖锐的冲突。长期以来接受的犹太传统价值观不仅未能帮助他在新环境、新生活中立足，反而在新旧价值观产生的冲突中一触即溃，更糟的是旧价值观念的崩溃并没有立刻伴随新价值观念的建立，赫斯因此陷入了一段迷茫期。他在日记中这样记述自己的迷茫：

> 在我的观念中，最先受到检验的是我信仰的宗教——犹太教，现在它在我心里崩溃了。我想把自己的信仰建立在自然宗教上。但是信仰崩塌的痛楚是这样强烈，以至于我新寻找到的这个根基也很快在我

---

① 两个阵营观点态度的对立在犹太民族复兴运动中表现得尤为明显，而犹太民族复兴运动作为犹太人步入现代的一个标志，对犹太人特别是生活在欧洲社会的犹太人产生了深远且重要的影响，参看徐新《犹太文化史》，第 278 页。

② 摩西·赫斯原名莫里茨·赫斯（Moritz Hess）。

眼前崩溃了，最终什么都没有留下。我成了这个世界上最悲惨的人，我成了一个无神论者，这个世界已经成了我的重负与诅咒。①

除此之外，赫斯还面临着现实生活中的烦恼。在 19 世纪 30 年代早期，赫斯仍未能找到确保自己经济独立的职业，因此只能同父亲住在一起。这样的生活对赫斯来说正在演变成非常不愉快的体验，其间充满了争执以及与父权的较量。那时赫斯的理想是成为一名作家，而非父亲所希望的《塔木德》学者，这自然引起了父亲对他的不满与指责，赫斯因此承受着来自家庭与精神上的双重压力，他选择通过自学来排遣这种压力。在自学过程中，赫斯接触到了圣西门、傅里叶和巴贝夫等人的社会主义思想。赫斯认为社会主义思想与自己少年时业已接受的弥赛亚思想不谋而合，是他所接受到的犹太传统文化与现代社会思想的契合点。通过对社会主义思想的研究，赫斯得以将弥赛亚理想向着人类解放的方向予以发展。也正是在这一时期，赫斯读到了斯宾诺莎的著作，并为其思想所体现出的强烈的现实伦理关怀色彩所着迷。这促使赫斯下定决心要为解除人类的痛苦、实现共产主义而奋斗。然而，就在赫斯努力想要融入德国主流社会以实现自己的追求时，却沮丧地发现无论自己如何热切地想要融入其中，这个新世界始终视他为异类，造成这一局面的原因只有一个——自己的犹太人身份。

在赫斯生活的年代，有学识的欧洲犹太人大都苦于因犹太人身份而有志难伸，在主流社会中得不到认可。经过启蒙运动的洗礼，大部分犹太知识分子都将犹太人得不到社会认可的原因简单地归结于宗教，认为欧洲存在已久的"犹太人问题"的本质与犹太教密切相关，如果想改变社会对犹太人的歧视，就应该设法去除犹太教中被认为是陈腐落后的、跟不上时代潮流的习俗与烦琐的礼仪传统。然而，对于如何来界定犹太教中哪些部分陈腐落后，如何改革才算是跟得上时代之潮流，甚至什么才算是"时代的潮流"并没有一个统一的标准，因此犹太教内部纷争四起、冲突不断。历

---

① Shlomo Avineri, *Moses Hess: Prophet of Communism and Zionism*, New York: New York University Press, 1985, p. 11.

史学家对犹太教改革运动的评价褒贬不一：一方面犹太教改革运动确实在解放思想、促进民族文化更新方面起到了重要作用；另一方面，这一运动也为犹太民族留下了惨痛的教训。改革运动的矫枉过正使得许多犹太民众选择背离本民族的传统与文化，彻底放弃犹太教信仰。一时间，改宗在欧洲犹太人中成为普遍现象，而犹太教中的民族因素更是在这迅速彻底的"现代化"潮流中遭到严重削弱。然而，改革并没有从根本上改变犹太人受主流社会歧视的命运。受犹太教改革运动影响的犹太知识分子在改头换面，怀抱满腔热情试图融入欧洲主流社会中时，却又因欧洲保守主义的再度兴起而不被接受。接二连三的挫折使一部分犹太知识分子开始重新反思犹太教改革运动的真正目标，思考犹太人解放之路到底在何方？

在经过长时间思考后，赫斯提出犹太人的解放出路在于重新唤醒自身的民族意识，这种民族意识应该包括三个层面：来自犹太家庭的传承，来自犹太教的古老传统，以及先进的政治诉求。这其中首先要实现的是为犹太人与犹太文化的存在建构合理性，重树文化自信心。为实现这个目标，赫斯尝试将他所热衷研究的法国大革命思想、德国古典哲学与犹太文化和犹太历史相联结，对犹太文化与历史进行重新解读。

二　重新解读犹太历史与文化

自 1835 年至 1837 年，赫斯写作并以"一个年轻的斯宾诺莎信徒"（Von einem Jünger Spinozas）之名出版了自己的第一部著作《人类圣史》（*Die hielige Geschichte der Menschheit*；*The Holy History of Mankind*）。在该书中，赫斯将自己对法国大革命思想的思考首次具化为在欧洲建立一个共产主义社会的设想。这是社会主义与共产主义思想在德国的首次现身。赫斯以人的自主性与神圣秩序的对应为标尺重新划分人类历史，并将黑格尔的"神圣精神"（Heiliger Geist；Holy Spirit）观念与当时他所敬仰的斯宾诺莎思想结合，提出世界历史的核心——神圣精神——已经由斯宾诺莎的思想被引入人类历史，最终将出现一个由神圣精神统治、奉行共产主义的新人类共同体。在实现这个人类共同体的过程中，无论是犹太教还是基督教都在为这个即将到来的时代铺平道路。因此，基督教并非超越于犹太教的存在，也不能以基督教的不断壮大来反证犹太教的过时与落后。有学者据此认为，赫斯写作《人类圣史》一书的用意在于"以社会主义观念来对基督教与犹太教进行调和"①。除此之外，对赫斯来说，新人类共同体的构建要通过人自身的努力创造来实现，因此基督教中等待救赎的思想观念并不适用于他对历史的重构。相反，犹太文化传统因其不仅超越性地直指上帝，而且注重家庭、人与人之间的关系而成为赫斯重构人类历史的精神之源。诚如科尔顿－弗洛姆指出的，赫斯如此强调犹太教在建构新共同体之中的作用，是"迫切想要将他的社会主义乌托邦思想同犹太历史与宗教紧密结合起来"②，以证明两者之间的可对应性。除此之外，赫斯还强调了犹太文化在以人为创造主体的人类历史发展中所能发挥的重要引导作用，这突出表现在犹太人为世界文明贡献了一神教，并将精神维度引入宗教意识，但犹太教对历史的贡献随着耶稣的诞生以及犹太人对耶稣的拒绝戛然而止。赫斯在此书中说："历史上有两个民族虽然其过去对人类历史贡献巨大，但却没有未来：一个是犹太人，今天有灵魂而无躯体；一个是中国人，今日有躯体而无灵魂。"③ 犹太人要想在现代世界有未来，只有作为个体而非一个群体，而作为个体他们就应当融入普世主义。这就是为什么赫斯特别推崇斯宾诺莎的原因，斯宾诺莎勇于抛弃犹太排他主义，是近代犹太人中第一个世界公民，这条路应当被其他现代犹太人仿效。

《人类圣史》一书出版后，并未激起波澜，原因首先在于赫斯当时还是籍籍无名的小人物，其次是因为《人类圣史》缺乏一般学术著作的严谨

---

① Shlomo Avineri, *Moses Hess：Prophet of Communism and Zionism*, New York：New York University Press, 1985, p. 22.

② Kenneth Koltun－Fromm, "A Narrative Reading of Moses Hess's Return to Judaism," *Modern Judaism*, Vol. 19, No. 1 (Feb., 1999), p. 45.

③ Moses Hess, *The Holy History of Mankind and Other Writings*, ed., Shlomo Avineri, Cambridge：Cambridge University Press, 2005, p. 94. 另参 Shlomo Avineri, "Moses Hess：Socialism and Nationalism as a Critique of Bourgeois Society," in idem, *The Making of Modern Zionism：The Intellectual Origins of the Jewish State*, New York：Basic Books, 1981, p. 39。

逻辑。不过，赫斯并没有气馁，而是继续着手写作他的第二本著作——《欧洲三头政治》（*Die Europäische Triarchie*；*The European Triarchy*），并于1841年出版。如果说从犹太文化视角来看，《人类圣史》侧重于为犹太人与犹太文化正名，那么《欧洲三头政治》则在分析欧洲资产阶级社会弊病的同时，强调了引入犹太文化在解决这一弊病中所能发挥的重要借鉴作用。

在赫斯生活的年代，欧洲最具进步精神与活力的三个国家分别是法国、德国和英国。赫斯认为人类解放应该发生在这三个国家中，因此他呼吁英法德三国联合起来率先在欧洲展开一场彻底的变革。他觉得作为欧洲思想支柱之一的德国哲学"已经将我们引向了完全的真理，现在我们所要做的，就是重新架设一座能够引导我们从天堂返回人间的桥梁"①。在赫斯看来，黑格尔哲学虽然进一步发展了斯宾诺莎提出的消除思维与存在之对立的实体一元论，但这种哲学的目标只在于以哲学解释历史，而非以哲学指导实践去创造未来，这无疑是黑格尔哲学的片面性所在。为此，赫斯主张一种"行动的哲学"，提出人应该成为社会变革的主体，使思维与存在在人的实践活动中合一，而犹太先知就被赫斯视为这种合一最早的范例。赫斯认为，先知的存在是人类发挥主观能动性与神圣精神在人类历史中的显示所进行的互动，因此每个时代都会产生与各自时代精神相匹配的"先知"——如同犹太先知传统一般，中世纪产生了与之匹配的神秘主义，哲学则是近现代的人类以理性对神圣精神进行诠释的结果——只是同犹太先知传统相较，神秘主义因缺乏对世俗与实践的注重而滑向了精英主义，哲学的抽象思辨也有着同样的缺陷。而一旦对神圣精神的阐释与理解无法落实到人类的具体实践活动中，这种阐释便注定是在架构一座"空中楼阁"。因此，唯有犹太先知称得上是将思维与存在在人的具体实践中统一起来的榜样，犹太文化的这一特点应为欧洲基督教社会文明所借鉴。如此，赫斯一方面更进一步为犹太传统进行了辩白，另一方面巧妙重申了在基督教欧洲社会中重新引入犹太精神的重要意义。

---

① Moses Hess, *Philosophische und sozialistische Schriften*, ed. by W. Mönke, 2nd edn. , Berlin – DDR/Vaduz, 1980, p. 48.

无论是在《人类圣史》还是在《欧洲三头政治》中，赫斯为犹太民族进行辩白的方式均是试图从思想史与文化史角度重新确立犹太文化的不可或缺性，然而，思想上的辩白并不能解决犹太人的实际生存问题。尽管赫斯亦曾寄希望于各国赋予犹太人以平等公民权以及与异族的通婚自由，但在经历了现实生活中的种种挫折之后，随着思想日趋成熟，他意识到要解决存在了上千年之久的"犹太人问题"不会如此简单。同时，赫斯也清醒地意识到同以往相比，19 世纪欧洲社会正在经历的种种剧烈变革使一直备受压迫的犹太民族获得了一个前所未有的机遇——民族主义的兴起与民族国家的建立。赫斯认为，犹太人若想在 19 世纪民族主义大潮中把握住机遇取得真正的解放，就必须进一步重建民族信心，团结起来再次以独立民族的身份走上历史舞台，只有犹太民族在众民族中取得了一席之地，作为个体的犹太人才能谈及真正的平等。这一观念的产生是促使赫斯在《罗马与耶路撒冷》（Rom und Jerusalem）中提出建立犹太民族国家诉求的根本原因。

三　对犹太民族未来的设想

1862 年出版的《罗马与耶路撒冷》延续了赫斯一贯天马行空的写作风格，但这丝毫未削弱此书的重要性。全书由赫斯写给一位半真实半虚构女性的 12 封书信及大量注释组成。透过这些书信与注释，赫斯探讨了犹太民族的问题。赫斯曾这样描述自己对民族重要性的理解："民族是一个人的个性，这种个性也是一个人的活力之源泉。"[1] 在对民族问题的思考中，赫斯吸收了德国哲学家约翰·戈特弗里德·冯·赫尔德（Johann Gottfried von Herder，1744－1803）的文化民族主义思想。赫尔德认为，对归属感和认同感的寻求是人的本质需求，人只有在自小长大的文化传统中才能最好地获得这两种感觉，因此民族文化是民族存在的标志，而民族认同则是民族国家构建的中心内容。赫斯将赫尔德的思想应用于犹太民族意

---

[1]　*Kölnische Zeitung*，14 October 1843，in Moses Hess，*Philosophische und sozialistische Schriften*，p. 251.

识的重建，提出犹太人的民族意识早已蕴含于犹太历史、文化，尤其是犹太人强烈家庭感之中，因此犹太民族意识会自然而然地从犹太人与家庭、家族的关系中萌发出来。并且因为"犹太人从来不会对个人与家庭、家庭与国家、国家与人类、人类与宇宙中的其他造物以及那位至高的造物主进行区分"①，所以，犹太民族较之其他民族来说更早地获得了成熟的民族意识与整体意识。与此同时，赫斯对赫尔德思想的吸收与应用也使他敏锐地观察到已经在德国浪漫主义运动中出现的反犹主义思想的萌芽。

除赫尔德外，赫斯对犹太民族性的坚持还受到了德国犹太历史学家海因里希·格拉茨（Heinrich Graetz, 1817 - 1891）的影响。格拉茨在其著作中坚称，犹太人绝非简单的宗教群体，而是具有民族性的存在；犹太教就是犹太民族精神的外化，在漫长的历史长河中发挥着保存犹太民族精神内核的作用。赫斯在格拉茨的基础上更坚定地指出，犹太人是因血统而归属于犹太教，即便信仰变化也无法改变这一事实。这就意味着作为宗教的犹太教或许是容易丢弃的，但作为民族文化，民族精神的犹太教则因刻印于犹太人的灵魂之中而无法摆脱。

赫斯的上述观点首先可以被视为维护犹太教独特性的声明。19世纪的理性思想与世俗主义对宗教的存在造成了极大冲击，基督教在这种冲击下逐渐丧失影响力，甚至连自身存在的合理性都不断被质疑与否定。然而对犹太教来说，这一冲击并没有击中其要害。理性思想与世俗主义也许能摧毁作为一种宗教的犹太教，但无法摧毁作为民族精神与文化的犹太教。除此之外，赫斯的观点又是一个可怕的预言。1862年时的赫斯已经意识到德国不完整的民族主义与种族主义相结合可能产生的危险后果。他曾明确指出："德国人憎恨犹太人的鼻子甚于憎恨他们的信仰……犹太人也不能通过改宗或接受洗礼来使他们黑色卷曲的头发变成柔顺的金发。"并且，"如果德国爱国主义者继续制造所谓'德意志之剑'的幻象，那么他们也会更加妖魔化犹太人，最终

① Moses Hess, *Rome and Jerusalem: A Study in Jewish Nationalism*, trans. by Meyer Waxman, New York: Bloch Publishing Company, 1918, p. 48.

他们会将整个德国拖入一场灾难之中"①。忧心忡忡的赫斯劝诫犹太人在这种危险形势下不应再将自由的希望全部寄托于外界的包容与帮助，而是应该尽早依靠自己的力量，以犹太民族的身份在故土巴勒斯坦重建一个犹太人的国家。赫斯认为巴勒斯坦是犹太民族的根源所在，留存着犹太人共同的民族记忆，犹太人在巴勒斯坦建国更易于增强民族认同感与爱国情怀。

除了保存犹太民族的必然需求外，赫斯认为建立一个犹太国家对犹太人来说还有另外两层重要意义。首先，近代以来犹太人受排挤的一个主要表现便是，犹太人始终被排除在社会生产活动过程之外，这种排挤反过来给了反犹主义者仇视犹太人的新借口，他们指责不从事生产活动的犹太人是社会"寄生虫"，而犹太人也无法通过参与社会生产活动实现自身作为社会人的价值，更无法真正融入所寄居的民族之中。赫斯认为这种情况只有在犹太人自己的国家中才能得到扭转，只有在属于自己的国家中犹太人才能真正参与并掌控社会生产活动，实现自我存在的价值与意义。其次，犹太国家的存在能够为全体犹太人提供有力的政治保障。在提出建立犹太国家的设想时，赫斯清醒地认识到并非所有犹太人都会回归犹太国家，西欧犹太人享受着良好生活条件，他们就不会舍弃安全舒适的生活而迁移到一块前途未卜的土地上去，只有那些来自东欧及地中海东部迫于生计、别无选择的犹太人才是建立犹太国家的主要力量。但是，对于那些不愿意移民到犹太国家的犹太人来说，犹太国家的建立仍可有力保障他们的权益。通过观察历史与现实，赫斯认识到居住在异国的少数族群只有背倚自己的国家，才能在自身权益受到损害时得到来自国家的保护与支持，也只有如此，犹太人作为所寄居国中的少数族群才能得到寄居国主体族群的尊重。

赫斯重建犹太民族意识、建立犹太国家观点的提出，无疑是犹太复国主义思想在历史中的先声，但是这一思想也因其超前性而没有在欧洲犹太人中掀起轩然大波。当时大部分欧洲犹太人，尤其是具有变革力量的犹太

---

① Moses Hess, *Rome and Jerusalem: A Study in Jewish Nationalism*, trans. by Meyer Waxman, New York: Bloch Publishing Company, 1918, pp. 58 – 59.

知识分子与富有阶层仍以同化于基督教主流社会为奋斗目标，他们仍然认为同化是解决犹太人问题的唯一有效途径。赫斯的呼吁在这种情况下显然不合时宜，为此他被迫卷入与同胞的论战，但他从未改变过自己的想法。可惜的是，赫斯在《罗马与耶路撒冷》中提出的种种设想并没有为犹太社团所重视，这本书也很快被人遗忘。在赫斯逝世多年后，犹太复国主义之父西奥多·赫茨尔写出了被誉为犹太复国主义奠基性著作的《犹太国》。①在写作《犹太国》之前，赫茨尔从未读过《罗马与耶路撒冷》，而在读过此书后，赫茨尔曾感慨，如果能早点读到这本书，他将永不会写出《犹太国》，因为他想要表达的所有观点都已经在《罗马与耶路撒冷》中表述殆尽了。

结　语

《罗马与耶路撒冷》是赫斯对本民族问题研究的顶峰但非终结，赫斯直到去世前一直在发表有关犹太人问题的文章，这些文章大多是对《罗马与耶路撒冷》主题的延伸与扩展。在完成《罗马与耶路撒冷》后，赫斯继续积极参加社会主义运动，直至因病魔缠身而于1875年4月6日逝世于巴黎。在赫斯的葬礼上，法国民主运动组织、德国社会民主运动与工人组织都派出了代表悼念赫斯，而赫斯为之思虑一生的犹太同胞只在犹太刊物的一角对赫斯的逝世做了简短的报道。不过，赫斯思想的价值并没有就此被埋没。在犹太复国主义运动如火如荼地展开后，赫斯的思想被重新发掘出来，其犹太复国主义思想先驱的身份也被认定。《罗马与耶路撒冷》更是被翻译成多种语言，激励着世界各地的犹太复国主义者们，赫斯以犹太民族自觉为立足点所提出的建国理想只待这些后人来予以实现。

摩西·赫斯的一生首先是理想主义者的一生，他所坚持追求的社会主义理想与建立犹太国的设想在他生前都未能实现。赫斯的一生又是得偿所愿的一生，由他引入德国的社会主义与共产主义思想已经被吸收进马克思

---

① 西奥多·赫茨尔：《犹太国》，肖宪译，商务印书馆，1993。

的思想体系之中，以另一种方式继续对人类社会发挥着影响力。[①] 而他所
提出的犹太民族自觉与建国思想也成了犹太复国主义运动的思想源泉之
一，并在他离世将近一个世纪后终成现实。作为一名思想家，同马克思及
其他犹太思想巨擘在人类社会发展进程中所发挥的影响力相比，摩西·赫
斯的光芒或许是微弱的，但对犹太民族来说，赫斯思想的光芒却恒久耀
目。以色列建国后，在犹太工总（Histadrut）的倡议下，1961 年，赫斯的
遗体被从科隆附近迁到以色列加利利湖边一个基布兹公墓，在他的墓碑上
镌刻着这样的墓志铭：

摩西·赫斯

《罗马与耶路撒冷》作者

国际社会主义创始人和以色列国先驱

短短几句话精练地总结了赫斯卓有贡献的一生，而赫斯也终得魂归梦
中的故里。

以色列加利利湖附近的摩西·赫斯之墓

---

① 国内马克思主义学界对赫斯思想的研究，参见莫泽斯·赫斯《赫斯精粹》，邓习议编译、
方向红校译，南京大学出版社，2010；张一兵主编《社会批判理论纪事》第 4 辑，江苏
人民出版社，2010，第 1～144 页。

分歧与合流：犹太复国主义道路之争[*]

贾延宾^{**}

犹太复国主义运动对近现代犹太历史和中东国际关系发展进程影响巨大而深远，其长达几十年的发展历程中先后出现了许多不同的思想流派，政治犹太复国主义和文化犹太复国主义是其中两个主要派别。其思想观点既相互区别而又紧密联系，共同推动了犹太复国主义运动的发展和以色列的诞生。对于两种犹太复国主义思想的研究，学界已经取得了丰富的成果，① 但更侧重于各自思想观点的梳理及与犹太复国主义运动发展的关系，而对这两种犹太复国主义思想的差异及联系似可进一步加强。本文拟对两种犹太复国主义思想作一深入的比较，重点分析其分歧和互补之处，以及两种思想的融合对犹太复国主义运动发展的影响。

一　犹太复国主义道路分歧的产生

犹太复国主义运动的兴起与 19 世纪下半叶欧洲反犹主义的重新兴起密

---

* 本文在我的博士学位论文部分内容的基础上修改而成，博士学位论文写作期间得到了我的导师徐新教授的悉心指导。从论文构思和框架结构，到资料运用与语言表达等诸方面，徐老师都给予了细致耐心的指导和修改，并帮我拓宽思路。特此致谢。

** 贾延宾，河南师范大学历史文化学院副教授。

① 有代表性的著作：沃尔特·拉克：《犹太复国主义史》，徐芳、阎瑞松译，上海三联书店，1992；Arthur Hertzberg, ed. , *The Zionist Idea: A Historical Analysis and Reader*, Philadelphia: Jewish Publication Society, 1997; Shlomo Avineri, *The Making of Modern Zionism: The Intellectual Origins of the Jewish State*, New York: Basic Books, 1981。

切相关。随着 18～19 世纪欧洲启蒙运动和犹太人解放运动的兴起，大多数欧洲犹太人相信通过走同化之路、融入欧洲主流社会就能消除反犹歧视和迫害。犹太启蒙运动也在这一时期兴起，使许多犹太人走出隔都，主动融入欧洲主流社会，甚至导致不少犹太人背离了犹太教和犹太文化。但欧洲反犹主义却始终没有消亡，并以种族反犹的新形式重新兴起，反犹迫害的不断发生使犹太民族的生存遇到了危机。1881 年俄国发生了排犹大屠杀，1894 年号称当时欧洲最自由、最民主的法国发生了臭名昭著的"德雷福斯反犹事件"。犹太人中的一些有识之士开始认识到同化解决不了"犹太问题"，犹太人需要建立自己的国家和民族家园，犹太复国主义思想开始萌生。在其形成过程中，犹太复国主义思想出现了观点迥异的不同流派，主要有西奥多·赫茨尔（Theodor Herzl）领导的政治犹太复国主义，阿哈德·哈阿姆（Ahad Ha-am）为代表的文化犹太复国主义，以及宗教犹太复国主义、劳工犹太复国主义等。政治犹太复国主义和文化犹太复国主义是犹太复国主义运动中的两种主要思想，二者的分歧几乎贯穿犹太复国主义运动的始终。

政治犹太复国主义思想是伴随着 19 世纪晚期反犹迫害不断发生的背景而诞生的，并成为当时犹太复国主义运动的主流思想。其代表人西奥多·赫茨尔认为，反犹主义导致了犹太民族的生存危机，倡导通过争取大国支持和大规模移民实现复国目标，尽快为犹太人找到一块避难之地。

因看到许多犹太人为融入主流社会而放弃本民族宗教和文化，同时对政治犹太复国主义思想忽视犹太文化和精神的观点和政策不满，阿哈德·哈阿姆在 1897 年第一次犹太复国主义者大会后开始形成文化犹太复国主义思想。其主要思想观点为：反犹主义不是犹太复国主义兴起的根本原因，而是犹太人的同化和对犹太文化及犹太教的背离；未来复兴的国家必须是以犹太文化和犹太精神为支撑的真正犹太国，而不仅仅是犹太人的避难地；复兴希伯来语作为民族语言，主张通过长期扎实有效的移民和教育工作，灌输犹太文化和培育民族精神来完成复国主义目标。

这两种思想的主要分歧集中于：是否认同反犹主义为犹太复国主义运动兴起的原因，是否把犹太文化和犹太精神作为犹太复国主义事业的核心，巴勒斯坦是否为唯一的复国之地，以及应当通过什么手段实现复国目标。

1897 年 8 月 27 日，西奥多·赫茨尔在瑞士巴塞尔主持召开了第一届犹太复国主义者代表大会，阿哈德·哈阿姆也参加了这次会议。赫茨尔在会上做了报告，主要内容是欧洲反犹主义的现状及建立犹太人家园的紧迫性。他谈到争取大国支持对犹太复国主义运动的重要性，认为如果没有奥斯曼帝国的允许，犹太人向巴勒斯坦的移民计划会最终失败。[①] 会议安排的另几场报告也主要是关于各地的反犹主义现状和犹太人在各国的处境。

阿哈德·哈阿姆对这次复国主义大会十分失望。他认为赫茨尔等政治犹太复国主义领导人对犹太人真正的病因并不了解，疏远了犹太人的精神理想，犹太人也不需要赫茨尔设想的那种复国主义目标和实现方式，他觉得这次大会什么任务也没有完成。他独自坐在会议代表中间，好像婚宴宾客中的一个悲伤者。在他看来，大部分代表关注的是犹太人在各国的生存条件和状况，而他的目光却盯在犹太教的危机上。他认为犹太人必须从内心的奴役状态，以及因同化而导致的精神堕落中解放出来，加强犹太民族内部的团结。[②] 会后他以罕见的暴怒写道："我们破坏的远比建树的多，谁知道这是不是一个垂死民族最后的喘息呢！"[③] 也正是在第一次世界犹太复国主义者代表大会之后，随着对西奥多·赫茨尔政治犹太复国主义思想的不满和较大分歧，阿哈德·哈阿姆逐渐形成了自己系统的文化犹太复国主义思想理论。

二 两条道路的分歧

作为犹太复国主义运动的两种主要思想，阿哈德·哈阿姆倡导的文化

---

① Theodor Herzl, "First Congress Address," in Hertzberg, *op. cit.*, pp. 226 – 230.

② Ahad Ha-am, "The First Zionist Congress," in Paul R. Mendes – Flohr and Jehuda Reinharz, eds., *The Jew in The Modern World: A Documentary History*, New York: Oxford University Press, 1980, p. 430.

③ David Vital, *Zionism: The Formative Years*, Oxford: Oxford University Press, 1982, p. 24.

犹太复国主义思想与西奥多·赫茨尔为代表的政治犹太复国主义思想有着较大差异和分歧，具体表现在犹太复国主义运动兴起的原因、实现方式、建国地点的选择以及对民族文化和精神之作用的认识等方面。

1. 复国动因上的差异

随着19世纪犹太人的解放和走出隔都，以及他们对所在国社会经济生活的参与，一些犹太人开始成为中产阶级，并不可避免地在经济领域与客居国的中产阶级竞争。中世纪恶毒的反犹谎言——如血祭诽谤、犹太人往水井投毒等谣言——重新兴起。到19世纪下半叶，种族反犹理论在德国等地兴起，反犹迫害事件愈演愈烈，俄国、法国等国发生了排犹、屠犹事件。现实环境非常清楚，犹太人要么成为与对他们不公正的社会势不两立的敌人，要么为自己寻找避难地。[①] 面对无处不在的反犹主义迫害，赫茨尔提出犹太人的出路问题。他认为反犹主义正在逐日逐时地发酵，因其产生的根源仍然存在，而且是根深蒂固的。历史经验表明，同化也不是万灵药，剩下来就只有这个新的，显然是简单易行的解决办法：创建一个犹太国，把地球上一块土地的主权给予犹太人，以满足他们的需要。[②]

虽然阿哈德·哈阿姆也承认，犹太人正在欧洲及其他地区受到反犹主义的严重威胁，确实是犹太人必须面对的一个重要问题。但与西奥多·赫茨尔把反犹主义和"犹太人问题"放在首位，犹太复国主义运动应该将犹太人即刻从流散的恶劣环境中拯救出来的观点不同，阿哈德·哈阿姆坚持认为反犹主义只是犹太复国主义运动兴起的表面原因，而犹太教和犹太文化遭遇的危机才是真正的原因。在他看来，西欧犹太人因为启蒙和解放而放弃了祖辈的传统，走上了同化之路，沦落成"披着自由外衣的精神奴隶"，而这是一种比政治奴役更可怕的精神奴役。所以，"犹太教问题"才

---

① Avineri, *op. cit.*, p. 94. 关于这一时期欧洲的反犹情况，参看 Jacob Katz, *From Prejudice to Destruction: Anti - Semitism, 1700 - 1933*, Cambridge, Mass.: Harvard University Press, 1982；克劳斯·费舍尔：《德国反犹史》，钱坤译，江苏人民出版社，2007；第55～138页；迈克尔·伯恩斯：《法国与德雷福斯事件》，郑约宜译，江苏教育出版社，2006。

② 沃尔特·拉克：《犹太复国主义史》，第114页。

是当时犹太人面临的最大问题。

对于犹太人遭受的这种精神奴役状况，阿哈德·哈阿姆在致朋友的信中曾经谈到："如果有人问我是否羡慕那些获得解放的同胞？我可以真实地回答说'不'，问我 1000 遍同样的问题，我会 1000 次回答'不'，他们获得的权利不值得他们付出那样的代价。"① 那些同化的犹太人在精神上并不自由，他们必须处处考虑非犹太邻居的反应，总是希望尽力留下好的印象。而且，许多同化的西方犹太人并没有获得真正的权利。以欧洲最早获得解放和公民权的法国犹太人为例，阿哈德·哈阿姆认为解放后几十年内，法国犹太人只是获得了纸面上的权利，而没有获得实际上的真正权利。② 那些脱离犹太教与犹太文化的犹太人既没有被主流社会承认，又承受着背离本民族宗教和文化的痛苦，这正是当前犹太民族面对的首要问题。犹太人内部的危机——道德风气、统一性和独特性的衰落是对犹太人的最大威胁，改变这种状况的唯一途径是按照现代方式繁荣犹太人的文化创造。③

阿哈德·哈阿姆坚决反对那种在忽视犹太文化和犹太精神前提下重建国家的做法，认为那将只是为受迫害的犹太人提供一个避难地。如果像赫茨尔设想的那样，犹太国仅仅是由于反犹主义和犹太民族的敌人的迫害而形成的，那么它充其量也只能是一个犹太人的国家，而不是一个真正的犹太国。因为它的公民并不具有犹太人真正的民族意识，也没有共同的文化传统；它的领袖只会用外族文化的标准来治理它，并把外族文化植入犹太国，这样，"犹太国最终是一个由犹太种族的德国人或法国人组成的国家"④。

① "Ahad Ha-am to J. Eisenstadt (Jaffa). Tiflis, May 24th, 1903," in Leon Simon, ed., *Ahad Ha-am: Essays, Letters, Memoirs*, Oxford: Phaidon Press, 1946, p. 281.

② Ahad ha-am, "Slavery in Freedom," in Leon Simon, ed., *Selected Essays by Ahad Ha'am*, Philadelphia: Jewish Publication Society of America, 1912, p. 175.

③ 罗伯特·M. 塞尔茨：《犹太的思想》，赵立行、冯玮译，上海三联书店，1994，第 687~688 页。

④ Ahad Ha-am, "The Jewish State and the Jewish Problem," in Hertzberg, *op. cit.*, p. 268.

2. 犹太文化和精神之于复国作用上的区别

对于未来复兴的犹太国的性质以及犹太文化与犹太精神在未来犹太国中的地位问题，文化犹太复国主义思想认为，犹太复国主义最重要的目标是实现犹太文化和犹太精神的复兴，未来犹太国的复兴必须建立在以犹太文化和精神为核心的基础上；而政治犹太复国主义思想则认为，犹太复国主义运动的当务之急是为犹太人寻找一处避难之地，建立一个可以躲避反犹主义迫害的、可以自由生活的国家，因而更关注犹太人迫切的物质生计问题。

赫茨尔对复兴犹太人的民族语言希伯来语不热衷，这方面他说过一句名言："在我们这些人里谁能使用希伯来语买一张火车票呢。"① 针对赫茨尔设想的犹太国及其政治犹太复国主义思想，阿哈德·哈阿姆给予了尖锐批评。他认为赫茨尔忽视了犹太文化和犹太精神的内容，赫茨尔设想的这个新国家里看不出犹太人的特性，只能是一个说着德语、法语、英语等其他语言的犹太人国家。那里的居民不懂希伯来语，不熟悉犹太文化，只不过是另一个现代的世俗国家。如果有一天非洲黑人要建立自己的国家，其性质与赫茨尔想象中的国家可能十分相似。② 应当指出，阿哈德·哈阿姆并非没有注意到许多流散地犹太人困苦的物质生活，他只是把精神和文化看得比物质和生计更重。他认为犹太人在故土的重新定居不能仅仅关注面包和黄油，犹太人在以往的流散生活中处处受压迫，但他们从来没有放弃过精神追求，犹太人如今仍需要那样做。③

另外，对于政治犹太复国主义者勾画的在短时期内建成一个现代工业文明的犹太国，并吸引世界各地大批犹太人移民的宏大计划，阿哈德·哈阿姆认为这是一个弥赛亚式空想，只会引发犹太人不切实际的幻想。这个犹太国不过是一个缩微版的欧洲，犹太人在这样的国家中只会进一步同

---

① 沃尔特·拉克：《犹太复国主义史》，第119页。

② 同上书，第165页。

③ "Ahad ha-am to Dr. D. Neumark（Rakonitz）. Odessa, April 14th, 1901," in Simon, ed., *Ahad Ha-am*, p. 280.

化，政治犹太复国主义能实现的只是由于反犹主义影响而没有完成的犹太人的同化。至于政治犹太复国主义关于应立即组织向巴勒斯坦大规模移民的主张，阿哈德·哈阿姆也坚决反对。他主张通过教育工作，使犹太人的移居成为自觉的、目的明确的活动。① 阿哈德·哈阿姆认为犹太人对圣地的热爱最为关键，移民的数量不如质量重要，1 个人出于热爱而自发来圣地定居比 10 个人来圣地避难更有意义。犹太复国主义事业不是聚集人口，而是首先要凝聚犹太人的民族精神。② 犹太复国主义的目标是要给流散地的犹太人提供一个保持民族性、复兴希伯来文化的载体，以帮助流散地的犹太人保持犹太民族意识。阿哈德·哈阿姆清醒地认识到，犹太人不会全部移民巴勒斯坦，大多数人仍将继续生活在流散地，巴勒斯坦的资源也不可能容纳所有犹太人定居和生活。③ 所以犹太复国主义运动重要的任务，是要培育犹太文化和犹太精神，为犹太国建立做好前期准备工作。

赫茨尔等政治犹太复国主义者认为只要获得土地和必要的权利，犹太民族国家可以在任何地方建立。在阿哈德·哈阿姆看来，赫茨尔的政治犹太复国主义希望迅速实现建国目标，但又只希望付出很小的努力和预备工作，不啻是好大喜功的冒险性飞跃。赫茨尔等人可能是合适的犹太人，甚至是合适的犹太民族主义者，但他们不是合适的犹太复国主义者。④ 在赫茨尔看来，阿哈德·哈阿姆的复国主义思想与犹太复国主义运动的发展不相容；同样，阿哈德·哈阿姆也不认同赫茨尔的观点，他坚持犹太复国主义事业必须以复兴犹太文化和犹太精神为核心。

3. 实现方式上的分歧

在如何实现犹太复国主义目标上，赫茨尔认为必须依靠大国和犹太富人的支持，主张通过外交努力和政治斡旋。阿哈德·哈阿姆则反对政治犹太复国主义只重视争取大国外交支持，而忽视采取扎实有效的移民和定居

① 徐新、凌继尧主编《犹太百科全书》，上海人民出版社，1993，第 429 页。

② David Vital, *The Origins of Zionism*, Oxford: Oxford University Press, 1975, p. 197.

③ "Ahad Ha-am to M. M. Ussishkin (Ekaterinoslav). Odessa, March 1st, 1899," in Simon, ed., *Ahad Ha-am*, p. 279.

④ Vital, *Zionism: The Formative Years*, p. 358.

计划等实际行动，也反对他一味寻求欧美犹太富翁财政资助的政策，主张应当主要依靠犹太人自身的力量，通过稳步有序的移民和定居计划、发展犹太文化教育来逐步实现犹太复国主义运动的目标。①

赫茨尔始终认为，犹太人复国目标的实现必须依靠大国的外交支持，否则根本无法取得成功。当时巴勒斯坦属于奥斯曼帝国的领地，他认为犹太人移民巴勒斯坦必须得到奥斯曼的特许证。自19世纪中期以来，奥斯曼帝国的财政一直处于极为困难的状况。赫茨尔认为，犹太人且只有犹太人能够帮助奥斯曼摆脱财政危机，奥斯曼帝国"比以往任何时期都需要经济援助，并且它只能从犹太人这里得到援助。从苏丹那里得到一个省，为那些在其他地方不能生存的犹太人建立一个法律保障下的家园是没有问题的"②。从1896年到1902年，赫茨尔数次与奥斯曼帝国谈判，争取支持，并试图争取德国和俄国政府对奥斯曼帝国施加压力，支持犹太复国主义事业。但是，奥斯曼帝国要价太高，而德俄两国更关心它们在中东地区的利益，种种努力最后都失败了。赫茨尔后来回忆他与苏丹谈判的情景时说："与土耳其人的谈判是这样一回事。如果你要从他们那里买一块地毯，你得先喝6杯咖啡，吸100支香烟；然后你才能谈谈家常事，偶尔再谈谈关于地毯的事。现在的情况是，我有时间谈判，但我的人民没有，他们正在犹太区里忍饥挨饿，我必须帮助他们。"③

赫茨尔争取奥斯曼帝国支持的外交努力失败之后，他开始把外交活动的重心转向英国。英国先是向赫茨尔抛出了在埃及阿里什谷地建立犹太人定居区的"阿里什－西奈方案"，随后又提出了在东非乌干达建立定居地的"乌干达计划"。由于脱离了巴勒斯坦本土，这些方案遭到文化犹太复国主义者及东欧犹太复国主义者代表的强烈反对和抵制，并最终被抛弃。至此，赫茨尔争取大国对犹太复国主义运动支持的外交努力基本宣告失

---

① Jehuda Reinharz, "Ahad Ha-Am: In the Eye of the Storm," *Jewish History*, Vol. 4, No. 2, Fall (1990), pp. 51 –52.

② Vital, *The Origins of Zionism*, p. 366.

③ Marvin Lowenthal, *The Diaries of Theodor Herzl*, New York: Dial Press, 1956, p. 374.

败。除了争取大国的支持之外，赫茨尔还积极争取犹太富人对犹太复国主义事业的支持。他曾经试图争取当时欧洲犹太富翁和慈善家罗斯柴尔德（Rothschild）家族和希尔施（Hirsch）男爵的支持，但都没有取得成功。其他的犹太富人要么没有热情，要么口头答应给予资助而没有兑现。

与政治犹太复国主义恰恰相反，阿哈德·哈阿姆反对单纯依靠外交努力实现犹太复国主义运动的目标。他认为，犹太复国主义运动只重视大国支持，而忽视有效的移民和定居等实际行动是不现实的，如果没有10万犹太人移居和生活在巴勒斯坦这一基础，政治犹太复国主义者采取的所有外交努力都没有意义。只有通过扎实有序的工作使巴勒斯坦成为一个样板区，吸引全世界犹太人的目光，才能吸引更多犹太人移民和定居巴勒斯坦。[①] 对于政治犹太复国主义争取奥斯曼帝国外交支持的努力，阿哈德·哈阿姆认为不会取得任何结果，因为奥斯曼帝国会把犹太复国主义视为掠夺其利益的欧洲势力的帮凶。而英国提出的"乌干达计划"则更是一种完全忽视犹太文化、忽略犹太人与故土感情联系的短视行为，只会对犹太复国主义事业发展造成不利影响。[②]

对于赫茨尔倡导的争取犹太富人对犹太复国主义事业资助的政策，阿哈德·哈阿姆同样不赞同，他认为依靠富人支持的犹太复国主义运动不会取得真正的成功。1891年和1893年，阿哈德·哈阿姆两次访问巴勒斯坦，看到一些完全依靠欧洲犹太富翁资助，不愿自食其力的犹太定居点混乱和失败的景象，他批评了罗斯柴尔德家族在巴勒斯坦的资助政策，认为犹太富人的资助只会助长犹太定居者的惰性和依赖心理，从而失去了自身的能动性，犹太人只有通过自身的辛勤劳动和努力才能取得犹太复国主义事业的真正成功。[③]

---

① "Ahad Ha-am to M. M. Ussishkin（Ekaterinoslav）. Odessa, June 3rd, 1897," in Simon, ed., *Ahad Ha-am*, p. 273.

② Benjamin Jaffe, *A Herzl Reader: Background Material for Discussions on Theodor Herzl*, Jerusalem: Jerusalem Post Press, 1960, p. 136.

③ Alan Dowty, "Much Ado about Little: Ahad Ha'am's 'Truth from Eretz Israel: Zionism and the Arabs'," *Israel Studies*, Vol. 5, No. 2, Fall（2000）, p. 156.

4. 复国地的差异

在复国地点的选择上，政治犹太复国主义主张为了实现复国的目标可以接受除巴勒斯坦以外的其他地方。面对欧洲各地不断重新抬头的反犹主义思潮和迫害事件，西奥多·赫茨尔认为当务之急是尽快为犹太人找到一块避难之地，哪怕这块土地不是巴勒斯坦。在 1896 年出版的《犹太国》一书中，赫茨尔就设想了另外一个可能的建国地——阿根廷。阿根廷是世界上最富庶的国家之一，地域广阔，人口稀少，气候温和，阿根廷共和国将从割让其领土的一部分给犹太人当中获得很大好处。[1] 赫茨尔后来在争取大国对犹太复国主义运动支持的外交努力过程中，在争取巴勒斯坦作为建国地无望的情况下，相继提出了"阿里什方案"和"乌干达计划"等。尤其是"乌干达计划"，由于远离犹太人故土巴勒斯坦而引起了极大争议，遭到了文化犹太复国主义者的强烈批评和抵制。[2]

对于赫茨尔提出的"乌干达计划"和在其他地区建国的方案，阿哈德·哈阿姆认为都是畸形的计划，他表示了强烈的反对和不满。他在给朋友的信中说："我们从来没有指望巴勒斯坦成为拯救犹太人物质生活困境的地方，我们在巴勒斯坦寻找和得到的是其他地方所没有的东西，我们没有任何理由去其他地方建国。"[3] 他发表文章坚决反对赫茨尔的"乌干达计划"，并批评"犹太信托基金"脱离犹太复国主义委员会的控制，更多地资助犹太移民到阿根廷垦殖。[4] 在阿哈德·哈阿姆和东欧犹太复国主义者的联合反对和抵制下，赫茨尔的"乌干达计划"终告失败，没有得到大多数犹太人的支持。

作为文化犹太复国主义思想的代表和领导人，阿哈德·哈阿姆始终认为巴勒斯坦是犹太人复国之地的唯一选择，是复兴犹太文化和犹太精神的

---

[1] 西奥多·赫茨尔：《犹太国》，肖宪译，商务印书馆，1993，第 38 页。

[2] 参看沃尔特·拉克《犹太复国主义史》，第 159～163 页。

[3] "Ahad ha-am to A. L. (Beatenberg). Warsaw, August 31st, 1903," in Simon, ed., *Ahad Ha-am*, p. 286.

[4] Jacques Kornberg, "Ahad ha-am and Herzl," in Jacques Kornberg, ed., *At the Crossroad: Essays on Ahad Ha-Am*, Albany, NY: State University of New York, 1983, p. 109.

载体。他认为犹太人与故土巴勒斯坦的联系可以唤醒他们内心的自我认同，同时激励他们为实现建国目标和在故土自由生活而奋斗，这也是许多犹太人对巴勒斯坦以外的其他地区，甚至是美国不感兴趣的原因。[1] 随着民族主义在欧洲的兴起，犹太文化在流散地的复兴已经不再可能。在他看来，必须在巴勒斯坦建立犹太国，这里将成为世界犹太人的精神中心，并向流散地的犹太人辐射犹太文化之光；如若不然，那些没有去过巴勒斯坦的犹太人迟早会丧失他们的犹太认同。[2]

阿哈德·哈阿姆把巴勒斯坦与犹太人流散地之间的关系比喻为车轮，巴勒斯坦永远是轮子的轴，流散地是外部的辐。[3] 他曾经说过："一个位于巴勒斯坦的、紧密团结具有创造力的、摆脱了占统治地位的非犹太多数民族压迫的犹太社会，将给予各地的犹太人以精神影响，将把它的精神光芒射向辽阔的周围地区和所有流散地的犹太社群，鼓舞他们建设新生活，同时保持我们民族的完全统一。"[4] 对阿哈德·哈阿姆来说，巴勒斯坦在犹太民族心中的神圣地位决定了它是犹太人复国地的唯一选择，犹太文化和犹太精神只有在这里才能自由地生存和发展，才能成为影响世界其他地区犹太人的民族精神中心。

三　两条道路的合流

尽管政治犹太复国主义思想与文化犹太复国主义思想在许多观点上存在较大分歧，但两者也有许多相同之处。如都反对盲目和无计划的移民定居计划，赫茨尔认为应首先争取大国对犹太移民计划的特许和支持，未经准许和无序的移民计划只会导致最终的失败。阿哈德·哈阿姆也认为，无计划的移民定居计划是"本末倒置"，犹太人的移民和定居必须是渐进和

---

[1]　Vital, *Zionism: The Formative Years*, p. 358.

[2]　Avineri, *op. cit.*, p. 117.

[3]　Alfred Gottschalk, "Ahad Ha-Am, Confronting the Plight of Judaism," *Journal of Reform Judaism*, Vol. 34, No. 3 (1987), p. 70.

[4]　罗伯特·M. 塞尔茨:《犹太的思想》，第 680 页。

有组织的。①

　　另外，不管是为犹太人寻找一块躲避反犹主义迫害的避难地，还是认为未来复兴的犹太国必须以犹太文化和犹太精神为核心，两种思想都认为犹太人应该重建自己的国家。阿哈德·哈阿姆并不反对在巴勒斯坦创建一个犹太人政治实体，或者是一个犹太人占绝大多数的政治实体，他在巴勒斯坦建立精神中心的设想也并不排斥物质性的内容。相反，他认为农业劳动等其他物质性东西也是精神中心得以建立的组成因素。阿哈德·哈阿姆曾经对朋友说："如果你让我阐明我在巴勒斯坦复兴上的观点，我认为在我们的精神中心应该有一百万或二百万人，除了学习《圣经》之外，还要从事农业和工业劳动。"②

　　还有一点需要指出：阿哈德·哈阿姆并不是完全反对争取大国支持，他只是反对政治犹太复国主义一味主张通过外交手段，完全依靠大国支持而忽视犹太民族自身的实际行动。第一次世界大战爆发后，当他意识到争取英国支持、让英国介入中东地区对犹太复国主义事业发展将非常有利时，阿哈德·哈阿姆积极协助当时犹太复国主义运动领导人查伊姆·魏兹曼与英国进行外交谈判，共同促成了支持犹太人在巴勒斯坦建立民族家园、对犹太复国主义事业发展影响深远的《贝尔福宣言》的发表。③犹太复国主义事业第一次得到了世界大国的承认和支持，鼓舞了犹太人向巴勒斯坦移民定居和参与犹太民族家园的创建活动，为犹太复国主义运动的最终胜利奠定了坚实基础。

　　在当时的历史环境条件下，很难说文化犹太复国主义和政治犹太复国主义思想孰对孰错，两者皆有其合理之处。欧洲反犹浪潮高涨，赫茨尔主张在大国支持下尽快为犹太人找到一块避难地，建立一个犹太人可以自由

---

① "Ahad Ha-am to J. Eisenstadt (Jaffa). London, April 21st, 1914," in Simon, ed., *Ahad Ha-am*, p. 292.

② "Ahad Ha-am to J. Eisenstadt (Jaffa). London, April 21st, 1914," in Simon, ed., *Ahad Ha-am*, p. 291.

③ Chaim Weizmann, *The Letters and Papers of Chaim Weizmann*, Vol. 7, London: Oxford University Press, 1968, pp. 476–477.

生活的国家有着重要的现实意义。对于阿哈德·哈阿姆关于政治犹太复国主义思想不考虑犹太文化和犹太精神的地位和意义，一味考虑犹太人的物质利益的批评，政治犹太复国主义也予以尖锐反击："阿哈德·哈阿姆关注的是精神和智力的事情，物质生活好像被清扫出去。国家的建立需要得到一些政治家的同意，为我们民族灌输新的精神需要上百万人的行动。如果犹太国不能成为英国或德国那样的大国，那么就让它成为一个小国，我们自己的小国总要胜过什么也没有。这个小国不是玩物，而是要像比利时或瑞士那样的中立国。我们是弱小和人数少的小国，但这难道不比流散在其他国家好吗？"① 对于阿哈德·哈阿姆主张的犹太复国主义的首要任务是为未来打好道德文化基础，复兴犹太文化和培育民族精神的观点，他们认为这是为不确定的遥远未来空手准备，是逃避现实的考量。如果按照这样去做，犹太国将永远不会建立，除非等到救世主弥赛亚的降临，追随赫茨尔才是犹太复国主义者的最好选择。②

毫无疑问，赫茨尔的政治犹太复国主义思想在犹太复国主义运动初期占据了主流地位，赢得了大多数犹太人的支持。但阿哈德·哈阿姆的文化犹太复国主义思想为那些犹太教信仰虔诚、民族文化意识强烈的犹太人提供了另一种选择，是对政治犹太复国主义思想的有益补充。这两种犹太复国主义思想既有分歧，又能互补。阿哈德·哈阿姆主张，仅仅依靠大国支持，通过短期内大规模移民而建立的国家，虽然也许能够解决反犹主义的威胁，却无法成为流散地犹太人的榜样，无法向他们辐射精神之光，犹太国只有以犹太文化和犹太精神的复兴为核心，才能长久下去。这种文化犹太复国主义思想对于犹太复国主义运动的发展有着更长远和更深层次的指导意义。

结　语

两种犹太复国主义思想的分歧和其倡导者各自的生活背景密切相关。

① Vital, *Zionism: The Formative Years*, p. 31.
② Ibid., p. 32.

赫茨尔生于一个同化犹太人家庭，年轻时接受了西方世俗教育，早年是犹太人"同化论"的坚定支持者，后来受"德雷福斯"反犹事件震动而转变为犹太复国主义者。而阿哈德·哈阿姆出生于一个正统犹太教哈西德派家庭，从小接受了严格的犹太传统教育，精通犹太教经典，深受犹太教和犹太文化的熏陶和影响。不同的出身背景和成长经历使他们的犹太复国主义思想必然有分歧，这是可以理解的。

在当时的历史条件下，两种犹太复国主义思想都有其合理之处，也都存在一定不足。赫茨尔的政治复国论旨在建立一个没有传统犹太教精神的犹太国，这是不切实际的。同样，民族精神也不可能离开相应的政治实体而持久不衰，民族精神若无政治实体，就失去了赖以存在的依托，因而迟早会丧失殆尽。阿哈德·哈阿姆似乎过分强调了精神的作用和重要性，而忽视了精神之于实体的依赖关系。[1] 后来的犹太复国主义运动领导人查伊姆·魏兹曼吸收了两种思想的优点，同时又摒弃了它们各自的片面之处，形成了"综合犹太复国主义"思想。一方面继承了政治犹太复国主义争取大国支持的路线，另一方面吸收文化犹太复国主义思想的精华之处，注重发挥犹太文化和犹太精神的作用，扎实推进移民和教育工作，培育犹太民族精神，引导犹太复国主义运动走向了顺利发展的成功之路。

1948 年 5 月 14 日，以色列国宣告成立，标志着犹太复国主义运动取得了最终胜利。如今的以色列不仅发展成为一个经济发达和科技领先的国家，更重要的是建设成了世界犹太文化和犹太教的中心，成了全世界犹太人的精神家园，这也是两种犹太复国主义思想结合产生的硕果。

---

[1] 傅有德：《赫茨尔与哈阿姆的犹太复国主义》，《山东大学学报》（哲学社会科学版）1995年第 2 期。

肖勒姆青少年时代"索隐"

张　亮[*]

　　格舒姆·肖勒姆（1897～1982）是 20 世纪犹太教神秘主义研究的奠基人。多年前，为了理解瓦尔特·本雅明的早期语言哲学，我翻阅过其代表作《犹太教神秘主义主流》（1941）的中译本。由于当时译者按照英语的发音将他的名字译为"索伦"，所以我并不知道这个"索伦"就是本雅明的早期挚友肖勒姆。直到后来读英文版的《本雅明：一个友谊的故事》，我才突然意识到："索伦"不就是肖勒姆吗！我由此有了更多了解肖勒姆的念头。2015 年，肖勒姆的自传《从柏林到耶路撒冷：青少年时代的记忆》（1977）被翻译成中文出版。我随即购得一读，对其 1925 年以前的早期经历有了大体完整的了解，过往一些困惑已久的传记史问题也由此得到解答。不过，满足感尚未消失，我就强烈意识到，对于绝大多数国内读者而言，它将是一只奇怪的漂流瓶，既不知道有何用，更别说知道如何用。首先，在国内，犹太学是一门小众、冷僻的学问，知道肖勒姆其人并对其学术感兴趣的人自然少之又少。其次，即便是少数对犹太学有所涉猎的人，感兴趣的也往往是《犹太教神秘主义主流》等肖勒姆中年以后的经典之作，其早期经历基本处于人们的视野之外。最后，在国内知识界，普通读者往往是因为与瓦尔特·本雅明、马丁·布伯、汉娜·阿伦特的友谊或者争论，才了解肖勒姆的存在，脱离了这些参照物，他就成为一块无处安放的马赛克。有鉴于此，我觉得有必要对这部自传进行"索隐"，以利普通读者对它的理解。

---

　　*　张亮，南京大学哲学系教授。

20 世纪初德国犹太人的多种精神选择

20 世纪初，德国超越老牌资本主义国家英国，成为欧洲第一经济强国。物质文明极大繁荣了，但德国人的价值观却呈腐化堕落之势。这引发知识界的忧虑和思考，其中也包括那些已经摆脱隔绝、成为现代公民的犹太知识分子。面对当时的精神危机，德国思想界的主流是选择用传统价值观来对抗邪恶的现代文明，而传统价值观正是基督教的价值观。于是，犹太人不得不面临选择。如果说一百年前，为了获得进入基督教文明世界的入场券，犹太人需要像马克思父亲那样，经过一番思量或者说盘算，才最终选择归化基督教文明，那么，在现代性进程已然全面展开的上一个新旧世纪之交，大多数犹太人自觉自愿地与犹太传统决裂，努力融入德意志民族。作为这种努力的一个突出体现，新康德主义哲学家赫尔曼·柯恩（1842～1918）在退休后转向宗教哲学，努力将犹太教与西方近代理性哲学协调起来，创作了《源自犹太教的理性宗教》（1919）这一皇皇巨著。拒绝同化的犹太人总的说来还是少数。他们或在马克思主义的影响下，要求将基督教文明与资本主义社会一同埋葬，或在源于俄罗斯的犹太复国主义思潮的影响下，主张坚持并发挥犹太教的神秘主义传统，在与上帝的神圣相遇中找到批判地面对现代世界的道路。同时，犹太复国主义运动内部也存在差异。德语世界犹太复国主义的先驱西奥多·赫茨尔（1860～1904）强调政治与文化，设想建立一个独立的犹太国家，而哲学家马丁·布伯（1878～1965）则更多的是把犹太复国主义限定在文化和宗教的范畴内。

对于 1900 年前后出生的那一代德国青年而言，究竟该做哪种精神选择，似乎并无确定的规律可循，更多地取决于个人的际遇甚至是心性。例如，肖勒姆出身于一个典型的同化家庭，兄弟四人中大哥、二哥持鲜明的同化立场，其中大哥的政治立场还相当右倾；三哥却倾向马克思主义，后来成为一名共产党员；至于肖勒姆本人，很早就成为一名坚定的犹太复国主义者。不仅如此，一个人的精神选择还可能发生变化。例如，肖勒姆的三哥最初对犹太复国主义也颇有好感，但最终还是选择了马克思主义；作为一名犹太复国主义者，肖勒姆一开始认同马丁·布伯的立场，并与之保持了终生的友谊，但很快就转向赫茨尔的立场，决意移居巴勒斯坦，为独立的犹太国家而奋斗终生；1915 年与肖勒姆订交时，本雅明表现出了强烈的犹太教神秘主义倾向，让已经转向犹太复国主义的肖勒姆深深折服，但十多年后，本雅明却又迅速而坚决地转向了马克思主义。

从柏林到耶路撒冷的"直路"

1897 年，肖勒姆出生在柏林一个中下层犹太资产阶级家庭。其家族已经同化了三代，且不说犹太教的精神传统，就连犹太人的礼俗也所剩无几，所以他们家才会堂而皇之地违反犹太教最著名的一条禁令，在安息日抽烟或抽雪茄。不过，肖勒姆成为一名犹太人的道路却异常顺畅：1911 年，他 14 岁时犹太意识开始觉醒，到了 1915 年，就成为坚定的犹太复国主义者，并决心在第一次世界大战结束后就择机移居巴勒斯坦，后于 1923 年 9 月 14 日最终成行。正因为如此，他在自传中称自己从柏林通往耶路撒冷和以色列的是一条"直路"，而且是一条路标清楚的"直路"。

肖勒姆在耶路撒冷，1924 年

在包括其三哥在内的家人看来，肖勒姆会选择这条"直路"根本无法理解。事实上，我相信，绝大多数泛读其自传的人也很难理解他的这种选择：首先，如上所述，他出生于一个世俗家庭，祖上三辈都无所谓犹太教传统；其次，他并没有表现出强烈的宗教情怀，也没有经历什么令其脱胎换骨的极端宗教体验；最后，也是最重要的，他从小就显露出了较大的数学天赋，大学时代曾主修数学四年多，偏爱数论、代数和函数理论等纯粹的数学，虽然最终没有获得数学博士学位，但通过了严苛的国家考试，如此理性的一个人怎么会突然之间就转到犹太教神秘主义立场上去了呢？在我看来，肖勒姆这种让人难以理解的选择根源于其坚毅的性格。曾子曰："士不可以不弘毅，任重而道远。仁以为己任，不亦重乎？死而后已，不亦远乎？"意思是说，士人、君子必须要有宽广、坚忍的品质，而真正的士人、君子一旦选择了伟大的使命，就会永不放弃，至死方休。这一点东西方都是如此。肖勒姆基于理性选择了耶路撒冷，把犹太教神秘主义作为现代犹太人安身立命的根基，当他在电光石火之间通过一次完美的飞跃实现这种选择后，就不再用言辞去解释，而用信仰和行动去诠释！于是，他的理性选择就变成了别人眼中的不可思议。

耶路撒冷的文化巨人

移居巴勒斯坦后，肖勒姆全身心地投入自己所选择的事业，很快就成了德裔犹太知识分子团体的领军人物。他埋首学术，勤于笔耕，历20余年完成《犹太教神秘主义主流》一书，"使犹太教宗教史上这一伟大的篇章（神秘主义传统）的轮廓"第一次完整清晰地"凸显出来"。他也因此被誉为现代犹太教神秘主义研究第一人。此后，他更是笔耕不辍，著作迭出，80岁时已经出版了40多卷著作和近700篇论文。鉴于他所取得的巨大学术成就和为以色列学术事业所做的杰出贡献，1968年，他被选举为第三任以色列科学院院长。

由于可以理解的原因，国内读者往往只关注到肖勒姆在犹太教神秘主义方面的工作，而实际上他涉猎广泛，在诸多相关领域都有重要贡献。网络版《斯坦福哲学百科全书》认为，他的学术贡献主要集中在以下五个领域：古代晚期至 20 世纪的喀巴拉文献整理研究；神秘主义宗教的现象学研究；犹太教历史编纂学；犹太复国主义；当代犹太教和犹太文明的精神和政治处境研究。当然，他最重要的贡献还是开创了现代犹太教喀巴拉神秘主义研究这个新的学科。马丁·布伯曾经说："我们至多带了几个学生，开创了一个学派，而他（指肖勒姆）创立的则是整个学科！"

肖勒姆关于犹太教神秘主义的研究都是一些严谨的学术著作。不过，它们却对当代西方思想，特别是文学理论和翻译理论，产生了实质性的影响。意大利哲学家安伯托·艾柯、法国哲学家雅克·德里达、美国文学批评家乔治·斯坦纳和哈罗德·布鲁姆等，都从他的著作中获得思想启迪。哈罗德·布鲁姆还在 1987 年为纪念肖勒姆诞辰 90 周年编辑出版了《格舒姆·肖勒姆》论文集。正因为如此，30 多年来，专门研究或者辟专章研究肖勒姆学术思想的著作已经超过了 20 种。

因汉娜·阿伦特而起的记忆

肖勒姆非常理性，做任何事情都一丝不苟，条理清晰。他从青年时代就养成了做笔记和仔细保存书信档案的习惯。我相信，如果他愿意，基于他的私人笔记和档案，完全可以整理出一部多卷本著作，以自传的形式展现现代犹太思想史和犹太复国主义运动史。但他显然无意这样做，因为作为历史（思想史）学家，他坚信，对于过去的讨论和记忆应当有益于现在和将来。那么，年近古稀时，他为什么会决定回忆自己的青少年时代呢？个中原因或许有很多，但我相信，60 年代他与汉娜·阿伦特发生的两次争论应当发挥了重要的刺激或推动作用。

汉娜·阿伦特生于 1906 年，比肖勒姆小 9 岁。像同时代大多数德国犹太青年知识分子一样，阿伦特接受同化立场，并最终成为社会民主主义的坚定支持者。这种立场恰恰是肖勒姆坚决反对的。不过，阿伦特是肖勒姆的挚友本雅明的远房亲戚，双方在 20 世纪 30 年代的巴黎交往甚密。所谓爱屋及乌，肖勒姆和阿伦特因此也成为朋友，但关系不算亲密。1960 年，以色列特工绑架了化名潜逃在阿根廷的前纳粹集中营军官阿道夫·艾希曼，并将之偷运回以色列，后于 1961 年在耶路撒冷以"反犹太人罪"对其进行刑事审判。阿伦特作为《纽约客》杂志的特派记者前往报道该审判，后于 1963 年出版《艾希曼在耶路撒冷：一份关于平庸的恶的报告》一书。在该书中，阿伦特提出，艾希曼绝非什么十恶不赦的"恶魔"，而是一个平凡的人，有的只是"平庸的恶"；艾希曼确实应当判处死刑，但艾希曼应为他的"反人类罪"而不是"反犹太人罪"受审，不仅如此，该审判的性质和过程是否表现正义，也值得质疑。阿伦特的新书让肖勒姆感到极其不满，致信指责她缺乏"对犹太人的爱"，并质问她究竟"从什么发展而来"。阿伦特的答复非常直截：自己虽然是犹太人，但并不存在犹太意识的觉醒问题；因此，自己并不是从肖勒姆期待的犹太教，而是从以德国古典哲学为代表的现代德国文明发展而来；自己和肖勒姆并不是一路人，所以对其早期的激进思想经历既不了解，也无意去了解。这种与其期待完全背道而驰的答复让肖勒姆感到震惊。

阿伦特和肖勒姆都以本雅明的思想知己自居。不过，他们对本雅明的理解显然不同：肖勒姆 1915 年初识本雅明时，本雅明表现了强烈的犹太教神秘主义倾向，肖勒姆因此将之定义为本雅明思想的本质和精华；阿伦特则基于 30 年代在巴黎与本雅明的交往，相信本雅明最终成为一名马克思主义者。尽管因为本雅明而相交几十年，但肖勒姆和阿伦特似乎并没有机会深入交流各自对本雅明的看法。1968 年，阿伦特编辑出版英文版《启迪：本雅明文选》一书，在长篇导论"瓦尔特·本雅明：1892～1940"中清楚地阐明了自己对本雅明的理解，结果引发强烈反响，使本雅明在去世 20 多年后真正开始被英语世界所了解。在肖勒姆看来，阿伦特的理解根本就是缺乏依据的偏见和想当然，更重要的是，她竟然触碰到了自己最珍视的东西！

在我看来，围绕艾希曼审判和《启迪》出版与阿伦特发生的争执，一定让已经进入暮年的肖勒姆感到某种危机：历史不仅被遗忘，而且被篡改！如果作为历史当事人的他再不出手，历史连同自己为之奋斗了一生的事业，或将付之流水。于是，他行动起来，先是于 1975 年推出《本雅明：

一个友谊的故事》一书，以自己保存的与本雅明的几百封书信为资料，建构出了他所认同的本雅明思想形象。在肖勒姆的记忆中，本雅明的思想本底是犹太教神秘主义，原本他还可以更进一步，成为犹太复国主义者，但却始终徘徊不前，未能迈出关键性的一步，从欧洲走向耶路撒冷；20 年代末期，本雅明结识了一些新朋友，正是在布莱希特、阿多诺以及其苏联女友拉西斯的影响下，他从犹太神秘主义转向马克思主义，但这种转向既不成功也没有让本雅明感到愉快，甚至可以说马克思主义压抑和禁锢了本雅明的思想活力。在完成对本雅明的记忆后，肖勒姆方才着手记忆自己的青少年时代，其成果就是《从柏林到耶路撒冷：青少年时代的记忆》。我们可以也应当把《从柏林到耶路撒冷》和《本雅明：一个友谊的故事》联系起来看：前者记述了肖勒姆在本雅明指引下找到通向耶路撒冷道路的历程，后者则记述了本雅明在通向耶路撒冷道路上的迷失，它们合起来是想表明，通向耶路撒冷是那一代德国犹太人最应当选择的正途。

附言：关于本雅明与肖勒姆的友谊

本雅明性格忧郁，落落寡合，喜欢独处，怯于与人打交道。所以，终其一生，他的朋友圈都很小，仅仅和肖勒姆、阿多诺、布莱希特以及阿伦特等少数人保持了较长时间的友谊。在其生前，这些朋友都已经陆续走向当代思想舞台的中心，找到了自己的位置，而其本人却始终不为同时代人所知，至死都处于籍籍无名的状态。但是，在这些朋友眼中，本雅明是一个真正的思想者，他的死亡是纳粹给当代德国思想造成的一个真正损失。因此，这些朋友都非常看重与他的友谊，或自觉或不自觉地认为自己是其真正的——因而是唯一的——思想知己。在这个方面，肖勒姆表现得最为强烈。

毫无疑问，肖勒姆有充足的理由相信自己是真正了解本雅明的人：两人订交最早，思想交流（通信）最多，且本雅明曾多次打算要离开欧洲到耶路撒冷与肖勒姆会合，一同研究犹太教神秘主义。但问题的关键在于，当 1940 年本雅明最终决定逃离欧洲时，他选择去美国，投奔时常激烈批评自己的阿多诺，并在临终前将遗著托付给了阿多诺。也就是说，本雅明最终选择的友谊"归宿"是阿多诺，而非肖勒姆。

那么，究竟应当怎样理解本雅明与肖勒姆的友谊呢？我觉得，这可以从友谊的两极——本雅明和肖勒姆——分别出发加以思考。如前所述，肖勒姆性格坚毅，当青少年时代在本雅明的影响下转向犹太教神秘主义之后，就咬定青山不放松，不再动摇，而他对本雅明的理解也由此固化。本雅明则不然。他天性具有波西米亚人的放逐气质，在思想上喜欢流浪，追逐、发现、体验不同的世界、不同的自我。肖勒姆、阿多诺、布莱希特和阿伦特在思想上和政治上差异巨大。本雅明之所以能和他们都建立并保持友谊，归根结底是因为他在这些友谊中都发现、经验到了不同的自我。也就是说，本雅明是一个多面神灵，肖勒姆看到的是本雅明最早的一个面相，并把这个面相当作本雅明本身，可实际上，肖勒姆没有意识到或者拒绝意识到，在这个面相背后，本雅明还有其他多个面相。

参考书目

G. G. 索伦：《犹太教神秘主义主流》，涂笑非译，四川人民出版社，2000。

格舒姆·索罗姆：《从柏林到耶路撒冷》，吴勇立译、林草何校，漓江出版社，2016。

Scholem, Gershom, *Walter Benjamin*：*The Story of a Friendship*, trans. Harry Zohn, Philadelphia：Jewish Publication Society of America, 1981（中译本：G. 肖勒姆：《本雅明——一个友谊的故事》，朱刘华译，上海世纪出版集团，2009）.

Scholem, Gershom, "Letter to Hannah Arendt," in idem, *On Jews and Judaism in Crisis*：*Selected Essays*, ed., Werner J. Dannhauser, New York：Schocken Books, 1976, pp. 300–306.

Scholem, Gershom, ed., *The Correspondence of Walter Benjamin and Gershom Scholem 1932–1940*, trans. by Gary Smith and Andre Lefevere, Cambridge Mass. ：Harvard University Press, 1992.

汉娜·阿伦特编《启迪：本雅明文选》，张旭东、王斑译，三联书店，2008。

汉娜·阿伦特：《艾希曼在耶路撒冷：一份关于平庸的恶的报告》，安尼译，译林出版社，2017。

西奥多·赫茨尔:《犹太国》,肖宪译,商务印书馆,1993。

赫尔曼·柯恩:《理性宗教》,孙增霖译,山东大学出版社,2013。

沃尔特·拉克:《犹太复国主义史》,徐方、阎瑞松译,上海三联书店,1992。

Arendt, Hannah, "A Letter to Gershom Scholem," in eadem, Jerome Kohn and Ron H. Feldman eds. , *The Jewish Writings*, New York: Schocken Books, 2007, pp. 465 – 471.

Bloom, Harold, ed. , *Gershom Scholem*, New York: Chelsea House Publishers, 1987.

美国犹太教的历史与未来[*]

乔纳森·萨纳 （Jonathan D. Sarna）[**]

很荣幸来到这里和大家座谈。我非常感谢徐新教授安排这次讲座，并耐心回答我有关中国之行安排的所有问题。此外，我也衷心感谢他在促成《美国犹太教史》[①] 中文版的面世中所起到的关键作用。我们越是了解彼此的文化、宗教和信仰，我们的世界就会更加美好与和谐。

今天，我的任务颇为艰巨。按照我的理解，此讲不仅要总结美国犹太教的全部历史（迄今已有356年），还要预见它的未来（也许又是一个356年）。这让我回想起一段经历：差不多30年前，就在我刚刚对这段历史产生兴趣的时候，我曾向美国一所著名拉比学院的学者请教，他感到非常惊愕。"美国犹太历史？"他大声咆哮道："我来告诉你所有你该了解的美国犹太历史：犹太人来到美国，他们放弃了信仰，开始像异教徒那样生活；一两代人之后，他们与其他族群通婚，然后消失了。这就是美国犹太历史，剩下的都是注脚。别浪费时间了，去学习《塔木德》吧。"

我没有采纳这位贤人的建议，但是他对美国犹太历史的分析已经铭刻于我的脑海中，因为，根据我现在的认识，那反映了一种几百年来犹太人一直怀有的担忧：担心犹太教在美国的命运是天定的，担心它在宗教自由和政教分离的环境中根本就不能幸存。在美国，宗教信仰完全出于自愿，

  ＊ 本文基于笔者2010年4月在南京大学犹太文化研究所发表的演讲。

  ＊＊ 乔纳森·萨纳 （Jonathan D. Sarna），美国布兰代斯大学近东和犹太研究系讲座教授，美国人文与自然科学院院士。

  ① 乔纳森·D. 萨纳：《美国犹太教史》，胡浩译、徐新校，大象出版社，2009。——译注

宗教多元化是常态。每个美国犹太人可以自由选择自己的拉比、会堂和犹太教类型，或者，干脆就不信犹太教。这让许多人（不仅是拉比学院的学者）担心，犹太教走向消亡只是个时间问题而已。

不过，在过去356年的时间里，犹太教在美国大地上并没有消亡。相反，美国犹太人一次又一次地奋起，迎接来自内部和外部的威胁到犹太延续性的挑战，有时，又看似悖论地通过推动激进的中断延续性的方式来迎接这类挑战。他们废弃了古老的犹太教形式，改造了他们的信仰，重新发明了美国的犹太教，试图使它更有吸引力、更有意义、更具有敏锐的时代关怀。显然，他们不总能获得成功。大批犹太人放弃了犹太教，或者皈依了其他宗教。不过，我坚持认为，美国犹太教的故事不是宗教衰退的故事，也不是犹太人走出正统派而他们的子孙最终皈依基督教新教的故事。相反，美国犹太人的故事是一种更为动态的发展过程：是他们努力成为美国人和犹太人的故事，是他们丧失信仰再重新找回信仰的故事，是他们被同化但又走向复兴的故事。

要叙述这段动态的历史，会面临一个重大问题：无论我怎么快速地讲述，也不可能在指定的时间里讲完全部历史。因此，我将试图关注一些重要的时刻和趋势，希望腾出时间来回答没有完全考虑到的问题。

殖民地时期

首先，美国犹太历史始于何时？伟大的美国犹太历史学家雅各·瑞德·马库斯（Jacob Rader Marcus）曾警告他的学生：无论在什么地方，试图搜寻第一个美国犹太人都是徒劳的，因为总会发现另外一个犹太人在他之前到达那里。认识到这一点很明智。我们现在知道，1585年，在弗吉尼亚州的罗阿诺克有一名犹太人；1649年，在波士顿有一名犹太人（他待在那里的时间不超过10周）；而南方和西南地区有一些秘密犹太人甚至在更早的时候就来到美国。但是，直到1654年，还没有建立起任何形式的犹太社区。历史告诉我们，社区对于维系正在延续生存的美国犹太人是绝对必要的。犹太历史学家倾向于将美国犹太历史开始的年代确定在1654年，他们强调的是，犹太历史和犹太未来并不取决于个人，而是取决于社区的建立和维持。

1654 年来美国"生活和居住"的犹太人大多是塞法迪犹太人，也就是之前的秘密犹太人（所谓的"马兰诺"）。在荷兰统治下，这些人重新归信犹太教，并定居在荷属巴西累西腓殖民地，而累西腓犹太社区也是接下来 20 年中新世界最大的犹太社区。1654 年，累西腓落入葡萄牙之手，宗教裁判所也随之而来，犹太人和新教徒被限令在 3 个月内离开。犹太人随之四散至各地：大多数人返回荷兰，有的人则去了其他加勒比海犹太社区（库拉索岛、苏里南、牙买加等）。根据传统说法，有一小群犹太人（23 名）朝着荷兰新大陆最远端进发，并于 1654 年到达新阿姆斯特丹港口，也就是今天的纽约。

彼得·斯图佛逊是新阿姆斯特丹的荷兰总督。作为一名加尔文教牧师的儿子，他对犹太人的到来高兴不起来。他认为，新阿姆斯特丹已经充斥着各种持不同宗教信条的人，犹太人甚至比那些人更加不堪，他们"惯于欺骗"，"令人厌恶"，是"可恨的敌人和亵渎基督之名的人"。他想驱逐这些犹太人，并意味深长地警告："给予他们自由，我们就不能拒绝路德教徒和天主教徒。"斯图佛逊明白，一旦接受犹太人进入新阿姆斯特丹，无异于重新定义新阿姆斯特丹的宗教特征：新阿姆斯特丹是要成为一个他所希望的宗教同质性的地区，还是成为一个宗教多元化的地区？我们在这里——当然也在后来的历史中——发现，犹太人作为美国一个少数民族群体，起到了扩展所有美国人宗教信仰自由疆界的重要作用。在 1654 年，甚至也在今天，犹太人的命运是同其他的信仰和受到迫害少数群体的利益密切联系在一起的。

最终，荷兰西印度公司决定利用犹太人的"有用性"，因为，犹太人能够使殖民地富裕和繁荣，这远比他们信仰什么来得重要。该决定显然不会损害在荷兰西印度公司持有股份的重要犹太股东的利益。于是，荷兰当局命令斯图佛逊允许犹太人"旅行"、"贸易"、"生活"并"居留"在新尼德兰，只要犹太人能给他们的同族穷人提供支持和经济补偿，避免使这些人成为公司和社区的负担。这样，从一开始，犹太人就成为更广泛社会中的一部分，但也与之保持一定距离。他们与殖民主义者生活在一起，相互影响，彼此之间从事贸易活动；不过，他们仍然是"自己民族"的一部分——这一点不同于基督徒。他们使自己既像邻人，又和他们不同。他们希望自己被接纳为美国人，但又努力维护他们作为犹太人的独特性。

美国革命时期

以上是殖民地时期的美国犹太教，下面让我们转向 1776 年的美国革命。参加美国革命的犹太人大约有 1500 人，这些犹太人大多生活在如萨凡纳、查尔斯顿、费城、纽约、纽波特等主要港口城市中的小飞地上。在每个港口城市，犹太生活都围绕着一个犹太会堂组织起来，会堂被认为是神圣的公会组织，是包罗一切的会堂－社区①。这种会堂－社区是中世纪有组织的犹太社区（Kehillah）的继承形式，带有垄断性质：它控制了犹太宗教生活的方方面面，从举行生命周期仪式到为犹太人提供符合宗教要求的食品，再到犹太教育。它有权惩处那些违犯社区规则的人，并向会堂座位持有者征收财产税。它促进了群体的团结和纪律，激发了传统意识，并在所有以类似的会堂－社区模式组织起来的犹太世界中培育了一种亲属之感。它创造了更多机遇，甚至使那些远离犹太学习资源、小规模聚居的犹太人也能够一代代幸存下去。

然而，自由和民主在会堂－社区所传达的价值中显得并不突出。那个时代的犹太人将这些革命性的观念看成对犹太教的威胁，也是对作为整体的犹太社区利益的威胁。然而，正是这些革命性的观念在美国革命中得以合法化，很快，自由和民主又被写进了法律。大多数犹太人（不是全部）支持革命，有些还血洒战场。面对革命和新宪法，问题在于犹太教是否能够与自由和民主的价值观念相协调，尤其是在宗教领域。这里，我们一直谈论的问题再次出现：在美国，犹太教能够在变化了的环境中幸存下来

---

① "会堂－社区"是美国犹太教发展的一种模式，即每个社区只有一座会堂，社区对犹太生活具有支配性权威。——译注

吗？特别是，犹太人能够维持那种将自身联合在一起的传统结构，促进族群的幸存，同时又能适应新的政治、文化和宗教现实吗？

这些现实主要有以下几点：①宗教自由；②政教分离；③宗派主义（意思是有众多的基督教会和其他宗教教派，它们之中没有任何一派能够占有特权地位，且每一个都声称自己拥有平等地位）；④自愿主义（意思是"每一个人都可以自由地选择他们的宗教信仰而不受政治、教会或公共权力的压迫"）。以前，犹太人从来没有生活在由这些原则所指导的国家中；以前，犹太教也从来不需要调整自身以适应上述原则。

几十年来，美国犹太人围绕着如何适应这些原则进行挣扎，这里只举一个生动事例。1813 年，纽约"以色列余民"会堂（这是北美第一座犹太会堂）的礼定屠宰员雅各·亚伯拉罕决定抵制会堂的雇佣条款，径自出售"可食"① 肉类。这就在关键的宗教问题，即谁可以出售"可食"肉类问题上对会堂权威构成了直接的、史无前例的挑战。会堂竭力重申其权威，立即利用它和纽约公共理事会的联系通过了一项法令，规定在会堂之外出售"可食"肉类是非法行为。如果在欧洲的一些地方，故事到这里就应该结束了，除非会堂还想惩罚具有独立思想的亚伯拉罕先生，以儆效尤。但是，在自由的美国，亚伯拉罕的朋友，会堂的另外 8 名成员向纽约公共理事会提出抗议，认为这项法令"损害了"他们的"民事权利"，是"对我们宗教礼仪的一种侵犯，也是对那些赋予我们的普遍权利的一种限制"。他们要求必须"立即废止"这项法令，并且私下抱怨这是对"人民基本权利的侵犯"。这些言语与那个时代盛行于美国生活中的自由、民主之类的辞藻如此合拍，显得格外有意思。而结果更发人深省，它象征着会堂－社区权威的急剧衰落。公共理事会不愿意介入它所认为的犹太内部争论之中，于是取消了原先颁布的法令，与整个事件撇清了干系。自此以后，对纽约犹太会堂－社区在"可食"肉类方面权威的尊重纯粹出于自愿：当地犹太人已经确立了选择他们自己屠宰员的权利。从会堂的立场来看，这简直是一种灾难：它眼睁睁地看着自己管制犹太生活的权力丧失

---

① "可食"（kosher）指符合犹太教饮食规定和要求的食品。——译注

掉，犹太宗教领袖也毫无疑问会担心犹太教本身将面临危险。人们不禁要问，会堂既然连出售"可食"食品这种事务都不能掌控，犹太教还能够幸存吗？但事实上，美国犹太教的新世界正在诞生。

十九世纪至今

这个新世界出现于19世纪20年代。在此期间，我们看到大量年轻犹太人选择退出犹太宗教生活。一种"疏离和冷漠"的情绪在社区蔓延。很多人想知道在美国革命后出生的、首先受到自由空气熏陶的年轻的美国犹太人究竟还能不能够继续做犹太人。

在这个关键时刻，最引人注目的是，不少十几岁、二十几岁以及三十几岁的年轻犹太人开始转向复兴犹太教的事业，这正如人们看到的新教在基督教历史学家称之为"第二次大觉醒"时期所经历的复兴一样。这些年轻犹太人倡导变革，希望将犹太人带回会堂，并强化犹太宗教生活。在纽约，年轻犹太人请求将早祷时间提前。他们认为复兴犹太教的最佳方式是教育犹太人——换句话说，"促进对我们神圣律法的学习……并将之普遍延及我们的教友，特别是那些渴望寻求知识的年轻人之中，促进他们学习神圣观念、律法和祈祷仪式的热切愿望"。他们寻求确立的祈祷仪式比"以色列余民"会堂的要简洁得多：祈祷中没有固定不变的领诵人，时间主要花在阐释和教导上，更重要的是，穷人和富人成员之间不存在等级差别。当他们向会堂提出请求遭到拒绝时，他们援引"智慧的共和国法律"，退出了以色列余民公会，另外成立了一个新的公会组织，名为"耶书仑之子"。

在查尔斯顿，大约在同一段时间，年轻犹太人提议为复兴犹太教进行更加激进的变革。他们认为，仅仅教育犹太人还不够；犹太教要幸存，本身必须要变革。他们提倡简化祈祷仪式、用本地方言祈祷、会堂每周进行布道、结束会堂里传统的自愿性奉献等。他们的请求也同样被会堂长老（这些人都是在会堂主事长达30年的资深长者）驳回。与那些纽约的年轻教友一样，这些年轻人退出了这座查尔斯顿的地方权威会堂，创造了美国犹太历史上一个名称最长的会堂"根据犹太教的纯洁性和精神以促进犹太教真理原则的以色列人的社区",他们是美国改革派犹太教的先驱。

总的来说,这些犹太人大部分是年轻人,受到周围世界的影响,他们不满美国犹太生活由权威所垄断的状况,认为犹太教再不变革就无法延续下去。他们发起了一场宗教革命,起自纽约、查尔斯顿,而后遍及全美。在一座又一座城市中,单一的会堂 - 社区权威被推翻,这些年轻犹太人用更民主、更自由、更多样化和更具竞争力的犹太教取代了单一的犹太教。与过去一座城市只有一座会堂的状况不同,现在一座城市有多座彼此竞争的会堂。美国犹太教,就像后来几代人所了解的那样,由于这场革命而得以成形。

我讲这个事件,是要提醒大家注意,美国犹太历史充满了形形色色的男男女女,正是他们复兴了美国犹太教,并且改变了美国犹太宗教生活的进程。美国犹太教的历史,像所有伟大的历史一样,不仅仅是事件的记录,还要讲述人们如何塑造了这些事件:建立和维持社区、回应各种挑战、致力于变革。这可能就是美国犹太教历史能够给今天提供的最好教益:认识到你们每一个人也能产生影响,那么未来就由你们创造。

美国犹太教下一个世纪(即从 1820 年到 1924 年)的故事,是移民的故事。先是数以十万计的中欧犹太人,然后是数以百万计的东欧犹太人跨越美国海岸进入这个国家,使这个国家的犹太人口从 1820 年的 3000 人突然膨胀到 1920 年的 350 万人。犹太人的足迹遍布全国各地,在任何河流、公路和铁路通达的地方都能够找到他们的踪迹。像大量到达美国海滨的移民一样,犹太人从移民之日起,就竭力地在寻找任何能够发现机遇的地方。但是,同样,一直存在的问题一再出现:美国对于犹太人是一片乐土,但对于犹太教这里也是乐土吗?这些移民、他们的孩子以及他们孩子的孩子还能够维持自身的信仰吗?

那些年,我们看到三种试图确保犹太人维持信仰的战略。第一种战略同正统派犹太教和早期保守派运动联系在一起,倡导以一种美国的方式来维护传统。这一战略优先强调犹太教育,但准备赞成和接收现代性,只要它不触犯犹太律法。这种战略认为传统是将犹太人联结在一起的纽带,并且声称不应该偏离祖先的宗教道路太远。

第二种战略同犹太教中的改革运动联系在一起，坚持认为犹太教本身必须经历变化才能够维持生存。改革者主张放弃那些看来已经和现代性不协调的律法和礼仪，他们倡导的革新要使犹太教更有吸引力、更振奋人心，这些革新包括简化宗教仪式、使用本地语言祈祷（即用英语祈祷）、在会堂使用器乐创造更加庄严的宗教气氛，采纳家庭座位制——男女可以混坐（相反，传统犹太教采取的是男女分开坐的座位制）。改革者认为，只有采取重大变革，才能够保持犹太教的生机，吸引年轻人重返会堂。

第三种在美国维护犹太教的战略认为，犹太人根本不需要会堂或者宗教纽带。这一战略在总体上拒绝会堂，主要关注民族性纽带——将一个个犹太人联结在一起的家族血亲关系——作为犹太生活中的统一性元素。这一观念在美国最早的制度表达是 1843 年建立的犹太兄弟会组织"约言之子"。它在很大程度上鼓舞了美国锡安主义运动，这一运动同样以民族性，而不以会堂为基础的宗教作为纽带。"约言之子"的原始宪章中没有提及上帝、托拉、仪式性诫命或宗教信仰，而是强调犹太团结的重要性。一旦美国的会堂分裂了犹太人并使那些本来待在一起的犹太人关系变得疏远，犹太民族性的倡导者就坚持认为，文化和民族性纽带因为能把具有不同宗教意识形态的犹太人彼此联结在一起，将保持犹太人的犹太性并维持美国犹太人生活的统一性。

直到今天，美国犹太教的历史仍然在这三种不同战略之间来回摇摆。美国犹太人一直想知道，在他们的核心价值中，哪一种价值更应居有优先地位：①拥护并保持犹太教神圣的宗教传统；②改造犹太教使之适应新大陆新的生活环境；③优先保持一种强烈的犹太民族性和社区统一性意识。事实上，大多数犹太人很珍视这三种核心价值——即使它们处在尴尬的紧张甚至彼此相互冲突的时候。然而，这种紧张，结果证明是高度有益的，因为美国犹太生活中这些不同战略的倡导者彼此珍视对方的存在。美国犹太教凭借不同的运动创造了一种相互检视的平衡体系，这很像美国政府中分立的权力机构。这三种战略的每一种都朝着不同的方向运动，但是它们一起完成了任何一种战略都无法独立完成的任务：它们促使美国犹太教处在发展当中。然而,这种收益也付出了危险的代价:在不同战略倡导者彼此讨论问题的时候,美国犹太宗教生活中总是充斥着非常尖刻且喋喋不休的争论。

今天,在很多美国犹太人正在与非犹太人同化,人们都在关注美国犹太人口下降的情况下,美国犹太人多少感到一些迷茫和不确定。他们想知道:犹太人应当关注质量以促进美国犹太教发展,还是应当关注数量以增加犹太人口呢?他们应当欢迎与异族通婚,将之看作犹太教扩展的机遇(使外来者归信犹太教)呢,还是应当谴责与异族通婚,将之看作对犹太教的威胁(因为众多混合婚姻所生养的子女放弃了犹太教)呢?犹太人是应当与其他宗教建立沟通的桥梁,还是应当强化自己的宗教边界以阻止来自其他宗教的有害影响呢?他们应当强化传统宗教权威,还是应当促进具有创新精神的宗教自治呢?他们应当协调犹太教与当代文化,还是坚持犹太教传统并反对当代文化呢?他们应该为犹太统一性进行妥协,还是要珍视并坚定地捍卫犹太原则呢?

作为一名教授和观察者,我不是非得回答这些问题!我只是注意到这些是今天美国犹太人正在争论的问题,而且像大多数很宏大的犹太问题一样,它们不会有很简单的答案。

未来展望

那么,未来将会怎样?伟大的美国棒球运动员约吉·贝拉曾洞察到:"预言是很困难的,特别是关于遥远的未来。"作预言的时候,我们应当铭记这点。不过,还是让我指出未来的一些趋势吧。

第一种趋势:我相信,新世纪正在过去的 10 年将作为始于 65 年前的一个时代的终结。65 年前,也就是在 1945 年,大屠杀残酷地改变了世界犹太人生活的地图。那时,欧洲犹太人被成批地杀害,而美国犹太社区正作为地球上最大、最有活力的犹太社区出现。历史学家奥斯卡(Oscar)和玛丽·汉德林(Mary Handlin)早在 1949 年就认识到,作为美国公民的 500 万犹太人的态度和立场将决定关于世界各地犹太人未来的一些重要问题的答案。今天的美国犹太人依旧具有强大影响力，但是以色列正赶上美国成为世界上最大的犹太人中心：它拥有约 550 万犹太人，而眼下美国犹太人估计只有 520 万。以色列在犹太人口数量方面的崛起看来是一个巨大的征兆，这是整个犹太历史上为数不多的重大转变之一，因为继圣经时代以来世界犹太人口再一次在以色列地获得第一的位置。顺便提一下，特拉维夫是犹太人口聚集最多的都市区，其犹太人口总数已经超过了一个世纪以来犹太人口一直居于首位的纽约。我想，人们很快就会理解这次犹太人口分布上的巨大变化所隐含的充分意义。不过，在我看来，我们很可能正在进入一个新时代，这个时代将接受一种与众不同的犹太中心定义（很可能是一种双中心的模式），以色列犹太人和美国犹太人之间的关系也将变得不同以往，这两大犹太人社区的责任分担在一定程度上也会不同，可能一种更具竞争性的模式将会出现，每一个中心都力图在世界犹太人心目中获得政治、文化和宗教方面的首要地位。

第二种趋势：当以色列的犹太人口已经趋于上升的时候，美国犹太人口已经开始下降——这是我们自从殖民地时代以来第一次看到这种下降态势。过去，犹太人在美国人口中曾达到 3.7% 的比例；而现在，只占 1.8%。过去，我们习惯上说美国有 550 万～600 万犹太人，而今天，如我所说，只有 520 万犹太人。有四大原因导致了人口下降的态势。①犹太人口出生率下降（每对美国犹太人夫妇平均只生养 1.8 个孩子）。②犹太移民逐渐减少乃至消失——自从 1945 年以来，成千上万的犹太人从二战后的难民营来到美国，从苏联及俄国、伊朗、古巴、南非、拉丁美洲国家，有些还从以色列来到美国。但是，今天，移民在很大程度上消失了，因为在世界范围内已经没有大规模的受到迫害的犹太人社区，而美国的移民法律也大大收紧了。③归信犹太教的人口不足以补偿那些放弃犹太教的人口。④最为重要的是，未婚（现在的美国比以前有更多未婚的单身犹太人）、晚婚以及与异族通婚的现象正在产生非常严重的影响。更值得深思的是，有 234.5 万名美国人声称他们有犹太祖父母，但他们自己不是犹太人。这一点有助于解释为什么犹太人口没有增长。总的说来，这些数据提示我们，美国犹太人口将继续缓慢减少，正如整个处在流散中的犹太人口也正在减少一样。

第三种趋势有关流散。我想，在未来一些年，美国犹太人看待流散的态度将和现今犹太人看待流散的态度有很大不同。今天的犹太人仍然将自己看成是从世界一端到世界另一端的全球性民族的一部分。然而，现实情况是，犹太世界正在迅速走向集结。世界上大约80%的犹太人现今只生活在两个国家：美国和以色列。而有一半犹太人只生活在5个大都市区：特拉维夫、纽约、洛杉矶、海法和耶路撒冷。而足足有97%的犹太人只生活在14个国家。只有37个国家有超过5000人规模的犹太社区。世界上200多个国家（包括犹太人生活了超过1000年的国家，如伊拉克、叙利亚和埃塞俄比亚）现在几乎已没有犹太人，或者只有小得难以维持的犹太社区（少于1000名犹太人）存在。事实上，这个世界的大片区域已经没有犹太人。诚然，在这一数据中还存有一线希望，正如塞乔·德拉佩哥拉（Sergio Della Pergola）教授所揭示的，在过去50年中，绝大多数流散地的犹太人已经转移到"经济繁荣、政治稳定、社会和谐的环境中"。他们已经放弃了经济不发达的国家（如也门），以及不稳定和危险的国家（如阿富汗），转而生活在目前经济最发达的国家（像美国、以色列、加拿大和法国）。然而，这些收益也付出了代价。在当今世界上所有伟大的宗教——基督教、伊斯兰教和东方宗教——都在扩展的地方，犹太教的领地却正在收缩。当其他民族正受益于全球化而纷纷流向世界的东南西北的时候，恰恰是发明了流散观念的犹太人正在收缩他们的流散区域，不再向更广阔的世界流动，而是走向了集结。未来一些年的问题在于，犹太人口的急剧集中将意味着什么？这将如何影响犹太教从一个世界性宗教走向一个主要为第一世界的宗教（事实上，它的大部分信徒将集中在美国和以色列）？

最后，今天以及在可预见的将来，美国犹太人看来会目睹犹太社区内部正在涌动的两种相互矛盾的趋势，即同化和复兴。如今，我们一会儿听到学者们报告说与异族通婚率达到历史顶点，一会儿又听他们报告说犹太日间学校异常火爆。他们一会儿报告说犹太出生率正在大幅度下降，一会儿又说犹太文化——文学、艺术、音乐、舞蹈、戏剧、电影——正走向繁荣。最终是同化还是复兴，哪一种趋势将占据优势地位，我们不得而知。

这一点，以及关于美国犹太社区未来的其他事情，事实上都将由未来的每一天、每一个社区、每一个犹太人决定。

美国犹太人天天都被告知：犹太教在美国的命运是天定的，同化、与异族通婚以及犹太教的最终消亡是不可避免的。这和我在 30 年前，以及其他犹太人在殖民地时代、在美国革命时代、在 19 世纪和在 20 世纪得到的答案是一样的。那可能被证明是真实的，但我仍然担忧（我认为，担忧对犹太人是好事，这让犹太人不会自满；另外，忧郁症患者或许会更长寿）。

不过，我坚持认为，历史也提供了另外一种可能性：像以往一样，今日美国犹太人将找到创造性途径来维持和复兴美国犹太教。只有在富于想象力的领导人、忠诚的追随者以及慷慨的慈善家的共同努力下，趋于减弱的犹太性才能得以一代代维持下去。

伟大的犹太哲学家西蒙·诺维道威茨（Simon Rawidowicz）曾经指出，"一个垂死挣扎了几千年的民族，意味着它也是一个富于生机的民族。我们不断的垂死挣扎，也就意味着不断的生存、兴起、抗争、更新"。他对那些为 600 万同胞的死亡而悲痛的犹太人所说的话，在犹太延续性遭遇当代挑战的今天也同样适用。"如果我们是最后一批犹太人，那就让我们像我们的父辈和祖父辈所做的那样，成为最后一批犹太人吧。让我们为在我们之后到来的最后一批犹太人打下基础，同时也为他们之后的最后一批犹太人打下基础，如此这般，直至末日。"

（胡浩 译）

延伸阅读书目

Hasia R. Diner, *The Jews of the United States, 1654 to 2000*, Berkeley: University of California Press, 2004.

Henry L. Feingold ed., *The Jewish People in America*, 5 Vols., Baltimore: Johns Hopkins University Press, 1992.

Jacob R. Marcus, *The Colonial American Jew 1492 - 1776*, 3 Vols., Detroit: Wayne State University Press, 1970.

Jacob R. Marcus, *United States Jewry*, 1776 - 1985, 4 Vols., Detroit: Wayne State University Press, 1989 – 1993.

Marc Lee Raphael ed. , *The Columbia History of Jews and Judaism in America*, New York: Columbia University Press, 2008.

Jonathan D. Sarna ed. , *The American Jewish Experience*, 2nd edition, New York: Holmes & Meier, 1997.

Jonathan D. Sarna, *American Judaism: A History*, New Haven: Yale University Press, 2004.

Jonathan D. Sarna and David G. Dalin, *Religion and State in the American Jewish Experience*, Notre Dame IN: University of Notre Dame Press, 1997.

犹太人在美国的政治影响力

汪舒明 *

2006 年 3 月，哈佛大学肯尼迪学院的网站上发表了约翰·米尔斯海默
（John Mearsheimer）和史蒂芬·沃尔特（Stephen Walt）的研究报告《以色
列游说集团和美国外交政策》。该报告指出，以美国犹太人为核心的以色
列游说集团在美国中东政策制定中拥有无与伦比的力量，操控着美国的政
治体系。它们在国会的影响如此之大，以至于任何关于美国对以政策的公
开辩论都难以在国会发生；只要涉及以色列，任何潜在的批评者也会沉默
寡言①。该文一经出版，很快在美国学术和外交政策圈引起广泛关注，一
场关于犹太人在美国政坛影响力的大论战由此展开。关于犹太人在美国政
坛的影响力问题，西方（尤其是美国本土）学者有大量论述，相关著述呈
现出视角的多元性和复杂性。在西方，犹太人的权力或影响力之类的敏感
话题，经常引发党同伐异的论战和关于"反犹主义"的指控。

中国学者对这一问题探讨较早地出现于 20 世纪 80 年代末，到 21 世纪
初形成了一个热潮。综观 20 多年来发表的相关著述可以发现，中国学者的
研究主要集中于以下几个方面。第一，犹太人在美国社会政治中影响上升
的背景及其政治倾向。许多学者从美国犹太人社会经济地位全面提升、居
住集中、积极参政、熟稔的游说技能等方面探究了其政治影响力提升的原

---

* 汪舒明，上海社会科学院、上海犹太研究中心副研究员。

① See John J. Mearsheimer & Stephen M. Walt, "The Israel Lobby and U. S. Foreign Policy," Ken-
nedy School of Government, Harvard University, 2006, p. 16. 该报告后来扩充成书，于 2008
年出版，并进入《纽约时报》最佳图书之列。其中译本于 2009 年出版（《以色列游说集
团与美国外交政策》，上海世纪出版集团）。

因，并重点分析了其自由同化主义的政治倾向。但也有部分学者提出，美国犹太人中存在以新保守派为代表的政治保守势力。有的学者还注意到，犹太人在美国政治影响力的提升离不开战后美国主流社会反犹主义的减弱，甚至某种程度上亲犹主义的发展。第二，以美国犹太人为核心的以色列游说集团对美国中东政策的重要影响。这类著述都提出美国犹太人对以色列有很强的认同感，并以"美以公共事务委员会"（The American Israel Public Action Committee）为主要个案，分析以色列游说集团拥有的组织和选举资源，以及施加影响的途径和方式。也有部分学者通过分析美以特殊关系发展的过程，提出以色列游说集团在中东政策上的影响受制于美国在全球，尤其中东的整体战略利益。还有的学者从宗教文化、历史经历、政治制度等方面论证了美以特殊关系的文化价值观基础。第三，新保守派对小布什政府外交政策的影响。中国学者关于这一问题的探讨，绝大多数出于国际关系视角，但也有相当多的著述注意到了新保守派的犹太背景，或将之作为犹太人在美国参政的一个视角。当然，新保守派事实上与以色列游说集团有着密切关联，在支持以色列这一点上身处同一战壕。

所有上述论著都推进了中国学界对这一问题的研究和认知。但从发表的大多数成果可以看出，国内学界有关这一问题的研究，大多集中于美国中东外交政策，尤其是美以关系，而且许多以"美以公共事务委员会"为个案，实际上，众多很有影响的组织、群体与个人在美国不同时期多元流变的社会政治议程中都发挥了重要作用。国内学界对这一问题的研究还存在薄古厚今的明显倾向，多少忽略了二战以来美国犹太人政治影响力的逐步提升的历史进程。

本文旨在通过解读"美国犹太人委员会"（American Jewish Committee）历年编写的《美国犹太年鉴》（*American Jewish Year Book*，以下简写为 *AJYB*）以及其他一些相关文献，尝试对犹太人在当代美国政坛影响力整体提升的历史进程进行扼要述评，分析以犹太组织为代表的犹太社团为提升社会政治影响力所采用的重要策略，以及若干不利于其进一步提升影响力的因素。

犹太人在美国政坛的崛起

精英关联是一个群体开展有效游说的主要途径，而政治影响力的强弱主要体现为该群体的利益和诉求在决策中得以体现的程度。在犹太人对美国政治影响力上升的过程中，"罗斯福新政"和 1967 年的"六日战争"是两个关键转折点。

1. 20 世纪前期

在"新政"前，犹太组织的社会政治影响有限，成效也不显著，尚未成为真正的"压力集团"。这一时期，尽管已经融入美国社会的德裔犹太人已经有一批超级富豪，但占主体的犹太移民尚处于适应美国生活的进程中，正在努力融入美国社会。他们忙于生计，开始从主流社会的边缘走向社会政治的主流。从东欧舶来的左翼激进意识形态（如社会主义）和社会政治运动（如劳工运动）难以在美国主流社会找到适合成长的土壤，只处于社会政治的边缘。主流社会也并未接纳犹太人，犹太人仍然处于无权状态。犹太人的组织化程度不太高，不同组织之间缺乏黏合剂。他们主要通过媒体和"美国犹太人委员会"、"反诽谤联盟"（Anti‐Defamation League）、"美国犹太人大会"（American Jewish Congress）等犹太"防卫"组织发挥间接影响。这些媒体和"防卫"组织总体上持同化主义立场，主要目标是帮助犹太同胞尽快融入美国主流社会，变得更像"美国人"。主要"防卫"组织的维权行动大体仍为反应式的，而且它们之间经常意见相左，相互竞争。主要组织的专业化程度较低，社区动员能力也不强。进入政界（尤其国会）和媒体主流的犹太精英较少。在此阶段，犹太社团主要通过少数与政治精英有密切关联的犹太精英和犹太组织的非对抗性的"幕后游说"来开展活动，他们与议员、总统、国务卿等领导人会谈、通信、做证、陈情，也推动基督教的群体发声支持。他们在国内外承担着抵御或反击反犹主义、救助同胞的"防卫"任务，但就总体而言成效有限。1912 年，塔夫托政府中止 1832 年开始实施的《美俄商约》，这可以算作犹太人参与和影响美国对外政策的一次重要斩获；但他们仍然难以对抗一战后美国国内强大的孤立主义，在移民问题上遭受重挫。1923 年的新移民法严格限制移民入境，实际上使美国对东欧犹太移民关上了大门。

2. 20 世纪中期

从"罗斯福新政"开始，犹太人对美国政治的影响力进入了一个转折性的时代。犹太人在美国社会中的地位全面提升。美国主流社会的反犹主义也因二战和纳粹大屠杀而大为减弱，变成一种在政治和道德上"不正确"的行为，而某种程度的亲犹主义则成长起来。族裔群体的政治活动获得更大程度的容忍。犹太教在美国受到尊重，"犹太—基督教传统"已经被广泛接受为美国乃至西方文明的共同基础。美国"熔炉"的基础已经变成了基督教、天主教、犹太教三方。"三大宗教社群，即新教、天主教和犹太教，构成了美国的三大宗教，即'民主的宗教'"①。犹太人在美国的成就和贡献获得了广泛认可。犹太人在美国不再是访客，而是主人。犹太复国主义也获得了民主党和共和党的共同支持。

在"新政"过程中，犹太人与罗斯福的民主党结成自由派联盟。犹太人"帮助构建了'新政'联盟，并在此后三代人的时期内为这一联盟提供了许多黏合剂。而罗斯福……第一次邀请他们帮助制定公共政策。……（他）在最重要的公共政策问题中引入（犹太人），使美国犹太人实现了一代人的梦想：融入主流"②。罗斯福在任内前所未有地将众多犹太精英招入麾下，其 12 年任期中任命的最高级别官员中大约有 15% 是犹太人，其中包括财政部长亨利·摩根索，白宫助理菲利克斯·法兰克福特、塞缪尔·罗森曼、戴维·K. 尼尔斯、本杰明·V. 库恩等③。法兰克福特后来还被任命为美国历史上第一位犹太裔最高法院法官。同样重要的是，罗斯福还充分借鉴了犹太社团行之有效的社会福利和救济经验，并起用了大批有经

---

① Will Herberg, *Protestant - Catholic - Jew: An Essay in American Religious Sociology*, New York: Anchor Books, 1960, p. 246.

② Marc Dollinger, *Quest for Inclusion: Jews and Liberalism in Modern America*, New Jersey, Princeton: Princeton University Press, 2000, p. 20.

③ L. Sandy Maisel, ed., *Jews in American Politics*, New York: Rowman & Littlefield Publishers, 2001, pp. 35 - 37.

验的犹太裔社会工作者，以致其政敌将"新政"谑称为"犹太新政"。"新政"教会了犹太人适应和妥协的智慧，使他们形成自由主义的核心信条，让他们前所未有地（通过民主党）获得了接近权力的孔道，更是对他们作为美国人已经"成功"的一次官方确认①。"新政"由此标志着犹太精英在美国政坛的强势崛起。犹太人一举摆脱了边缘地位，大步跨向主流，将美国犹太社团带入二十年的"黄金时期"，积极参政在犹太社团中蔚然成风。

犹太组织在数量上迅猛增长，功能也日益广泛，参政能力和积极性都大为提高，其使命已经远远超越了"防卫"，开始积极在国内外推动和建立一个有利于犹太民族安全和繁荣的整体环境。一些机构开始集中化，开始形成合理架构来为犹太社团承担类似政府的功能。此前相互竞争的社团关系组织（美国犹太人委员会、美国犹太人大会、反诽谤联盟等）之间也开始出现联合协作的趋势。犹太联合会理事会于 1944 年推动建立了"犹太社团关系咨商理事会"（National Jewish Community Relations Advisory Council），它后来发展为"犹太公共事务理事会"（Jewish Council of Public Affairs），以协调全国主要犹太社团关系组织的维权活动。犹太社团关系组织之间开始有了常设性的协调机制。犹太组织的专业化程度也明显提升，犹太组织领导层开始职业化（此前大多为业余的志愿领导人）、长期化。

这一阶段犹太组织的游说和维权出现了前所未有的行动主义精神，战略和策略都发生了明显变化。①主要犹太组织与政府相关部门合作，积极参与美国政府推出的社会改造项目，与政府建成官民合作的互利联盟。②主要犹太"防卫"组织还以各自不同的方式积极推动社群关系改变。美国犹太人委员会和反诽谤联盟积极致力于研究、宣传和教育，推进跨宗教对话与和解，监控商业媒体和反犹组织，来改变美国社会的对犹偏见。美国犹太人大会则建立了一个强大的律师团队，代表犹太人大打维权官司，来震慑和矫正反犹行为及其法律环境。③犹太组织秉持自由主义共识，通过为所有公民平等而努力，来塑造有利于犹太人发展繁荣的社会环境。

---

① Dollinger, *op. cit.*, p. 40.

以"全国有色人种协进会"（The National Association for the Advancement of Colored People）为主要组织平台，犹太社团与非裔在民权问题上结成了联盟。④犹太组织已经不再忌惮与政要对抗，"不信赖君王"开始成为一种游说文化。犹太人开始从依赖他人善意和同情转向依赖自身实力来施压。

犹太人这一时期的主要目标还是破除美国社会中的种种壁垒，顺利融入主流社会。重要犹太组织都积极致力于推进体现公平、自由、权利平等原则的自由主义议程。以"美国犹太人大会"为代表的犹太组织积极参与关涉政教分离原则的立法和司法，在捍卫和推进政教分离原则中取得了一个又一个胜利。重要的犹太"防卫"组织在反对就业、居住、教育和休闲娱乐场所等领域的歧视中非常活跃，成为美国各级政府改善民权的重要支持者和合作者。"美国犹太人大会"等自由派犹太组织还积极参与了黑人民权运动。

这一阶段，纳粹屠犹带来的全球犹太人的权利和安全问题推动犹太人积极投入美国外交事务，犹太复国主义也获得他们的广泛支持，但他们对美国外交政策的影响力并不大。尽管重要犹太组织频频向美国政府施压、游说，要求美国修改移民法以庇护欧洲犹太难民，要求美国支持巴勒斯坦分治决议，要求美国提升美以关系并结成联盟，但除分治决议和承认以色列外，犹太组织的愿望大多没有实现。这一时期，美国在中东的战略利益需要其在阿以之间采取一种平衡政策，以色列尚未强大到成为美国"战略资产"，20世纪50年代中期建立的"美以公共事务委员会"和"主要犹太组织主席联席会议"（Presidents Conference，以下简称"主席联席会议"）等组织还未成长为强大的"压力集团"，以"美国犹太人委员会"为代表的自由派犹太人也非常担心以色列建立带来的"双重忠诚"问题，所有这些因素都限制了犹太社团对美国中东政策的影响。除了关切中东事务，"美国犹太人委员会"和"美国犹太人大会"等犹太"防卫"组织还在战后初期积极致力于推动国际人权保护机制的建立，并在联合国人权外交中发挥了重要作用。出于争取犹太选民的需要，面临游说压力的美国政客这时已经不能不认真对待犹太组织的要求，但他们基本上尚未将犹太组织视为对外政策制定过程中的重要角色。

3. 20 世纪后期

"六日战争"后，犹太人的政治影响力全面提升。精英关联的增强是这一时期的显著变化。犹太人在国会中实力明显增长，使国会成为犹太人发挥影响的最重要舞台：尽管犹太人在美国人口总数中的比例不断下降，但犹太裔议员却从 1960 年的 10 名众议员和 2 名参议员增加到 1994 年的 24 名和 9 名，几乎增长了 200%[①]。在 2006 年则进一步上升到 30 名和 13 名。[②] 犹太组织也积极为国会议员举荐助手，几乎每一位议员都有一名以上的犹太裔助手。犹太组织的领导人努力与所有国会议员建立起一张迅捷的联系网，正如著名的改革派拉比萨普斯坦（David Saperstein）所称："在 535 位国会议员中，我能在数小时内通过关键联系人接触到 500 位。"[③] 随着新保守派投入共和党怀抱，犹太人在共和党内也形成了一股颇有影响的力量。由此，犹太人在两大政党内部都成了有重要影响的角色，进入政府高层的犹太政治精英明显增加，里根、克林顿、小布什任期内均有大批犹太人加入政府。在这一阶段，犹太人在美国媒体、高校、智库中的影响力也明显上升。

除了犹太政治精英的崛起，犹太组织的数量、规模和影响也在这一时期进一步扩展。犹太人已经成为美国组织化程度最高的社群之一。以色列经历的战争和危机使美国犹太社团的权力和权威出现了进一步集中化，尤其向负责筹资的机构联合会体系集中。犹太联合会理事会越来越多地承担了一个美国犹太人"准中央政府"的职能。而具体的功能性领域，犹太人都基本建立起专门的组织来协调全国和地方性组织的行动。尽管不同组织之间仍然存在冲突，到 70 年代早期，犹太人在组织结构和组织协调方面已经达到了高度整合。与 30 年代相比，犹太组织数量猛增；人才济济，而且

---

① Robert B. Fowler & Allen D. Hertzke, *Religion and Politics in America：Faith，Culture，and Strategic Choices*，Boulder：Westview Press，1995，p. 121.

② American Jewish Committee, *American Jewish Year Book*，New York，2007，p. 64.

③ 艾伦·D. 赫茨克：《在华盛顿代表上帝：宗教游说在美国政体中的作用》，徐以骅等译，上海人民出版社，2003，第 67 页。

大多为职业社会活动家；参与和影响社会政治的渠道也变得多元化。美国领导人对犹太人的利益和关切也不再冷漠。① "美以公共事务委员会" "主席联席会议" 等亲以组织迅速成长为强大的游说组织。在美国的中东政策制定过程中，前者在国会山的影响无可匹敌，被称为 "国会山之王"。除了那些跨教派的组织，美国犹太教各派也纷纷在华盛顿建立专门机构，对政府相关部门开展游说。这一阶段，犹太组织的行动策略和路径也进一步发生变化：变得更加大胆，也更具攻击性；更倾向于多元主义和特殊主义；联盟更灵活多变，更借重基督教福音派的支持；更熟稔内部人战略，尤其倚重通过国会制衡行政部门；利用纳粹大屠杀的历史悲情，强化群体认同，并以 "反犹" "纳粹" 等标签对敌手进行道义挞伐。

"六日战争" 以后，美国犹太人的政治认同和核心议程发生了改变。与此前谨慎的自由同化主义立场不同，族裔认同政治和多元文化主义在美国的抬头、"六日战争" 带给犹太人的自豪和自信，以及以色列在美国全球战略中地位上升等因素，都使犹太人更大胆地声张犹太人的诉求，表达其民族情绪。他们对 "双重忠诚" 的担忧已经大大降低，就连 "美国犹太人委员会" 也已经明显转向了犹太复国主义。他们对自由主义议程的热情消退了，一些人转向犹太民族主义。新保守派、犹太复国主义者和正统派这三类民族主义强烈的 "新犹太人" 在许多犹太组织中的影响力大为增强，以色列安全、纳粹大屠杀教育和苏联犹太人等与犹太民族利益密切相关的问题，成了美国犹太社团的中心议题。犹太人的这些议题都对美国的相关政策发挥了强大影响，并经常以符合其利益的方式解决：美国迅速提升与以色列的双边关系，与以色列结为战略同盟，长期推行一种有损于自身国际形象的偏袒政策；设立专门的大屠杀纪念理事会（1978 年），并在华盛顿国家广场建立 "美国纳粹屠犹纪念博物馆"（1993 年，United States

---

① Fred A. Lazin, *The Struggle for Soviet Jewry in American Politics: Israel versus the American Jewish Establishment*, Lanham: Lexington Books, 2005, pp. 293 – 296; 中译本见弗雷德·A. 拉辛：《美国政治中的苏联犹太人之争：透视以色列与美国当权派的关系》，张淑清、徐鹤鸣译，商务印书馆，2014，第 382~387 页。

Holocaust Memorial Museum)，将促进大屠杀教育上升为全国公民教育的重要途径；使美国国会通过瓦尼克－杰克逊修正案（1974 年），将苏联犹太人移民问题与美苏贸易关系长期挂钩。美国中东外交成为犹太人最为关切的问题。"围绕美国在中东的活动，美国国内存在政治博弈，而有组织的犹太社团是其中唯一的主要角色。"[1] 20 世纪 60 年代中期以来，美国的中东外交常受犹太组织的限制，有时甚至被迫采取与美国战略利益不一致的行动。[2] 在关涉犹太人利益的问题上，美国犹太组织已经成了一种相对独立的制衡力量，不符合其利益的政策往往会受到强烈反对和批判。为避免受到犹太组织阻梗，行政和立法部门在制定相关政策时往往主动了解这些组织的立场，将它们纳入决策过程。

当然，犹太人在美国的强大影响，在很大程度上乃是出于美国主流社会的需要和支持。正如有学者所言，犹太人在支持以色列等一些问题上很有影响，那是因为他们拥有基督徒广泛的支持。[3] 自 20 世纪 40 年代以来，美国民众持续对以色列予以强烈支持，一直把以色列列为最喜欢的国家之一，很少受美以双边关系起伏的影响。一位学者就这种亲以倾向评论道，"美国公众很少有如此鲜明、深远的外交政策偏向，它与别国民意竟如此大相径庭"[4]。"六日战争"以来，以色列在美国战略价值和地位的逐步提升与犹太人在美国政治影响力的提升并行不悖、相辅相成。建立和维护美以战略关系、加强美以政策协调的现实需要为犹太人提升在美国外交事务中的影响力提供了空间。在双方产生政策分歧的时候，美国犹太社团实际上被美以两国政府赋予调解者的地位。而一旦他们成为强大的政治势力，犹太社团就可以有效阻碍在美国外交战略中重估以色列地位和作用的种种企图。

---

① Seymour Marrtin Lipset & Earl Raab, *Jews and the New American Scene*, *Cambridge Mass.*: Harvard University Press, 1995, p. 145.

② Abraham Ben – Zvi, *Partnership Under Stress*: *The American Jewish Community and Israel*, Jaffee Center for Strategic Studies, Tel Aviv University, 1998, pp. 9 – 11.

③ Fowler & Hertzke, *op. cit.*, p. 47.

④ Walter Russell Mead, "The New Israel and the Old: Why Gentile Americans Back the Jewish State," *Foreign Affairs*, July/August, 2008, p. 30.

犹太组织在美国参政的成功经验

前面已经提及犹太组织在数量、影响力方面的增长，以及"六日战争"后犹太组织的结构性转变。总体而言，犹太组织是犹太人影响美国社会政治最坚实的基础。为了提升在美国政治中的影响力，犹太组织运用了许多有效策略。

第一，高举"美国信条"，注意维护并展示其"忠于美国"的形象，减轻主流社会对其"双重忠诚"的担忧。认同的分裂和主流社会"双重忠诚"的指控是美国少数族裔群体经常面临的问题，如果在忠诚问题上受到怀疑，那就不利于群体和组织参与和影响公共事务。与许多少数族裔群体一样，美国犹太人也因其对以色列的强烈认同和支持受到诟病。美国犹太组织对忠诚问题非常敏感，一直小心翼翼地塑造和维护其"爱国"形象。与"美国信条"保持一致是犹太组织的行为准则，即使在体现犹太人特殊利益的事务上，他们也往往通过重新包装，强调其要求符合美国人所钟爱的自由、民主、人权等价值观。犹太复国主义运动在本质上是犹太民族主义运动，它给美国犹太人带来如何在两个"应许之地"选择或协调的问题。以色列建国以前，具有犹太教改革派背景的组织（如"美国犹太人委员会"）在美国公共事务中最为活跃，这些组织基本上持反犹太复国主义立场，他们坚持同化主义，期望顺利融入美国主流社会。即使那些明确支持犹太复国主义的犹太领导人也往往对犹太复国主义和美国主义进行综合，将犹太复国主义重铸为"美国信条"的延伸，以美国的价值观去阐释和实践犹太复国主义。因此，美国犹太复国主义从一开始就吸收了"美国信条"，以适应美国爱国主义的要求。[①] 以色列的建立对美国犹太人政治忠诚的统一带来了严峻挑战。以色列成立伊始，"美国犹太人委员会"主席约瑟夫·普劳斯库（Joseph M. Proskauer）就于 1948 年 1 月 19 日致信《纽

[①] Jerold S. Auerbach, *Are We One? Jewish Identity in the United States and Israel*, New Jersey: Rutgers University Press, 2001, pp. 65, 66.

约时报》，澄清美国犹太人只忠于美国，宣称美国犹太人是美国"骨中的骨、肉中的肉"①。此后，该组织领导人代表美国犹太社团就美国犹太人政治忠诚的唯一性问题多次与以色列领导人交涉，要求后者加以澄清。② 在冷战期间，美国犹太组织还非常明智地将拯救苏联犹太人这个关系到犹太民族特殊利益的问题重新阐释和包装成一个带有普世性的国际人权问题。

第二，高度重视群体认同建设，以提升成员对犹太社团的忠诚和自豪感。犹太民族长期处于流散状态，但终究没有被客居地同化。其内在根源在于，以"特殊选民论"为核心信条的犹太教，为维系犹太认同提供了信仰和组织基础。在美国的社会政治环境下，少数族裔群体尤其容易丧失自身独特性，泯然众人。在犹太人向美国大规模移民时期，犹太组织一方面帮助新移民尽快熟悉和融入美国社会，另一方面也注意以犹太宗教和文化来维系群体认同。在移民已经熟悉美国环境后，犹太组织重点转向群体认同建设，针对不同群体的不同特性，设立了许多认同建设项目。以犹太青少年为主要对象的犹太文化教育在战后尤其受重视，犹太社团在经费投入和社团工作方面也相应做了倾斜。20 世纪后期以来，美国犹太组织尤其重视纳粹屠犹的历史教育，使历史悲情成为犹太认同建设的一大助力。

第三，长期致力于教派和族裔群体间的对话与合作，积极建立跨族裔、跨教派的联盟。少数族裔的群体欲有效参与并影响美国公共事务，就需要有长期的联盟战略。整个 20 世纪，美国犹太组织一直致力于推进与基督教的对话、和解与合作，"美国犹太人委员会"等组织还建立起推进跨教派对话和交流的专业部门和团队。自 20 世纪 20 年代以来，犹太教和基督教就共同建立了许多组织，与基督徒一起在国内开展增进善意和理解的活动，消除偏见，促成共识。在第二届梵蒂冈大会（1965 年）中，"美国犹太人委员会"领导人努力与教皇沟通，还成功争取到了肯尼迪总统、腊

---

① American Jewish Committee, *American Jewish Year Book*, 1949, New York, 1949, p. 257. 引语典出《创世记》2：23。

② Marianne R. Sanua, *Let Us Prove Strong：The American Jewish Committee, 1945 - 2006*, Waltham：Brandeis University Press, 2007, pp. 58 - 66.

斯克国务卿和美国大主教支持，为推动和促进梵蒂冈转向与犹太人和解与对话发挥了关键作用。[①] 在以色列安全问题上，犹太组织获得了基督教福音派的强烈支持；在政教分离、妇女权利和堕胎等问题上，他们则与自由派基督教团体结盟；在福利国家问题上他们与天主教结盟；在民权问题上则有非裔为其盟友。犹太组织与非裔联盟的主要载体就是"全国有色人种协进会"，该组织一开始就获得了犹太组织的大量财政支持。即使在后来非裔激进民族主义对犹太人利益产生一定冲击的情况下，重要犹太"防卫"组织仍然努力缓和矛盾、弥合分歧。

第四，利用"反犹主义"和"纳粹屠犹"的悲情历史，抢占道义至高点。20世纪中期以来，主要犹太"防卫"组织一直在对美国反犹主义进行研究、调查和打击。随着调查和打击国内外反犹主义在美国成为立法，打击反犹主义已经获得美国的法律保障[②]，从犹太社团事务升格为美国的公共事务。20世纪末以来，犹太组织还积极在美国推进对纳粹屠犹的研究和教育。许多高等院校中都开设了相关课程，各州也纷纷推广纳粹屠犹教育课程。以研究、教育纳粹屠犹为使命的组织成长迅速，相关题材的学术和文艺作品层出不穷。反犹主义和纳粹屠犹在一定程度上已经被工具化了。许多犹太人强调纳粹屠犹在历史上的特殊性以及犹太民族在其中所受劫难的独特性，从而为犹太民族争得"20世纪最大的受害者"地位，获得了扩大在美国话语权力的道义资本。借助这一利器，犹太组织可以使犹太人加强内部团结，使许多基督徒愧疚并支持或默认犹太组织推进符合犹太民族利益的议程。近年来，前总统卡特、著名国际政治学家米尔斯海默和斯蒂芬·沃尔特等都因为他们的著述抨击了以色列政策或以色列游说集团而被犹太组织指称为反犹主义，使他们遭受沉重的舆论压力。

第五，注意在不同组织之间开展分工、协调以实现犹太社团内部力量

---

① Sanua, *op. cit.*, pp. 131 – 133.

② 如2004年，《全球反犹主义评估法》（*The Global Anti - Semitism Review Act*）在美国参众两院通过并经小布什签成为法律，该法要求国务院每年评估并报告全球范围内的反犹主义情况。

整合和优化配置。美国犹太组织数量众多，各组织难免在关注的重点、行动策略和手段、社会政治倾向和意识形态等问题上存在分歧、矛盾和竞争。以"三大防卫组织"为例："美国犹太人委员会"擅长在国内外高层构建人际关系网，开展"静悄悄的外交"，即精英游说，以致被称为"犹太国务院"。①"美国犹太人大会"较注重草根动员和街头抗议，还善于运用法律武器在政教分离等问题上捍卫犹太利益。该组织积极影响美国最高法院与宗教分离和公民自由等问题相关的关键判决，一定程度上担当了美国犹太社团的"律师"之职。而"反诽谤联盟"则主要致力于反击反犹主义，通过教育反对宗教和种族歧视，以维护犹太人的安全。

众多的犹太组织之间往往倾向于按功能领域联合建立伞状组织以互助和协调：如宗教事务和会堂管理方面曾建立"美国犹太会堂理事会"（Synagogue Council of America，1994 年解散），社团关系方面有"全国犹太社团关系咨商理事会"②，犹太复国主义运动方面有"美国犹太复国主义运动"（American Zionism Movement），筹款和慈善活动方面有"联合犹太社团"（United Jewish Community），"美以公共事务委员会"和"主席联席会议"则代表犹太社团分别对国会和总统开展游说，救助苏联犹太人有"全国救助苏联犹太人大会"（National Conference for Soviet Jews）。尽管并不存在一个类似于全国性政府这样的职能广泛的机制和组织，但这些协而不同的多元化机制和组织的存在使美国犹太社团呈现为某种内部分权制衡的政制（Polity），承担着准政府的职能。在 70 年代，"全国犹太社团关系咨商理事会"和"主席联席会议"还倡导了涉及以色列的三条规则：唯有以色列有权决定以色列的政策；在公开场合，美国犹太人必须联合支持以色列，分歧只应通过私下交换；以色列不应与巴勒斯坦恐怖分子谈判。③

① 该组织的年度大会往往能邀请到许多国内外政要参加。2006 年举行的成立百年大典，就有 2000 贵宾出席，美国总统布什、德国总理默克尔和联合国秘书长安南等重要政要纷纷发表讲演。参见 Sanua, *op. cit.*, pp. 342, 343。

② 该组织后来更名为"犹太公共事务理事会"（Jewish Council for Public Affairs）。

③ Jonathan J. Goldberg, *Jewish Power: Inside the American Jewish Establishment*, New York: Basic Books, 1996, p. 208.

这些规则在犹太社团内部颇受尊重，即使一些重要组织的领导人，若不遵守这些规则也会变得不受欢迎，甚至可能在公共场合被轰走。犹太组织也不会轻易让外部力量破坏内部的默契。1977 年，在卡特与犹太社团因中东和平进程关系紧张时，卡特派其白宫对犹联络官越过"主席联席会议"直接与地方性犹太组织领导人沟通。结果，犹太组织很快阻止了这位"钦差大臣"的活动。犹太社团已经将与白宫交涉的任务交给"主席联席会议"，不愿受到白宫的渗透。①

第六，非常熟悉美国政治体制，善于在美国多元分权的政治体制中寻找缝隙。积极参政并顺利融入主流社会使犹太人成为美国政治体制中的"圈内人"。他们非常熟悉美国多元分权政治体制，并善于利用这种体制带来的机遇。犹太人遵守美国体系的游戏规则，游刃有余。② 在不同时期，美国犹太人往往利用行政、立法、司法和舆论这四种权力机制之间的制衡和缝隙，扬长避短，扩大并发挥自身独特的影响。一旦行政部门不遂己愿，犹太组织可以利用其他部门施加压力，甚至制造既成事实。美国犹太社团有大量的政策分析家、资深记者和评论员、行政官员、议员和议员助手、律师、社会工作者等优秀人才，而且许多人会在各种角色间流动转换。那些在多种类型的工作和部门间经历"旋转门"的人才，既熟悉美国政治体制的运作流程和规则，也有广泛的精英关系网，是能力出众、精力充沛的实干家。作为政坛的"行家里手"，这些人往往在犹太组织中深孚众望，长期担任组织的骨干和领袖。1944 年，"美国犹太人大会"雇用了从"总统公平就业委员会"总法律顾问一职离任的威尔·马斯劳（Will Maslow），让他建立了一个由 7 名律师组成的"法律和社会行动委员会"，其中就包括列奥·帕菲福（Leo Pfeffer）③。此后，该组织成为美国捍卫政教分离最强大的组织。"美以公共事务委员会"既重用议员助手，也经常为国会议员物色和推荐

① Goldberg, *op. cit.*, p. 209.

② Fowler & Hertzke, *op. cit.*, p. 47.

③ Ibid., pp. 120 – 122.

助手，这对其发展壮大有着重要意义。犹太组织还高度重视培养公共事务方面的人才。"希勒尔"（Hillel）等犹太学生组织积极培养犹太青年学生参与公共事务的意识和能力，一直致力于以犹太价值观引导他们的参政活动。

第七，高度重视社会科学研究和调查。重要犹太组织领导人对社会科学在参与和影响公共事务中的作用早有认识，高度重视相关专家的研究成果，非常善于审时度势、随机应变。在二战前反对反犹主义的斗争中，犹太"防卫"组织都建立起相关的机构，运用社会科学分析方法研究群体偏见产生的原因和消除偏见的方法。[1] 如"美国犹太人委员会"在战前就建立了"调研委员会"，其领导人理查德·罗斯查尔德（Richard Rothschild）高度重视社会科学研究，强调不断评估社会舆论并随时调整组织活动和宣传策略。该组织1943年接任副执行主席的约翰·斯劳森（John Slawson）进一步发扬了他的思想。斯劳森本人就是一名心理学家，他为该组织建立了"社会研究与统计部"和"犹太信息图书馆"（1930年），组织专家编写每年一卷的"美国犹太年鉴"。他还积极帮助和吸纳流亡美国的欧洲犹太裔社会科学家。阿道诺、霍克海姆等法兰克福学派重要成员都曾参加该组织的研究项目。[2] 1960年，该组织还建立了"人际关系研究所"（Institute of Human Relations），开展群体形象研究以消除群体偏见。在20世纪60年代后期，他又筹建了"专家委员会"规划该组织的活动范围和策略，该委员会的顾问团由12名著名思想家和学者组成。[3] 实际上，该组织在其从事的几乎每一个重要活动领域都启用相关专家担纲领导职位，建立起独立的研究团队及机构，其人权、宗教对话等许多领域的负责人尤其享有国际声誉。该组织还于1945年创办了在美国很有影响力的刊物《评论》（Commentary），从20世纪60年代以来，《评论》成为新保守派最重要的

[1] American Jewish Committee, *American Jewish Year Book*, 1946, New York, 1946, p. 280.
[2] 如已有中译本的《权力主义人格》（西奥多·W. 阿道诺等著、李维译，浙江教育出版社，2002）。
[3] Sanua, *op. cit.*, pp. 14, 15, 48, 151.

喉舌，为犹太保守派知识分子的成长提供了重要平台。①

余 论

尽管犹太人在美国政坛仍然强大，但 20 世纪末以来也出现了一些不利于他们继续维持政治影响力的变化。

首先，美国犹太人口出现了增长停滞、居住分散、与外族通婚加剧和脱离犹太教等趋势。埃利奥特·阿布拉莫斯（Elliott Abrams）在 1997 年出版《信仰和恐惧》一书，其中描绘了美国犹太社团出现的"人口灾难"景象：犹太人口在美国总人口的比例由最高点的 3.7% 降为 2%；1/3 的犹太后裔宣称他们不再信仰犹太教；1985 年以来结婚的犹太人中，大多数选择与其他族裔的人通婚（52%），而且非犹太配偶改宗犹太教的比例正在下降（20 世纪 40 年代为 20%，而 1990 年为 5%）；通婚家庭出生的孩子，只有 28% 作为犹太人抚养；预计在今后两代人的时间里，美国犹太人口将缩减 100 万到 200 万。② 随着美国经济版图的重构，犹太人还大量向环境优美的西部和西南部的"阳光地带"迁移，不再集中在纽约等东部少数几个大城市。这种分散化的趋势将使现有的犹太社团成员减少，削弱美国犹太社团的政治影响力。对这种"人口灾难"的广泛担忧还使美国犹太社团在后冷战时期进一步内向化，将更多的注意力从美国公共事务转向其自身在美国的延续问题。尽管犹太人的进一步精英化有助于提高政治影响力，但人口比例缩减仍将使犹太选票对选举政治的影响力减弱。

其次，美国犹太人民族凝聚力减弱。"六日战争"使全球犹太人为以色列、为自己的犹太身份自豪，几乎所有美国犹太人都将他们的命运跟以

---

① 《评论》杂志创办后，一直实行编辑独立方针，早期倾向自由派。20 世纪 60 年代中期以来，在其主编诺曼·波德霍雷茨（Norman Podhoretz）的主持下转向保守，成为新保守派的主要阵地，与"美国犹太人委员会"的温和自由派立场背离。近年来该杂志编辑部已经与该组织脱钩而完全独立。

② Elliott Abrams, *Faith or Fear: How Jews Can Survive in a Christian America*, New York: Simon & Schuster, 1997, pp. 1, 2, 99, 100.

色列的生存和安全联系在一起。以色列成了他们共同的纽带，成为他们团结与忠诚的新源泉。[1] 但自 20 世纪 80 年代以来，美国犹太社团内部及其与以色列之间都出现了明显的裂痕。大部分美国犹太人属于非正统派，在社会政治上属于美国自由派阵营，崇信"美国信条"；而立场保守强硬的正统派则在以色列宗教事务中占据着垄断地位。对于以色列右翼政府在巴以关系问题上推行的咄咄逼人的政策，前者深为不满，一些自由派犹太领导人公开批评以色列的政策，而正统派等"新犹太人"则强烈支持以色列的强硬政策。另外，犹太教正统派在以色列压制和排斥非正统派的做法也违反了基于"美国信条"的宗教自由和多元主义，引起非正统派的强烈不满。1997 年，以色列政府试图通过"改宗法"（Conversion Law）进一步确立正统派在认同问题上的垄断地位，结果引起波士顿、克里夫兰、旧金山等许多城市犹太联合会的强烈反对，它们纷纷削减对以色列的捐款，或将捐款转向与它们意识形态相近的组织。[2] 这些内部分歧使得正统派和非正统派之间越来越难以形成共同的立场和议程，也难以和睦相处，以致正统派在 1993 年退出"美国犹太会堂理事会"，导致该组织在延续近七十年后解体。这些分歧还往往被美国政府所利用。克林顿政府就对互相对立的犹太组织施行操纵，削弱了"主席联席会议"等组织领导人在巴以和谈问题上的影响力。[3] 奥巴马政府也在巴以和平进程、伊朗核问题谈判等方面利用"J 街"（J Street）等组织，在犹太社团内部打入楔子，对冲和削弱主流派的强硬立场。另外，犹太自由派对以色列政策的抨击也会"外溢"并影响美国社会对以色列的公众舆论，削蚀美国国内同情和支持以色列的民意基础，并转而质疑以犹太右翼为核心的以色列游说集团在美国中东政策中的影响。

最后，美国主流社会对以色列政策和以色列游说集团的批判和顾虑增强。美国犹太人仍然担心反犹主义在美国主流社会的复活，这使他们不能

① 乔纳森·D. 萨纳：《美国犹太教史》，胡浩译、徐新校，大象出版社，2009，第 269 页。

② Ben-Zvi, op. cit., pp. 36, 37.

③ Ibid., p. 30.

不有所忌惮。"在美国，跟以色列有关的问题被犹太人视为反犹主义复活的最大潜在源泉。如果美以关系恶化，或者支持以色列被美国的政策制定者和美国公众看作违背了美国的利益，而美国犹太人继续为以色列大力游说，那么这种（反犹的）诱因就会出现。"① "9·11"事件的发生以及美国陷入伊拉克和阿富汗泥潭都促使美国社会对美以特殊关系的影响进行反思，许多人认为以色列已经成为美国中东战略的负担。以色列右翼政府的政策日益引起美国许多精英的不满。在《牢墙内的巴勒斯坦》一书中，前总统卡特将以色列修建的"隔离墙"称为"牢墙"（Apartheid）——这原是称呼南非旧时"种族隔离制度"的专用术语，他猛烈抨击以色列对巴勒斯坦人实行种族隔离和殖民统治，剥夺巴勒斯坦人的基本人权，一直是谋求圣地全面和平的主要障碍。跟米尔斯海默和沃尔特等现实主义者的立场一样，他也认为，美国对以色列的偏袒损害了美国的国际威信，糟蹋了美国的善意，也使全球反美恐怖主义活动增长。② 公开批判美国几乎无条件地支持和偏袒以色列的政策，在美国舆论中越来越具有合法性，越来越难以如部分右翼犹太组织所愿而成为"禁忌"。这种批评声浪中有时还包含着对美国犹太人"双重忠诚"的指控，给美国犹太人进一步提升其政治影响力蒙上了阴影。2016 年大选中，美国两大政党重要候选人（特朗普、桑德斯）都提出了在巴以之间实行"中立"的主张。

---

① Lipset & Raab, *op. cit.*, p. 194.
② 吉米·卡特：《牢墙内的巴勒斯坦》，郭仲德译，西北大学出版社，2007，第 135、140 页。

流散犹太人与以色列

——兼与海外华人比较

肖　宪 *

在长达两千年的历史中，犹太人都是一个没有自己的国家、散居于世界各地的民族。现在，犹太人已经有了自己的民族国家——以色列，然而全世界的多数犹太人（50% 以上）并没有生活在以色列，而是仍然作为少数民族分散在世界各地。这些流散犹太人如何看待以色列，如何处理同以色列的关系，如何在居住国与以色列之间做出选择，他们未来的前途又如何，这些都是值得深入研究的问题。本文拟从流散民族与祖国的关系，来探讨流散犹太人与以色列的关系。

一　民族流散

民族流散是世界历史上一个并不少见的现象。一个无论在主观上（具有自我认同），或是在客观上（具有共同的民族特性）都被视为一个民族（或族群）的群体，因各种原因被迫或主动离开原先生活的土地，成为散居于异国他乡的人群，但却仍然保持着相互间的认同，这就是民族的流散。

民族流散 "diaspora" 一词源自希腊语，现多种语言中都有这个名词，指流散的或者散居的民族（族群）。例如，全世界的 3000 万海外华人被称为 "Chinese diaspora"，同样，还有海外印度人（Indian diaspora），散居世

---

　* 肖宪,云南大学国际关系学院教授。

界各地的亚美尼亚人（Armenian diaspora），散居爱尔兰人（Irish diaspora），等等。但在世界范围内，最典型的散居民族还是犹太人，甚至现在只要一说"diaspora"，许多人指的就是散居世界各地的犹太人（Jewish diaspora）。

流散的原因，既有被动的，也有主动的。被动的流散，如被掳战俘、奴隶贸易，或为躲避饥荒、迫害、传染病等而被迫流亡或移居异国他乡；主动的流散，如由于本国的资源不足但又想维持整个民族的生计，或为了寻求更好的生活环境，或为了追逐更多经济利益，或为了寻求适宜的宗教、政治环境而主动迁离故地，移居他乡。

流散的民族的特点是：虽然分布在不同的地方，但仍然保持着共同的民族认同。如果流散者移居他乡之后，受当地民族或者文化的影响而失去原有的民族特征，不再认同于原来的民族（母体民族），他们就不再是流散民族，而变成了被同化的民族。外来移民或少数族群被当地主体民族同化的现象，在世界历史上也是很常见的。被同化者通常都是外来移民或少数民族，通常在文化上处于弱势地位。民族同化也分为强迫同化和自然同化两种。凭借政治权力和民族特权将处于弱势地位的民族并入强势民族之中，即为强迫同化。而自然同化则是不同民族在长期共处中，弱势的、落后的民族逐渐丧失了其民族特性。民族同化是一个漫长的过程，强迫同化往往不成功。

然而，同样是流散民族，为什么有的被同化，有的却不被同化呢？有数百年历史的海外华人社团之所没有被同化，是因为华人有祖国，海外华人与祖国母体文化保持联系，不断受中华文化的滋养，因此可以保持中华文化认同，不被同化。而流散的犹太人没有祖国，为何也能流而不散，不被其他民族同化呢？

客居他国的犹太人之所以能代代相传，保存至今，最主要有三个原因：一是他们有独特的、生命力强大的犹太宗教（文化）；二是东道国的歧视和排斥，拒绝犹太人同化；三是各地的犹太社团彼此往来，相互支持，保持认同。其实，犹太人中也有同化现象，如历史上所谓"十个消失的犹太部落"，就是被其他民族同化了。中国开封的犹太人社团，由于没有外部压力，最终也消失了，同化到中华民族之中了。

二 流散犹太人

众所周知，犹太民族大约在公元前 2000 年形成于巴勒斯坦（迦南）。由于外族的征服、驱逐、掳掠，巴勒斯坦犹太人在公元前 8 到公元前 6 世纪曾被巴比伦帝国征服，当时就开始向周边地区流散。到公元 1 世纪被罗马帝国征服后，犹太人开始世界性大流散。在随后几百年里，犹太人先后分布到了地中海沿岸、欧洲、中亚、印度甚至中国。近代以来，为逃避迫害、寻求发展，欧洲、中东等地的犹太人又扩散到了北美、南美、南非、澳洲等地，真正成了一个世界性的流散民族。但到第二次世界大战时，多数犹太人仍生活在欧洲。

千百年来，散居在世界各地的犹太人，始终保持着这样一些共同的特点：①保持着不同于当地民族的犹太教信仰和独特的生活习俗；②不与当地民族混居，生活在自己独立的犹太社区（隔都）中；③由于受当地民族排斥，他们不得从政做官、当兵入伍，甚至无法务农（因不被允许拥有土地），往往只从事某些专门性行业，如贸易、商贩、放债、管家、医生等；④在欧洲，由于时常遭到驱逐或者为了寻求新的发展机会，犹太人往往具有一定的流动性，许多代人一直居住在一个地方的情况很少见；⑤因从事国际贸易，或宗教原因，各地的犹太人往往保持着某种跨国联系；⑥因为宗教信仰，犹太人与巴勒斯坦故土（以色列地）保持着精神的和现实的联系，不时有人前去朝觐、定居，或希望死后安葬在那里。犹太人的著名祈祷词："明年在耶路撒冷"，便反映了这种精神联系，并成了犹太教信仰的组成部分。

由于犹太人保持着这些其他民族看起来很奇怪的宗教信仰和生活方式，就很容易被视为"异类"，进而受到排斥和歧视。这种排斥和敌视的态度以及行为便是所谓的"反犹主义"（Anti-Semitism）。产生反犹主义的原因很多，也很复杂，既有宗教的，也有经济的、政治的，还有种族和文化的。到了近代，欧洲的反犹主义又有了新发展。随着民族主义的兴起和民族国家的建立，欧洲出现了一个令人瞩目的"犹太人问题"。犹太人作为一个没有国家、散居各国的族群，再次成为各国民族主义者和种族主义者攻击的目标。

为了解决所谓的"犹太人问题"，欧洲各国有不同的做法，总体而言不外乎三种：同化、驱逐、屠杀。而犹太人自己则做出了这样一些选择。①放弃犹太身份，走同化道路。这在法国、德国等西欧国家富裕的中上层犹太家庭中较为普遍，如诗人海涅、思想家马克思等都曾受过基督教洗礼，放弃了犹太身份。②参加社会革命，以改变犹太人的命运。这一选择当时在东欧、俄国犹太人中较为普遍，这些国家的社会民主党、共产党中就有不少犹太革命者。③逃避和出走。从 19 世纪后期到 20 世纪前期的四五十年里，大约有 250 万犹太人离开欧洲，迁居到北美、南美以及南非、澳洲等地。④选择民族主义道路，通过民族主义斗争，建立自己的民族国家。犹太民族主义表现为一种特殊的形式——犹太复国主义（或锡安主义，Zionism），即返回以色列故土，建立犹太人自己的民族国家。这个在当时许多人看来不可思议的选择，在赫茨尔、魏兹曼、本 - 古里安等人的努力下，在英、美等大国的支持下，居然取得了成功，最终建立起现代国家以色列。

三　当代犹太人口

要讨论犹太人问题，首先要清楚犹太人的定义是什么，或者说要知道谁是犹太人。然而，这却是一个不太容易说清的问题。有人说犹太人是一个种族（race，生物学属性），有人说犹太人是一种宗教（religion）的信仰者，还有人说犹太人是一个族群（ethnic group，文化属性），也有人说犹太人是一个民族（nation，政治属性）。犹太人到底是什么？

应该说以上四种说法对于犹太人来说都没有错，他们可以是（或者曾经是）其中的一种。①在早期起源时，由始祖亚伯拉罕率领的希伯来人，是一个由若干部落组成的同种同源的种族。②后来当摩西从上帝那里受了十诫，创立犹太教之后，凡信教者都是犹太人，此时的犹太人就不再是一个种族，而成了一种宗教的信仰者。③随着犹太人的流散，他们在其他民族中作为一个独特的宗教 - 文化族群而保持存在。今天在许多国家中，犹太人仍然是一个少数民族（族群）。④现代犹太民族国家以色列建立后，以色列犹太人即为一个民族，只要认同于这个犹太民族国家，无论是世俗主义者，还是宗教信仰者，不管生活在国内，还是生活在国外，都是犹太民族的一员。

当代犹太人还可分为若干亚族群：塞法迪犹太人［Sephardim，即地中海犹太人，主要说拉迪诺语（Ladino）］、阿什肯纳兹犹太人［Ashkenazim，即欧洲犹太人，主要说意第绪语（Yiddish）］、东方犹太人［Mizrahim，即亚非犹太人，主要说犹太 - 阿拉伯语（Judeo - Arabic）］。犹太教内也分为不同的宗教派别：正统派（Orthodox Judaism）、保守派（Conservative Judaism）、改革派（Reform Judaism）等。

20 世纪以前，虽然犹太人已是一个流散的民族（族群），但他们主要还是分布在欧洲和地中海沿岸国家。20 世纪五个大的事件完全改变了世界犹太人口的分布，使其呈现出与一个世纪以前完全不同的格局。这五大事件如下。①1900 ~ 1930 年，大批犹太人移居自由的乐土美国。到二战前，已有 200 多万犹太人离开欧洲来到美国，使美国成了世界上犹太人口最多的国家。②1939 ~ 1945 年，纳粹大屠杀彻底摧毁了欧洲犹太社团。二战期间，约 600 万欧洲犹太人惨遭纳粹屠杀，使原来犹太人最集中的欧洲成了一片犹太荒漠。③犹太国家以色列的建立。1948 年以色列建国后大量吸收犹太移民，在约 50 年的时间里，以色列犹太人口从 60 万迅速增加到 600万。④大批犹太人从中东阿拉伯国家移出。以色列建国后爆发的阿以战争，致使上百万犹太人从阿拉伯国家逃往以色列、欧洲和美国。⑤大批犹太人移出苏联。20 世纪 90 年代，随着苏联解体和东欧剧变，先后有 100多万犹太人离开苏联和东欧国家，移居到以色列、美国和西欧。

2008 年，全球犹太人口为 13296100 人，即全球每 1000 人中约有 2.19个犹太人，或者说全球每 457 人中有 1 人为犹太人。世界犹太人口的分布有以下三个特点。

一是大分散、小聚居。全世界有犹太人 1000 人以上的国家多达 57 个，这说明犹太人的分布非常广泛。虽然世界上有犹太人的国家很多，但每个国家的犹太人却相对集中地居住在一起，而不是分散地居住在当地人中间。犹太人也只有集中居住（以便过宗教生活），才能保持其犹太特性，否则就很容易被当地民族同化。

二是高度集中。虽然犹太人分散在许多国家，但大部分犹太人口却集中在北美、以色列、西欧和苏联部分地区（俄罗斯东部、乌克兰、白俄罗斯等地），其中美、以两国的犹太人口就占全世界犹太人口的近90%。全球犹太人最多的10个国家的犹太人口就占了全球犹太人总数的96.4%。

三是高度城市化。绝大部分犹太人集中在所在国家的首都或其他大城市中。全球犹太人最集中的20个城市的犹太人口就占了全球犹太总人口的73.2%。无论从人口的分布还是从他们所从事的职业来看，犹太人基本上是一个"城市民族"。

据犹太人口学家预测，未来一二十年，世界犹太人总数大致会保持在1300万左右。现在，除了以色列外，几乎所有国家的犹太人口都是负增长，原因有三个。①低生育率。犹太人大都生活在发达国家，发达国家人口自然增长率本来就低（每名妇女平均生育2个孩子），而其中犹太人又特别低（每名犹太妇女平均生育1.4个孩子）。②混合婚姻和同化。20世纪初，98%的美国犹太人是在族内通婚，但到90年代，犹太人与非犹太人通婚的比例已经高达50%。据美国法律，混合婚姻的孩子可以登记为犹太人，也可以登记为非犹太人。事实上，美国"混合婚姻家庭的孩子中，只有1/3登记为犹太人"。③以色列采取吸引政策，鼓励各国犹太人移居（回归）以色列。

而以色列情况则截然相反，其犹太人口不断增长。原因也有三个。①以色列犹太人出生率高于流散犹太人的出生率。每个以色列妇女平均生育2.8个孩子，而西方国家的犹太妇女只生育1.4个孩子。②以色列国内不存在犹太人被同化的问题，即使是不信教的犹太人也不会失去其犹太身份。③以色列国家努力吸引各国犹太人前来定居，每年都有相当数量的犹太人从世界各地移居以色列。据有关专家估计，"大约到2020年，生活在以色列的犹太人将超过生活在以色列之外的犹太人。那时全世界1300多万犹太人中，将有700万生活在以色列，600万在以色列之外"。

以色列之外的流散犹太人当前面临着两大危机——反犹主义和同化。今天的反犹主义与昔日的反犹主义既有相同之处，也有新的内容，如以色列与阿拉伯－伊斯兰国家的冲突所导致的反犹主义就是过去没有的。伊斯兰极端分子和恐怖分子往往将犹太人作为攻击目标。反犹主义的存在可能会使一些犹太人隐瞒甚至放弃自己的犹太身份。犹太人被同化的程度可以不同，包括族外通婚、世俗化和皈依基督教。与非犹太人通婚和不再参加宗教活动往往是放弃犹太身份和同化的开始，一两代人之后，这样的家庭就没有什么犹太特性了。面对同化的威胁，2009 年召开的"世界犹太论坛"提出的对策是：①在青少年中加强犹太教育，通过开办课外犹太学校，帮助他们学习希伯来语和犹太宗教文化知识；②加强犹太社区建设，加强犹太会堂、学校的活动，帮助社区居民保持犹太习俗和节日等；③加强与以色列的联系和认同，鼓励犹太人到以色列旅游、学习、工作和定居。

四　流散犹太人与以色列的关系

上文谈到，世界上许多国家（民族）都有生活在国外的移民或侨民，海外移民（侨民）与母国的关系都有一些共同的特点。然而，由于犹太民族和以色列的独特历史，流散犹太人与以色列之间有着一些与众不同的特殊关系。

第一，对于其他国家和民族来说，其民族主体，即本民族的大多数人，都生活在国内，在海外的侨民或族裔只是少数人。而对以色列来说，生活在国外的犹太人却比在国内的犹太人多。尽管几十年来，这一差距已经逐渐缩小，但以色列犹太人的数量要赶上和超过国外犹太人还需要较长时间。

第二，世界上绝大多数国家和民族的人口流动方向一般是从国内向国外流动，而只有犹太人的流动方向相反，近百年来都是从世界各地向以色列流动，从四面八方源源不断地"返回"他们两千年前的"祖国"。

第三，最重要的是，世界上没有哪个国家会允许生活在国外的人，即使是本国的侨民或族裔，有任意前来本国定居和获得公民权的权利，而以色列却明确给予海外犹太人此项权利。1948 年以色列建国的《独立宣言》宣称："以色列国将向散居世界各地的犹太人敞开移居的大门……"随后颁布的《回归法》和《国籍法》，更从法律上赋予每一个犹太人自由移居以色列并永久居住的权利。

以色列建国后，立即将犹太复国主义的理想"流散者聚集"（the in-gathering of the exiles）付诸现实，鼓励世界各地的犹太人前来定居。这一方面是出于犹太复国主义理想，另一方面也是国家安全和发展的现实需要。以色列建国之初，全国只有 60 多万犹太人，而周围敌对的阿拉伯国家却有数千万人口。为了巩固这个新生的犹太国家，以色列最急需的就是人力资源。以色列建国头 10 年，其人口从 60 多万增加到 200 余万，主要就是靠移民（尤其是来自阿拉伯国家的移民）。

犹太人从国外移居以色列被称为"阿里亚"（Aliya），意为"上升"，即从流散的地方上升到以色列这个犹太人的天堂。新来的移民被称为"欧里姆"（Olim），意为"上升者"。以色列建国后曾出现三次移民高潮。第一次是 1949 ~ 1959 年，大约有 100 万犹太人移居以色列，其中很大一部分来自阿拉伯和伊斯兰国家；这次移民潮后，绝大部分生活在伊斯兰国家的犹太人移居到了以色列，一些古老的东方犹太社团彻底消失。第二次是 1964 ~ 1974 年，受到以色列在两次中东战争中胜利的鼓舞，40 万 ~ 50 万来自西欧、北美、南非等地犹太人移居以色列。第三次高潮出现在 1990 ~ 2000 年，苏联解体、东欧剧变，长期被禁锢在苏联和东欧国家的约 100 万犹太人涌入以色列。几十年来，犹太人源源不断地从世界各地移居以色列，使这个国家从无到有，从小到大。所以，以色列是个彻头彻尾的犹太移民国家。

以色列独立后提出两大目标：一是要把以色列建成"回归"犹太人的天堂和乐土；二是要使以色列成为流散犹太人的精神家园和感情凝聚的中心。以色列鼓励犹太人"回归"祖国，对于那些继续生活在国外的犹太人，以色列便是他们的靠山和精神中心，也是他们的保护者和代言人。多年来，只要有哪个国家歧视和迫害当地犹太人，或限制犹太人出境，以色列政府便会出面与该国交涉，保护这些"流散中"的犹太人。从法律上说，只有生活在以色列的犹太人才具有以色列国籍，世界上多数犹太人并不具有以色列国籍。但是，也有些国家，如美国、加拿大、阿根廷等与以色列签署过双重国籍条约，这些国家的犹太人可以在取得以色列国籍的同时仍保留原来的国籍，如美国犹太人中就有近50万人拥有以色列国籍。

世界上大多数犹太人欢迎以色列建国，并且把以色列看作自己的祖国。这是因为：①以色列是全球唯一的犹太国家，而且是古犹太国家灭亡两千年后才第一次出现的犹太民族国家，他们自然将其视为自己的祖国；②尽管许多海外犹太人并不打算移居以色列，但是有了祖国作为靠山，一旦遇到迫害或灾难，他们就有一个可以躲避的"安全天堂"；③有了以色列这样一个犹太文化中心和精神中心，就不用再担心犹太民族和犹太文化（宗教）会因同化而消亡；④对于许多犹太教徒而言，以色列的建立实现了先知古老的预言"犹太人将再次成为自己土地的主人"。

然而，并非所有犹太人都赞成以色列建国。一些犹太人反对以色列建国，是因为这样一些原因：①对于那些希望走同化道路的犹太人而言，犹太国家的出现会影响他们同化的进程；②一个犹太国家的存在，会影响流散犹太人与其居住国的关系及其社会地位，双重身份会使他们的效忠受到怀疑，并可能在当地激起反犹主义；③一些犹太教徒（美国和以色列都有这样一些极端教派）认为，虽然上帝曾说过让以色列复国，但当代以色列是人为建立的国家，而非神之旨意，因此这个国家是不合法的。他们相信，犹太人的苦难是上帝对他们的惩罚，只要坚信上帝、遵守律法，救世主弥赛亚最终将拯救犹太人。

散居世界各地的犹太人大致可分为三类：一是犹太复国主义者，他们愿意移居以色列；二是以色列的支持者和同情者，他们不想去以色列定居，但愿意从各个方面帮助以色列；三是以色列的反对者。由于以色列与海外犹太人有着特殊的联系，世界各地的犹太人同以色列之间的关系确实很微妙。

一方面，许多世纪以来犹太人受歧视，被迫害，甚至遭到屠杀。由于没有自己的国家，无论在事业上如何成功，他们对自己的未来总有一种无法把握的感觉。以色列成立后，这些散居世界各地的犹太人就有了一种安全感，至少面临危险时多了一条退路。因此，许多人自然把以色列视为靠山，希望它繁荣和强盛，乐意从精神上和物质上支持以色列。还有许多犹太人（尤其是犹太复国主义者）认为，只有生活在以色列，犹太人才算回到了自己的家园，否则，无论在什么地方，也无论处境如何优越，他们都仍然处于"流散"中。

但是另一方面，许多犹太人已经在居住国安居乐业、繁衍生息，已经成为当地社会的一部分。以色列的成立，给他们在政治上和心理上都带来了尴尬、困难的处境。政治上是应该忠于以色列还是忠于居住国？以色列的《回归法》也对他们产生了负面影响，导致所在国出现反犹、排犹活动。20 世纪 50 年代，一些美国犹太社团领袖就曾公开发表声明，反对他们仍处于"流散中"的说法，强调美国就是他们的祖国，他们只忠诚于美国。

以色列与海外犹太人之间主要通过几个国际性犹太人组织保持着密切的联系：世界犹太复国主义组织（World Zionist Organization，1897 年成立）、犹太民族基金会（Jewish National Fund，1901 年成立）、犹太办事处（Jewish Agency，1929 年成立）、青年阿里亚（Youth Aliya，1932 年成立）。这些组织都在以色列建国前就已存在，现在总部都在以色列。它们都是不属于以色列政府的国际性组织。其中最重要的是犹太办事处和世界犹太复国主义组织，前者代表全世界所有的犹太人，后者代表全世界的犹太复国主义者。

这些犹太组织在犹太人集中的国家，如美国、法国、南非等，设有分支机构，并深入各个犹太社团中。它们最主要的功能，是在各国为以色列募集资金，动员和组织犹太人移居以色列；另外，它们还通过举办展览、学术研讨会、教授希伯来语等活动，在世界各国保持和弘扬犹太文化。人们形象地把这些国际性犹太人组织比作一条条大动脉，一端连着以色列，另一端连着世界各地的犹太社团。通过它们，源源不断的移民、金钱和各种物资从世界各地输往以色列，同时，以色列政治、宗教、文化影响，也通过它们传播到世界各地的犹太人中。

　　各国犹太人利用他们的社会地位、经济实力及手中选票，对所在国政府的外交政策施加影响，使之在国际事务中偏向以色列。这在美国尤为明显。尽管犹太人只占美国人口的 2%，但由于美国犹太人实力雄厚，尤其在经济、法律、学术、娱乐界有重要影响；犹太人在大选中投票率高，选票集中，因此对美国政府和社会的影响很大。美国之所以在阿以冲突中一直采取亲以政策，并同以色列保持着"特殊关系"，犹太院外集团对美国政府的影响起了非常大的作用，以至于有人把美国犹太院外集团称为"在另一条战线作战的以色列军队"。

Praising Xu Xin

Beverly Friend

Years ago, *Reader's Digest* magazine often featured articles extolling "The Most Unforgettable Person I Ever Met." For me, this title absolutely belongs to Professor Xu Xin.

We met back in 1986 when I visited my late husband Jim Friend, who had been teaching English at Nanjing University. Xu was the first person Jim met in China, and Jim was the first Jew Xu Xin had ever met——important because he had just begun teaching a course in Jewish American Authors.

What a friendship arose!

In his diary, Jim wrote that he had the kind of conversation with Xu Xin that he had always wanted to have had with his own brother (and never achieved). The next year Xu came to live with us in the United States while teaching at Chicago State University where Jim chaired the English department. And what a year that was:

The very first week Xu lived with us, we attended the Bat Mitzvah of a cousin in Milwaukee. Of course, he went with us. Later, he wrote of this experience, "It was the first time in my life that I had ever attended any religious service. What I found there was very touching and moving: man's relationship to his fellow man was so beautiful that I began to feel that the Jewish synagogue was nothing but a home which is graced by many customs and ceremonies, illumined by the sacred lights of festivals and cheered by songs of joy and faith."

When the High Holidays were celebrated, Xu attended services with us. On Rosh Hashannah, we took him to our synagogue, the Jewish Reconstructionist Congregation in Evanston. On Yom Kippur, we all traveled to a tiny synagogue in Alpena, Michigan near the military base where our daughter, Tracy, was living. He rode with us to services through rural countryside where deer darted out from behind hedges as we wended our way from Wurtsmith Air Force Base to the tiny temple and a visiting, circuit Rabbi from Montreal.

On Simchas Torah, we were back at the Jewish Reconstructionist Congregation in Evanston. We wanted him to see and experience the magnificent sight of the Torah unfurled – held, cherished, shared by the congregation. And he marched with us as we celebrated Torah.

And so the year progressed: Purim, Passover. Of the Seder Xu later wrote, "The special decoration of the table, the symbols of the feast, the Haggadah readings, meant more than ceremony because it integrated tradition with contemporary values that applied that tradition to modern society. " And since then, when he has visited our country, he has again shared this special occasion with us.

And all through that first year, Xu read books on Jewish history and religious practices. He lectured at an Oneg Shabbat in our temple on the many similarities between Jewish and Chinese Civilizations:

He stated that both cultures are old civilizations which have suffered yet never lost their beliefs in the high value of their cultures; both share strong family traditions and close family relationships; both value education.

After Xu attended the Jewish wedding of the daughter of very close friends, Sharon and Dr. Roland Rudnick – a beautiful affair at the Drake Hotel. He asked, "What part of the wedding was Jewish and what part American?" We were hard put to answer that question.

He experienced two Jewish funerals.

The first was the funeral of the mother of a dear friend, Mark Symons. And as Xu looked around at the mourners, he said to me, "In China, they would be more sad." I told him that most of us had not known the woman but were there as friends of the Mark and his wife, Carol, to share their grief and honor their loss. And I also said that she had lived to the ripe old age of 86, after all, and it was not so sad as the loss of a child would have been.

He looked at me, startled, and replied that it was much worse to lose an older person than to lose a child. I thought I had misheard him and asked, "What would be worse for you? The loss of your father or the loss of your son?" (His son was seven years old at the time.)

He responded promptly, "Oh, the loss of my father. I can always have another son; but where can I get another father?"

And thus, I learned an important insight from him: something I had thought an absolute value was really culturally conditioned.

The second Jewish funeral Xu experienced was Jim's in December 1987, after my 55 – year – old husband was felled by a heart attack. At this funeral Xu was a participant, a mourner, one who came up to the open microphone to pay his own, personal tribute.

Ironically, when Xu did return to China, he discovered that his own father had also died in December, just four days after Jim, but that his family had unanimously agreed not to notify him. They had not wished to interfere with his studies in the U. S. Thus, as he later wrote, he had lost not one, but two fathers.

As he did not know of his own father's death, he did not hurry back to China. He had always planned to visit England and France on the way home, and now, because of his Judaic studies, he decided to try to add Israel, especially Jerusalem, to his itinerary, because he feared that once he returned to China he might never again have the opportunity.

But how to get the funds? Xu was nothing if not enterprising. First, he wrote an article for *The Sentinel*, stating his position as a Chinese scholar of Judaism, setting forth his dream of visiting Israel, and then stating that while he had saved every penny while living and working in the United States, he could "use a few dimes." Small sums came in.

Next, he visited representatives from El Al airlines and the Israeli Consulate in Chicago. They responded handsomely to his plea, with El Al sponsoring the flight, and the Harry S. Truman Research Institute for the Advancement of Peace at Hebrew University covering his expenses in return for lectures at the school on "Jews and Judaism through Chinese Eyes."

He told the *Jerusalem Post* that Israel, to the Chinese, is "an alien and mysterious country, even more so than the countries of the Western Hemisphere," and that what little the Chinese do know is negative. "We learned that Israel was the running dog of the Western imperialist powers," he said.

And despite his extensive reading of American Jewish authors, he acknowledged that, like most Chinese, he knew little factually about Jews or Judaism as practically no literature exists on the subject in China. In fact, until he came to Chicago, he had thought that Hebrew was a dead rather than a spoken language. Until he visited Israel, he had never heard of a Kibbutz.

But Xu's desire to learn more about Judaism did not end with his trip to Israel. Upon his return to Nanjing, he established a China Judaic Studies Association and this has grown and grown until it is now the Diane and Guilford Glazer Institute for Jewish and Israeli Studies at Nanjing.

What a scholar he is. In his 40 years of teaching, he has accomplished more than similar scholars achieved in 400 years. How many trips to Israel? ——Immeasurable. How hard he has studied——at an Ulpan in Israel to learn Hebrew, at Yivo in New York to learn Yiddish, at Hebrew Union College in Cincinnati, to learn Torah, Talmud and religious studies and Jewish history. In addition, whatever he has learned he has taught——in formal and informal classes, in synagogues and lecture halls worldwide. I am sure that somewhere in this volume will be lists and lists of where he has gone and what he has told——veritable Johnny

Appleseed uncovering and spreading historical information to a hungry academic world.

However, for me, as much as I am impressed by and admire his scholarship, I am more touched by his kindness in friendship. In the seven trips I have made to China over the past thirty plus years, he has always been at my side. In the fifteen or plus trips he has made to the United States, he has always visited me——in Illinois and in Florida, and once we even met in California. I must have heard him lecture over 100 times—— and have learned something new and valuable each time. No one I have ever seen has shown the dedication and love of learning that Xu Xin expresses with every cell of his body. He has created what did not exist before and left a legacy for all who follow. He is unique——the most unforgettable person of my life——and a link to a beloved husband whose friendship sparked Xu's remarkable journey——even though, sadly, Jim saw only the glimmer of the beginning. With this essay, I try to say some of the things my late husband would like to say if he could only stand here now, shake Xu's hand, and tell him how he, and I and our whole family are so very proud to have been blessed to know him.

徐新教授犹太研究著述目录

专著

1. *Legends of the Chinese Jews of Kaifeng*，Hoboken，NJ：KTAV Publishing House，1995.

2. 《反犹主义解析》，上海三联书店，1996。

3. 《走进希伯来文明》，民主与建设出版社，2001。

4. *The Jews of Kaifeng，China：History，Culture and Religion*，Jersey City，NJ：KTAV Publishing House，2003.

5. 《犹太文化史》，北京大学出版社，2006、2011（第二版）。

6. 《犹太人的故事》，山东画报出版社，2006。

7. 《论犹太文化》，世界图书出版公司，2013。

8. 《反犹主义：历史与现状》，人民出版社，2015。

9. 《异乡异客：犹太人与近现代中国》，台大出版中心，2017。

主编

1. 《现代希伯来小说选》，漓江出版社，1992。

2. 《犹太百科全书》，上海人民出版社，1993、1998（修订版）。

3. 《西方文化史：从文明初始至启蒙运动》，北京大学出版社，2002、2007（第二版）。

4. 《西方文化史续编：从美国革命至 20 世纪》，北京大学出版社，2003。

5. 《犹太人告白世界——塑造犹太民族性格的 22 篇演讲辞》，中央编译出版社，2006。

6. 《西方文化通览》，北京大学出版社，2015。

翻译/校译

1. 《辛格谈文学创作》，《当代外国文学》1989 年第 2 期，第 145～149 页。

2. 希·尤·阿格农：《大海深处》，《当代外国文学》1990 年第 2 期，第 4 ～49 页。

3. 撒母尔·约瑟夫·阿格农：《婚礼华盖》，漓江出版社，1995。（合译）

4. 阿尔弗雷德·高乔克：《理性之光——阿哈德·哈姆与犹太精神》，内蒙古人民出版社，1999。（合译）

5. 马丁·吉尔伯特：《犹太史图录》，上海人民出版社，2000。（合译）

6. 丹·巴哈特、拉姆·本－沙洛姆：《以色列 2000 年：民族和地域的历史》，山东画报出版社，2003。（合译）

7. 雅各·瑞德·马库斯：《美国犹太人，1585～1990 年：一部历史》，上海人民出版社，2004。（校译）

8. 沙洛姆·约冉：《抵抗者：一个真实的故事》，华东师范大学出版社，2005、2015。（校译）

9. 杰克·罗森：《犹太成功的秘密》，南京出版社，2008。（合译）

10. 乔纳森·萨纳：《美国犹太教史》，大象出版社，2009。（校译）

11. 撒母耳·科亨：《犹太教——一种生活之道》，四川人民出版社，2009。（合译）

12. 埃里克·弗里德曼：《七个中国式提问 七种犹太式回答》，南京出版社，2010。（校译）

13. 索尔·弗里德兰德尔：《灭绝的年代》，中国青年出版社，2011。（校译）

14. 米切尔·巴德：《为什么是以色列》，社会科学文献出版社，2017。（校译）

中文文章

犹太文学

1. 《犹太文学中的施勒密尔形象刍议》，《外国文学研究》1986 年第 2 期，第 65～69 页。

2. 《阿格农及其佳作〈大海深处〉》，《当代外国文学》1990 年第 2 期，第 169 ~ 172 页。

3. 《美国作家贝娄析论》，《当代外国文学》1991 年第 1 期，第 162 ~ 167 页。

4. 《现代希伯来文学一瞥》，《外国文学评论》1992 年第 2 期，第 71 ~ 75 页。

5. 《现代希伯来文学论述》，《当代外国文学》1992 年第 3 期，第 158 ~ 164 页。

6. 《异化：犹太民族觉醒的标志——论希伯来文学中的"异化人"形象》，《当代外国文学》1992 年增刊，第 129 ~ 133 页。

7. 《以色列文学四十年》，《当代外国文学》1993 年第 4 期，第 86 ~ 93 页。

8. 《论以色列女性文学》，《外国文学》1994 年第 3 期，第 1 ~ 8 页。

9. 《以色列文学漫谈》，《译林》1995 年第 2 期，第 217 ~ 219 页。

10. 《意第绪文学简论》，《当代外国文学》1995 年第 4 期，第 164 ~ 169 页。

11. 《现代希伯来文学的丰碑——阿格农论》，载撒母尔·约瑟夫·阿格农《婚礼华盖》，徐新等译，漓江出版社，1995，第 1 ~ 22 页。

12. 《我所认识的奥巴斯先生》，载伊茨哈克·奥巴斯：《托马珍娜大街》，邵勇、邵明明译，译林出版社，1996，第 1 ~ 7 页。

13. 《20 世纪希伯来文学》，《译林》2001 年第 2 期，第 196 ~ 201 页。

14. 《前言》，载薇薇安·珍妮特·卡普兰《十个绿瓶子》，孔德芳、王雪译，译林出版社，2014，第 1 ~ 3 页。

中国的犹太人和犹太研究

1. 《哈尔滨历史上的犹太人》，《辽宁师范大学学报》1995 年第 1 期，第 102 ~ 111 页。

2. 《对我国犹太教政策的一点思考》，《同济大学学报》2000 年第 2 期，第 32 ~ 37 页。

3. 《犹太教在中国》，《世界宗教研究》2000 年第 2 期，第 13 ~ 20 页。

4. 《50 年代后期中国境内犹太人情况综述》，《辽宁师范大学学报》2000

年第 3 期，第 100～104 页。

5.《香港犹太社团历史研究》，《江苏社会科学》2000 年第 4 期，第 102～
111 页。

6.《两封与开封犹太人有关的中文信函——20 世纪初开封犹太人与外界联
系的见证》，《江苏社会科学》2001 年第 1 期，第 170～175 页。

7.《开封犹太社团史研究文献举要》，《河南大学学报》（社会科学版）
2001 年第 1 期，第 28～32 页。

8.《纳粹屠犹研究在中国》，载陈恒、耿相新主编《新史学》（第八辑
"纳粹屠犹：历史与记忆"），大象出版社，2007，第 75～85 页。

9.《中国开封的犹太人离散社团》，载潘光主编《犹太人在亚洲：比较研
究》，上海三联书店，2007，第 147～161 页。

10.《在华散居的犹太人及其贡献》，载杰克·罗森《犹太成功的秘密》，
南京出版社，2008，第 161～186 页。

11.《中国的犹太研究》，《西亚非洲》2010 年第 4 期，第 54～58 页。重印
于杨光主编《眼睛里的你：中国和以色列》，社会科学文献出版社，
2014，第 3～14 页（中文版）、第 167～182 页（英文版）。

12.《犹太研究综述》，载中国社会科学院西亚非洲研究所编《中国的中东
非洲研究（1949～2010）》，社会科学文献出版社，2011，第 67～
78 页。

13.《回顾 收获 展望》，载宋立宏主编《从西奈到中国》，生活·读书·新
知三联书店，2012，第 1～6 页。

14.《我们为什么研究犹太文化》，《历史教学研究》2012 年第 1 期，第 29～
46 页。重印于苏智良、陈恒主编《欧洲历史与世界文明讲演录》，商
务印书馆，2013，第 132～163 页。

犹太历史、文化与宗教

1.《试论犹太复国主义运动兴起的宗教、社会因素》，《南京大学学报》
1989 年第 5 期，第 47～52 页。

2.《现实生活中的乌托邦——基布兹》，载潘光、金应忠主编《1990 以色
列·犹太学研究》，上海社会科学院出版社，1991，第 172～190 页。

3. 《拉比文学简论》，《同济大学学报》（社会科学版）1993 年第 2 期，第 69～72 页。

4. 《论欧洲历史上对犹太人的驱逐》，《同济大学学报》（社会科学版）1994 年第 2 期，第 48～51 页。

5. 《论反犹主义的开端》，《同济大学学报》（社会科学版）1995 年第 1 期，第 48～54 页。

6. 《论中世纪犹太民族的客民身份及其影响——中世纪反犹主义探源之一》，《江苏社会科学》1995 年第 3 期，第 94～99 页。

7. 《犹太文化纵横谈》，《同济大学学报》（社会科学版）1998 年第 2 期，第 88～95 页。

8. 《理性思想的论述》，载阿尔弗雷德·高乔克《理性之光——阿哈德·哈姆与犹太精神》，徐新等译，内蒙古人民出版社，1999，第 1～7 页。

9. 《论巴比伦囚虏事件的历史意义》，《同济大学学报》（社会科学版）1999 年第 3 期，第 54～61 页。

10. 《以色列的守护者——阿里尔·沙龙》，《澳亚周刊》2003 年 11/12 月刊，第 38～41 页。

11. 《古老民族在新大陆的奋斗历程》，载雅各·瑞德·马库斯《美国犹太人，1585～1990 年：一部历史》，上海人民出版社，2004，第 1～7 页。

12. 《论犹太饮食法》，《犹太研究》第 3 辑，2004，第 173～187 页。

13. 《论贾布奈革命——犹太知识分子掌握民族领导权的起点》，《学海》2005 年第 3 期，第 41～49 页。

14. 《论〈塔木德〉》，《学海》2006 年第 1 期，第 5～12 页。

15. 《追求公义——论犹太人的捐赠思想》，《福建论坛》（人文社会科学版）2006 年第 6 期，第 52～57 页。

16. 《犹太民族思想的伟大体现》，载徐新等编译：《犹太人告白世界》，中央编译出版社，2006，第 1～10 页。

17. 《论犹太人铭记大屠杀的方式》，《南京社会科学》2006 年第 10 期，第 46～54 页。

18. 《论犹太人成功的文化机制》，《学海》2008 年第 3 期，第 23～30 页。

19. 《序》，载张淑清：《中世纪西欧的犹太妇女》，人民出版社，2009，第 1～5 页。

20. 《序》，载饶本忠：《犹太律法的渊源》，知识产权出版社，2010，第 1～4 页。

21. 《论犹太教崇拜手段——祈祷》，《学海》2010 年第 2 期，第 121～127 页。

22. 《犹太教在当代北美的表现》，《世界宗教文化》2010 年第 2 期，第 27～32 页。

23. 《美国犹太人及美以关系》，《中西文化交流学报》（*Journal of Sino - Western Communications*），Vol. 2，Spring，2010，第 217～224 页。

24. 《收藏文化的盛宴》，载徐龙《犹太和以色列国钱币》，世界图书出版公司，2010，第 17～21 页。

25. 《序二》，载张和清《以色列文化》，湖北人民出版社，2011，第 1～4 页。

26. 《论慈善之正义根基——以犹太人为例论述宗教与慈善的关系》，载陶飞亚、刘义主编《宗教慈善与中国社会公益》，上海大学出版社，2012，第 49～57 页。

27. 《揭秘以色列"鸽翅行动"救援始末》，《国际先驱导报》2013 年第 705 期，第 14 版。

28. 《"以色列之光"遁去》，《财新新世纪周刊》2013 年第 40 期，第 110 页。

29. 《犹太教的独一神论》，《宗教学研究》2014 年第 1 期，第 229～238 页。

30. 《对纳粹屠犹的否认——论战后反犹主义》，《犹太研究》第 13 辑，2015，第 146～155 页。

31. 《犹太教》，载洪修平主编《东方哲学与东方宗教》，江苏人民出版社，2016，第 592～730 页。

外文文章

1. "A Tour to an Unbelievable Land," *Point East*, September, 1989.

2. "Legends of the Jews of Kaifeng," *Ariel* (The Israel Review of Arts and Letters), No. 98, 1994, pp. 44 – 61. (同时翻译成法文、西班牙文、德文刊出)

3. "Israel through Chinese Eyes," *Point East*, No. 2, 1996, pp. 1, 4 – 6.

4. "China's Jewish Culture Research," *Vast View on Publication*, No. 1, 1997, pp. 49 – 50.

5. "Chinese Research on Jews in China," in Aharon Oppenheimer ed. , *Sino – Judaica*: *Jews and Chinese in Historical Dialogue*, Tel Aviv: Tel Aviv University, 1999, pp. 15 – 26.

6. "Changing Hearts and Minds," *Points East*, Vol. 14, No. 3, 1999, pp. 1, 7 – 8.

7. "Jewish Life in the Second Half of the 1950s in China," *Points East*, Vol. 14, No. 3, 1999, pp. 12 – 16.

8. "Jewish Identity of the Kaifeng Jews," in Roman Malek ed. , *From Kaifeng ··· to Shanghai*: *Jews in China*, Sankt Augustin: Institut Monumenta Serica (*Monumenta Serica Monograph Series* 46), 2000, pp. 127 – 148.

9. "Some Thoughts on Our Policy toward the Jewish Religion—Including a Discussion of Our Policy Toward the Kaifeng Jews," *Points East*, Vol. 15, No. 1, 2000, pp. 1, 7 – 10; reprinted in Roman Malek ed. , *From Kaifeng ··· to Shanghai*: *Jews in China*, Sankt Augustin: Institut Monumenta Serica (*Monumenta Serica Monograph Series* 46), 2000, pp. 671 – 682.

10. "Chinese Research on Jewish Diasporas in China," in Jonathan Goldstein ed. , *The Jews of China*, *Volume Two*, *A Sourcebook and Research Guide*, New York: M. E. Sharpe, 2000, pp. 3 – 13.

11. "Sun Fo's Plan to Establish a Jewish Settlement in China during World War II Revealed," *Points East*, Vol. 15, No. 1, 2001, pp. 1, 7 – 8.

12. "The Good Man of Nanking: The Diaries of John Rabe," *Holocaust and Genocide Studies*, Vol. 15, No. 2, 2001, pp. 331 – 334.

13. "Israel in Chinese Scholarship," in Laura Z. Eisenberg et. al. eds. , *Tradi-

*tions and Transitions in Israel Studie*s, Vol. 6, Albany: State University of New York Press, 2002, pp. 321 – 340.

14. "Practice of Judaism in China," in Jacob Neusner ed. , *Encyclopedia of Judaism*, Vol. 4, Leiden: Brill, 2003, pp. 1630 – 1652.

15. "Holocaust Studies in China," *Bridges*, Vol. 10 (3/4), 2003, pp. 193 – 210.

16. "2003 Trip to Israel: A Renewed Beginning," *Points East*, Vol. 18, No. 3, 2003, pp. 1, 4 – 5.

17. "Jewish Diaspora in China," in Melvin Ember, Carol Ember and Ian Sloggard eds. , *Encyclopedia of Diasporas*, New York: Kluwer Academic/ Plenum Publishers, 2004, pp. 152 – 164.

18. "Jews in Kaifeng, China," in Melvin Ember, Carol Ember and Ian Sloggard eds. , *Encyclopedia of Diasporas*, New York: Kluwer Academic/ Plenum Publishers, 2004, pp. 515 – 524.

19. "Reforging Chinese/British Links in London," *Kulanu*, Vol. 11, No. 3, Autumn 2004, pp. 3, 9.

20. "Chinese Policy towards Judaism," *Points East*, Vol. 19, No. 1, 2004, pp. 1 – 8.

21. "Breaking New Ground: 2004 Report on a Trip to North America," *Points East*, Vol. 19, No. 2, 2004, pp. 5 – 6.

22. "Chinese Policy towards Kaifeng Jews," *East Asia*, Vol. 23, No. 2, Summer 2006, pp. 87 – 101; reprinted with revisions in James Roth and Song Lihong eds. , *The Image of Jews in Contemporary China*, Boston: Academic Studies Press, 2016, pp. 54 – 71.

23. "Holocaust and Antisemitism Studies in China," in Michael Dineberg, Shimon Samuel and Mark Weitzman eds. , *Antisemitism: The Generic Hatred*, London: Vallentine Mitchell, 2007, pp. 251 – 263.

24. "Chinese Open New Chapter with the People of the Book," *Forward*, April 20, 2007, pp. 1, B2.

25. "Chinese Government Policy towards the Descendants of the Jews of Kaifeng," in M. Avrum Ehrlich ed. , *The Jewish – Chinese Nexus*, London: Routledge, 2008, pp. 197 – 206.

26. "Holocaust Education in China," in Kimberly Mann ed. , *The Holocaust and the United Nations Outreach Programme*, *Discussion Papers Journal*, New York: United Nations, 2009, pp. 9 – 18.

27. "Tracing Judaism in China," *Social Sciences in China*, Vol. 31, No. 1, (2010), pp. 130 – 161.

28. "Universal Monotheism," in Meng Zhenhua ed. , *Understanding God in the 21st Century*, Vanguard Press, 2013, pp. 3 – 8.

29. "A New Frame to Reinterpret China's Past: Holocaust Studies in China," in *Holocaust Education in a Global Context*, UNESCO Publishing, 2014, pp. 143 – 152.

30. "Chinese Philo – Semitism," *Moment Magazine*, 2014, p. 30.

31. "Teaching the Holocaust in China," *Past Forward*, Spring, 2014, pp. 11 – 12.

32. 《论中国一神教》，JISMOR《一神教学际研究》，2012 年 8 月，京都：同志社大学，第 3～15 页。（以日文发表）

用英语主讲慕课 "The Jewish Diaspora in Modern China"（现当代犹太人在华散居），作为南京大学慕课代表于 2016 年 3 月 18 日正式上线国际慕课平台 COURESA。

南京大学犹太文化研究所文丛已出书目

1. 乔纳森·萨纳：《美国犹太教史》，胡浩译，徐新校，大象出版社，2009。

2. 杰克·罗森：《犹太成功的秘密》，徐新等译，傅晓薇校，南京出版社，2008。

3. 埃里克·弗里德曼：《七个中国式提问，七种犹太式回答》，王苗、刘南阳、蒋然译，徐新校，南京出版社，2010。

4. 迈耶·格鲁伯：《古代以色列妇女和早期犹太文明》，张淑清译，中国社会科学出版社，2009。

5. 徐龙：《犹太和以色列国钱币》，世界图书出版公司，2010。

6. 饶本忠：《犹太律法的渊源》，知识产权出版社，2010。

7. 沙亚·科亨：《古典时代犹太教导论》，郑阳译，中国社会科学出版社，2012。

8. 徐新：《论犹太文化》，世界图书出版公司，2013。

9. Zhenhua Meng, ed., *Understanding God in the 21st Century: Conference Volume of the International Symposium on Monotheism and Postmodernism*, Vanguard Press, 2013.

10. 薇薇安·珍妮特·卡普兰：《十个绿瓶子》，孔德芳、王雪译，译林出版社，2014。

11. 弗雷德·拉辛：《美国政治中的苏联犹太人之争：透视以色列与美国当权派的关系》，张淑清、徐鹤鸣译，商务印书馆，2014。

12. 《犹太民族简史》（待出）。

13. 鲍靖：《我在以色列的2000天：一个中国医生的犹太时光》，南京出版社，2016。

14. 沙洛姆·约冉：《抵抗者：一个真实的故事》，孔德芳、王雪梅、徐娅因、胡浩译，徐新校，华东师范大学出版社，2015。

15. 鲍靖：《自由的萨布拉》，上海文化出版社，2016。

16. 维尔纳·桑巴特：《犹太人与现代资本主义》，艾仁贵译，宋立宏校，上海三联书店，2015。

17. 米切尔·巴德：《为什么是以色列》，文奕、荣玉、李佳臻、欧阳玉倩译，徐新校，社会科学文献出版社，2017。

18. 宋立宏主编《犹太流散中的表征与认同》，社会科学文献出版社，2018。

图书在版编目（CIP）数据

犹太流散中的表征与认同：徐新教授从教 40 年纪念
文集／宋立宏主编 . -- 北京：社会科学文献出版社，
2018.2
ISBN 978 - 7 - 5201 - 2117 - 0

Ⅰ . ①犹… Ⅱ . ①宋… Ⅲ . ①犹太人 - 民族历史 - 文
集 Ⅳ . ①K18 - 53

中国版本图书馆 CIP 数据核字（2017）第 324850 号

犹太流散中的表征与认同
——徐新教授从教 *40* 年纪念文集

主　　编／宋立宏

出 版 人／谢寿光
项目统筹／郭白歌
责任编辑／周志宽　郭白歌

出　　版／社会科学文献出版社·人文分社　（010）59367215
　　　　　地址：北京市北三环中路甲 29 号院华龙大厦　邮编：100029
　　　　　网址：www. ssap. com. cn
发　　行／市场营销中心（010）59367081　59367018
印　　装／三河市东方印刷有限公司

规　　格／开　本：787mm × 1092mm　1/16
　　　　　印　张：28.5　字　数：432 千字
版　　次／2018 年 2 月第 1 版　2018 年 2 月第 1 次印刷
书　　号／ISBN 978 - 7 - 5201 - 2117 - 0
定　　价／198.00 元

本书如有印装质量问题，请与读者服务中心（010 - 59367028）联系